世界华文教育年鉴 (2015)

THE YEARBOOK OF CHINESE EDUCATION IN THE WORLD (2015)

贾益民 胡培安 主编
胡建刚 副主编

SSAP
社会科学文献出版社
SOCIAL SCIENCES ACADEMIC PRESS (CHINA)

2014年12月7日至8日，由国务院侨办和中国海外交流协会主办的第三届世界华文教育大会在北京人民大会堂隆重召开。来自全世界50多个国家和地区的近600位华文教育界代表出席。图为开幕式现场。

国务院侨办主任裘援平在开幕式上作题为《发展华文教育，振兴华文学校》的主题报告。

会议期间以访谈形式举行了“华文教育专题论坛”，国务院侨办文化司司长雷振刚主持，邀请了8位海外华文教育界知名人士就华文教材编写、华文教师培训、华校转型升级等议题进行互动式交流。

2014年8月22日至23日，马来西亚华校董事联合会总会（董总）成立60周年庆典暨2014年世界华文教育论坛在马来西亚吉隆坡加影隆重举行。图为庆典活动之“2014年世界华文教育论坛”。

晚宴现场。

董总主席叶新田博士接受华侨大学胡培安教授代表学校所赠的《世界华文教育年鉴》。

国务院侨办遴选出第四批18所华文教育示范学校，并于第三届世界华文教育大会期间颁授牌匾。

2014年1月7日，由暨南大学华文学院、华文教育研究院华文教材研发中心编写的《华文》教材（初中柬埔寨版）专家审稿会在广东省广州市召开。图为专家指导会现场。

华 教 人 物
（按音序排列）

符福金

江仙梅

李佩燕

李雪梅

李祖清

梁培炽

罗宗正

王超群

颜长城

周开雰

本书系“海外华文教育与中华文化传播协同创新中心”研究成果

华侨大学

中国社会科学院文化研究中心

香港凤凰卫视

中国华文教育基金会

台湾世界华语文教育学会

社会科学文献出版社

《世界华文教育年鉴（2015）》

编委会

振兴华文教育事业
助力中华民族复兴

——《世界华文教育年鉴》序言

国务院侨务办公室主任　裘援平

据不完全统计，目前海外至少有6000多万华侨华人，分布在近200个国家和地区。海外华文教育，就是面向广大华裔青少年开展的中华语言学习和文化传承教育。自印度尼西亚雅加达明诚书院——海外第一所有文字记载的华文学校——1690年创办至今，华文教育已经走过300多年的历程，成为在海外植根最深、覆盖最广、相对正规、最为有效的中华语言文化教育形式；它既维系着华侨华人的民族特性及其对祖籍国的深厚情感，又是在海外展示和传播中华文化的重要平台。

2014年6月，习近平主席在会见第七届世界华侨华人社团联谊大会代表时指出："中国梦是国家梦、民族梦，也是每个中华儿女的梦。广大海外侨胞有着赤忱的爱国情怀、雄厚的经济实力、丰富的智力资源、广泛的商业人脉，是实现中国梦的重要力量。"而华文教育，就是华侨华人为实现中国梦贡献力量的重要渠道。

当今的中国，正逐步迈向国际舞台中心，既需要更多地发出中国声音，表达中国立场，提出中国方案，贡献中国智慧，体现中国作用，也需要让世界更全面深入地了解中国。而语言和文化，正是打开不同国家和民族之间沟通交流之门的"金钥匙"，以教授华文和传播中华文化为核心要务的华文教育，就是这把“金钥匙”的重要锻造者。

与此同时，随着中国成为世界第二大经济体，中外各领域交流合作日益紧密，作为世界第二大国际通用语言的华文，成为各国人民外语学习的重要选项，世界范围内“汉语热”“中华文化热”持续升温。华文学校长期扎根海外，为数众多，分布广泛，基础牢固，在教授汉语、传播中华文化方面具有得天独厚的优势，一直深受各国华人社会和当地友族的好评。华文教育迎来大发展、大繁荣的历史性机遇期。

新一届中央领导集体高度重视侨务工作，非常关注华文教育事业的发展。2013年10月，李克强总理在访泰期间，专程前往清迈崇华新生华立学校，看望慰问当地华校师生，勉励大家为增进中泰人文交流做出更大贡献。2014年4月，全国政协俞正声主席专门主持召开以“努力破解海外华文教育发展瓶颈”为主题的政协“双周协商座谈会”，邀请政协委员和有关专家研讨华文教育问题，这在全国政协历史上还是第一次。国家“一带一路”建设规划也为发挥华文教育的独特功能提供了广阔舞台。

国侨办将秉承“为侨服务”的宗旨，继续大力支持和发展华文教育，推动建立更多、更广泛地与各国政府交流合作的机制，为华文教育发展营造良好的社会环境；鼓励和引导海外侨社、华文教育组织及各界人士支持华教事业，为华文教育夯实可持续发展的基础；同时，完善国内华文教育资源统筹协调机制，充分利用国内资源为华文教育发展提供强有力的保障。在此基础上，我们正着力打造“施教体系、教材体系、培训体系、帮扶体系、支撑体系、体验体系”，引导海外华文学校转型升级，推动华文教育向“标准化、正规化、专业化”方向发展。国侨办在大力推进以下工作：

第一，实施“海外惠侨工程”，提升华文教育发展内生动力。2014年，国务院侨办向海外侨胞发出建设“和谐侨社”的倡议，并推出“海外惠侨八项计划”，包括加强侨团建设、建立华助中心、发展华文教育、扩大文化交流、推动繁荣中餐、实施中医关怀、扶助侨胞事业、为侨信息服务等，以此为渠道把祖（籍）国的关爱，送到华侨华人心上。推动“和谐侨社”建设，既能促进海外侨社的团结互助，向世人展示中华民族的良好形象，又能让侨胞体会到中华文化的博大精深，提升作为中华民族一分子的自豪感，提高大家学习中华语言文化的热情，增强华文教育发展的内生动力。

第二，着力研制办学标准，把华文学校打造成海外中华语言文化基础教育的首选平台。经过多年发展，华文教育发展水平显著提高，华文学校原有“语言补习”性质的教学定位远远不能满足形势发展的需要，加快原有华文学校标准化和专业化建设势在必行。国侨办针对不同国家和地区的需要，启动了华文学校办学标准、华文教师从业水平测试标准、华裔青少年华文水平测试标准研制工作，海外周末制华文学校教学大纲、华文教材编写大纲等也已委托相关院校进行研制。通过标准化和专业化建设，将着力把近2万所华文学校打造成海外中华语言文化基础教育的首选平台。

第三，建立“三位一体”教师培训机制。为逐步解决海外华文教师数量不足、专业素养不够、断层严重等问题，国侨办组织开展了《华文教师证书》制度研究，目前该项工作已进入试测阶段。依托《华文教师证书》制度，将建立起“培训—考核—认证”三位一体华文师资培养模式，全方位、多渠道、多专题、系统化培训海外华文教师，为华文教育输送合格的教学人才。在继续做好招收海外优秀华裔青少年到办属院校和基地院校接受学历教育的基础上，鼓励办属院校和基地院校到华文教育重点国家设立师范学院或者培训中心，就地培训更多的华文教师。

第四，构建“通用型+本土化”教材体系。教材是华文教育的基础，也是中华文化传播的重要载体。经过长期努力，目前基本建成了涵盖幼儿园到高中阶段的通用型中文主干教材体系，每年向海外提供各类华文教材达400万册，基本做到了有求必应，足量供应。今后，将针对不同国家和地区的个性化需求，尤其是周边国家和华文教育重点国家，重点开发具有针对性的国别化教材，建立通用型华文教材和本土化教材相互补充、相得益彰的华文教育教材体系。

第五，探索和完善华文教育帮扶措施。全力支持华文学校和华教组织发展，进一步探索和完善对华文学校和华教组织的帮扶措施。截至2014年底，国务院侨办已遴选出208所华文教育示范学校，确定162所贫困学校和19个华教组织为扶持对象，设立了340个华星书屋。在此基础上，国侨办将进一步加大帮扶力度，争取到2017年，再建立100所华文教育示范学校，再扶持200所贫困学校和新兴学校；再支持30个华教组织开展工作，提升其服务质量；再建200个华星书屋，满足华校师生学习中华文化的需求；将外派教师规模由800人增加到1200人。此外，在基础较好、规模较大、条件较成熟的华文教育重点国家，还将探索设立华文教育师范学院或华文教育服务中心，更好地为华文教育发展服务。

第六，丰富中华文化体验体系。“中国寻根之旅”夏（冬）令营、海外华裔青少年中华文化大赛、华人学生作文比赛等大型活动已成为华文教育的重要品牌，产生了广泛的影响力。今后将努力提升这些品牌活动的内涵及其功能和成效，同时推动有实力的省、市侨办和基地院校组织有特色的专业艺术团组到海外举办“中华文化大乐园”，把中华文化送到华裔青少年的家门口、校门口，让更多的华裔和其他族裔青少年受益，培育他们对中华文化的感知与热爱。我们还鼓励各相关单位通过建设“互联网 +”型的华文学校或中华文化学校，研发华文教育与中华文化传播资源，利用新媒体创新中华语言教育与文化传播形式，帮助海外华裔青少年学习、了解和体验优秀的中华语言文化。

华文教育是海外侨社最大的民生工程。相信通过我们不懈的奋斗与努力，海外华文教育水平必将不断提高，为“传播中华文化、讲好中国故事”创建出更广阔的平台，为实现中华民族复兴梦想贡献应有的力量。

华侨大学、海外华文教育与中华文化传播协同创新中心组织专业团队自 2013 年以来编撰出版了《世界华文教育年鉴》，详细记录了华文教育领域发生的年度事件，客观评述了华文教育领域的探索和创新，为业界和学界提供了分享与交流华教资讯的平台，为管理部门提供了信息服务和决策参考。《世界华文教育年鉴》的编撰与出版，是华文教育学科建设的重要成果，也是华文教育事业发展的重要见证，意义重大。

是为序。

2015 年 9 月 16 日

海外华文教育工作的新亮点

贾益民

作为“留根工程”“圆梦工程”，面向海外华侨华人子弟的华文教育是华侨华人传承中华优秀文化、促进中外文化交流、保持民族特色的根本保证，也是一项具有战略意义的基础性侨务工作。随着海外华侨华人社会重视的程度越来越高，华校学生人数越来越多，与所在国主流社会的交流越来越密切，华文教育在办学理念与形式、教学质量监控、师资队伍建设等多方面都面临着新的挑战。为适应华文教育新形势发展的需要，以暨南大学、华侨大学等为代表的诸多华文教育机构，进入21世纪以来，在华文教育领域进行了系列探索，为华文教育工作增添了诸多亮点。

一　着力培养高层次“本土化”海外华文师资

长期以来，着力打造一支高水平的华文教育师资队伍，一直是华文教育工作的重点之一。如国侨办多年来一直在为海外华校提供外派教师，且规模逐年扩大。裘援平主任在第三届世界华文教育大会上提出，到2017年，国侨办外派教师的规模要从现在的每年800人，发展到1200人。相关单位开展的各类短期师资培训等也是帮助华文教师提高水平的重要平台，如华侨大学近年来已在境内举办来自10多个国家的60余个师资培训班，近2000名海外华文教师参加了培训；在“请进来”的同时，还逐步实现了“走出去”，自2007年起，与泰国华文教师公会、泰国留学大学校友总会、泰华通讯记者协会、泰国华侨语言培训中心等联合举办“泰国华文教师暑期培训班”，该班目前已培训泰国本土华文教师1000余名。

在充分发挥国侨办外派教师、短期师资培训班等作用的同时，为能长期提升华文教育的水平，提升华文教育自我的“造血”能力，暨南大学、华侨大学等与海外相关华教组织合作，努力培养海外的本土化高层次师资。他们积极与海外相关侨教机构合作，在东南亚的印度尼西亚、马来西亚、泰国、越南、缅甸、菲律宾等国，在日本、美国、新加坡等国，相继开设了华文教育方向的硕士研究生班，专门培养华文教育领域的高层次师资人才。如2012年12月，华侨大学2012级海外华语与华文教育专业日本硕士研究生班在厦门校区开班，这也是华侨大学在日本招收的第一批华文教育方向的硕士研究生，首批学员20名；2014年10月下旬，华侨大学2014级华语与华文教育专业研究生班在昆明开班，共有来自泰国、缅甸、越南3国的44名专职从事华文教育事业的华校教师参加该班攻读硕士学位。以上研究生层次的本土化华文师资人才培养模式的拓展，将为华文教育注入强有力的具有可持续发展能力的新鲜血液。

二　融入海外主流社会，开展外国政府官员中文培训

进入21世纪以来，海外华文教育工作的另一个重要亮点是借助海外华侨华人社会的力量，把华文教育拓展到海外主流社会，尤其是政府官员层面。如华侨大学依托多年在泰国开展华文教育工作的资源优势，于2005年成功启动了为泰国政府培训高级汉语人才项目——“华侨大学泰国政府官员中文学习班”。2011年起，该班进一步拓展为“外国政府官员中文学习班”，学员国别也发展至泰国、菲律宾、印度尼西亚3个国家。2012年“外国政府官员中文学习班”影响力进一步扩大，学员人数增加至90名。目前，参加该班学习的泰国政府官员已基本涵盖泰国各个部委，所招收的印度尼西亚官员也分别来自印度尼西亚国会、商务部、外交部、国防部、工业部和旅游部等政府重要部门。迄今为止，“外国政府官员中文学习班”已为各国培养500多名高级汉语人才。这个项目顺应了“东盟一体化”的区域发展需要，已逐渐打造为海内外具有重要影响的华文教育知名品牌。该项目的成功拓展，一方面增进了外国政府官员对中国及中华文化的认知和了解，另一方面也促进了中外友好往来和文化教育交流，极大地发挥了华文教育在国家公共外交中的作用。

三　成功搭建两岸华文教育立体化交流平台

大力发展海外华文教育，是海峡两岸共同的责任和义务。由于历史的原因，两岸

华文教育工作各有特色，但存在着很强的互补性。就台湾来说，开展华文教育的历史比较悠久，而且秉承了重视华文教育的传统，在为华文教育界编写教材、培育师资等方面做了很多工作，积累了丰富的经验；大陆方面的华文教育工作虽然整体起步稍晚，但近年来对华文教育工作也进行了积极的探索，如尝试建立华文教育组织帮扶体系，设立海外华文教育示范学校，着力提高海外华校的办学水平等，成效显著，成绩有目共睹。因此，凝聚两岸华文教育界的智慧，大力推动两岸华文教育的合作与交流，具有深远的意义。在这一指导思想下，两岸在深化合作方面也进行了大胆的探索，取得了令人瞩目的成绩。2013 年 5 月 22 日，由华侨大学、台湾世界华语文教育学会共同举办的“2013 两岸海外华文教育论坛”在台湾师范大学举行，两岸专家学者会聚一堂，共商华文教育合作大计；得益于两岸关系和平发展的大势，近年来，两岸相关华文教育机构先后合作开办了“两岸华文教育教师论坛”“世界华语文教学研究生论坛”“两岸华文教育高层论坛”等，建立了从研究生到华文教师再到决策高层这三个层面的立体化合作交流体系，为两岸华文教育界的全面合作奠定了基础。同时，两岸相关部门还推动、建立了华文教育/华语文教学专业学生的交换学习制度，推动了大学与大学之间的学生交流，培养了更多的两岸携手推动华文教育的基础力量；两岸还建立了学术的合作机制，共同确定一些研究课题进行项目开发。

四　华文教育学科专业建设获得新发展

经过多年的努力，华文教育已经建立起了从短期培训到学历教育，从本科到博士研究生培养的完整的专业体系。2004 年教育部正式批复同意开办华文教育本科专业，之后华文教育硕士研究生专业和博士研究生专业也相继在相关高校设立。华文教育的教材体系也日益得到完善和发展，本土化教材日益涌现，适应海外学习者需要的初中版、高中版华文教材相继编写出版；各类课外读物、基于“互联网 +”的华文教材建设也受到学界的广泛关注。作为华文教育专门研究平台的华文教育研究院先后在华侨大学和暨南大学设立，华文教育各领域的理论研究成果丰硕，这些都极大地推动了华文教育学科专业的发展。

海外华文教育工作所做的每一种探索，取得的每一点成就，都是广大华文教育工作者智慧与汗水的结晶。为点滴记录这些进步与成果，海外华文教育与中华文化传播协同创新中心、华侨大学华文教育研究院同人组织编撰了《世界华文教育年鉴（2015）》，这是世界华文教育年鉴系列的第三本。在保持内容体系基本稳定的基础上，为更全面地反映世界华文教育发展面貌，《世界华文教育年鉴（2015）》增加了

“台湾地区华文教育”和“2014年海外示范华校华文教育活动撮要”这两个栏目，以飨读者。其中“台湾地区华文教育”较为全面地梳理了台湾的华文教育机构和组织，呈现了台湾地区2014年所开展的主要华文教育活动。“2014年海外示范华校华文教育活动撮要”则简要呈现了部分华文教育示范学校在2014年的活动和建设情况，这有助于相关职能部门和研究者更全面地了解华文教育示范学校的发展状况和特色性工作，为更具有针对性地采取措施全面建设示范学校提供了事实材料支撑。

感谢国务院侨办及各级侨办领导的大力支持，感谢海外各级各类华文教育机构、示范学校等的通力合作！尤其感谢国务院侨务办公室裘援平主任、任启亮副主任、马儒沛副主任先后在百忙之中为《世界华文教育年鉴》作序，给予支持和鼓励。《世界华文教育年鉴》编撰材料浩繁，内容学科分类交叉性强，政策把握难度大，因此本书可能多有遗漏或缺憾，恳请相关职能主管部门、业界专家学者、广大读者朋友们提供宝贵意见。

2015年8月20日

目录

Contents

第一部分

2014年世界华文教育发展综述

一　华文教育政策综述

2014 年世界华文教育工作在政策方面有三点值得特别强调。

第一，2014 年 6 月 6 日，由中国政府与联合国教科文组织共同举办的世界语言大会发表了《苏州共识》。《苏州共识》认为使用学习者的母语开展教学，是提高教学效果、促进身份认同的重要基础，母语教育应该体现在初期教育阶段。各个民族为使他们的语言世代相传付出了巨大的努力，这对维护一个公正和有益的世界非常重要。《苏州共识》提出，促进人民、机构、国家之间的交流和学习是提升语言能力的重要途径。满足国家及移民社区需要的语言政策和实践，可以增强社会的有效交流，实现和平共处。这些观点对开展海外华族的华文教育十分重要，是海外华族开展民族母语及民族文化教育的有力政策支撑。

第二，第三届世界华文教育大会提出了提升华文教育水平、促进华文学校发展的一系列政策和措施，如打造“六大体系”、加强“三化”建设、推进华文教育转型升级、提升华教发展水平等。2014 年 12 月 7 日，国务院侨办主任裘援平在第三届世界华文教育大会上表示，国务院侨办将打造施教体系、教材体系、培训体系、帮扶体系、支撑体系和体验体系，全面提升华文教育发展水平。其中施教体系主要是在开展综合普查和研究分析的基础上，根据不同国家和地区状况，针对不同办学模式，研究制定相对规范的华文学校办学标准、华文教师从业水平测试标准、华裔青少年华文水平测试标准，组织研发华文教育教学大纲、华文教材编写大纲等；教材体系建设目标是到 2017 年，初步完成周边国家、重点国家和新兴市场国家分国别教材研发、编写工作，基本建立起“通用型”教材与“本土化”教材相互补充的教材体系；培训体系旨在解决当前海外华文教师数量不足、专业素养不够、断层严重等问题，到 2017 年，要对 30000 人次的华文教师进行系统的专题培训，其中通过考核认证者力争达到 20000 人；为支持华文学校和华教组织发展，帮扶体系将在现有基础上，到 2017 年再建设 100 所“华文教育示范学校”，再扶持 200 所贫困华校和新兴华校，再支持 30

个华教组织开展工作，再建 200 个“华星书屋”；在国内科学构建以侨务系统五院校为骨干，其余 37 个华文教育基地为主体的华文教育支撑体系，面向港澳台和华侨华人子女大力开展预科、本科、研究生教育和师范教育，统筹研发华文学校办学标准、华文教学大纲等各类参考标准；体验体系将继续联合各省、市侨办、华文教育基地院校常年在国内组织和举办以“中国寻根之旅”夏（冬）令营、中华文化大赛、华人学生作文比赛等为龙头品牌的中华文化体验活动。为适应华文教育发展的新形势和新要求，国务院侨办将以改革创新精神全面推进新时期的华文教育工作，引导华文学校转型升级，推动华文教育向标准化、正规化、专业化方向迈进。

第三，世界华文教育在许多国家的政策环境得到进一步改善，表现为华语语言地位进一步提升，公立华文学校或双语学校获准设立，课程体系中设立华语课程的公立学校增加等。德国目前已有超过 300 所中小学开设汉语课，阿根廷开设第一所国家公立中西文双语学校，南非基础教育部宣布成立中小学推广中文教学工作组，并决定将汉语作为选修外语，肯尼亚计划将中文课纳入中小学正式课程编制，孟加拉国在吉大港设立首个汉语授课点，巴西成立首家中英双语公立学校，西班牙安达卢西亚议会将中文列为双语教学语言，巴西圣保罗警察学校开设中国传统文化课程，中国与尼泊尔签署汉语教师志愿者派遣协议，马来西亚政府将于 2015 年在政府学校推行将华文作为第三语言教学并与中国大学合作培养华文师资。

二　华文教育工作会议综述

2014年世界范围内的华文教育工作会议场次多，层次高，务实性强，亮点突出。根据网络信息统计，2014年度举行的具有一定规模、涵盖较大地域的华文教育工作会议有近60场。其中，中国国内省级以上的会议17场，境外全国性及省、府、州级以上的协会年会、换届大会、工作研讨会18场，其他会议20余场。

其中最重要的是中国国侨办主办的第七届世界华侨华人社团联谊大会、第三届世界华文教育大会、以“努力破解海外华文教育发展瓶颈”为主题的全国政协双周座谈会及2014年度全国华文教育工作会议。这些会议受到了党和国家领导人的高度重视。在第七届世界华侨华人社团联谊大会上，习近平主席亲自接见全体代表，并发表重要讲话，全面阐述“中国梦”的内涵，强调“中国梦”是包含海外华侨华人在内的中华民族共同的梦，生活在世界各地的几千万海外侨胞是中华民族大家庭的重要成员，海外华侨华人是实现中国梦的重要力量，实现中华民族的伟大复兴离不开海外华侨华人社会的共同奋斗，祖（籍）国不会忘记海外华侨华人在中国革命、建设、改革开放事业中发挥的重大作用，不会忘记海外华侨华人为中华民族发展壮大、促进祖国和平统一大业、增进中国人民同各国人民的友好合作做出的重要贡献。国务委员杨洁篪出席会议开幕式并发表致辞。国侨办裘援平主任在大会主题报告中全面介绍了党和国家在今后几年的惠侨举措，提出了世界华文教育工作的具体设想，发出了建设和谐侨社的倡议。此次会议对凝聚海外华侨华人社会共识，统一思想，明确目标，全面推进世界华侨华人社团的建设工作具有深远的历史意义。

国务委员杨洁篪会见了参加第三届世界华文教育大会的全体代表，发表了重要讲话。他希望全国的侨务工作者和海内外华文教育工作者肩负起历史赋予的使命，以改革创新的精神，全面推动新时期华文教育转型升级，让华文教育在弘扬中华文化、促进中外友好、讲好中国故事、传播好中国声音方面发挥更大的积极作用。

2014年4月17日下午，全国政协主席俞正声亲自主持以“努力破解海外华文教育发展瓶颈”为主题的“政协双周座谈会”。这在全国政协历史上还是第一次，凸显了国家、社会对华文教育工作的重视。全国政协副主席杜青林、张庆黎、万钢、何厚铧、李海峰及相关领域的全国政协委员参加了会议。委员们就华文教育的规划与设计、工作机制、海外华文学校的三教问题等展开讨论，提出建议。

2014 年度全国华文教育工作会议突出强调了华文教育在建设文化强国和实现中国梦中的重要作用，马儒沛副主任对全国华文教育工作提出了新的更高的要求，提出要以党的十八大和十八届二中、三中全会精神为指引，大力开展华文教育工作，认真落实全国侨办主任会议精神，更好地服务国家内外大局，更好地为侨服务。

2014 年世界范围内的华文教育工作会议非常务实，旨在讨论和解决实际问题。全年工作会议非常关注外派教师工作，以外派教师工作为主题或核心议题的各种会议及座谈会达 22 场之多，涉及外派教师的选拔、培训、管理、经验总结、优秀表彰、人才库建设等各个层面。国务院文化司专门召开了外派教师海外聘方校长与国内各省侨办主任的座谈会，介绍关于外派教师的规章制度，讨论外派教师的选拔、管理与培训工作。广西壮族自治区侨办主任工作会议提出要建设和充实外派教师人才库；菲律宾华教中心分别举办了外派教师工作年度总结大会和 2014 ~ 2015 年度的工作会议，表彰了 40 多位优秀的中国外派教师，对新教师进行了教育和培训。中国的浙江、安徽、山东、广西和海外的缅甸曼德勒、印度尼西亚泗水、英国伦敦、土耳其伊斯坦布尔、泰国泰南地区等都分别召开了外派教师经验交流会或座谈会，努力提升外派教师的教学水平。

同时，2014 年度的工作会议还非常关注专项工作的推进，华文教育工作部署、华文教育宣传、华文教育品牌活动建设等专项会议频频举办。这些会议有的关注年度工作安排，有的关注某项华文教育活动的筹划、协调或总结，有的关注年鉴编撰、教材编写、题库建设、华文水平测试等实务性工作。这些会议都集中于一个议题，务实高效，有力地推动了各项工作的开展。

2014 年世界各地的华文教育组织纷纷召开年会、联席会、会员代表大会等，安排组织工作，研讨如何创新发展华文教育。菲律宾大马尼拉华教协会年会、泰北华文民校联谊会联席会议、英国中文教育促进会周年座谈会、2014 年马来西亚董总会员代表大会、菲律宾华语教师协会第十二次代表大会、加拿大卑诗省中文协会 2015 年会员大会、全美中文学校协会成功召开第十次全国代表大会等，这些会议都具有相当的规模，对凝聚共识、明确工作方向、团结华教力量、推动华文教育在各地的发展发挥了重要作用。

三　华教机构发展与变迁综述

2014年华文教育机构发展与变迁呈现多种特点，涉及基地建设、机构成立或揭牌、图书项目合作、机构交流融合等多个方面。

1. 国内华文教育基地建设成绩显著

国内华文教育基地的建设，对帮助海外华侨华人学生到华学好汉语，对进一步涵养侨源、促进侨务工作可持续发展具有深远的意义。华文教育基地的建立，对所在学校来说，既是机遇，也是挑战，学校可以借此发扬地区特色文化，抓住契机发展华文教育。2014年华文教育基地继续蓬勃发展，据统计，2014年共建立12个省级基地，分别为广西2个，山东1个，福建9个；1个地市级基地，位于温州市。

2. 华文教育示范学校数量增加，办学条件逐渐改善

2014年，海外共有4所中文学校或新校区挂牌成立，分别是阿根廷第一所国家公立中西文双语学校、罗马尼亚布加勒斯特中文学校、意大利佛罗伦萨中文学校圣托利诺校区、巴西首所中英双语理科公立中学。“海外华文教育示范学校”的队伍也得到不断壮大，18所海外华校被评选为第四批“海外华文教育示范学校”；传统老华校也复办或者进一步发展，如缅甸毛淡棉建德社华文补校复办，缅甸九谷华文佛经学校新楼落成，柬埔寨最大华文学校端华学校迎来百岁生日，旅蒙华侨友谊学校建校50周年。

3. 华星书屋、闽侨书屋、蒲公英图书室不断涌现

海外华文学校图书室的建立和充实能有效缓解华校课外书籍缺乏的问题，也为海外华侨华人更好地了解中国的地理、历史、文化提供了可能，尤其是为华裔青少年提供了学习中华文化的丰富资源。2014年共有20个不同类型的图书室在不同地区建

立。中国国侨办共在海外建立了18个“华星书屋”，其中在缅甸北部华校建立了16个，在比利时安城中文学校和古巴中华传统艺术馆各建立1个。福建省侨办充分发挥地缘特色支持华文教育发展，与菲律宾华教中心共建了1个“闽侨书屋”。浙江省温州市侨办为意大利温籍华文学校捐建了1个“蒲公英图书室”，为该校提供了诸多课外读物。

4. 设立华助中心，搭建服务平台

华助中心是2014年中国国务院侨办启动实施的“海外惠侨工程”的八项计划之一，旨在为侨胞们提供关爱帮扶、促进文化交流，维护侨胞正当权益、助力侨胞生存发展并融入当地社会。国侨办拟在全球60个侨胞超过10万人的地区支持建立“华助中心”。

2014年11月15日，东京华助中心成立；2014年11月19日，马尼拉华助中心成立。

四　华文教育交流与合作综述

1. 2014 年华文教育交流与合作总体情况

作为华文教育工作的重要组成部分，2014 年，华文教育交流与合作不断取得突破，成绩显著。

在交流方面，2014 年世界范围内的华文教育交流活动以参观、考察、视察、座谈、会见、调研、访问（走访）、看望、慰问等为主，覆盖政府机构、民间组织、海内外各个层次的华文办学机构等。

国内外华文教育机构间互访一直是华文教育交流的主要形式。国内的各级政府机构、民间组织、华文教育机构，如各级侨办、各级海外交流协会、中国华文教育基金会、华侨大学、暨南大学、北京华文学院等，本年度或主动访问海外华文学校，或接待来访的华文机构代表团，或邀请海外华校教师、学生到中国访学，与海外华教机构交流频繁。2014 年，参与交流与合作的海外华教机构主要来自东南亚和欧美、大洋洲国家，南美和非洲国家数量较少。一些重要的华文教育工作传统国家或地区，如泰国、缅甸、印度尼西亚、美国、加拿大、意大利等，机构间频繁互访，互动形式从走访调研到洽谈合作，十分丰富。

2014 年，华文教育国际互访的一个显著特点是海外华校到访中国趋势增强，访问团来源地持续多样化，共有留尼旺、安哥拉、智利、西班牙、阿联酋、蒙古等 20 余国华教代表团来访中国，就师资建设、教材编写、教育管理等与相关部门或组织进行广泛交流。

国内华文教育机构间的交流也不断加强，稳步发展。如温州市侨办，其 2014 年与国侨办、地方侨办及其他层次华教机构间交流 10 余次，并多次到该市国侨办华文教育基地、温州市华文教育基地调研，听取“中国寻根之旅”夏令营工作的筹备情况报告，探讨如何做精做强“特色班”“特色营”，形成品牌。

在华文教育合作方面，2014 年华文教育各相关机构、组织之间在合作办学、项目合作、缔结姐妹学校等领域开展合作，成效显著。如中国国务院侨办与加拿大多伦多教育局续签华文教育合作协议，涉及编写和提供教材，培训中文教师，组织双方学生体验交流互访等方面；中国海外交流协会与马来西亚教育局局长联谊会签署了合作备忘录；华侨大学与泰王国泰中文化经济协会签署了华文教育战略合作协议，以进一步加强中泰两国文化教育领域的交流合作；湖南省长沙市人民政府外事侨务办与马来西亚教总签署了《建立华文教育交流长期合作关系意向书》，确定了包括举行“海外华裔青少年潇湘文化行”夏令营活动，促成两地学校结交姐妹学校，教师互派和学生互访等合作意向。

2014 年度海内外院校间缔结姐妹学校发展态势良好，且出现了一校与海外多所中文学校结为友好学校的情况，如温州实验中学就分别与法国华侨华人会中文学校、西班牙格拉纳达中文学校、法国南方华人总商会中文学校结为了友好学校。

2. 2014 年华文教育交流与合作的特点

总体来说，2014 年世界华文教育交流与合作呈现以下特点。

（1）高覆盖与务实性成为华文教育交流与合作的普遍追求。2014 年，由政府部门成员、一线教师及师生组成的交流团依旧出访来访频繁，而同作为华文学校办学主体力量的校董、管理人员的交流机会也逐渐增多。华教交流与合作主体朝着覆盖所有华文教育相关人员发展。

2014 年，广东省接待了包括来自菲律宾、泰国、印度尼西亚、荷属库拉索等 20 多位海外华教校董的“2014 海外华教高层广东行”和“海外红烛故乡行——泰国华校校董南粤文化行”参访团；海南省接待了泰国、马来西亚侨领团；上海接待了美国、加拿大的海外华校校长、校董团。这些活动的开展极大地增进了他们对国内开展华文教育的实体单位的了解，便于双方进一步建立深层次合作关系。

同时，为做好教学与管理工作，更好地发挥管理人员作用，华教管理人员间的交流日益受到重视。如“2014 年海外新生代华文教育管理人员研习班”赴暨南大学和广州华侨外国语学校进行调研。该班成员主要为海外华文教育管理人员，也是华文教育交流主体延伸的一个有益尝试。

华文教育交流与合作的务实性一方面体现在不论国内访问团出访还是海外机构到访，大多能签订意向书与协议等，把合作意图具体化；另一方面，还体现在合作交流双方普遍重视对具体合作事宜进行细致深入的讨论。如在国务院侨办组织的外派教师海外聘方校长座谈会上，与会人员就签证问题、外派教师在工作生活上的标准制定问题、外派教师遴选问题进行了探讨；菲律宾侨中学院院长到访华侨大学，就开展菲律宾本土华文师资培养新途径进行探讨，双方就华文教育发展理念、菲律宾本土华文师资培养愿景与培养途径做了相关规划。

（2）同区域华教机构交流与合作走向深入，政府统筹作用不断凸显。同区域华教机构因具有地缘优势，往往交流频繁，或进行互访，如菲律宾亚虞山培青中学校代表团访问同属棉老地区的鄢市恩惠学校，就华校发展现状、学校管理和具体课程改革交换意见；或组团出访，如缅北地区 10 位长期从事华文教育的资深校长代表团访问四川大学。

2014 年，同区域华文教育机构除互访、组团出访，其交流与合作不断走向深入。如意大利佛罗伦萨中文学校与当地政府、意大利协助发展中国家协会、佛罗伦萨甘地学院、中意文化交流协会合作成立“意大利佛罗伦萨中文学校合作联盟”，利用各部门优势，在教育、文化等领域开展深度合作，开启“政校合作，互利双赢”的全新实践。

中国国内同省、市的多所单位也开始强强联合，共享华教发展红利。如福建省侨办与福建富闽教育基金会整合工作和资源优势，联合集美大学开展东南亚人才培训项目，培养四年制本科学历人才。该培训班招收东南亚国家的华文教师，每年一期，每期 30 名学员，培训时间 20 天，首届培训班已于 2014 年在集美大学成功试点。

同时，各地政府部门在发起区域合作中所起的统筹作用得到凸显。除上文提到的福建省侨办外，湖北省侨务办公室和黄冈市外侨局倡议华中师范大学与黄冈职业技术学院共建“黄冈市华文教育基地”，共同弘扬荆楚文化；广东省侨办、省教育厅以广东省华侨职业技术学院为基础，签约共建广东省华文教育培训学院，以充分利用该校资源，发挥“侨”的优势，更好地打造广东省为侨服务和对外交流的窗口。

在交流中开阔视野、在学习中提升整体水平、在合作中实现互利共赢，是海内外华文教育界人士的共同心愿。2014 年度华文教育交流与合作在广泛深入的基础上，进一步完善合作机制、拓宽合作领域、提升合作层次，开创了华文教育交流合作的崭新局面。

五　华文教育活动综述

2014 年华文教育活动在项目开展上与过去两年基本保持一致，在与其他国家的交流合作中展现出新的特点。基于 LJParser 和 AntConc 软件的华教活动内容分词处理以及词频统计分析，可以看出 2014 年华教活动呈现的特点。

首先，2012～2014 年这 3 年当中总词数不断增加，尤其是 2014 年的总词数比之 2013 年增加非常明显。其次，这 3 年当中每年的高频词复现率极高，这表明华教活动总体风格一致，保持稳定。2014 与 2013 年华教活动排名前 10 的高频词完全一致。这 10 个高频词“营”“中国”“文化”“华裔”“青少年”“活动”“学校”“海外”“中华”“华文”体现了华教活动的显著特点：①活动参加主体是海外华裔青少年；②活动目的是体验中国文化；③活动组织形式是营团；④活动组织主体是学校。

通过对词种的考察发现：

（1）“寻根”与“旅”的频次较“乐园”“竞赛”等高出许多。这说明政府、高校及华教组织等对华教活动当中的“寻根之旅”更为重视，这类华教活动更加频繁；

（2）“教育”也在高频词中处于显著位置。华教活动形式虽然多种多样，但本质上是一种教育，一种“寓教于乐”的教育；

（3）“夏令营”出现的频次远高于“冬令营”，说明华教活动在夏季举办的频率比冬季高；

（4）代表政府部门的高频词“侨办”复现率高证明华教活动以各级政府为主导。

我们找出 2012～2014 年 3 年间华教活动中出现频率高的外国国家名称，对它们进行了对比分析（见图 1－1）。

通过对图 1－1 的观察，有以下发现：①在参与统计的 9 个国家当中，处于总体上升趋势的国家包括“泰国”“美国”“菲律宾”“加拿大”。这 4 个国家当中，“泰国”和“菲律宾”一直保持频次逐年升高的态势。“泰国”的频次在增幅上最为明显，在 2014 年的华教活动高频词统计中频次远远高于其他国家。这表明近年来泰国

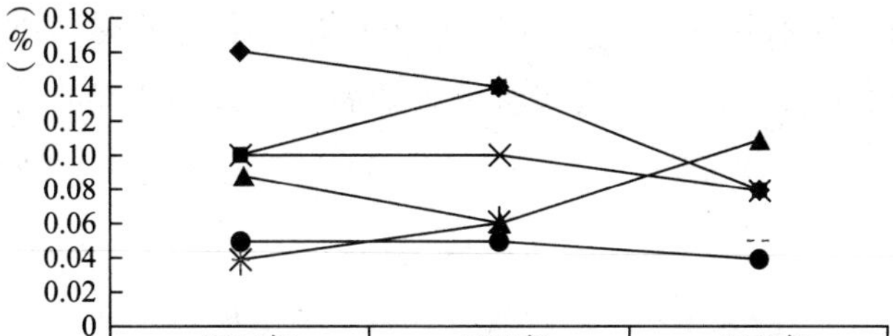

	2014年	2013年	2012年
泰国	0.16	0.14	0.08
美国	0.10	0.14	0.08
马来西亚	0.09	0.06	0.11
菲律宾	0.10	0.10	0.08
澳大利亚	0.04	0.06	
加拿大	0.05	0.05	0.04
印度尼西亚	0.04		
法国			0.05
缅甸			0.05

图 1-1 2012~2014 年华教活动外国国家出现频次统计

与中国在华文教育领域有着最良好的互信与合作。比之“泰国”，“菲律宾”的增幅较小，总体而言也是平稳的态势。除了“泰国”和“菲律宾”，东南亚国家中华教活动开展较为踊跃的还有“马来西亚”“印度尼西亚”和“缅甸”，其中又数“马来西亚”表现最为突出。②在统计出现的所有国家当中，处于美洲的国家是“美国”和“加拿大”。比较这两个国家的华教活动参与热度，“美国”明显高于“加拿大”。就整个世界版图而言，除了东南亚，美洲是华教活动开展较为热烈的地区。③欧洲地区最显著的国家当数“法国”。作为一个与中国在文化上互相欣赏的欧洲国家，法国的华教活动也表现踊跃。

对 3 年内均出现过的国内地区名词进行单独观察，得到图 1-2。

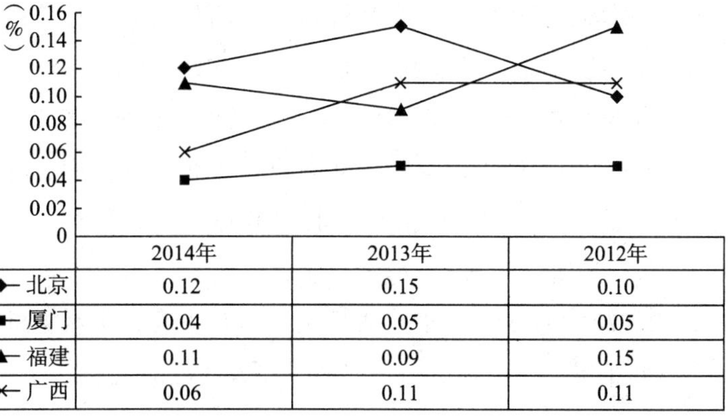

	2014年	2013年	2012年
北京	0.12	0.15	0.10
厦门	0.04	0.05	0.05
福建	0.11	0.09	0.15
广西	0.06	0.11	0.11

图 1-2 2012~2014 年华教活动国内省、市出现频次统计

可以看出，华教活动2012～2014年出现频率最高的国内省、市名称是“北京”“厦门”“福建”“广西”。说明华教活动开展最活跃的直辖市是“北京”，主要城市是“厦门”，省份是“福建”和“广西”。这4个地区当中，华教活动开展总体态势最为平稳的是厦门。除福建省外，其他地区的华教活动开展都在2013年达到一个较高的频率。除了图中所显示的这些地区，还有一些地区，如“上海”“温州”“广东”也在华教活动中出现较为频繁。这些地区都是华教活动开展活跃的地区。

观察2012～2014年3年间均出现过的体现华教活动内容的高频词，对它们进行了对比分析，得到图1－3①。

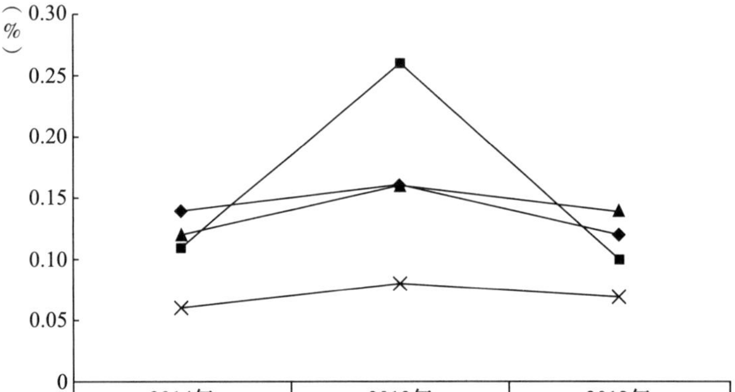

	2014年	2013年	2012年
—◆— 仪式	0.14	0.16	0.12
—■— 比赛	0.11	0.26	0.10
—▲— 参观	0.12	0.16	0.14
—×— 舞蹈	0.06	0.08	0.07

图1－3　2012～2014年华教活动内容高频词统计

观察图1－3，可以发现华教活动中，出现频率较高的词是“仪式”“参观”和“比赛”，其中“仪式”和“参观”在这3年间的变化不明显，一直较为稳定。“仪式”一词的高频出现体现了华教活动有着较为浓重的仪式感，也体现了相关部门对华教活动的重视。而主要对举办地名胜古迹进行“参观”也是华教活动的必备项目。“仪式”“比赛”“参观”是华教活动中频次较为接近的3个词，这些活动都是华教活动中的重头戏。其中，2013年“比赛”的频率出现了较大的增幅，这可能跟资料搜集的标准有关。比起前3个词，华教活动中的“舞蹈”稍显低频。而从活动开展的广泛性上来说，“舞蹈”比“书法”“剪纸”更强。

总之，从2012～2014这3年的华教活动统计信息来看，华教活动的总体风格一直保持平稳，并且在平稳中总体向着更加成熟和完善的方向发展。

① 图1－3中“比赛”的频次，是“决赛”“大赛”“竞赛”的频次之和。

六　华文师资培养综述

1. 华文师资培养总体情况

作为华文教育工作的重要组成部分，2014 年，海外华文师资培养工作不断取得突破，成绩斐然。

学历型师资培养方面，本科和研究生层面的华文师资培养硕果累累。2014 年度，暨南大学和华侨大学华文教育专业共有近 200 名学生顺利毕业，为海外华文教学注入了新的血液；来自印度尼西亚全国各地的 100 名毕业生参加了暨南大学华文学院海外函授本科学历教育毕业典礼，远程函授本科学历教育已经成为提升海外在职华文教师学历层次不可或缺的重要手段。仅暨南大学自 2002 年首次在印度尼西亚开展海外函授本科学历教育以来，已在印度尼西亚、泰国、菲律宾、德国、英国等 5 个国家开设了近 30 个海外函授教学点，培养了 800 多位合格的函授本科毕业生。

同时，面向海外华文教师的硕士研究生培养也稳步发展，规模日益增长。如华侨大学开办的面向泰国、越南、缅甸的“华语及华文教育”研究生班，2014 级共有 44 名学员入学。这些学员今后将成为当地华文教育领域的骨干力量。

作为华文教育师资培养“走出去”的主要形式，“华文教育・名师巡讲团”继续发挥着不可替代的重要作用，是广大海外华文教师学习最新的教学理念与教学方法最直接的平台；华教师资培训的“请进来”模式，2014 年，其学员的来源地区仍主要为东南亚和欧美、大洋洲国家，南美和非洲国家参与此类培训的教师数量明显较少。一些开展华文教育工作的传统重要国家，如泰国、缅甸、印度尼西亚、马来西亚、美国、加拿大等，参加各类师资培训班、团的人次、批次都较多，类型也比较丰富，从语言教学到才艺培训，从一线教师到校长校董，皆有覆盖。

本年度“请进来”模式华文师资培养的学员来源国家有所扩大。国务院侨办连续第四年举办的“中亚地区华文教师研习班”，本年度就首次招收了来自哈萨克斯坦、乌兹别克斯坦、吉尔吉斯斯坦、塔吉克斯坦等四国的华文教师，这显示“一带一路”沿线国家的华文教育工作越来越受到国家有关部门的重视。

互联网在华文教育中的先天优势日益显现，远程网络师资培训进一步得到发展。其中，由中国华文教育基金会主办，北京四中网校、完美（中国）有限公司赞助的“中国华文教育基金会华文师资远程培训”2014 年扩展到了澳大利亚、蒙古国和印度尼西亚、葡萄牙、文莱等 8 个国家，培训内容包括《汉语语音教学》《古诗新唱》《新 HSK 高级写作》等多门课程，8 个国家的华文教师通过远程教学平台学习、分享了来自北京专家的精品培训课程。

国务院侨办外派教师是海外华文教育的重要力量，对部分海外华文学校的教学起到了重要的支撑作用。2014 年，国务院侨办和中国海外交流协会分别委托广东、广西、福建省（区）侨办在广州、南宁和福州举办三期外派教师行前培训班，就外事纪律、涉外礼仪礼节、海外国情和侨情介绍、海外华文教育情况以及华语教材教法等进行培训，特别是邀请已完成外派任务的教师进行经验介绍与交流，聘请专家对外派教师进行突发事件处理和心理辅导等，对外派教师圆满完成海外教学任务提供了充分的知识和能力储备。多地还开展了对外派教师工作的总结和表彰工作，如 7 月 23 日，山东省在济南召开外派教师工作表彰大会。国务院侨办副主任任启亮、国侨办文化司副司长汤翠英出席大会。会议总结了山东省近年来开展外派教师工作的经验，山东省侨办、省教育厅联合表彰了济南市教育局等 30 个全省外派教师工作先进单位、济南第七中学老师亓莹等 60 名全省优秀外派教师，并向他们颁发了奖牌和证书。山东省侨办还结集出版了《山东省优秀外派教师事迹材料汇编》，记录了优秀外派教师们多年来在海外的工作生活、奋斗历程和情感体验。这对进一步加强外派教师工作将起到重要的推动作用。

2. 华文师资培养的特点

2014 年，在取得综合性成绩的基础上，海外华文师资培养工作具有以下一些特点。

（1）华文师资培训对象由一线教师开始向华文教育的办学主体延伸。华文教育的核心阵地是华文学校，而华文学校的办学主体力量则是学校的董事和董事长。加深华文学校校董对中国国情与文化的了解，增进其感情，对华文教育的长远发展意义深远。2014 年，华文师资培训的对象开始由一线的华文教师，延伸到华校的董事长和董事等，并使之成为师资培训的重要对象。如中国国务院侨办/中国海外交流协会先后主办了多期“华文教育·华校校董/杰出人士华夏行”，中国华文教育基金会也先后组织了“海外华校校董南粤行”“2014 海外红烛故乡行·‘完美’浙江之旅”等活动；深圳市侨办主办了马来西亚华校董联会董事长研习班，邀请来自马来西亚沙巴州的40余名华校董事长访问中国，体验中华文化，共商华文教育事业发展。以上活动的开展有效地启迪了海外华教负责人对现代化教育的认识，增进了中国与其所在国的文化教育交流，同时也加深了他们对中华优秀文化的印象。

同时，为总结外派教师工作经验，做好外派教师工作，更好地发挥外派教师作用，2014年9月国务院侨办文化司还在江西九江开办了“外派教师海外聘方学校校长研习班暨侨务干部华文教育专题培训班”，该班专门组织了国侨办外派教师的海外聘方校长进行交流与培训，也是华文师资培训对象延伸的一个有益尝试。

（2）短期专项培训重要性日益增加。华文师资短期培训易组织、见效快、针对性强、受益面广，长期以来一直是华文师资培养的主要形式。2014年，华文师资短期培训表现出的一个显著特点是专项培训越来越受重视，所占比重越来越大。

在专项培训中，依托《华文教师证书》开展短期师资培训是2014年华文师资培训的一个亮点。为了验证“《华文教师证书》研制”项目主体成果《〈华文教师证书〉实施方案》的可行性，检验“培训—考试—认证”三位一体的华文师资培养操作模式与流程，并为正式颁行《华文教师证书》奠定基础，国侨办文化司于2014年组织暨南大学华文学院“《华文教师证书》研制”项目组成员先后赴泰国清迈大谷地、缅甸曼德勒、印度尼西亚雅加达等地讲授华文师资培训课程，进行《华文教师证书》考试境外试测工作。该培训根据《〈华文教师证书〉实施方案》中的有关要求设置课程，课程结束后，学员们参加了《华文教师证书》试测考试。同时，在国内也组织了欧美地区28国华文教师参加的《华文教师证书》研习班，108位泰国华文教师参加的“华文教育·教师研习”《华文教师证书》培训班等。

依托一套统编教材组织教材教法的专项培训也日益受到重视。在国侨办成功举办《中文》教材教法培训班的基础上，云南省侨办依托其已经改编完成的人教版中小学语文、数学九年义务制教材，于2014年5月委托昆明华文学校举办了首届“海外华校教师九年义务制改编教材教学教法培训班”，以鼓励缅甸华文教师积极学习该套改编教材的教材教法，进一步了解和熟悉改编教材，保证未来教材统一使用的教学效果。

按海外学员共同祖籍地来源组织专项培训也颇受欢迎。浙江省温州市侨办于2014年8月开办了面向6所海外温州籍华校校长和华文教师的海外华文教师培训班，为期3天。课程设置是在征求各海外温州籍华校意见后，为学员量身打造，并专门邀请温州当地知名学校如温州市实验中学、温州市第十一幼儿园、温州华侨中学的具有丰富教育经验的老师围绕海外华校管理、班主任管理、教育价值观和海外教学技巧等内容进行授课，可接受性强，培训效果好。

（3）海外华文教育组织的本土化师资建设向纵深发展。2014年度，海外华文教育组织积极参与本土化师资建设，在多个领域进行了探索，为华文教育师资的可持续发展寻找出路。如 2014 年 3 月，意大利佛罗伦萨中文学校为提升华校预备教师的汉语教学理论水平和教学实践能力，首次举办了海外华校预备教师培训班，来自佛罗伦萨大学的 6 位中国留学生，作为学员参加了为期两周的专业培训。培训班采取理论与实践相结合的形式，为学员安排了专题讲座、教学录像、听课、试教等丰富的培训内容；并专门为学员配备了教学经验丰富的资深教师担任指导老师，落实听课、备课、试教的时间和内容。

西班牙 2005 年开始也掀起学习汉语的热潮，目前全国开设汉语课程的大学和中小学数量已经分别达到 50 所和 200 所左右，2013 年西班牙参加汉语水平考试的人数已经超过 7100 人，居欧洲首位。为满足日益发展的汉语教学市场的师资需求，2014 年 7 月，西班牙昆卡市政府、UNED 大学以及西班牙 Macma 中文教育培训咨询公司也联合主办了昆卡首届汉语教师短期集训营，主要目的是有针对性地为西班牙本土培养优秀的华文教师人才。在海外华文教育快速发展的背景下，各国华文教师的数量和专业素养普遍不能满足需求，预备教师的培养无疑是解决这一困境的重要渠道。

海外华文教育组织逐步借助当地的优质教育资源，进行华文师资培训，而不再仅仅依靠华校或华文教育组织自身的力量，这是本土化师资培训向纵深发展的另一个表现。如 2014 年 7 月至 8 月，柬埔寨本土百余名华文教师参加了由柬埔寨王家研究院孔子学院在金边举办的暑期培训班，培训内容包括拼音正音、词汇教学、语法教学、汉字教学等。印度尼西亚的华文教育机构汉涵学府与名校特里沙克蒂大学语言文化中心签署合作协议，联办特级与标准级的汉语教师培训，为提升华文教师的教学水平创设平台。华文教育师资培养的最终出路在于本土化，各地区华文教育组织探索华教师资培养本土化的努力，将为华文教育的可持续发展提供不竭的动力。

七　台湾地区华文教育工作综述

2014 年，台湾地区海外华文教育工作，在政策方面，仍是奉行与海外侨民一体化的政策宗旨，认为海外华文教育工作与侨务工作的关系密不可分。其工作机制是以“侨委会”为主导，“教育部”、各驻外“使领馆”和各代表机构协同负责运作。台湾地区 2014 年华文教育工作特点主要体现在以下几个方面。

1. 台湾地区“侨委会”高层访问海外华校，加强与海外华校的交流合作

台湾地区海外华文教育被视为“侨教”或“侨务”，这一工作开展伊始即被台湾地区当局视作一种“政府”行为。海外具有台湾地区背景的侨团以及侨校每年所举行的活动，台湾地区各驻外“使领馆”和各代表机构均频频出现在现场，借机宣传台湾地区文化以及强调“正体字”（繁体字）的正统地位。除此之外，台湾地区“官方”也通过出访，加强与各海外华校的交流与合作。

根据搜集的资料统计，2014 年，台湾地区“侨委会”高层和华侨活动相关的出访行程 6 次，具有代表性的有：为促进台湾地区和山口洋市的交流，推动山口洋的侨教工作顺利开展，“侨委会”副委员长吕元荣率春访团访问山口洋市和新光明印华学校并捐资助学；“侨委会”副委员长陈玉梅访问澳大利亚布里斯班“昆士兰台湾中心”并了解当地台湾地区慈善基金会参与主流慈善募款情况、昆士兰客家会与布里斯班市府合办庆祝端午龙舟赛的情况；“侨委会”副委员长信世昌赴美国洛侨中心华语文数字学习示范点参观并听取执行成果报告；“侨委会”委员长陈士魁赴马尼拉出席“菲华青年服务团”六十周年团庆并前往菲律宾华文学校联合与菲华校联的干部、校长进行座谈。

2. 依托海外华侨学校，开展华教活动，举办艺文培训班，推广“正体字”及中华文化

2014 年，台湾地区“侨委会”在海外的华教活动充分依托海外华校，以“中华民国103年元旦”、“春节”、“教师节”、中秋节、侨校毕业典礼或结业式、侨校校庆等活动日为载体，通过独办、联办、赞助、督办等多种形式，使侨教活动顺利开展并贯穿全年。据统计，2014年，台湾地区依托海外华校，开展活动40余场，其中具有代表性的有：台湾地区“侨委会”推广的“海外汉字文化节系列活动”11场、“教师节”活动9场、侨校庆典及毕业典礼8场、其他活动12场。并且通过设置“千里良驹奖”等奖项的形式，吸引活动举办地之外其他地区以及周边各国家的华文教师前往参加活动。

为了提高海外华裔的华语文能力，进一步认识了解中华传统民俗技能以及拓展文化新视野，在更广范围、更高层次上传播和弘扬中华文化，在“侨委会”的支持下，海外华校2014年举办民俗活动及艺文类培训4次。其中阿根廷布宜诺斯艾利斯华兴中文学校开办的“暑期中文密集加强班及民俗技艺指导”班，吸引了来自智利、巴西、乌拉圭及秘鲁4个邻近国家及阿根廷其他地区共10个省份约130多位“台侨子弟”报名学习；阿根廷新兴华语文专科学校开办的“围棋棋艺课堂”，让参加活动的学生在享受博弈快乐的同时充分了解了传统的围棋文化。

值得一提的是，“侨委会”为推广台湾地区“正体字”，培养学生华语能力，宣传地区文化，吸引海外学生赴台升学，大力推行“海外汉字文化节”系列活动，内容丰富、形式多样，其中包括演讲比赛、卡拉OK大赛、征文比赛、硬笔书法比赛、朗读比赛、相声比赛等。活动将知识教育与传统文化融为一体，吸引了海外侨生及家长的广泛关注，“海外汉字文化节”系列活动也已经成为在海外传播中华文化的一个重要的高规格平台。

3. 进行海外华文师资培训，强化全球华文网络教育，推广远程函授教育

2014年，台湾地区“侨委会”针对海外华文教师资源匮乏和培训机构不健全的情况，继续采取举办短期培训班以及远程网络教育两种形式，充分发挥有限的华文教育资源优势，将先进的教学方法传授给海外华文教师，协助侨居地的华语教师改变教学方式，培养海外华人子弟学习中文的兴趣。

在短期面授培训上，台湾地区“侨委会”招聘台湾地区高校教师，组成海外华语文教师研习宣讲团，巡回世界各地进行讲座。在欧洲，宣讲团从第一站法国，再到瑞士、荷兰、英国，最后一站抵达德国，整个宣讲行程横跨整个欧洲地区。台湾地区“侨委会”也通过与海外相关侨校机构联合举办培训班或学术研讨会的形式，以海外华文教师研习会、华文师资培训班、教学研讨会等为平台，在加拿大加东地区、印度尼西亚雅加达、美国华盛顿地区、澳大利亚里斯本、阿根廷布宜诺斯艾利斯、美国橙县、德国法兰克福、美国休斯敦、泰国清莱、巴西圣保罗等地举办学术研讨会以及培

训活动近 20 场。

鉴于远程教育跨越时空的优势以及海外华文教师具备一定的网络学习条件和网络学习能力。台湾地区“侨委会”在全球成立了 64 个数字学习中心，2014 年又增加了 5 个中心，并于 2014 年 6 月，在台湾岛内举办“2014 年度数字学习中心经营管理人员研习班”，共有来自全球 14 个国家 25 个数字学习中心示范点与教学点的 33 位学员赴台参加此次研习班。而“侨委会”推动的“海外数字华语文推广计划”也于 2014 年 11 月在马尼拉揭开帷幕。另外，台湾地区“侨委会”依靠本地区优秀的华文教师，通过远程教育的方式对海外华文教师进行网络培训。2014 年，台湾地区在菲律宾、美国华盛顿地区举办了 2 场“中华函授学校推广招生说明会”。“中华函授学校”免费提供华文教师科、华语文应用科、文史艺术科、计算机信息科、中小学进修科、第二语言等近百种课程供海外侨胞选读。

4. 大力推行“华语文能力测试”（TOCFL），吸收海外侨生赴台入学及求职

台湾地区“教育部”委托“国家华语测验推动工作委员会”研发“华语文能力测验”（Test of Chinese as a Foreign Language，TOCFL），自 2003 年 12 月正式对外举办考试。自 2014 年 1 月开始，测验推出了完整的 6 级考试对应 CEFR（Common European Framework of Reference for Languages：Learning，Teaching，and Assessment，欧洲语言学习、教学、评量参考架构），同时提供儿童华语文能力测验（Children's Chinese Competency Certification，CCCC），分为萌芽级、成长级、茁壮级三个等级，适合七至十二岁母语非华语儿童的华语能力检定，通过测验的人员可以获得对应的等级证书。为鼓励更多的海外学生参加 TOCFL 和 CCCC 考试，台湾地区“教育部”还特别设立“华语文能力测验海外优秀考生奖学金”。

2014 年，台湾地区“国家华语测验推动工作委员会”委托一些国家的“台湾教育中心”，在泰国泰北地区、泰国清迈、韩国首尔、巴西圣保罗组织并举办了 4 场 TOCFL 测验，其中泰国泰北地区有数十所华校共 385 位学生参加了测验；在泰国清迈，由于参加测验的人员众多，清迈“台湾教育中心”在 11 月份举办了第二场测验；在巴西圣保罗圣儒华校，参加测验的人员除大量华裔青少年外，还有很多非华裔人士，显示了当地对华语文的重视。另外，在韩国首尔永登浦华侨小学举行了 1 场 CCCC 测验，共有 22 位小学生参加。

台湾地区“教育部”希望通过华语文能力测验，让学生们不仅可以认识了解“正体字”文化，更增进对台湾地区的了解，进而增强学生们申请赴台入学的意愿，吸引求职者赴台求职就业。

5. 促进两岸华语文研究与交流，增进两岸青少年相互了解

随着中国大陆经济的持续发展以及台湾地区与大陆的良性互动，两岸华文教育领域的合作交流正进一步深化。

2014 年，为带动华语文相关研究的蓬勃发展，拓展研究的深度与广度，台湾地区召开学术会议 5 场，其中，由台湾中原大学应用华语文学系主办的“2014 开创华语文教育与侨民教育之新视野国际学术研讨会”、由台北联合大学华语文学系与华语文中心联合主办的“2014 对外华语人才培育国际研讨会”以及由世界华语文教育学会主办的“第十一届世界华语文教学研讨会”，分别邀请了大陆、港澳及海外专家做主题演讲。在北京华文学院召开的“第四届两岸华文教师论坛”以及在台中教育大学举办的“第六届世界华语文教学研究生论坛”属于两岸高校轮流举办的学术会议。“两岸华文教师论坛”此前先后在暨南大学、台北教育大学、华侨大学举办过，“世界华语文教学研究生论坛”此前先后在暨南大学、高雄师范大学、上海师范大学、桃园中原大学、华侨大学举办过。2014 年，为加强两岸华文教育交流，台湾地区台北大学中文系研究生、本科生共 16 人，在系主任马宝莲老师的带领下前往暨南大学华文学院进行交流访问，访学团分别与暨南大学华文学院汉语系和应用语言学系举行了学术交流座谈会和学生交流会。

2014 年，为增进海峡两岸青少年感情交流，让台湾地区青少年感受中国大陆社会经济发展成就，中国国务院侨办主办、各省市侨办承办了 3 次面向台湾地区青少年的“中国寻根之旅”夏（冬）令营活动，分别在福建惠安崇武中学、福建永春二中、福建龙岩新罗区开营。活动采用多种形式，既有学习与交流的结合，也有寻祖与考察的结合，为台湾地区青少年学习中华文化，了解认识大陆，增进海峡两岸青少年交流感情提供了良好平台。

八　海外示范华校华文教育工作综述

海外示范华校是具有一定规模、办学场所相对固定、办学水平较高、在当地较有影响力的华文学校。华文教育示范学校既有历史悠久的传统华校，也有具有一定教学规模、一定实力的新创办华校。2014 年，海外华文教育示范华校教育研讨不断开展，交流合作不断加强，师资培养不断增强，文化活动不断丰富，学校发展不断壮大。

1. 教育研讨蓬勃开展

2014 年，为了进一步增强教育教学的质量，各示范华校积极举办了一系列的教学研讨活动。这类研讨活动主题内容多样化，如意大利佛罗伦萨中文学校接连举办了“汉字识字教学”研讨会、“班级学生个案分析”研讨会、“阅读教学解读与探讨”研讨会、“作文教学研究”讨论会；德国华达中文学校召开了教学探讨会；荷兰乌特勒支中文学校举办了“教学中的师生关系教研会”。各示范华校也积极鼓励本校教师“走出去”，参与地区性教学研讨活动，如泰国曼谷、素攀、红统、春蓬、北榄、北碧、佛统、春武里、大城、华富里、巴蜀等地的 108 名教师参与由川登喜皇家大学和素攀孔子学院举办的“泰国中小学汉语课堂管理策略”研讨会。不仅如此，有不少示范华校联合本地或外地学校、组织机构进行交流，共同举办研讨会，如曼沾勐稳学校开展了缅甸三区域（南渡、南山、曼东）华文教育中心平台教学研讨会；德国华达中文学校举办教学研讨会，邀请汉堡汉华中文学校资深老师兼校长周开雰女士介绍经验；菲律宾红奚礼示立人中学与国内晋江市第四实验小学、第三实验小学等 16 所学校联合举办“‘为孩子明天幸福奠定基础’发展共同体”研讨活动。这些研讨会主题紧扣教育教学，解决教师实际上课中遇到的困难，受到教师们的欢迎。

2. 积极与主流社会交流合作

“交流”与“合作”是海外华校之间重要的联系方式。中国国侨办为各地示范华校创造交流、合作的机会，协调华校资源。到 2014 年，已有不少示范院校已经或正在和国内华文教育基地、海外华文示范学校建立友好关系，实行合作办学模式，实现了示范院校之间的“强强联合”，如：泰国勿洞市孔子学院与勿洞市中华学校签署合作协议；澳大利亚新南威尔士大学孔子学院在悉尼与丰华、大同和雪梨中文学校分别签订了关于成立联合汉语教学基地的协议；快乐美人鱼中华文化学校与哥本哈根商务孔子学院签署了合作协议；等等。示范院校对其他学校的“以强助弱”也值得赞赏，如缅甸曼沾勐稳学校帮助南洞巩学校向缅北果文文教会申请贫困学校基金，解决其学校资金问题，并在教师极其紧缺的情况下选派 1 名教师支教，免费帮助培训本地教师 1 名。

此外，各地示范学校的校长、教师积极出国考察和交流，参加各类研讨及交流会，形成了良好的教学研讨氛围。不少示范院校还曾多次邀请一些知名教育人士或有经验人士进行演讲，举办多次教学讲座，得到高度评价。

3. 举办各类文化活动

示范华校在进行华文教学之余组织学生开展各类文化活动，寓教于学，同时融入当地的特色文化，在学习之余扩大学生的视野，从文化情感上加强学生与祖（籍）国的联系。活动内容丰富，形式多样，如“学唱中文歌”的卡拉 OK 比赛、汉语演讲比赛、读课文大赛、讲成语故事比赛、硬笔书法比赛、青年茶文化活动、中国手工艺活动等。其中部分院校创立的品牌活动初具规模，有一定的影响力，得到了国务院侨办、各地侨办的支持和鼓励。

此外，海外示范华校也积极参与由祖（籍）国以及所在国举办的各类知识文化活动，如：蒙古旅蒙华侨友谊学校学生参加了第二届“中国银行杯”蒙古国中学生硬笔书法比赛；美国大华府希望中文学校波城校区学生参加“第十五届华人学生作文大赛”、赫城校区学生参加美国《侨报》举办的美东第二届少年儿童中文写作比赛等。这些活动充分调动了学生们学习汉语的热情。

在中国传统佳节，各地示范华校举办庆祝活动，情系祖（籍）国，如：旅蒙华侨友谊学校组织全体师生庆祝中华人民共和国成立 65 周年庆典；美人鱼中文学校庆祝中秋、国庆联欢会；泰国坤敬公立华侨学校举办端午节活动；荷兰乌勒支学校开展“热热闹闹迎新年”新春活动等。为了更好地传承、传播中国精品文化，不少示范院校开设了剪纸、书法、中国结、太极、中华厨艺等兴趣班，在汉语教学中融入中国文化，在文化课程中结合汉语教学，文化教学与语言教学相辅相成。

4. 增强教育“软实力”

示范华校的发展核心在于“软实力”——扩大生源范围，提升办学层次，满足多种教育需求。综观2014年海外示范华校在提升自身“软实力”方面的努力，可见：①扩大生源范围的“软实力”，如：苏里南广义堂中文学校将汉语培训生源范围扩大至当地政府官员；泰国彭世洛醒民学校孔子课堂举办了一系列针对不同团体的汉语培训班，学员包括彭世洛府第一区教育局项目官员、泰国第三区军人、泰国第六警总巡士官、彭世洛府政府官员及彭世洛泰商会等商业人士。②改进教学体制的“软实力”，如意大利佛罗伦萨中文学校创办13年来首次举办初中升高中入学考试，标志着该校在建立完整的教育体系进程中迈出了一大步。③推进新教学阶段的“软实力”，如荷兰丹华文化教育中心创立——开办丹华高中班，从某种意义上说，这是荷兰所有中文学校中第一个高中班。④增强联合培养的“软实力”，如德国哈维中文学校与哈维郡公立学校系统（HCPSS）建立教育合作伙伴关系，迎来了哈维中文学校建校史上的又一里程碑。

九 华文教学与研究综述

面向华侨华人子弟的华文教育事业由来已久。特别是近二三十年来，随着中国综合实力的提升，全球各类学习华语的人数逐年增加。相应地，面向华文教育的相关研究也引起了学术界的高度关注，各种国际性学术研讨会相继召开，各类学术论文、专著等研究成果不断涌现。因此，无论是从华文教育事业发展的角度，还是从学术研究的角度，对这些研究文献进行加工整理，为教学、科研人员提供参考是目前急需开展的工作之一。

2014 年“世界华文教育学术动态”收录华教学术会议 35 场，学术论文 120 篇，学术著作 30 部。

本年度在国内外举行华教学术会议 35 次，其中中国大陆举办 17 场，占总数之 49%；中国台湾举办 4 场，占总数之 11%；美国举办 6 场，占总数之 16%；英国、泰国各举办 2 场，分别占总数之 5%；德国、加拿大、澳大利亚、新西兰各举办 1 场，分别占总数之 3%（具体情况请参看图 1－4）。从华教学术会议召开区域的分布可以看出：①中国大陆、中国台湾依然是华教学术活动的主要阵地，二者之和达 60%。②华教学术活动开展的国际化、全球化。华教学术会议的举行遍及北美、欧洲、亚洲、大洋洲的主要国家和地区，其中美国、英国、泰国尤为引人注目。

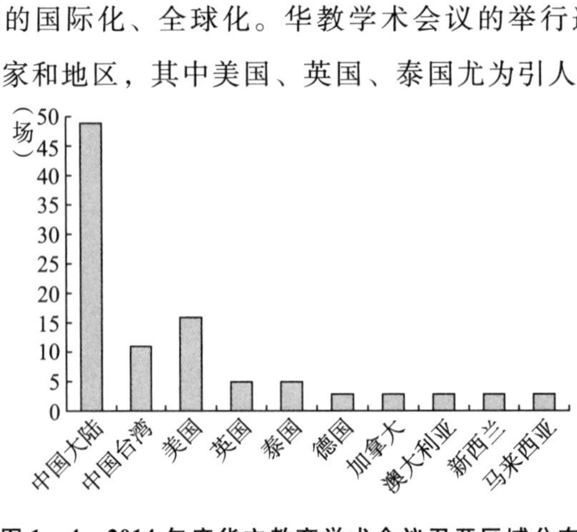

图 1－4 2014 年度华文教育学术会议召开区域分布

华教学术会议的参会主体涵盖从事华文教育各个层次的人员，其中2场为研究生论坛（第六届世界华语文教学研究生论坛和第七届北京地区对外汉语教学研究生论坛），其余33场参会人员既有专家学者、一线教师，又包括在读硕士生、博士生。

会议议题多样化，涉及华文教育的理论研究、华文教育史研究、面向华文教育的华语本体研究、华文课堂教学研究、华文习得研究、华文教材研究、华文师资培养等。使用北京语言大学汉语国际教育技术研发中心研制的“汉语词频统计工具”对上述35次华教学术会议综述进行处理，通过出现频次在5次以上的几组数据可以看出本年度华教学术会议讨论议题的特点。

1. 学科理论研究与教学应用研究并重。其关键词按照频次依次为：理论、学科、应用、教学、教学法、课程、课堂、模式、案例。

2. 语言教学研究与文化教学研究并重。其关键词按照频次依次为：汉语、华语、文化。

3. 语言要素教学研究涉及多个层面，其中汉字和语篇教学研究备受关注，词汇教学研究中虚词教学研究尤为突出。其关键词按照频次依次为：汉字、话语、语法、词汇、语音、虚词、语用。

4. 语言技能教学研究以口语为主。其关键词为：口语。

5. 教材研究依然是关注的热点，尤其是商务教材以及教材的本土化问题。其关键词按照频次依次为：教材、商务、本土化。

2014年度辑录各类学术论文120篇，期刊论文67篇，硕博学位论文53篇。本年度学术论文涉及华文教育理论与华文教育史研究、华文教学研究、华文测试与习得研究、华文教材研究、华文教师发展研究、跨文化传播及华文传媒研究和海外华语特点与使用现状研究七大主题。

从研究方法上来看，主要有传统的思辨法、调查法、访谈法、计量法、个案法和实证方法。各类研究方法的使用比例见图1-5。

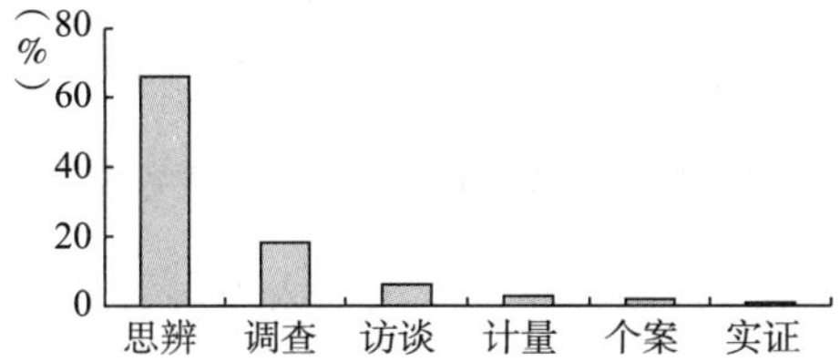

图1-5 研究方法所占比例

可以看出，首先，传统的思辨方法占总数近70%，是学者们最偏好使用的方法；其次是调查法，占总数之19%；然后是访谈法，占7%；计量法、个案法和实证法使用频次非常低，分别占总数之3%、2%、1%。可以看出，华文教育领域研究方法的使用存在一定问题，传统的思辨方法占压倒性优势，调查、计量、实证、个案、访谈等研究方法的运用则非常少，这与语言教育学科的应用属性是不相配的。学界从业人员需要从观念上进行转变，善于吸收学习定量研究的基本理念和具体的操作方法，从而使中国的中文教学研究走向科学化，出现更大的突破性成果。

分析发现，方法的使用和研究主题之间存在某种关系。从图 1－6 可以看出：

（1）“华文测试与习得研究”与“华文教材研究”偏向于使用调查的方法。“测试”与“习得”以学习者为研究对象，研究学习者自身的特点、学习者对各语言要素的掌握情况、各语言技能的发展情况；“教材”一方面涉及教材话题、语法、词汇等语言项目的设置，另一方面涉及学习者对教材使用的研究。对学习者的研究在客观上需要使用问卷调查的方法获得数据进行分析，因此，“测试”“习得”与“教材”的相关研究以“调查法”为主。

（2）除“测试”“习得”与“教材”之外，其他几个主题均以传统的思辨法为主，“华文教育理论与华文教育史”“跨文化传播及华文传媒”与“海外华语特点与使用现状”尤甚。

（3）“华文教学研究”和“华文教师发展研究”最常用的方法是思辨法，其次是调查法，然后是访谈法、实证法。

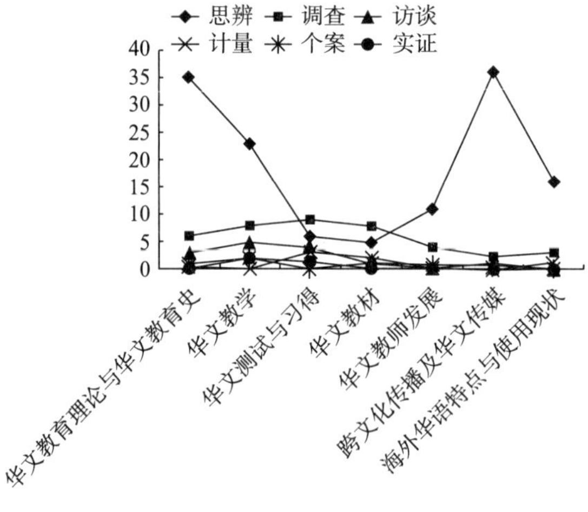

图 1－6　研究方法和研究主题关系

使用“汉语词频统计工具”对 2014 年度七大主题学术论文的摘要进行处理，通过对高频词语的梳理可以管窥本年度各主题研究的相关热点问题。

“华文教育理论与华文教育史研究”23 篇，研究热点如下。

1. 华文教育发展的现状、问题与趋势。其关键词依照频次高低依次为：教育、发展、问题、现状、对策、趋势、策略。

2. 不同国别文化教育史研究。其关键词按照频次依次为：历史、华文学校、菲律宾、泰国、美国、缅甸、新加坡、乌克兰、俄罗斯、老挝、越南。

3. 华文教育“三教”问题的理论探讨。其关键词按照频次依次为：华文、汉语、华语、课程、教学、文化、教材、师资、教师。

“华文教学研究”文献 21 篇，研究热点有：

1. 华文教学课程设置研究。其关键词按照频次依次为：课程、教材。

2. 华文课堂教学研究包括教学法研究、课堂教学模式研究、课堂案例分析等，其中任务型教学法备受关注。其关键词按照频次依次为：课堂、教师、教学法、模式、游戏、任务型、传统型、案例。

3. 语言要素教学研究以汉字教学为主。其关键词按照频次依次为：汉字、词汇、语法。

4. 听、说、读、写四项语言技能教学研究全面开展。其关键词按照频次依次为：写作、口语、阅读、听说。

5. 文化教学研究是华文教学的重要组成部分，相关研究包括文化教学的大纲设计、文化教学与语言教学的结合等。其关键词为：文化。

华文测试与习得研究 16 篇文献，研究热点包括：

1. 华文测试相关大纲的研制、学习者华语水平测试。其关键词按照频次依次为：水平、考试、测试、能力、显著、大纲、标准。

2. 华裔学习者特征研究包括学习者的文化背景、文化认同、心理特征、年龄因素、学习动机等对华文学习的影响。其关键词按照频次依次为：华裔、学习、环境、文化、青少年、儿童、动机、学习者、认同、兴趣、特点、策略、个体、心理、特殊。

3. 成语的习得研究是本年度习得研究中的一大亮点，词汇、语法、汉字等语言要素的研究依然是学者们关注的话题。其关键词按照频次依次为：成语、词汇、发展、语法、语义、汉字、语用、连词、母语。

华文教材研究收录文献 23 篇，研究热点有：

1. 对华文教材本土化、国别化、针对性问题的研究逐渐提上日程，其中针对印度尼西亚、马来西亚、美国、泰国、新加坡等国家的研究最多。其关键词按照频次依次为：本土、本土化、特点、针对性、印度尼西亚、意大利、马来西亚、美国、泰国、新加坡、菲律宾。

2. 通过对不同时期华文教材的编写原则、体例、具体内容的对比，结合语言学理论、语言教学理论、社会政治因素分析华文教材演进与变革的动因。其关键词按照频次依次为：编写、研究、问题、发展、比较、对比、原则。

3. 儿童华文教材的研究关注的主要是趣味性问题。其关键词按照频次依次为：

儿童、幼儿、趣味性、差异性。

4. 华文教材使用情况调查研究包括学习者对教材的评价、需求等。其关键词按照频次依次为：学生、学习者、对象、使用、调查、需求。

5. 教材中语言要素、项目的编排研究。其关键词按照频次依次为：课文、语法、翻译、项目、编排、词汇、话题、文化、词语、设计、选取、练习、体例、生词、设置。

6. 华语词表、词典编纂研究等。其关键词按照频次依次为：词典、电子、词汇表、工具书。

华文教师发展研究共 7 篇文献，涉及的主要讨论话题有国别化华文教师培养研究、华文教师人才库建设研究、华文教师语言态度研究、华文教师专业知识研究等。其关键词按照频次依次为：培训、发展、师资、培养、知识、印度尼西亚、东南亚、态度。

跨文化传播及华文传媒研究文献 14 篇，研究热点如下：

1. 华人社团文化研究。其关键词按照频次依次为：文化、群体、敏感度、融合、背景、价值观。

2. 华裔中华文化认同研究。其关键词按照频次依次为：民族、华裔、认同、认同感、情感、华族、身份、传承。

3. 中华文化海外传播研究。其关键词按照频次依次为：马来西亚、泰国、传播、媒体、传媒。

海外华语特点与使用现状研究 16 篇文献，研究热点有：华文媒体用字研究、华语媒体词汇研究、华语语法研究、华语变异研究、不同国家华语具体语言项目的研究等。其关键词按照频次依次为：词语、词汇、语法、修辞、口语、形容词、义项、动词、用字、词性、书面语、使用、差异、规范、变体、马来西亚、新加坡、越南。

2014 年度收录中国大陆出版的华教类著作 24 部，内容涵盖华文教育史研究，面向华文教学的字词研究，华语声调习得研究，华文教学法研究，华文课堂教学研究，华侨华人研究等多个方面。收录台湾地区华教类著作 6 部，研究主题涉及儿童华语教学研究、华语阅读教学研究、商务华语教学研究、华语俗语教学研究等。其关键词按照频次依次为：汉语、华文、华语、华人、华侨、教学、教育、声调、教师、课堂、话语、文化、移民、汉字、认同、经济、政治、认知、搭配、语法。

第二部分

2014年世界华文教育大事记

1. 第七届世界华侨华人社团联谊大会在北京举行

2014 年 6 月 6 日至 8 日，由中国国务院侨办和中国海外交流协会共同举办的“第七届世界华侨华人社团联谊大会”在北京人民大会堂举行。来自 119 个国家和地区有影响力和代表性的华侨华人社团及华人社区服务机构负责人 500 余人与会。国务委员杨洁篪出席大会开幕式并致辞，国务院侨办主任裘援平主持开幕式并做了题为《继往开来　相融共赢　全面深入推进和谐侨社建设》的主题报告。本届大会以“服务社区、和谐发展”为主题。

大会旨在着眼国家大局、关注侨界民生，探讨在新形势下引导海外侨团机制化、规范化发展，推动实施海外系列惠侨举措，提升海外华人社区服务功能，深化海外和谐侨社建设，凝聚海内外中华儿女力量同圆共享中国梦。

中共中央总书记、国家主席习近平于 2014 年 6 月 6 日在北京会见第七届世界华侨华人社团联谊大会代表，并发表重要讲话。他强调，团结统一的中华民族是海内外中华儿女共同的根，博大精深的中华文化是海内外中华儿女共同的魂，实现中华民族伟大复兴是海内外中华儿女共同的梦。共同的根让我们情深意长，共同的魂让我们心心相印，共同的梦让我们同心同德，我们一定能够共同书写中华民族发展的时代新篇章。

习近平指出，在世界各地有几千万海外侨胞，大家都是中华大家庭的成员。长期以来，一代又一代海外侨胞，秉承中华民族优秀传统，不忘祖国，不忘祖籍，不忘身上流淌的中华民族血液，热情支持中国革命、建设、改革事业，为中华民族发展壮大、促进祖国和平统一大业、增进中国人民同各国人民的友好合作做出了重要贡献。祖国人民将永远铭记广大海外侨胞的功绩。

习近平强调，当前，中国人民正在为实现“两个一百年”奋斗目标、实现中华民族伟大复兴的中国梦而奋斗。在这个伟大进程中，广大海外侨胞一定能够发挥不可替代的重要作用。中国梦是国家梦、民族梦，也是每个中华儿女的梦。广大海外侨胞有着赤忱的爱国情怀、雄厚的经济实力、丰富的智力资源、广泛的商业人脉，是实现中国梦的重要力量。只要海内外中华儿女紧密团结起来，有力出力，有智出智，团结一心奋斗，就一定能够汇聚起实现梦想的强大力量。

习近平指出，中华文明有着五千多年的悠久历史，是中华民族自强不息、发展壮大的强大精神力量。我们的同胞无论生活在哪里，身上都有鲜明的中华文化烙印，中华文化是中华儿女共同的精神基因。希望大家继续弘扬中华文化，不仅自己要从中汲取精神力量，而且要积极推动中外文明交流互鉴，讲述好中国故事、传播好中国声音，促进中外民众相互了解和理解，为实现中国梦营造良好环境。

习近平指出，中国梦既是中国人民追求幸福的梦，也同各国人民追求幸福的梦想相通。国家好、民族好，大家才会好。世界好，中国才会好。中国坚持走和平发展道路，是世界繁荣发展的正能量。广大海外侨胞要运用自身优势和条件，积极为住在国同中国各领域交流合作牵线搭桥，更好融入和回馈当地社会，为促进世界和平与发展不断做出新贡献。

裘援平在主题报告中从凝聚中华民族复兴共识、畅通侨务引智引资渠道、积极开展文化交流和公共外交、支持华文教育发展、维护侨胞正当合法权益等方面，简要介绍了中国国务院侨办和中国海外交流协会为海外侨胞服务工作情况。

裘援平透露，中国国务院侨办和中国海外交流协会将采取一系列惠侨举措，具体包括八项计划，内容涉及侨团建设、华助中心、华教发展、中餐繁荣、中医关怀、文化交流、事业扶助、信息服务等。

在谈到华文教育时，裘援平说："希望到2017年，基本实现让热爱中华文化的适龄华裔青少年能够'有学上、有书读、有合格教师教'。"

裘援平指出，中国国务院侨办和中国海外交流协会制定并实施国家海外华文教育工作规划，形成了由若干体系构成的支持海外华文教育工作格局。

她介绍说，目前已经初步建立起从幼稚园到初中的华文教材体系。修订发行《中文》《汉语》两套主干教材，完成多语种中国历史、地理和文化常识课本翻译和发行，并加快本土化教材和多媒体网络教材的研发。"仅仅去年就向50多个国家和地区发行了250多万册华文教材。"此外，还建立了培训、考核、认证三位一体的华文学校教师培训体系，组织研发华文教育教学大纲，制定华文教师从业水平测试标准和华裔青少年华文水平测试标准。2013年共邀请12000多位华校负责人和骨干教师来华培训。

裘援平指出，中国国务院侨办和中国海外交流协会建立起海外华校帮扶体系，2013年共外派华文教师848人，帮助华校提高教学和管理水平。同时，设立了191个海外示范华校，在340所华文学校开设“华星书屋”。

不仅如此，还建立起华文教育国内支撑体系。中国国务院侨办下属的中国华文教育基金会、暨南大学、华侨大学、北京华文学院以及国内42个各类基地院校，在扩大对外招生、编写华文教材、培训华文师资等方面支持海外华文教育发展。

“我们常年为海外华裔青少年组织文化交流活动，以‘中国寻根之旅’为主题，举办夏令营和冬令营。”裘援平说，中国寻根之旅、中华文化大乐园等活动，每年吸引13万华裔青少年参加。

中国国务院侨办和中国海外交流协会还加强与各国各级政府教育部门的联系与合作，鼓励有条件的华校同当地国民教育体制接轨。积极引导社会力量支持华文教育，举办各种模式和多媒体中文学校，将华校打造成中华语言文化海外交流基地。不断推动华文学校朝着专业化、标准化、正规化方向转型升级发展。

会议期间，还举行了全球华侨华人网上家园“中国侨网”全新版开通仪式，裘援平亲自讲解网站功能，希望借此与世界各地侨团互联互通。

会议推选出10家“华社之光”代表社团，并授予“华社之光”奖杯。这10家代表社团分别是：菲律宾菲华商联总会、澳大利亚华人援助中心、英国华人计划、马来西亚“董教总”、苏里南华侨华人社团联合总会、加拿大中国专业人士协会、南非华人警民合作中心、泰国青年企业家协会、美国华人策划协会——人瑞中心、美国夏威夷中华总商会。这些华侨华人社团在回馈社会、族裔融合；团结互助，爱侨护侨；参政议政、维护权益；尊师重教、传承文化；和睦相融、团结奋进；汇聚侨智、共谋发展；保障侨胞安全、共建平安侨社；继承先辈传统、凝聚青年力量；乐于奉献、服务社区；弘扬中华文化、促进中外交流等方面成就突出。

大会还发表了《和谐侨社倡议书》，向全球侨胞发出8点倡议：①入乡随俗、与邻为善；②守法诚信、照章行事；③自重自律、文明厚德；④感恩回馈、履行责任；⑤团结互助、依法维权；⑥尊师重教、传承文化；⑦以侨为桥、沟通中外；⑧乐于奉献、争做表率。希望大家从自身做起，从现在做起，从点滴做起，共同建设“和睦相融、合作共赢、团结友爱、充满活力”的和谐侨社，为人类文明和进步做出新贡献。

2. 第三届世界华文教育大会在北京召开，国务院侨办正式提出建设华文教育“六大体系”

2014年12月7日至8日，由国务院侨办和中国海外交流协会主办的第三届世界华文教育大会在北京隆重召开。来自全世界50多个国家和地区的近600位华文教育界代表参加了此次大会。

12月7日，国务委员杨洁篪在人民大会堂接见与会代表并致辞。他希望全国的侨务工作者和海内外华文教育工作者肩负起历史赋予的使命，以改革创新的精神，全面推动新时期华文教育转型升级，让华文教育在弘扬中华文化、促进中外友好、讲好中国故事、传播好中国声音方面发挥更大的积极作用。他还希望全国各级侨务部门和广大侨务工作者牢记职责，与海外侨胞一道，为推动新时期海外华文教育大发展、大繁荣做出新的更大贡献。

国务院侨办主任裘援平在开幕式上做了题为《发展华文教育，振兴华文学校》的主题报告。裘援平在报告中总结了发展华文教育的历史启示与经验，介绍了开展华文教育工作的新进展和目前面临的新形势、新情况以及国务院侨办支持华文教育发展的主要举措。裘援平介绍，国务院侨办将大力打造“六大体系”：施教体系主要是在开展综合普查和研究分析的基础上，根据不同国家和地区状况，针对不同办学模式，研究制订相对规范的华文学校办学标准、华文教师从业水平测试标准、华裔青少年华文水平测试标准，组织研发华文教育教学大纲、华文教材编写大纲等；教材体系建设目标是到2017年，初步完成周边国家、重点国家和新兴市场国家分国别教材研发、编写工作，基本建立起“通用型”教材与“本土化”教材相互补充的教材体系；培训体系旨在解决当前海外华文教师数量不足、专业素养不够、断层严重等问题，到2017年，要对30000人次的华文教师进行系统的专题培训，其中通过考核认证者力争达到20000人；为支持华文学校和华教组织发展，帮扶体系将在现有基础上，到2017年再建设100所“华文教育示范学校”，再扶持200所贫困华校和新兴华校，再支持30个华教组织开展工作，再建200个“华星书屋”；在国内科学构建以侨务系统五院校为骨干，其余37个华文教育基地为主体的华文教育支撑体系，面向港澳台和华侨华人子女大力开展预科、本科、研究生教育和师范教育，统筹研发华文学校办学标准、华文教学大纲等各类参考标准，争取到2017年，初步建立起定位准确、分工合理、协调配合的国内华教支撑体系；体验体系将继续联合各省市侨办、华文教育基地院校常年在国内组织和举办以“中国寻根之旅”夏（冬）令营、中华文化大赛、中文作文比赛等为龙头品牌的中华文化体验活动。

第三届世界华文教育大会旨在进一步加强海内外华文教育工作者的交流与合作，探索共同做好新时期海外华文教育工作的新思路、新举措，广泛凝聚共识，携手推动海外华文教育大发展。与会的海内外代表们围绕“发展与住在国关系，创造华教发展良好环境”“加强华文教材体系建设，夯实华文教育发展基础”“全面提升华文教师素养，破解华文教育发展瓶颈”“稳步推进‘三化’建设，促进华文学校转型升级”“激发华社内在动力，海内外同心携手，共创华教新辉煌”“发挥华教组织、示范学校的引领、示范作用，共促华教新发展”“丰富中华文化体验活动，激发华裔青少年学习兴趣”等议题展开了热烈的讨论。

会议期间以访谈形式举行了华文教育专题论坛，国务院侨办文化司司长雷振刚主持，邀请了泰国华文民校协会主席梁冰、澳大利亚丰华中文学校校长许易、缅甸曼德勒福庆学校校长李祖清、巴西圣本笃学校校长吴桂秋、澳大利亚新金山中文学校校委会主席孙浩良、荷兰中文教育协会会长陈华钟、马来西亚华校教师会总会主席王超群、菲律宾华教中心常务副主席黄端铭等8位华文教育界知名人士就华文教材编写、华文教师培训、华校转型升级等议题进行了互动式交流，各位代表就自己国家的华教实情作了深入的阐述。

国务院侨办副主任任启亮在闭幕式上表示，大会达成了“抓住机遇，推动华文教育转型升级，促进华文教育向标准化、正规化、专业化方向迈进”的共识，为今后华文教育发展指明了方向。

国务院侨办在会上还表彰了1646名海外优秀华文教师和120名热心华教人士，并为38所海外华文教育示范学校颁授了牌匾。

此外，“发现东方之美”海外华裔青少年“中国寻根之旅”微信大赛也在会上启动。

3. 全国政协召开双周协商座谈会，就推进海外华文教育发展提出建议

2014年4月17日下午，全国政协主席俞正声主持召开题为“努力破解海外华文教育发展瓶颈”的政协“双周协商座谈会”，邀请有关专家和政协委员专门研讨华文教育的问题与出路。这在全国政协历史上是第一次。

全国政协委员杨崇汇、李崴、曹鸿鸣、赵阳、陈寒枫、许琳、高杰、蔡建国、吴晶、黄文平、李卓彬，贾益民、林文肯、雷振刚、郭熙、章新胜等专家学者在座谈会上发言。委员们认为，海外华文教育是面向广大华侨华人，特别是华裔青少年群体系统开展民族语言学习和中华文化传承的一项重要工作，对于增强中华民族凝聚力、促进中外文化交流、增进友好关系、保持华侨华人的民族特性、提升国家软实力等具有深远意义。委员们围绕加强领导、建立健全支持海外华文教育的工作机制、按照华文教育自身特点和规律进行专项设计和规划、编写教材、培训师资、办好国际学校等发表意见，提出建议。座谈会气氛活跃，大家发言踊跃，思考深入。

全国政协副主席杜青林、张庆黎出席座谈会，全国政协副主席万钢、何厚铧、李海峰在座谈会上发言。

国务院侨办主任裘援平介绍了海外华文教育工作情况。外交部、教育部、中国侨联有关负责同志出席会议，与委员、专家学者们交流互动。

多年来，全国政协港澳台侨委员会和中国致公党多次就海外华文教育问题开展专

门调研，持续不断地推动海外华文教育事业的发展。

4. 赵阳当选中国华文教育基金会新一届理事长

2014 年 10 月 24 日，中国华文教育基金会二届十一次暨三届一次理事会在北京召开。会议选举赵阳同志为中国华文教育基金会第三届理事长；左志强同志为副理事长兼秘书长。国务院侨办主任裘援平、副主任任启亮出席会议。

林文肯理事长向大会做了《中国华文教育基金会第二届理事会工作报告》。报告从募集资金、策划和实施项目、开展华文教育现状调研、扩大对外宣传和强化内部建设等五个方面，全面回顾了基金会过去五年的工作情况。

会议审议通过了第二届理事会工作报告。经换届选举，产生了中国华文教育基金会第三届理事会。第三届理事会由国务院侨办、全国人大华侨委、全国政协港澳台侨委、外交部、教育部、财政部、中国侨联、致公党中央等 17 个单位代表以及民间人士 21 名理事组成。新当选的副理事长兼秘书长左志强在会上做了《中国华文教育基金会第三届理事会工作要点》的报告。

国务院侨办主任裘援平做了重要讲话，代表国侨办对此次会议的成功召开和新当选的理事、监事表示热烈的祝贺，对各理事单位及派出理事对华文教育事业和基金会工作给予的大力支持表示由衷的感谢，并对基金会过去五年的工作给予了充分肯定。

国务院侨办副主任任启亮也在会议上讲话，勉励与会同志肩负起历史赋予的责任，努力发挥基金会作为民间公益组织的独特优势和作用，为促进华文教育事业发展做出新的贡献。

5. 2014 年全国华文教育工作会议召开

2014 年 2 月 26 日，由国务院侨办文化司和中国华文教育基金会联合主办、山东省泰安市侨办承办的“2014 年华文教育工作会议”在山东省泰安市召开。泰安市副市长周静致欢迎词，国侨办副主任马儒沛发表重要讲话。国侨办文化司司长雷振刚、中国华文教育基金会秘书长左志强以及全国主要省市侨办、国侨办所属院校和华文教育基地学校的有关负责同志共 150 余名代表出席了会议。

马儒沛说，建设文化强国、实现中国梦，对国家侨务工作，尤其是华文教育工作提出了更高要求。我们一定要以党的十八大和十八届二中、三中全会精神为指引，大力开展华文教育工作，认真落实全国侨办主任会议精神，更好地服务国家内外大局，更好地为侨服务。

马儒沛指出，随着中国综合国力和国际地位的提升，广大海外侨胞与祖（籍）国联系更加紧密，对祖（籍）国的文化认同增强，都希望保持自身的民族文化传统，对开展华文教育和弘扬民族文化充满热情和期望。遍布世界的近 2 万所华文学校，已成为海外推广中国语言文化、促进中外文化交流基础牢、覆盖广、效果好的平台。在国际、国内诸多因素的共同作用下，近年来海外华文教育发生了一些新的变化，呈现出了一些新的特点，海外华文教育迎来了快速发展的良好契机。

国侨办文化司司长雷振刚和中国华文教育基金会秘书长左志强还分别对相关工作进行总结和部署。

6. 18 所华校获授第四批“海外华文教育示范学校”

为了帮助海外华文学校改善办学条件，优化办学环境，提升办学水平，国务院侨办遴选出第四批华文教育示范学校，2014 年共有 18 所海外华文学校被评选为“海外华文教育示范学校”。此前，国务院侨办已评定三批共计 189 所“海外华文教育示范学校”。

国务院侨办副主任任启亮介绍说，目前海外华文学校受主客观因素的影响，普遍存在着发展水平不高、教育教学质量参差不齐等问题，为加快华文学校转型升级，国侨办自 2009 年起启动了“华文教育示范学校”建设工作，在海外遴选一批办学规模较大、办学水平较高、较具影响力的华文学校予以重点支持。

第四批“海外华文教育示范学校”名单见表 2 - 1。

表 2 - 1　第四批“海外华文教育示范学校”名单

国家	学校
柬埔寨	贡布省禄山市公立华侨学校
	逢咋叻县觉群学校
缅甸	曼德勒云华师范学院
	大其力大华佛经学校
泰国	泰国春府大众学校
	光明华侨公立学校
	横色令县公立敬德学校
	武哩喃公立华侨学校
	陶公复兴学校
英国	伦敦哈劳中文学校
	曼彻斯特中国教育文化社区协助中心中文学校
加拿大	萨城中文学校
	环球中文学校
澳大利亚	澳华公会中文学校

续表

国家	学校
美国	光华中文学校
	明尼苏达明华中文学校
	凯瑞中文学校
	匹兹堡中文学校

7. 中国海外交流协会与马来西亚教育局局长联谊会签署合作备忘录

2014 年 3 月 13 日，中国海外交流协会常务副会长裘援平和副会长马儒沛在北京会见以马来西亚教育部副总监阿米努丁为团长的马来西亚教育局参访团 31 人。访问团代表马来西亚教育局局长联谊会与中国海外交流协会文化交流部签署了教育文化合作备忘录。

裘援平表示，2014 年正值中马建交 40 周年，自建交以来两国关系发展良好，各领域交流合作不断深化，人员往来日益频密。其中，文化教育的交流更是促进了两国友谊的发展。中马两国在文化教育方面都有值得借鉴的经验，马来西亚教育体系完备，教育模式独具特色，双方应多在各层面加强文化教育交流。世界上有 1/5 的人使用中文，中文是世界上第二大国际通用语言，学中文在不少国家形成热潮，并纳入了国民教育体系，希望双方能用全球化的视角加强语言、教育和文化的交流。

马儒沛副会长向参访团介绍了中国海外交流协会的基本情况及工作原则和方针等。他同时指出，马来西亚有各类华校 1300 多所，学生约 60 多万人，马来西亚华文教育的办学规模和水平在全世界位居前列。目前，中国正致力于华文教育“三化”（正规化、专业化、标准化）建设，马来西亚华教体系完备，建制完善，在办学模式、教学方法等方面创造了许多成功的经验值得我们借鉴和学习。马儒沛说，近年来，中国海外交流协会一直注重加强与各国主流教育部门达成合作协议，希望中马双方以合作备忘录为开端，建立长效沟通机制，使合作领域更加宽广，效果更加明显。

阿米努丁表示，马来西亚教育部十分重视包括华文教育在内的各民族母语学习，中文在马来西亚经济全球化发展中扮演了重要的角色。他说，签署备忘录只是第一步，希望接下来能有更深入的交流。

中国海外交流协会文化交流部部长雷振刚、副部长汤翠英、华文教育发展中心副主任邱立国等陪同出席了会见及签约仪式。

8. 首届“华文教育教案比赛”获奖名单及作品公布

2014 年 6 月 20 日，国务院侨办文化司与中国海外交流协会文化交流部联合于

2013 年面向广大海外华文教师开展的征集优秀教学教案的活动落下帷幕。首届“华文教育教案比赛”获奖名单及作品公布。

教案比赛分海外华文教师和外派教师两组进行。经过初评、复评、终评，共有 128 人获奖。特等奖 4 名，海外华文教师 3 名，外派教师 1 名；一等奖 10 名，海外华文教师 5 名，外派教师 5 名；二等奖 18 名，海外华文教师 10 名，外派教师 8 名；三等奖 33 名，海外华文教师 21 名，外派教师 12 名；优秀奖 63 名，海外华文教师 42 名，外派教师 21 名。

活动旨在增进海外华文教师交流教学经验，丰富教学形式，提升教学效果。

首届“华文教育教案比赛”获奖名单见表 2－2。

表 2－2　首届“华文教育教案比赛”获奖名单

组别	奖项	名单
海外华文教师组	特等奖（3 名）	方莉（澳大利亚）、曾宪灵（美国）、张美（加拿大）
	一等奖（5 名）	陈珊（英国）、程惠玲（加拿大）、吴颂彬（菲律宾）、薛美华（比利时）、张玮萍（澳大利亚）
	二等奖（10 名）	白布音赫西格（蒙古）、陈娜丽（印度尼西亚）、陈晓英（美国）、董坤瑶（西班牙）、李莉（比利时）、林佳佳（意大利）、何珊珊（英国）、刘世民（澳大利亚）、叶云飞（美国）、钟稼（新西兰）
	三等奖（21 名）	蔡远智（加拿大）、陈娣（加拿大）、陈敏华（意大利）、陈婷（美国）、黄小捷（西班牙）、贾玲（德国）、金思敏（澳大利亚）、李虹（法国）、李晶（葡萄牙）、李平（加拿大）、李岍潼（西班牙）、廖燕斌（阿根廷）、孟凡宇（印度尼西亚）、任铭宣（加拿大）、孙莉莉（澳大利亚）、宋雅真（荷兰）、薛燕滨（日本）、颜胡接（泰国）、喻丽雅（美国）、赵黎（匈牙利）、周阳（西班牙）
	优秀奖（42 名）	蔡克健（德国）、常皓（意大利）、陈波（丹麦）、陈敏（澳大利亚）、陈开丽（葡萄牙）、陈逍旸（美国）、陈亚琴（比利时）、郭向明（澳大利亚）、黄实（美国）、黄启文（加拿大）、江岚（美国）、蒋红宇（澳大利亚）、李娟（澳大利亚）、李礼（澳大利亚）、李爱东（加拿大）、李小乐（西班牙）、廖伟莹（美国）、林仙珍（缅甸）、刘静（美国）、卢进梅（美国）、吕秋玲（西班牙）、曲惠敏（加拿大）、任虹娇（缅甸）、沈亦方（加拿大）、唐人婕（加拿大）、涂秋松（加拿大）、王磊（澳大利亚）、王锐（加拿大）、王慧如（美国）、王俊华（澳大利亚）、王丽萍（缅甸）、王书艳（加拿大）、王秀芳（意大利）、谢菁（葡萄牙）、徐昭（西班牙）、闫蕾（加拿大）、杨濡源（缅甸）、余彩媚（澳大利亚）、张文颖（瑞典）、周幸迟（澳大利亚）、周云芳（美国）、朱捷（加拿大）
外派教师组	特等奖（1 名）	丁丽美（泰国）
	一等奖（5 名）	郝海庭（菲律宾）、朗亚鲜（缅甸）、翁献琼（意大利）、刘月升（印度尼西亚）、孙凯（泰国）
	二等奖（8 名）	王良霞（泰国）、董璐（巴西）、冯明贵（老挝）、陆凤美（老挝）、李勤敏（菲律宾）、吕茂峰（菲律宾）、孙群（日本）、仲凤梅（缅甸）

续表

组别	奖项	名单
	三等奖（12名）	程少霞（印度尼西亚）、刘广宾（印度尼西亚）、张恩玲（印度尼西亚）、罗冬兰（印度尼西亚）、郝艳芳（泰国）、孙奎（泰国）、王晓欢（泰国）、谢晓妮（老挝）、许晓婷（缅甸）、李秋勇（菲律宾）、杨芳（泰国）、张利军（泰国）
	优秀奖（21名）	陈大伟（泰国）、陈琳芳（缅甸）、陈启蓉（老挝）、邓燕（泰国）、邸亚静（泰国）、黄丽君（意大利）、李玉军（泰国）、林风英（印度尼西亚）、欧兆伦（老挝）、尚昌红（泰国）、孙晗（老挝）、陶荣生（老挝）、王克（韩国）、王馨（泰国）、韦远（老挝）、韦芳蓉（老挝）、吴高建（泰国）、吴云逸（意大利）、于月红（菲律宾）、袁翱翔（泰国）、张洋（泰国）

9.《华文》教材（初中柬埔寨版）通过专家审稿

2014年1月7日，由暨南大学华文学院/华文教育研究院华文教材研发中心编写的《华文》教材（初中柬埔寨版）专家审稿会在广东省广州市召开。北京语言大学教授王建勤、厦门大学教授苏新春、华南师范大学教授王葆华以及柬华理事总会委派的崇正学校教务主任高文胜、端华学校教务主任姜福生等担任审稿专家，就教材编写、发行的各项工作进行评阅。国侨办文化司司长雷振刚、华文教育发展中心副主任邱立国等出席指导会，广泛听取了专家的意见和建议。暨南大学出版社社长徐义雄带领出版团队也参加了会议，与教材编写组商议教材装帧、出版事宜。审稿会由教材总主编、华文学院执行院长邵宜主持。

会上，教材编写组成员杨万兵就教材编写理念、整体设计与编写思路等做了工作汇报。专家组对教材样书逐章节进行了评审，对教材编写工作给予了充分肯定和高度评价，一致认为作为研究院编写的第一套国别化、本土化教材，《华文》（初中柬埔寨版）在总体框架设计、选文、教参、练习册编写方面适合柬埔寨华校师生的实际情况，充分体现了国别化、本土化的特点，在词表设计、单元主题汉字提炼与呈现等方面具有创新性，能较好地引导学生培养自主学习的习惯与能力，符合柬埔寨华文教育界和学生的实际需求，已具备出版发行条件。专家组也对教材编写与装帧设计等存在的一些问题提出了中肯的修改建议。

国侨办文化司司长雷振刚希望审稿专家们秉承一贯的严谨学风，本着实事求是的工作态度，多提意见，教材组在正式付印前要多多雕琢，将本套教材打造为一部优秀的精品教材。

10. 马来西亚华校董事联合会总会举行60周年会庆活动

2014年8月22日至23日，马来西亚华校董事联合会总会（董总）成立60周年庆典暨2014年世界华文教育论坛在马来西亚吉隆坡加影隆重举行。"世界华文教育论坛"及董总60周年会庆晚宴是庆典的两大活动。

8月22日至23日，"世界华文教育论坛"在新纪元学院召开。来自东南亚各国华教组织代表、专家学者和特邀嘉宾等300余人出席盛会。这是第一次在中国以外的国家举行"世界华文教育论坛"。董总主席叶新田博士在开幕式上致辞。他说，东南亚各国华教组织唯有团结一致，坚守华文教育的防线，齐心捍卫，才能继续发展华文教育，不负华教先贤的牺牲与奉献。董总署理主席邹寿汉指出，董总今后不仅要积极站稳在维护华教的岗位上，更要为世界华教发展再领航。论坛探讨了六大议题：世界各地区华文教育发展的情况与展望、政府教育政策的变迁与华文教育发展、华教意识在华社的变迁方向、华文教育与多元文化社会的构建、华文教育与华文传承辨析、华文作为第二教学语言的问题与研究。各国代表在2天的时间里，围绕论坛的六大议题，积极展开交流、讨论、分享。中国中央民族大学国际教育学院院长吴应辉教授、华侨大学华文教育研究副院长胡建刚副教授、新纪元学院理事会主席林忠、文莱中华学校许月兰校长等在大会上做专题报告。

此次董总会庆以"跨越甲子，迈向新章"为主题，邀请国内外华教组织、华团、各源流文教团体、热爱母语教育的各族群众、政府和朝野各政党领袖、国州议员、外交使节、新闻媒体代表出席8月23日晚在加影董教总教育中心举行的60周年会庆晚宴。晚宴席开400桌，其中部分宴席公开售票，每桌票券售价1000令吉，以筹募"董总华文独中师资培训基金"，用以强化独中师资的专业培训。

第三部分

2014年世界华文教育资讯

一　华教政策

1. 新加坡政府双文化工作组扩员

2014 年 2 月 24 日，新加坡政府双文化工作小组迎来 4 位新议员，这使小组成员从 8 人增至 12 人。双文化工作小组组长沈颖希望，小组新成员能在他们的专长或感兴趣的领域发挥影响力，推广华文华语文化，拉近政府与华社距离。

多次在新加坡国会中针对双语双文化课题发表言论的淡滨尼集选区议员马炎庆担任小组副组长。

李显龙总理在 2011 年接受专访时说，他非常重视华社对政府的期望，因此计划成立一个新的工作小组，拉近政府与华社组织的距离，并培养新一代的双语、双文化人才成为华社领袖。

双文化工作小组的 4 名新成员将在各自活跃的领域，向各个年龄层的新加坡华人进一步推广华文、华族文化与传统价值观。

2. 德国逾 300 中小学开设汉语课

近年来，德国汉语教学发展迅速。目前，全德开办汉语课程的中小学校数量已经超过 300 所，其中 60 余所中学将汉语设为高中毕业会考科目。哥廷根大学和蒂宾根大学开设汉语师范专业，以培养本土专业汉语教师。

3. 中国将在全球建立 60 个“华助中心”

2014 年 3 月 9 日，中国国务院侨办主任裘援平在参加十二届全国人大二次会议第二次全体会议时透露，将在全球 60 个侨胞超过 10 万人的地区支持建立“华助中心”，为侨胞们提供关爱帮扶、促进文化交流。

裘援平表示，为了海外侨胞能有更好的长期发展环境，针对近年来海外侨社基本情况，国侨办把 2014 年确定为“和谐侨社建设之年”，希望集中推进“和谐侨社”

建设，让海外华侨华人能够有一个更和谐、更宽松的生存发展环境。

裘援平指出，将支持专门从事为侨胞服务的社会福利机构、公益慈善机构、文化教育机构、卫生机构等，加大对侨胞特别是基层侨胞服务的力度。

为了能够服务更多的海外侨胞，裘援平表示，将加大海外华文教育支持，加大对外文化交流力度，帮助培训各类人员，包括开办侨领培训班、文艺骨干培训班、厨师培训班等，让培训人员回到所在国之后能够直接或更多地服务海外的侨胞。

4. 国务院侨办及中国驻柬埔寨大使馆资助柬埔寨华文教育发展

2014 年 4 月 17 日，中国驻柬埔寨大使馆举行了向柬埔寨柬华理事总会及当地华文学校转交由中国国务院侨办和中国驻柬使馆资助的华文教育基金的仪式。

中国驻柬大使布建国在仪式上表示，柬埔寨华文教育在柬华理事总会的努力和全柬各界人士的支持下，克服重重困难，不断发展，中国政府有责任和义务为此提供力所能及的帮助。此次由中国国侨办和中国驻柬使馆共同提供的资助，体现了祖（籍）国对广大华侨华人弘扬中华文化和发展华文教育的支持。

柬华理事总会会长杨启秋表示，弘扬中华文化，兴建华文教育，体现了在柬华人热爱祖籍国、热爱中华文化的热情。

中国国务院侨办此次向 11 所柬埔寨华校和柬华理事总会分别资助 10 万元人民币的华文教育基金，中国驻柬使馆向柬华理事总会捐助 1 万美元教育基金。此外，中国国侨办还将向柬埔寨 5 所华校分别捐助价值 6 万元人民币的图书、学习资料以成立“华星书屋”，促进当地华文教育发展。

5. 美国华语教学资源中心落实“共同核心标准”

2014 年 4 月 25 日，美国华语教学资源中心举行新闻发布会宣布将把“共同核心标准”纳入中文教学。

华语教学资源中心执行长吴德伟说，“共同核心标准”是美国联邦政府与加州政府力推的教学政策，要求学校将提升学生思辨与创新等技能作为教育目标，协助学生在高中毕业时，具有大学深造或者面对职场挑战所需的能力。

此外，从 2014 年起，华侨文教中心将与加州州立大学圣伯纳迪诺分校共同推出中文学校授予中文课程学分计划。从前参加中文课程不被计入学分，而现在学生在中文学校完成 250 小时中文课程后，可以通过第三方或者大学中文能力测验，之后就可以取得一年的加州州立大学中文学分。这个计划可以鼓励学生继续留在中文学校学习中文。

6. 菲律宾中信慈善基金会捐款设立助学金和华语教师专业奖

菲律宾中信慈善基金会与菲律宾华教中心合作，设立“中信菲律宾华校学生助学金”和“中信菲律宾华校华语教师专业奖”，金额各为每年100万比索，旨在促进华校华语教师队伍专业化，鼓励华校清寒学生学习中文和中华文化。

菲律宾中信慈善基金会由菲律宾中信地产公司和建立建筑公司董事长蔡建立、许嘉真伉俪于2014年初设立，旨在菲中两国从事社会公益慈善福利事业。

7. 肯尼亚计划将中文课纳入中小学正式课程编制

肯尼亚课程编制研究院2014年4月正式启动肯尼亚中小学课程编制修改项目，计划将中文纳入该国中小学课程编制，这意味着中文将作为一门正式课程进入该国中小学的外语课堂。

目前，中文课程已经在肯尼亚的内罗毕大学、肯雅塔大学和埃格顿大学等高校以及阿帕希尔高中的汉语教学基地教授。中文学习者数量的增加和人们学习中文热情的高涨正是肯尼亚课程编制研究院着手研究在本国中小学正式开设中文课程的主要原因。

8. 世界语言大会发布《苏州共识》

2014年6月6日，由中国政府与联合国教科文组织共同举办的世界语言大会在苏州闭幕。来自100多个国家和地区的约400位代表围绕语言能力与人类文明和社会进步，就语言能力与社会可持续发展、语言能力与教育创新、语言能力与国际交流合作等议题进行讨论，达成共识。

大会发布的《苏州共识》指出，语言是人类文明世代相传的载体，是相互沟通理解的钥匙，是文明交流互鉴的纽带。作为推动历史发展的重要力量，语言对于激发个体潜能，实现2015后全球发展新目标至关重要。语言能力是激发文化活力，促进认知发展，推动社会进步和经济繁荣的根本因素。

《苏州共识》认为，使用学习者的母语开展教学，是提高教学效果、促进身份认同的重要基础，母语教育应该体现在初期教育阶段。家庭和社区在母语学习中发挥着重要作用。视听障碍者独特的语言系统在教育中应得到重视和使用。各民族为使他们的语言世代相传所付出的努力，对一个公正和有益的世界亦很重要。

《苏州共识》提出，促进人民、机构、国家之间的交流和学习是提升语言能力的重要途径。网络空间应体现世界的语言多样性，各语言社区都应该从信息技术中受益。满足国家以及移民社区需要的语言政策和实践，可以增强全球社会和平共处的有效交流。

9. 南非成立推广汉语教学工作组

南非基础教育部2014年6月12日宣布，一个致力于在南非中小学推广中文教学的工作组已经成立。工作组将负责制定中文教程，并决定汉语在南非作为选修外语的地位。

南非基础教育部在一项声明中说，南非中小学校推广中文教学工作组的成员由南非基础教育部官员、中国驻南非大使馆官员、两国研究人员和学校代表组成。工作组的任务是汲取过去和现在的成功经验，综合考虑各方面建议，制定汉语教材，使汉语成为南非学校的选修课。

2014年2月，南非基础教育部部长莫采卡访问中国，与中方签订了《中国与南非基础教育合作框架协议》。根据协议，中南两国将加强文化和教育合作，鼓励学习彼此的语言、文学、文化和历史，并在条件成熟时，在南非的一些学校试点，合作推广汉语教学与研究。

10. 中国国侨办：力求使海外华文教育教材建设立体化

2014年7月11日，中国国务院侨办文化司副司长汤翠英在广州表示，国侨办已经建立了一整套教材体系来满足海外华文学校的需求，目前正着手编写海外华文的高中教材，同时还开发多媒体课件的教材，力求使华文教育教材的建设立体化。

针对一些国家反映书籍缺乏的问题，汤翠英表示，国侨办已经建立了一整套教材体系来满足海外华文学校的需求，分别供给当地学生和教师，此外还包括历史、地理在内的常识性教材。目前有关部门正组织编写高中的教材，涉及听、说、读、写各个方面。同时，还在开发一些多媒体课件的教材。

11. 福建省侨办引导社会力量发展海外华文教育

2014年，福建省侨办与福建富闽教育基金会、集美大学联合开展东南亚国家人才培训项目，引导社会力量和资金支持海外华文教育。

福建富闽教育基金会成立于2003年，以资助贫困山区、家庭经济困难、品学兼优的学生为宗旨，成立10多年来，资助了数以百计的贫困学生。

此次福建省侨办与福建富闽教育基金会整合工作和资源优势，并发挥集美大学的海外影响力，开展东南亚国家人才培训项目，培养四年制本科学历人才和举办华文师资培训班。2014年首先在集美大学先行试点，培养项目包括东南亚华文师资培训班和东南亚留学生奖（助）学金。

12. 孟加拉国吉大港首个汉语授课点揭牌开课

2014年8月18日，经过半年多筹备，孟加拉国第二大城市吉大港首个汉语授课点——国际伊斯拉姆大学汉语授课点正式揭牌开课。

在开课仪式上，中国驻孟加拉国大使李军表示，中孟两国经贸与人员往来逐年递增，孟中印缅经济走廊建设正不断推进，越来越多有远见的孟加拉国民众选择学习汉语。他代表使馆对孔子学院与国际伊斯拉姆大学之间的合作及首个汉语授课点开课表示祝贺，相信这一汉语授课点的开办将会促进两国文化交流，帮助学习者了解更多文化知识。

汉语课堂采用情景教学的方式授课，注重口语练习，每12周为一个学期，每周3小时。

13. 巴西圣保罗警察学校将开设中国传统文化课程

2014年8月20日，巴西圣保罗警察学校和当地华人德馨双语学校签署合作协议，标志着中华文化教学正式入驻圣保罗警察学校。

根据协议，圣保罗警察学校的学生下午参加德馨双语学校的中华文化课，接受中国老师教育；而德馨双语学校的学生则在上午进入警察学校课堂学习，接受巴西学校的系统教育。

圣保罗警察学校校长克里斯蒂娜在签约仪式上表示，警察学校学生可以学习中文，了解中华文化，德馨双语学校的华侨华人学生也可以接受正规的巴西系统教育，这种合作有利于双方学生健康发展，也有利于巴中两国加强文化交流。

德馨双语学校校长魏万古说，德馨双语学校本着教书育人，传承、传播中华文化的理念，向巴西学生和华侨华人学生提供良好的中文和中华文化教育。中华传统文化将以多种形式展现给学生。

除德馨双语学校外，另一所华人学校“天天学园”也与圣保罗警察学校合作开展中巴双语课堂教学，设立小学、幼儿园等不同阶段的教学课程。

14. 西班牙安达卢西亚议会将中文列为双语教学语言

2014年9月，西班牙安达卢西亚大区议会决定，将中文列为继英文、法文和德文之后的第四种双语教学语言。据大区议会消息，2014年开设中西双语课程的学校将有8所，今后学校数量还将不断增加。此前，在安达卢西亚，中文都是被当作一种课外的自我学习项目来看待，如今学校正式接纳中文作为教学语言，这一举措意义非凡。

15. 中文将纳入巴西州政府教育体系

2014 年 9 月 23 日，巴西首所中英双语理科公立中学揭牌仪式在里约热内卢州尼泰罗伊市举行，中文将被纳入巴西州政府教育体系。

这是巴西历史上首次专门为中英双语教学成立的一所学校，意味着中文不再以选修课或语言培训课的形式，而是以常规课程的形式出现在课堂中。入校的学生必须学习中文，考试合格方可毕业。

16. 马来西亚将华文列为第三语教学

2014 年 12 月初，马来西亚副总理兼教育部部长慕尤丁表示，马来西亚政府将于 2015 年在政府学校推行将华文作为第三语言教学。他呼吁中国提供华文师资。慕尤丁指出："如果要为一万所学校每所提供 3 名华文教师，马来西亚将需要 3 万名华文教师，而我国也希望中国政府为我国提供数学专才。"

17. 中国国务院侨办打造"六大体系"提升华教发展水平

2014 年 12 月 7 日，中国国务院侨办主任裘援平在第三届世界华文教育大会上表示，国务院侨办将以改革创新精神全面推进新时期的华文教育工作，引导华文学校转型升级，推动华文教育向标准化、正规化、专业化方向迈进。倾力打造施教体系、教材体系、培训体系、帮扶体系、支撑体系和体验体系六大体系，全面提升华文教育发展水平。

有关"六大体系"的具体介绍参见本书"大事记"部分。

二　华教工作会议

1. 广西壮族自治区侨办召开侨办主任会议

2014 年 1 月 14 日，广西壮族自治区侨办召开侨办主任会议。会议强调加强广西华文教育工作，弘扬中华文化。广西侨办冯祖华主任介绍，2013 年广西共派出 135 名华文教师赴泰国、菲律宾、老挝、柬埔寨、印度尼西亚等国家华校任教，并联合广西教育厅制定印发了《广西壮族自治区外派华文教师管理办法》。此外，广西侨办还组织 12 名优秀教师赴新西兰开展“中华文化大乐园”夏令营，贺州市外侨办组织 30 多名青少年学生赴马来西亚开展“南洋风情”夏令营。

据统计，2013 年，广西各级侨办共举办了海外华裔青少年“中国寻根之旅”夏（冬）令营 21 期，参营华裔学生 1280 人，组织近百名华裔学生赴北京参加“2013 年海外华裔青少年及港澳台华裔青少年‘中国寻根之旅’夏令营”活动。

冯祖华表示，2014 年，广西将举办海外华裔青少年“中国寻根之旅”夏令营——八桂情韵大型集结营等活动，向海外侨胞尤其是华侨华人新生代讲好中国历史和广西故事；组织优秀教师到海外开展“中华文化大乐园”夏令营；积极向国侨办申办 2014 年“文化中国·名家讲坛”项目，大力传播优秀中华文化。

与此同时，广西还要充实外派教师人才库，做好外派教师的选派工作，举办 1 至 2 期海外华校华文教师培训班，提高海外华校师资水平。

2. 2014 年全国华文教育工作会在山东召开

2014 年 2 月 26 日，由国务院侨办文化司和中国华文教育基金会联合主办、山东省泰安市侨办承办的“2014 年华文教育工作会议”在泰安市召开。泰安市副市长周静致欢迎词，国侨办副主任马儒沛作重要讲话。国侨办文化司司长雷振刚、中国华文教育基金会秘书长左志强以及全国主要省市侨办、国侨办所属院校和华文教育基地学校的有关负责同志共 150 余名代表出席了会议。

3. 菲律宾马尼拉华教协会举行年会

2014 年 3 月 1 日至 2 日，菲律宾大马尼拉华教协会召开了 2013 年至 2014 年度年会。侨中学院、计顺市菲华中学等 23 所华校参加年会。菲律宾华教中心领导，各华校校长、主任和老师共 317 人出席会议。

菲律宾大马尼拉华教协会会长李淑慧回顾了两年来的工作。蔡莉莎秘书长做了工作报告。菲律宾华教中心颜长城主席强调华教工作须靠大家的携手合作才能有更加美好的前景。

年会开幕式结束后，北京师范大学张和生教授、北京大学对外汉语教育学院院长张英教授分别做了《汉语文字词汇基础知识与教学技巧》《文化、教学、方法》的专题报告。

4. 中国国务院侨办举行列席全国政协十二届二次会议的海外侨胞代表座谈会

2014 年 3 月 6 日，中国国务院侨办举行列席全国政协十二届二次会议的海外侨胞代表座谈会，裘援平主任出席。

裘援平向关心中国现代化和各项事业建设的侨胞代表们表示感谢，并介绍了国侨办将在 2014 年着力推进的六个方面的工作。

一是振兴海外侨社。2014 年国侨办将持续推进海外“和谐侨社”建设，在新形势下体现出新内涵。计划召开“世界华人华侨社团联谊大会”，借大会的平台把世界各国主要侨团负责人邀请到中国，共同商讨加强海外华人华侨社会的建设。

二是支持中国改革发展，把侨胞的自身发展永远放在第一位。国侨办将为愿意回国投资兴业的海外侨胞积极搭建平台、疏通渠道，同时维护侨胞利益不受损害。裘援平指出，中国对海外侨胞回国发展永远持欢迎态度，这并不是一般意义上的招商引资，而是希望海外华侨华人能够搭上中国经济飞速增长的“快车”，在支持祖籍国现代化建设同时实现自身发展。

三是拓展海外创新性人才引进渠道。考虑怎样进一步扩宽海外创新型人才引进，吸收海外优势人力资源，将成为国侨办 2014 年在海外侨胞当中着力研究和推进的事业。

四是大力弘扬中华文化。2014 年国侨办将继续与侨胞们一起支持、推动中华语言文化的发展。不仅仅让华裔子弟能够掌握中华语言文化，而且让越来越多的其他族群都可以学习中文，了解中国文化，扩大中华语言文化的传扬范围。

五是维护和促进祖国统一。裘援平表示“没有一个大国在崛起的时候还处在分裂的状态，这将是一种不幸。推进和平统一的进程，需要海外侨胞形成共识，共同维护和促进。”

六是促进中外友好。目前中国在外交上的重大难题，是国际社会和相当一部分国家对中国和平发展的不理解，甚至曲解、误解。在这样的基础上产生了疑虑和疑惧，进而采取战略上的过分反应和遏制手段。要争取国际社会对中国和平发展的理解和支持，需要海外侨胞融通中外。

5. “中文和埃中合作的未来”主题研讨会在埃及举行

2014 年 3 月 8 日，由埃中友好协会举办的“中文和埃中合作的未来”主题研讨会在埃及举行。中国驻埃及大使宋爱国应邀出席，埃中友协主席、艾因·夏姆斯大学中文系主任、埃及旅游部官员、中埃媒体记者等各界人士参加活动。

宋爱国大使在发言时指出，近年来埃及中文教学取得了长足进步，汉语热在当地方兴未艾，对增进中埃友谊和友好合作发挥了积极作用。语言作为文明和文化的重要载体，在两国友好交往中发挥着桥梁和纽带作用。中方愿加强与埃方在文教领域的合作，为两国友好关系发展提供强有力的外语人才支持。

埃中友好协会主席瓦利高度评价中埃关系发展，表示埃中友好协会将继续致力于两国友好交流与务实合作，积极开展汉语推广和培训，为埃中关系发展不断做出新的努力。

研讨会上，宋爱国大使还就拓宽汉语教学领域、促进中埃关系发展等议题同与会代表们展开友好交流。

6. 江苏省侨务文教宣传工作座谈会在南京召开

2014 年 3 月 10 日，江苏省侨务文教宣传工作座谈会在南京召开。会议回顾了 2013 年全省侨务文宣工作的成绩和经验，对 2014 年的工作做了规划部署。江苏省侨办徐开信副主任到会，文教宣传处全体工作人员和各省辖市、直管县侨办分管领导及工作人员等近 40 人参加了会议。

会上，江苏省侨办文宣处各项业务工作的负责同志通报了 2014 年全省侨务文教宣传工作，对重点工作进行了对接和说明；各省辖市、直管县侨办的会议代表们分别进行了交流发言，提出了很多好的建议和意见。

徐开信副主任围绕 2014 年全省侨务文宣工作提出了三点要求：一是要高度重视侨务文教宣传工作，加大华文教育和对外宣传力度；二是要扎实办好各项“请进来”“走出去”活动，确保每项活动的效果、质量和安全；三是要充分用好江苏侨办外宣平台，为大力宣传和促进地方经济社会发展提供有效服务。

7. 全国政协召开双周协商座谈会，就推进海外华文教育发展提出建议

2014 年 4 月 17 日下午，全国政协主席俞正声主持召开题为“努力破解海外华文教育发展瓶颈”的政协“双周协商座谈会”，邀请有关专家和政协委员专门研讨华文教育的问题与出路。这在全国政协历史上是第一次。

全国政协委员杨崇汇、李崴、曹鸿鸣、赵阳、陈寒枫、许琳、高杰、蔡建国、吴晶、黄文平、李卓彬，专家学者贾益民、林文肯、雷振刚、郭熙、章新胜等在座谈会上发言。委员们围绕加强领导、建立健全支持海外华文教育的工作机制、按照华文教育自身特点和规律进行专项设计和规划、编写教材、培训师资、办好国际学校等发表意见，提出建议。座谈会气氛活跃，大家发言踊跃，思考深入。

全国政协副主席杜青林、张庆黎出席座谈会，全国政协副主席万钢、何厚铧、李海峰在座谈会上发言。

国务院侨办主任裘援平介绍了海外华文教育工作情况。外交部、教育部、中国侨联有关负责同志出席会议，与委员、专家学者们交流互动。

8. 佛罗伦萨中文学校作为华校代表参加意大利全国教育大会

2014 年 4 月下旬，意大利全国教育大会在普拉托省举行，佛罗伦萨中文学校作为华校代表应邀参加会议，副校长谢群在会上作典型发言，介绍了佛罗伦萨中文学校开展文化教育交流的经验与做法，受到与会代表的一致好评。

谢群在发言时指出，随着佛罗伦萨中文学校对外文化交流的不断深化，开展中意学校交流显得越来越有必要。办学不仅是教师和学生的交流，更是学校与社会的交流。这样的交流不仅让老师全方位了解和认识学生，更能促进双方互助，中文教师可以发挥语言优势来帮助意大利老师更好地联系沟通家长，而华裔学生在意大利学校的学习也能促进其他学生的中文学习。

意大利 San Donnino 学校校长在发言中专题介绍了佛罗伦萨中文学校，并高度评价佛罗伦萨中文学校积极融入当地社会，在中意学校交流合作中发挥的重要作用。

佛罗伦萨中文学校是由温籍侨胞潘世立于 2001 年创办的全日制中文学校。该校长期与意大利协助发展中国家协会合作，作为有注册、有许可证书、目前全意大利唯一被教育部门纳入多元文化教育计划的华文学校，其独特、鲜明的办学模式一直受到托斯卡纳大区、佛罗伦萨省市教育机构的重视，被誉为多元文化教育领域最注重教学质量的学校。

9. 第七届世界华侨华人社团联谊大会在北京举行

2014 年 6 月 6 日至 8 日，由中国国务院侨办和中国海外交流协会共同举办的

“第七届世界华侨华人社团联谊大会”在北京人民大会堂举行。来自119个国家和地区有影响力和代表性的华侨华人社团及华人社区服务机构负责人500余人与会。国务委员杨洁篪出席大会开幕式并致辞，国务院侨办主任裘援平主持开幕式并做了题为《继往开来 相融共赢 全面深入推进和谐侨社建设》的主题报告。本届大会以“服务社区、和谐发展”为主题。

大会旨在着眼国家大局、关注侨界民生，探讨在新形势下引导海外侨团机制化、规范化发展，推动实施海外系列惠侨举措，提升海外华人社区服务功能，深化海外和谐侨社建设，凝聚海内外中华儿女力量同圆共享中国梦。

会议的详细内容参见本书“大事记”部分。

10. 英国中文教育促进会举办“英国华文学校的生存与发展”座谈会

2014年6月1日，英国中文教育促进会在伦敦西敏寺大学举办了题为“英国华文学校的生存与发展”的座谈会。

座谈会主要探讨长期困扰英国华文学校的三大难题，即师资、教材和办学经费问题。英国中文教育促进会所属43所学校180多位校长和教师、30多位侨领、英国主流教育界的10多位专家学者以及众多媒体机构应邀出席，中国驻英大使馆文化参赞李辉莅临大会。

促进会伍善雄会长致欢迎词。他强调促进会以推广华文教育为宗旨，以服务中文学校为己任，以提升海外华文教师素质和社会地位为使命，以鼓励华裔青少年学习汉语和中华文化为坚定不移的方向，以激发他们的中国心为最终目的。他呼吁全体新老委员们要同心协力，将“促进会精神”发扬光大。

李辉致辞时更是鼓励大家要利用这个机会总结过去，解决困难，开拓未来。

分组讨论每组总结汇报后，伍善雄会长作了总结发言，建议学校管理层要开阔思路，尝试改革，勇于创新，办校要有“企业化”的尝试，旨不在营商谋利，而是要争取达到师资标准化（有一定的教师水平）、教学规范化（有预设的授课进度效益表）、生源稳定化（多向主流学校招生）。

11. 泰北华文民校联谊会新学年首次联席会议召开

2014年6月7日，泰北华文民校联谊会于帕府中兴学校召开新学年第一次联席会议。来自泰北华文民校联谊会下属的14所会员学校的校董及教师代表参加了此次会议。泰北华文民校联谊会陈汉展主席、秘书长谢广、帕府中兴学校慈善基金会主席黄仲华先生等出席会议。

黄仲华主席指出，泰北华文民校取得的成就已经获得泰国各界的一致称赞，并受到了中国国侨办和国家汉办的肯定。这些成绩与在座的各位密不可分，他希望此次会议能为各位校董和老师提供一个沟通交流的平台，共同为华文教育献计献策。

陈汉展主席指出，帕府是华侨非常聚集的一个地区，华文教育在这里能够得到长远的发展，中兴学校的规模和华文教育取得的成绩便是很好的证明。他还宣布了中国国侨办颁授的第三批海外华文教育示范学校泰北区华校名单，共有3所，分别是：清迈崇华新生学校、彭世洛醒民学校、清莱攀县中华学校。

各位代表对各自学校的华文教育方面遇到的问题与在座的领导和嘉宾进行了深入的讨论。秘书长谢广对联谊会上学年开展的各项工作进行了汇报和总结。

会议还确定了下一次联席会议的召开时间及主办学校。

12. 暨南大学召开《华文教师证书》考试题库建设协作会

2014年6月11日，来自中国国内25所开展华文教育研究高校（学校）的相关学院负责人齐聚暨南大学，共商《华文教师证书》考试题库建设工作。国侨办文化司司长雷振刚、副司长汤翠英，暨南大学校长胡军、副校长林如鹏、社科处副处长潘启亮及华文学院领导出席会议。

此次会议邀请了北京大学、北京语言大学、北京师范大学、复旦大学、中山大学、四川大学、厦门大学、重庆大学、华侨大学等22所高校开展华文教育、汉语国际教育工作相关学院的院领导、专家出席会议，国侨办华文教育基地学校重庆暨华中学、北京市海淀区教师进修学校附属实验学校、深圳耀华中学代表亦应邀参会。

国侨办文化司司长雷振刚希望通过此次会议，加快《华文教师证书》研发工作进度，早日在海外推行。

暨南大学校长胡军表示，暨南大学课题组将在取得第一阶段成果的基础上，继续集中力量开展“华文教师证书考试”计算机题库的建设。题库建设是一项专业性很强的工作，尤其征题工作需要众多专业人士的参与，以更好地保证命题质量，希望这项工作能得到国内外华文教育、汉语国际教育专业院校及国务院侨办华文教育基地院校的大力支持。

协作会上，《华文教师证书》考试题库建设项目负责人曾毅平教授汇报了《华文教师证书》研发情况及题库建设项目设计；熊玉珍博士介绍了题库平台建设情况；蔡丽博士作《华文教师证书》考试题库征题办法和命题要求说明；童盛强副教授介绍了《华文教师测评大纲》等。

13. 2014年马来西亚华校董事联合会总会会员代表大会举行

2014年6月15日，马来西亚华校董事联合会总会会员代表大会在森美兰州芙蓉皇城宫廷会议厅举行。大会成果如下：①大会促请政府修正《2013—2025 年教育大蓝图》内不利于母语教育生存与发展的政策和措施。②大会吁请首相拿督斯里纳吉落实在 2013 年 4 月 1 日与董总代表团会谈时的承诺，由首相召集相关政府部门研究董总提出的全面承认华文独中统考文凭的建议，以寻求各方都能接受的方案。③大会促请政府即刻修正华小 4 年级历史课本内容，以体现多元社会的国情。④大会促请政府全面负责华小、淡小、改制中学和教会学校的行政和发展开销及所需教育资源。⑤大会促请政府根据社区人口、各源流教育需求和社区学校规划原理，制度化拨款拨地增建华小等各源流学校，把建校计划纳入大马计划、政府财政预算和教育大蓝图。⑥大会促请政府为华小设立以华语为主要培训媒介语的师资培训制度，设置华小师范机制，全面解决华小师资短缺问题。⑦大会促请政府恢复“国民型中学”的法定地位，履行政府对改制中学的承诺，包括时任教育部部长于 1961 年 10 月 19 日在国会下议院，以及 1960 年 1 月 6 日在教育部发出的关于华文中学改制 22 条款通令，和 1961 年 11 月 22 日官方声明中所作出的各种承诺。⑧大会促请政府修正《2010 年国家学前教育标准课程》（KSPK）内不利于母语教育的条文，确保华小学前教育班以华语为主要教学媒介语，课纲和课本衔接及符合华小教育需求，并提供足够及具有华文资格的合格师资和符合学生文化习俗的饮食。

14. 上海华文教育研究中心召开 2014 年课题立项会

2014 年 6 月 24 日，上海华文教育研究中心举行了 2014 年课题立项会。2014 年，上海华文教育研究中心将研究工作定位于华文师资远程培训。会议期间，来自上海市政府侨办文宣处、上海社科院青少年研究所、华东师范大学对外汉语学院、上海开放大学国际交流学院的相关负责人及专家就 2014 年开展的《构建海外华文师资远程培训课程系统的研究》总课题及子课题进行立项说明。研究中心专家组组长吴勇毅教授对课题研究计划作了点评指导。上海政府参事、海外交流协会副会长蔡建国就课题研究工作提出了要求与建议。会议认为华文师资远程培训既顺应了海外华文教育发展的最新趋势，也将为上海今后开展华文网络师资培训指明发展方向，对于推动海外华文师资培训工作科学有序发展具有一定的现实意义。

15. 泰北地区华文教育工作研讨会召开

2014 年 8 月 4 日，中国驻清迈总领馆在清迈崇华新生华立学校举办泰北地区华文教育工作研讨会。驻清迈总领事巢小良和中国驻泰国使馆方文国参赞、周高宇一秘、泰北华文民校联谊会主席陈汉展、顾问谢广及当地华校校长等出席会议。

研讨会上，各位参会者踊跃发言，纷纷就泰北华文教育现状、推广华文教育遇到的问题和困难等发表意见。

16. 马来西亚华校董事联合会总会举行60周年会庆活动

2014年8月22日至23日，马来西亚华校董事联合会总会（董总）举行60周年会庆活动，期间举办世界华文教育论坛及董总60周年会庆晚宴。

董总会庆以“跨越甲子，迈向新章”为主题，邀请国内外华教组织、华团、各源流文教团体、热爱母语教育的各族群众、政府和朝野各政党领袖、国州议员、外交使节、新闻媒体代表出席60周年会庆晚宴。

会庆期间，董总于新纪元学院举办“世界华文教育论坛”。

17. 菲律宾华语教师协会第十二次代表大会举行

2014年9月6日，菲律宾第十二次华语教师协会代表大会举行。会议修改了新章程，选举产生新一届工作委员会职员和委员，并在当天宣誓就职，移交印信。

会议由秘书长张碧玲主持。菲律宾华教中心常务副主席黄端铭代表华教中心对第十二届代表大会的召开表示祝贺，向新旧会员代表表示欢迎。杨美美荣任新会长。选举结束后，新一届工作委员会职员集体宣誓就职，由华教中心常务副主席黄端铭监誓。

18. 泰南华文教育交流年会在泰国国光中学孔子课堂召开

2014年10月3日，第三届泰南华文教育交流年会在泰国国光中学孔子课堂召开。年会以“平台交流共谋发展”为主题，旨在进一步促进泰南各校间的交流与合作，更好地推动该地区华文教育事业的整体发展。

中国驻宋卡总领事张晋雄、泰南华文民校联谊会主席兼合艾市侨团联合会主席方志雄、泰国华文民校协会永远名誉主席梁冰和泰南地区14府（省）已开设汉语课程的职业学院、中小学或语言机构董事、校长和汉语教师代表90余人出席。

19. 泰国清莱华校教师公会第六届二次理监事会在清莱举行

2014年9月20日，泰国清莱华校教师公会第六届第二次理监事大会在美斯乐兴华中学举行。大会由颜协清会长主持。会议旨在评审2014年度优良教师，并了解各会员单位承办华教活动的进展。

大会推举建华高中永远名誉校长黄通镒担任评审主任委员。经由理监事评委逐件审核，共有37位获选2014年度优良教师。

各校代表对各自承办活动的进度情况进行了报告，永泰治平中学报告了教师节祭孔大典筹备状况，建华高中报告了Top华语文能力测试情况，孟安圣心中学报告了第十届父亲节艺文竞赛的事项。

20. 中国华文教育基金会二届十一次暨三届一次理事会在北京召开

2014 年 10 月 24 日，中国华文教育基金会二届十一次暨三届一次理事会在北京召开，国务院侨办主任裘援平、副主任任启亮出席会议。

林文肯理事长向大会作《中国华文教育基金会第二届理事会工作报告》。报告从募集资金、策划与实施项目、开展华文教育现状调研、扩大对外宣传和强化内部建设等五个方面，全面回顾了基金会过去五年的工作情况。

会议审议通过了第二届理事会工作报告。经换届选举，产生了中国华文教育基金会第三届理事会。第三届理事会由国务院侨办、全国人大华侨委、全国政协港澳台侨委、外交部、教育部、财政部、中国侨联、致公党中央等 17 个单位代表以及民间人士 21 名理事组成。会议选举赵阳同志为中国华文教育基金会第三届理事长；左志强同志为副理事长兼秘书长。

新当选的副理事长兼秘书长左志强在会上做《中国华文教育基金会第三届理事会工作要点》的报告。

国务院侨办主任裘援平代表国侨办对此次会议的成功召开和新当选的理事、监事表示热烈的祝贺，对各理事单位及派出理事对华文教育事业和基金会工作给予的大力支持表示由衷的感谢，并对基金会过去五年的工作给予了充分肯定。

国务院侨办副主任任启亮也在会议上讲话，勉励与会同志肩负起历史赋予的责任，努力发挥基金会作为民间公益组织的独特优势和作用，为促进华文教育事业发展做出新的贡献。

21. 加拿大卑诗省中文协会举行 2015 会员大会

2014 年 11 月 16 日，加拿大卑诗省中文协会 2015 年会员大会在本拿比社区会议厅举行，近 70 位会员老师及校长出席会议。

加拿大卑诗省中文协会王满霞会长就协会一年的工作及各项活动做了总结和汇报。李平理事和张秀雯理事分别做了财务和会员组的总结报告。大会选出 2015 年卑诗省中文协会新一届理事会，会长继续由王满霞担任，两位副会长分别是袁珑校长和余慧红校长。

22. 国家级华文水平测试专家论证会在暨南大学举行

2014 年 11 月 19 日，国家级华文水平测试（HSC）专家论证会在暨南大学举行。华文水平测试简称“华测”（HSC），与针对外国人的汉考（HSK）不同，“华测”（HSC）

主要是针对海外华侨华人的。这项填补空白的国家级科研成果，由暨南大学历时多年研制开发，目前已经到了专家论证阶段。

北京大学、北京语言大学、北京师范大学、厦门大学、暨南大学的专家学者，以及来自印度尼西亚、菲律宾、泰国、澳大利亚、新西兰、韩国等国家从事华文教育的海外华文学校的负责人参加论证会。国务院侨办对此次论证会非常重视，文化司司长雷振刚、华文教育发展中心副主任邱立国专程从北京赶到广州，到会听取国内语言专家及海外华校负责人的论证意见。

23. 第三届世界华文教育大会在北京举行

2014 年 12 月 7 日至 8 日，由中国国务院侨办和中国海外交流协会主办的第三届世界华文教育大会在北京隆重举行。来自 50 多个国家和地区的近 600 位华文教育界代表参加了此次大会。

国务委员杨洁篪接见了与会代表，发表了致辞，国务院侨办主任裘援平在开幕式上做了题为《发展华文教育，振兴华文学校》的主题报告。会议期间以访谈形式举行了华文教育专题论坛。详细信息参见本书“大事记”部分。

24. 浙江省温州市侨办召开全市华文教育工作会议

2014 年 12 月 12 日，温州市侨办召开全市华文教育工作会议，传达贯彻第三届世界华文教育大会精神，研究具体贯彻意见，安排部署 2015 年华文教育工作任务。温州市侨办主任鲍卫翔、副主任许捷和各县（市、区）侨办主任、华文教育相关人员以及华文教育基地负责人参加会议。

会议传达学习了国务委员杨洁篪在第三届世界华文教育大会上的重要讲话精神和国侨办主任裘援平在开幕式上所做的题为《发展华文教育，振兴华文学校》的主题报告，要求各县（市、区）侨办、华文教育基地认真贯彻落实第三届世界华文教育大会精神，紧密结合各地实际，精心谋划 2015 年的华文教育工作，研究制定各自的具体措施，动员全社会一起努力，推动温州市华文教育大发展大繁荣。

会议还全面回顾总结了 2014 年温州华文教育工作，深刻分析了当前面临的形势，存在的问题和不足，围绕“发展温州华文教育，助推温籍华校发展”的主题，明确了 2015 年华文教育工作思路。

25. 全美中文学校协会成功召开第十次全国代表大会

2014 年 12 月 12 日至 14 日，全美中文学校协会在美国亚利桑那州凤凰城成功召开了第十次年会暨华文教育研讨会。分布在 40 多个州的会员学校代表，美中两国政界名人，华文教育专家等相关人士共300多人共聚一堂，探讨发展北美华文教育、弘扬中华文化的方针大计。中国驻洛杉矶总领事馆副总领事王雷一行及中国国务院侨办文化司司长雷振刚一行等专程前来参加大会。亚利桑那州务卿、州议员、斯戈茨岱尔市市长、美莎社区大学校长、亚利桑那州华人侨团负责人及全美中小学中文教师协会、全美中文教师学会、全美中文学校联合总会的代表也出席了大会。

大会举行了开放式专题讨论，代表们踊跃发言，集思广益，以促成协会制定进一步发展的愿景规划。

雷振刚司长作为大会特邀演讲嘉宾，做了题为《发展华文教育，振兴华文学校》的主题演讲。

会议期间，全美中文学校协会还颁发了协会工作参与奖、全美华文教育优秀工作奖和优秀教师奖等，并举行了首届华舞杯优胜奖、鲁迅文学奖征文比赛优胜奖等颁奖活动。

大会了协会新一届领导机构。密歇根安华中文学校董事长张星钰先生、加州圣地亚哥华夏中文学校校长邢彬女士分别高票当选会长和副会长。

26. 泰国华教界人士分享李克强总理给泰国华裔留学生回信心得

2014年12月17日，泰国华文民校协会在曼谷举行座谈会，畅谈并分享李克强总理给泰国华裔留学生回信的心得。中国驻泰使馆侨务参赞方文国、来自全泰各地的50多位华文学校校董及校长参加了当天的座谈会。在北京大学留学的泰国华裔留学生白云莹、李慧敏畅谈了接到李克强总理回信的快乐心情，她们都曾就读于泰北百年华校清迈崇华新生华立学校。

27. 第三届“中华之光——传播中华文化年度人物”颁奖典礼举行多位华教人士获奖

2014年12月19日，由国家文化部、国务院新闻办公室、国务院侨务办公室、中国人民对外友好协会、孔子学院总部/国家汉办和中央电视台共同主办的第三届“中华之光——传播中华文化年度人物”颁奖典礼，在中央电视台新台址隆重举行。第九、十届全国人大常委会副委员长许嘉璐以及各主办单位的领导出席颁奖典礼，并为获得2014年“传播中华文化年度人物”的10位个人和1个集体颁奖。

获奖者来自世界五大洲，代表了不同的文化领域，每一位都是推动中华文化走向世界的代表性人物。其中有：国学大师饶宗颐，享誉世界的华人音乐家谭盾，中美交流和文化传播的杰出女性方李邦琴，推动中日文化交流的民间大使吴汝俊，二十余载投身华教、桃李遍天下的鲁晏宾、王锁瑛夫妇，中西方文化之间永不疲倦的传播者程抱一，加拿大中华文化国际影响力的推动者吴永光，让中国走近巴西的华人女议员李少玉，推动中华书法纳入世界主流的陈声桂，在英国推动华文教育事业的伍善雄。获奖集体是：大爱无疆，在非洲大地树立中国形象的中国援非医疗队。

28. 北京市侨办组织召开宣传教育工作座谈会

2014 年 12 月 29 日，北京市侨办组织召开宣传教育工作座谈会，中国新闻社、《今日中国》杂志社、中国国际广播电台、美国蓝海电视台、《中华儿女》杂志社、华北电力大学、北京语言大学、海淀区教师进修学校附属实验中学等媒体、学校的相关负责人参加，北京市政府侨办副主任高云超出席了座谈会。座谈会旨在落实北京市侨办党组民主生活会相关内容，听取各服务单位对侨办工作的意见建议。

与会的媒体负责人表示，近年来，北京市的侨务工作内容日渐丰富，工作方法不断创新，给新闻报道工作提供了大量素材；宣传报道过程中得到了北京市侨办的大力支持，双方合作愉快顺畅。各媒体都希望在 2015 年继续与北京市侨办进行深入合作，并就如何宣传新侨以及推介北京侨务等方面工作提出了意见建议。

参加座谈会的几位学校代表回顾了多年来与北京市侨办合作的成功案例，就今后华文教育工作中，中文学习和教师培训的创新、海外华裔青少年中中国籍学生入学等学校关心的问题提出了希望与建议。与会人员均表示，希望与北京市侨办进一步加强交流合作，相互支持，资源共享，优势互补，为首都侨务工作发展注入新力量。

三　华教机构变迁

1. 广西北海市华侨中学成为省级华文教育基地

2014 年 2 月 21 日，广西北海市华侨中学挂牌成立为“广西华文教育基地”，这是该市继北海中学后的第二个华文教育基地。

北海市华侨中学目前全校共有学生 1728 人，其中归侨子弟占 40%，多年来秉承“以侨兴校”的宗旨，在对外交流、美术、体育、文艺等多个领域进行了积极有益的探索。

2. “华星书屋”落户缅北 16 所华校

2014 年 2 月 22 日，中国驻缅甸曼德勒总领事馆吴毅领事代表中国国侨办向缅北地区的 16 所华校代表赠送 928 箱书籍（每家 58 箱）。中国国务院侨办 16 个“华星书屋”正式落户缅北 16 所华校。

16 所华校的代表在曼德勒福庆孔子课堂集思阁会议室举行座谈，感谢祖籍国的赠书。各位代表表示，一定将得到的图书好好保存使用。

3. 北京华文学院泰国分院斯巴顿大学语言中心成立

2014 年 2 月 25 日，北京华文学院泰国分院斯巴顿大学语言中心签约仪式在泰国曼谷市斯巴顿大学主校区举行。魏青院长与刘腊嚓妮蓬校长分别代表北京华文学院泰国分院、斯巴顿大学在合作协议上签字。

北京华文学院泰国分院斯巴顿大学语言中心的成立，是北京华文学院泰国分院与斯巴顿大学强强联合的结果。双方协商决定，在新学期开设中文对外汉语班，汉语旅游酒店管理班，基础汉语班等。斯巴顿大学还将与北京华文学院合作，进行“2 + 2”对外汉语联合办学。

4. 西班牙巴塞罗那ESERP孔子文化图书馆开馆

2014年3月8日，西班牙巴塞罗那ESERP孔子文化学校图书馆举行开馆仪式，中国驻巴塞罗那总领事屈生武应邀出席。孔子文化图书馆是巴塞罗那ESERP孔子文化学校设立的首家中文图书馆，目前拥有馆藏图书5000余册，藏书主要来自中国国务院侨办、中国驻巴塞罗那总领馆，以及侨团、华侨华人的捐赠。

屈生武总领事高度赞扬ESERP孔子文化学校以及巴塞罗那侨界为图书馆建立所做的努力，海外的中文图书馆担负着传播中华文化的重任，并鼓励华侨华人多到图书馆阅读书籍，不断加深对中华文化的了解和认知。

5. 阿根廷开设首所国家公立中西文双语学校

2014年3月17日，阿根廷首都布宜诺斯艾利斯市第一所国家公立中西文双语学校举行开学典礼，中国驻阿根廷大使殷恒民和布宜诺斯艾利斯市市长马克里出席了开学仪式。学校的创立，有助于华人社区与当地社会的融合，对中阿两国的合作和友谊具有重要意义。

该校在课程设立上实施全日制教育，根据布宜诺斯艾利斯和北京市中小学教育大纲和教材设置课程，并适当加设英语课程。孩子们可以在这里读完从幼儿园到中学的全部课程。学生中学毕业后可进入中国或者阿根廷的大学继续学习。中国北京市政府将为双语学校培训师资，并提供学校使用的中文课本。

6. 广西钦州市首个省级华文教育基地揭牌

2014年3月19日，广西钦州市首个省级华文教育基地在钦州学院揭牌。钦州市委常委、副市长陈德海，钦州市外侨办主任肖潇等出席揭牌仪式。

钦州学院近年来与美国、英国、泰国等国家的近40所高校建立了教育合作关系，逐步形成了鲜明的“地方性、海洋性、国际性”的办学特色。此次广西华文教育基地的设立，有助于钦州学院以华文教育为平台，加强对外交流。

7. 津巴布韦华人华侨联合总会成立

2014年3月31日，津巴布韦华人华侨联合总会在该国首都哈拉雷成立，津巴布韦副总统穆菊茹致电祝贺，中国驻津巴布韦大使林琳、津巴布韦华人华侨联合总会首任会长丛玉玲与津巴布韦地方政府部长琼博共同为联合总会揭牌。

丛玉玲表示，联合总会将致力于促进中津两国经贸合作，积极维护在津华侨华人权益，并努力融入津巴布韦社会，回馈当地人民。

中国全国人大华侨委员会、中国国务院侨办以及非洲多国华人华侨社团发去贺电。

8. 缅甸毛淡棉建德社华文补校复办

2014 年 4 月，经过缅甸建德堂大董苏万义先生、戴建成校长和建德堂领导们的努力，毛淡棉建德社华文补校复办成功，免费为当地各民族子弟教授华文，为当地培养具有中缅双语能力的人才，为当地经济繁荣做贡献。

毛淡棉华文补校由戴建成先生任学校校长，任教老师多为毛淡棉旧培植学校校友。开班初期，毛淡棉华文补校分为幼儿园和中文会话班，幼儿园有学生 30 多名，会话班有学生 25 名。会话班有 2 位特殊学生，年龄分别为 69 岁和 61 岁。

9. 比利时安城中文学校“华星书屋”揭牌成立

2014 年 4 月 30 日，比利时安城中文学校在安特卫普市举行建校 20 周年校庆活动暨“华星书屋”图书馆揭牌仪式。中国驻比利时大使廖力强出席并致辞，使馆领事部主任过琳、旅比华侨联合会主席梁福团、安城妇女会会长谢香兰、安城中文学校校长彭莲考和学校师生、家长等 100 多人参加。

“华星书屋”建成后将向中西读者免费提供中国图书、杂志、报纸、电影、电视剧集等文化产品的借阅服务。

10. 意大利佛罗伦萨博识华文学堂正式揭牌成立

2014 年 5 月 18 日，意大利佛罗伦萨社会文化促进会举行成立大会暨博识华文学堂成立庆典。中国驻佛罗伦萨总领馆领事季刚、王晨彪，意大利岗比市政议员 Angelo Hu，佛罗伦萨侨界代表和当地华文媒体记者以及学生家长 300 余人到场祝贺。

意大利佛罗伦萨博识华文学堂由意大利佛罗伦萨社会文化促进会投资创办，总占地面积约 1200 平方米，拥有图书阅览室、体育活动室、餐厅等场所。学堂为全日制教学，设有中文班、意大利语班、英语班、少儿拼音班、幼儿班等，同时开设兴趣班，教授国学、书法、美术、声乐、舞蹈、武术等课程。为了更好地与中国教育接轨，学堂使用中国人民教育出版社出版的课本。在此基础上，增设《三字经》《千字文》《论语》等国学经典课程。

根据当代中文教育转型需要，意大利佛罗伦萨博识华文学堂以中国传统文化为背景，以当代中文教育为基础，结合国学与当代教学特点，融启蒙教育与应试教育为一体，以学堂为载体，既抓文凭教育，又抓人品培养。

11. 欧亚汉语教师协会在俄罗斯成立

2014 年 6 月 17 日，欧亚汉语教师协会在俄罗斯莫斯科国立语言大学举行成立仪式，来自俄罗斯及其他独联体国家高校的 50 余名代表就促进汉语教学等问题展开讨论。

会议一致通过将欧亚汉语教师协会理事会设在莫斯科国立语言大学。协会将与中国国家汉办建立长期联系，主要在促进独联体国家关于汉语言文学和中国文化的研究，鼓励汉语教学方法的创新和举行汉语教学研讨会等领域展开工作。

成立欧亚汉语教师协会为在独联体国家进一步提高汉语教学水平营造了一个独联体国家高校与中国高校建立深层次关系的平台。

12. 山东省枣庄市实验学校成为“山东省华文教育基地”

2014 年 6 月，经枣庄市外侨办申报，由山东省人民政府侨办批复，枣庄市实验学校正式成为“山东省华文教育基地”。

枣庄市实验学校先后与澳大利亚泰尼森伍兹学院和圣方济学校、韩国高敞北中等学校缔结国际友好学校关系，积极承办了 2012 年海外华裔青少年“中国寻根之旅”山东枣庄营、2013 年枣庄市华文教育工作观摩会、国侨办 2013 年“华文教育杰出人士华夏行”访问团等活动，在弘扬中华文化、开展海内外文化交流、提升枣庄海外影响等方面做出了积极贡献。

13. 罗马尼亚布加勒斯特二区中文学校成立

2014 年 7 月 5 日，罗马尼亚首都布加勒斯特二区中文学校揭牌仪式暨“中国梦”企业奖学金颁奖典礼举行。中国驻罗马尼亚大使霍玉珍，罗马尼亚教育部副国务秘书普列奥蒂亚萨、教育部学监佩古列斯库、布加勒斯特二区政府代表、中资企业家、罗马尼亚汉语学生约 200 人及使馆政务参赞赵德勇、领事部主任马佳等出席活动。

霍玉珍大使在致辞中热烈祝贺第一所罗资中文学校正式挂牌成立，感谢罗马尼亚中央和地方政府及社会各界关心、支持在罗汉语教学事业的发展。

14. 福建省公布第三批海外华文教育示范基地

2014 年 7 月，福建省侨办公布第三批 9 所海外华文教育示范基地名单，鼓励福建省内院校充分发挥自身优势，积极开展海外华文教育研究，编写海外华文教学教材，举办海外华裔及港澳台地区青少年夏（冬）令营，培训华文教师，选派教师赴海外任教。

第三批海外华文教育基地分别为：闽南师范大学、闽江学院、福州市第三中学、厦门市第一中学、厦门市双十中学、福州市仓山小学、福州市鼓楼区实验小学、三明市明溪县第二实验小学、福建省金山幼儿园。

15. 中华才艺（书画）培训基地落户暨南大学

2014 年 7 月 20 日，中华才艺（书画）培训基地落户暨南大学。

中华才艺（书画）培训基地是继武术和龙狮基地之后，在暨南大学设立的第三个中华才艺培训基地。在暨南大学设立中华才艺（书画）培训基地，正是要充分发挥百年侨校深厚的文化底蕴，借助学校丰富的书画教学资源，更好地在海外传播和弘扬中国书画文化。让学员能够以书画会友，拓展文化新视野，从而在更广范围、更高层次上传播和弘扬中华优秀传统文化。

16. “汉字复兴国际促进会”在美国西雅图正式成立

2014 年 9 月 8 日，“汉字复兴国际促进会”在美国西雅图正式成立。汉字复兴先行者徐德江担任该会主席，香港大中华商会荣誉会长李国祥、贝尔维尤华人商会创会会长李程天等人担任会长。

徐德江认为，汉字有科学性、艺术性、智能性、国际性、易学性五大优越性。他一直希望在中国和世界发动一场关于汉字汉语科学价值的启蒙运动，大力宣传汉字的优越性。徐德江多次造访西雅图，他的这一想法得到西雅图华人各界人士的大力支持。经过一段时间的筹备后，“汉字复兴国际促进会”正式成立。

17. 意大利佛罗伦萨中文学校圣托利诺校区正式挂牌成立

2014 年 9 月 16 日，意大利佛罗伦萨中文学校圣托利诺校区在圣托利诺学校正式挂牌成立。意大利岗比市 Monica Roso 副市长、COSPE（协助发展中国家协会）负责人玛利亚和圣托利诺学校校长 Osvaldo Di Cuffa、佛罗伦萨中文学校校长潘世立等出席揭牌仪式。

佛罗伦萨中文学校目前已经开设了小学三年、初中两年、高中两年的全部课程。圣托利诺学校校区从 2013 年开始筹备，2014 年建成。该校区的成立让更多的华人子女在这里得到优质的教育，让华人子女成为既掌握中华文化知识也掌握意大利文化知识的合格公民，对促进意大利多元文化的发展和融合有着积极的意义。

18. 菲律宾华教中心建立“闽侨书屋”

2014 年 9 月 17 日，菲律宾华教中心与中国福建省对外文化交流协会、福建省新闻出版广电局共建的“闽侨书屋”在华教中心中国语言文化图书馆正式揭牌，菲律宾华教中心同时举行新办公室启用仪式。中国福建新闻出版代表团成员、福建省对外文化交流协会理事杨文普和菲律宾华教中心咨询委员庄中坚共同为“闽侨书屋”牌匾揭牌。

19. 巴西成立首家中英双语公立学校

2014年9月23日，巴西首所中英双语理科公立中学揭牌仪式在巴西里约热内卢州尼泰罗伊市举行，中文将被纳入巴西州政府教育体系。这是巴西历史上首次专门为中英双语教学设立学校，意味着中文不再以选修课或语言培训课的形式，而是以常规课程的形式出现在课堂中。里约热内卢州教育局局长威尔逊·瑞索拉、中国驻巴西大使馆文化参赞郑柯军等参加了此次揭牌仪式。

里约热内卢州教育局一共投入2000万雷亚尔（约合5292万人民币）用于校舍的改建和修缮。河北师范大学将直接派出师资力量负责该校的汉语教学，数学等普通高中课程则由巴方老师用葡语讲授。巴西的优秀高中毕业生通过基本汉语水平和心理测试，还有机会到中国攻读本科。该校将于2015年2月开始招生，首批计划招收3个班，共约72名学生。

20. “华星书屋”落户古巴中华传统艺术馆

2014年9月26日，中国驻古巴使馆临时代办陈平应邀出席“华星书屋”落户古巴中华传统艺术馆仪式。艺术馆主任特蕾莎·李衷心感谢中国国务院侨办的捐赠。古巴共产党中央委员、宗教事务办公室主任兼古中友协主席迪埃戈女士等出席活动。

古巴中华传统艺术馆长期以来在传承中华文化方面不懈努力，已成为古巴人民了解中华文化的一个平台。中国国务院侨办此次捐赠给古巴中华传统艺术馆的图书、教辅读物及影像制品涵盖青少年汉语学习读物、幼儿国学启蒙、中国历史、文化、地理、古典文学、传统民俗、技艺、汉教工具书等，受到古巴朋友和华商子女的喜爱。

21. 意大利普拉托温瑞学堂成立

2014年9月，由意大利清泉文化协会（Associazione centurale Fontana di purezza）发起创办的普拉托温瑞学堂成立并开学。

意大利普拉托作为欧洲纺织业的重镇，是著名的华人移民聚居地。其中，近90%的华人来自浙江温州。温瑞塘河是温州的母亲河，温瑞学堂的校名由此而生。

温瑞学堂的发起者是三位年轻的温州人，她们拥有国内师范教育的专业文凭，并有丰富的海外教学经验，倡导华人学习汉语，学习中国文化。

22. 广州市四所学校获“中华文化传承基地”称号

2014 年 10 月 20 日至 21 日，广州市侨办副主任莫景洪为荣获“广东省中华文化传承基地”称号的花都儒林小学、广州市培正中学、广州市第七中学以及广州市旅游商贸学校颁发牌匾及证书。广东省侨办、广州市侨办、广州花都区侨办相关负责人和巴拿马侨领罗记添等参加了此次活动。

23. 中哥文化教育中心举行“华文教育示范学校”揭牌仪式

2014 年 11 月 15 日，中哥文化教育中心在哥斯达黎加首都圣何塞中国街举行中国国务院侨办授予的“华文教育示范学校”揭牌仪式和中心“公开日”活动。中国驻哥斯达黎加大使宋彦斌与哥斯达黎加公共教育部副部长米盖尔·古铁雷斯出席为中哥文教中心“华文教育示范学校”揭牌并观看了该中心学员精心准备的中华文艺表演。

中哥文化教育中心于 2010 年 5 月成立，由 10 位在哥华侨华人捐助，属于非营利性民间组织，主要目的是通过教授中文等活动，促使当地华裔后代了解、接受和传承中华民族的文化传统，促进中哥文化交流。此次被授予“华文教育示范学校”，将通过发挥示范学校的榜样作用，积极宣传中国语言和文化，并带动其他当地华校提高办学水平，进一步促进哥斯达黎加的华文教育发展。

24. 18 所海外华校入选第四批“海外华文教育示范学校”

2014 年 12 月 7 日，中国国务院侨办与中国海外交流协会主办的第三届世界华文教育大会在京开幕。会议期间，国侨办为 38 所海外华文教育示范学校颁授了牌匾。其中，有 18 所海外华校为 2014 年评选的第四批“海外华文教育示范学校”（具体名单参见本书“大事记”部分）。国务院侨办主任裘援平等为示范学校授牌。

此前，国侨办已评定三批共计 189 所“海外华文教育示范学校”。

25. 全球首家“体验汉语教学示范基地”落户泰国普吉女子中学

2014 年 12 月，中国高等教育出版社与泰国 BOWT 出版社正式签订“泰国职业教育汉语教学资源合作出版”协议，并与泰国教育部门合作，在有着百年历史的泰国名校——普吉女子中学建立全球首家“体验汉语教学示范基地”。

此次活动标志着以高教社为代表的中国出版企业全面深入、多领域进入泰国国民教育体系，并通过建立“教学示范基地”等形式在泰国国内实现落地生根。

26. 浙江省温州市第五批市级华文教育基地正式挂牌

2014 年 12 月，浙江省温州市侨办、温州市教育局联合发文批准温州市艺术中学为第五批市级华文教育基地。12 月 12 日，温州市侨办主任鲍卫翔在温州市华文教育工作会议暨华文教育理论研讨会上为温州市艺术中学授牌。

温州市艺术学校建校于 1944 年，是一所拥有 60 多年悠久历史的市教育局直属完全中学。近年来，学校以艺术办学为特色和桥梁，积极推动对外交流合作，深入开展国际交流活动，为开展华文教育、建立具有艺术特色的华文教育基地奠定了基础。

温州自 2002 年创建华文教育基地以来，现已拥有 19 个华文教育基地，其中 3 个国侨办华文教育基地，5 个省级华文教育基地，11 个市级华文教育基地。各华文教育基地为中华文化的传承和弘扬做出了积极贡献。

27. 浙江省温州市侨办为意大利温籍华校捐建“蒲公英”图书室

2014 年 12 月下旬，温州市侨办举行海外温籍华校蒲公英图书室授牌仪式，温州市侨办副主任许捷为意大利中意学校颁发了“海外华校蒲公英图书室”牌匾，并向该校捐赠 500 本课外读物。

为帮助海外温籍华校解决中文课外读物缺乏的问题，温州市侨办于 2012 年实施“助推海外华校发展”计划，帮助海外温籍华校捐建“蒲公英”图书室，让华裔子女能够在“蒲公英”图书室里共沐书香、汲取母语营养。截至目前，温州市侨办已在意大利、西班牙、荷兰、法国、奥地利、葡萄牙 6 个国家 14 所中文学校捐建“蒲公英”图书室，共捐赠 1 万余册中文读物和千余册《温州童谣》及配套光盘。

四　华教交流与合作

（一）国内交流与合作

1. 中国华文教育基金会调研长沙华文教育工作

2014 年 1 月上旬，中国华文教育基金会副秘书长李献国专程到长沙，就当地华文教育工作进行调研。李献国表示，目前，中国华文教育基金会正致力于在全国范围内举办华裔青少年“寻根之旅——中国文化行”等主题活动，希望能给海外的华裔青少年带来全新感受和体验。

2. 浙江省温州市侨办官员赴瑞安调研华教工作

2014 年 1 月 2 日，温州市侨办副主任许捷、文宣处处长叶斌斌调研瑞安华文教育工作，并走访慰问了意大利佛罗伦萨中文学校校长潘世立。

许捷首先听取了瑞安市华文教育培训中心副主任卓阳就 2013 年瑞安市海外华文教育工作开展情况的汇报和 2014 年海外华裔青少年“寻根之旅”夏令营的办营情况介绍。许捷副主任对瑞安海外华文教育工作予以肯定，认为瑞安在海外华校结对教学、师资交流方面做出了自己的特色和成绩，希望瑞安继续保持特色，为温州的海外华文教育开创新的业绩。

座谈结束后，许捷还特意上门看望慰问了佛罗伦萨中文学校校长潘世立，感谢潘世立先生多年来为中意的教育文化交流和海外华校发展所做出的突出贡献。潘世立表示将会一如既往地为海外华文教育事业的发展做出自己的贡献。

3. 广西桂林侨办主任走访广西师范大学商谈华教事宜

2014 年 3 月 7 日，广西桂林市侨办主任余治水、副调研员周丽芬等到广西师范大学国际文化教育学院走访，与该院领导商谈海外华文教育事宜，双方今后将在对外文化交流、招收留学生等方面展开合作。

余治水介绍了桂林市侨办工作职能及近年来的工作成果。他指出，近年来桂林市侨办开展海外华裔青少年夏（冬）令营、海外华文学校师资培训、援教老师选派等工作，得到广西师范大学特别是国际文化教育学院的大力支持。广西师范大学国际文化教育学院党委书记、常务副院长罗耀光简要介绍了学院办学情况、师资力量、机构设置、设施建设等情况，同时表达了加深了解、深化合作、促进双方进步和发展的愿望。期间，双方还探讨了招录海外留学生、完成国务院侨办研究项目、举办东盟美食文化节等合作事宜。

4. 浙江省温州市侨办副主任赴温州少年艺术学校调研华教工作

2014 年 3 月 28 日，温州侨办副主任许捷到温州市少年艺术学校调研，看望该校华文班的学生。许捷认真听取了该校李绍可校长有关华文班办学情况及在办学过程中遇到的困难的介绍。双方还就 2014 年华文班招生工作以及如何使华文班做精做强、形成品牌等方面进行了深入探讨。许捷对温州少年艺术学校积极开展海外华文教育工作予以充分肯定，并强调，华文班要创新载体，加强宣传，扩大影响，进一步打响温州华文教育品牌。

5. 中国侨联副主席考察温州少年艺术学校

2014 年 4 月 1 日，中国侨联副主席康晓萍赴国侨办华文教育基地温州市少年艺术学校考察。

康晓萍参观了校史馆，观看了华文班孩子们的文艺演出，并与学校领导亲切座谈。康晓萍对华文班孩子们的精彩表演给予高度评价。她表示，要把温州少年艺术学校列为中国文化教育交流基地，给孩子们创造更多出国交流的机会，提供更广阔的舞台，将具有传统特色的节目带到国外，让中国传统文化传承下去，发扬光大。

6. 国侨办文化司司长雷振刚赴新疆、甘肃考察调研

2014 年 4 月，为贯彻落实中央关于新疆工作的重要指示和中央周边外交工作会议精神，进一步做好新疆侨务特别是华文教育工作，国务院侨办文化司雷振刚司长对新疆华侨华人子女中华语言文化培训工作进行了调研，赴当地华文教育基地，看望新疆籍华侨华人子女学员，并与自治区有关部门研究探讨进一步做好华文教育工作的意见和措施。

4 月 8 日，雷振刚司长与新疆华文教育相关部门展开座谈。4 月 9 日，雷振刚到新疆首个华文教育基地——新疆师范大学国际文化交流学院进行参观访问，并与学员进行友好交流。他表示，中国政府十分惦念生活在海外的华侨华人，设立政府全额奖

学金形式的华文教育，就是为海外游子提供力所能及的帮助，为大家住在国的发展提供更加周到、贴切和强有力的支持。

4 月 9 日至 11 日，雷振刚司长到甘肃，就甘肃省华文教育工作情况进行调研。调研期间，雷振刚司长专程前往西北师范大学华文教育基地看望东干族本科学历班学生，了解其学习、生活情况，鼓励他们利用学好中文的优势，在两国间开展经济、文化交流，也为自己创造一个美好的未来。

4 月 11 日，甘肃外侨办主任王代喜在兰州会见了国侨办文化司司长雷振刚。王代喜向雷振刚司长简要介绍了甘肃省将要筹备举办的“亚洲合作对话—丝绸之路务实合作论坛”和“丝绸之路经济带中国—中亚合作论坛”情况，表示将以此为契机，更好地发挥华文教育积累人脉、拓宽渠道、搭建平台的积极作用。雷振刚司长表示，将一如既往支持甘肃的侨务工作，推进华文教育项目在甘肃的实施。随后，雷振刚司长参加了由甘肃外侨办组织召开的华文教育工作座谈会，听取了甘肃省华文教育工作、东干族华侨华人子女汉语国际教育专业本科学历班工作的汇报。雷振刚建议甘肃省外侨办依托西北师范大学华文教育基地，就中亚地区侨情做认真调研，对今后中亚地区华文教育工作发展趋势做出科学、清晰的判断，详细的部署和具体的措施。

7. 中国华文教育基金会秘书长赴上海、江苏考察华教工作

2014 年 4 月 9 日，中国华文教育基金会秘书长左志强到上海考察华文教育工作。上海市政府侨办主任徐力、副主任蔡建国会见了来访的中国华文教育基金会秘书长左志强、北京华文学院院长周锋、上海汉旭投资管理有限公司总经理王宝喜先生。徐力介绍了近年来上海市侨办开展华文教育工作以及与中国华文教育基金会开展合作的情况，希望在今后的工作中继续得到基金会的支持。左志强介绍了中国华文教育基金会项目开展的情况，表示将继续加强与上海市侨办的合作，进一步推动华文教育事业的发展。

2014 年 4 月 10 日，左志强秘书长到江苏考察华文教育工作，江苏省侨办副主任徐开信会见左志强。徐开信希望中国华文教育基金会继续关心江苏、支持江苏发展华文教育事业，江苏省侨办愿意为中国华文基金会进一步发展提供力所能及的帮助。下午，左志强实地考察了南京晓庄学院华文教育工作情况，与南京晓庄学院党委书记李洪天进行了深入的交流。李洪天介绍了南京晓庄学院的发展历程和华文教育发展情况，双方一致表示要进一步加强合作，联手发展，实现共赢。

8. 天津侨办领导到海外华侨华人测评中心调研

2014 年 4 月 10 日，天津市侨办胡成利主任、陈永义副主任赴海外华侨华人汉语

测评中心调研。

海外华侨华人汉语测评中心赵红弢主任介绍了中心自成立以来的基本情况，以及中心在推动海外华文教育向科学化方向发展方面做出的努力。随后，双方就“海外华侨华人汉语测评中心”的建立和发展、HKC 测试的重要意义等展开交流，并表示将继续深化合作，拓展业务，打造新的示范平台，创造天津的品牌与特色。

9. 福建省厦门市侨办文宣处到华侨大学华文学院调研

2014 年 4 月 22 日，厦门市侨办文宣处负责人胡庆斌与厦门鹭风报社社长兼总编辑林希等到华侨大学华文学院调研座谈。

华侨大学华文学院陈旋波院长介绍了学院专业设置、生源情况，重点介绍了中华文化大乐园、外国政府官员中文学习班及中华文化大赛等品牌项目。他表示，华文学院与厦门市侨办同样秉承“为侨服务”的宗旨，将一如既往地与厦门市侨办保持良好的合作关系，全力配合侨办开展各项活动。胡庆斌对华文学院开展的华文教育工作表示肯定。他指出，厦门市侨办文宣处主要任务是开展华文教育、文化交流和对外宣传工作，此行前来华文学院调研座谈，希望进一步加强双方交流与合作，共同做好侨务工作。随后，双方就“中国寻根之旅”夏令营办营模式创新、在厦侨港澳台学生中华才艺展示活动和侨务课题调研等方面进行深入探讨。

10. 山东省青岛市侨办调研组赴温州调研华文教育工作

2014 年 5 月 7 日，由青岛市侨办宣教处副调研员杨利亚、青岛大学法学院国际关系教授朴英姬等组成的调研组到温州调研华文教育，并与温州市侨办座谈交流。温州市侨办副主任许捷和文宣处有关人员参加座谈。

许捷向调研组详细介绍了温州侨办侨务工作特别是华文教育工作的开展情况，随后，调研组观看了《温州华文教育纪实片》。在听取介绍和观看纪实片后，杨利亚表示，温州侨办在开展海外华文教育方面亮点纷呈、有创意、有系统，值得青岛侨办学习和借鉴。双方还就如何深化华文教育工作内涵进行了探讨。

当天下午，调研组还赴温州大学国际合作学院交流调研。

11. 北京华文学院到暨南大学华文学院交流访问

2014 年 5 月 7 日，北京华文学院教务处张树权处长、人事处处长许梅等 26 人到暨南大学华文学院调研交流。

暨南大学华文学院与北京华文学院举行了以华文教育专业教学与学生的培养为主题的交流座谈会。两校参会老师都从各自的专业背景、所教课程、研究领域等方面做了自我介绍，并表达了交流和学习的强烈意愿。在座谈会上，两校老师自由交流，就课程的教学方法、教学管理模式、考试安排、考勤、早读、学生活动、奖学金评审等方面的内容进行了深入细致的交流和探讨。大家都表示这样的交流很有必要也很有意义，两校相互学习教学经验、管理方法，相互借鉴教学管理制度和模式，这对两校进一步的合作并保证学生对接工作的顺畅都起到重要作用。

12. 广西侨联主席访问华侨大学

2014 年 6 月 9 日，华侨大学党委书记关一凡在华侨大学陈嘉庚纪念堂会见了到访的广西侨联主席韦干。广西柳州市、梧州市、北海市、防城港市、崇左市、百色市、贺州市、玉林市、钦州市、来宾市、贵港市、桂平市侨联负责人随行。

关一凡介绍了华侨大学为践行“为侨服务，传播中华文化”的办学宗旨所做的努力，表示华侨大学一贯重视对华文教育、华侨华人理论研究、境外生人才培养等领域的投入，并将继续努力提高学科建设水平，更好地为国家侨务战略服务。韦干表示，华侨大学以“为侨服务，传播中华文化”为宗旨，为国家涵养了大批侨务资源，培养了许多侨务人才，对侨务工作起到了很好的推动力。他同时感谢华侨大学师生对由广西侨联主管的《八桂侨刊》的支持，希望与华侨大学建立更多的联系与合作。会谈中，双方还就如何培养新一代华侨华人的民族认同感交换了意见。

13. 广西华侨学校访问团赴北京华文学院访问交流

2014 年 6 月 23 日，在广西华侨学校雷丽芳副校长的带领下，广西华侨学校访问团赴北京华文学院昌平校区进行考察交流。

北京华文学院副院长郭熙向广西华侨学校介绍了北京华文学院近几年来主要的工作，重点就夏（冬）令营的举办和开展、华文教材的编写做了介绍。随后，访问团参观了学校，还走进教室，聆听了一节汉语教学公开课。

北京华文学院与广西华侨学校是国务院侨办直属的侨校，也是中国唯一一所专门从事华文教育的专业院校。此次访问交流，拉近了兄弟院校之间的距离，增进了彼此之间的感情。双方都希望能够继续深入开展华文教育方面的交流与合作，共同促进华文教育大发展。

14. 国务院侨办副主任何亚非参观南京浦口行知基地

2014 年 6 月 25 日，国务院侨办副主任何亚非到南京浦口行知基地考察，他借细雨比喻教育，强调中华文化浸濡活动对华文教育的重要性。

何亚非充分肯定了行知基地多年来为华文教育做的工作，并强调，华文教育是侨务工作的重要组成部分，“中国梦”的实现离不开海外侨胞的参与。要把根留住，把中华文化传承下去，基础就是搞好华文教育。何亚非还前往青奥会浦口场馆区和浦口滨江开发区参观考察，并实地了解南京市江北新城的发展规划。希望江苏省各级政府和侨务部门充分认识侨务资源优势，脚踏实地做好联络、协调和服务工作，把握机遇，助推华侨华人事业和江苏省新一轮科学发展，为实现“中国梦”而不懈努力。

15. 国务院侨办文化司司长到温州侨办调研

2014 年 7 月 11 日，国侨办文化司司长雷振刚、华文教育一处处长王梦黎到温州市侨办，与温州市侨办领导座谈，研究和探讨进一步做好华文教育工作的举措。

温州市侨办主任鲍卫翔汇报了温州市侨办近年来在开展华裔青少年活动、海外教师培训、教师外派、教材研发以及中外学校结对等方面工作的总体情况，以及提出了下一步华文教育工作思路。雷振刚对温州市侨办高度重视华文教育工作，举社会力量用心、用情、用力共同开展华文教育给予了充分肯定，并提出了相应要求，希望温州市侨办总结经验，贴近实际，不断创新，强化效果，积极探索工作新思路，搭建更多有利于华裔青少年增强“根”的意识的平台和载体。

16. 广西财经学院国际教育学院考察团到访广西华侨学校

2014 年 9 月 24 日，在广西财经学院国际教育学院院长池昭梅的带领下，广西财经学院考察团 4 人到广西华侨学校参观考察。广西华侨学校校长陈进超、副校长雷丽芳、相关科室负责人接待了客人。

宾主双方就留学生管理、留学生教学、留学生升学等方面进行了深入的交流。双方都表示能够加强交流，加深合作，为广西华文教育事业、汉语国际推广工作做出更大的成绩。

17. 云南省政协委员到云南师范大学云南华文学院调研

2014 年 9 月 26 日，由云南省政协常委、省政协港澳台侨和外事委员会主任雷毅带队，云南省政协台联侨联界别委员 15 人开展调研视察华文教育活动。9 月 26 日上午，委员们在云南省侨办召开专题座谈会，听取云南省侨办、云南华文学院、昆明华文学校的专题汇报。9 月 26 日下午，雷毅一行到云南华文学院实地调研视察。

委员们视察了生科学院薯类实验基地、信息学院教育部信息技术重点实验室、图书馆和华文学院。在华文学院，委员们参观了云南师范大学国际化办学、华文学院建设发展、东南亚南亚语种建设情况的图片展，实地了解了华文学院的办学条件，与华文学院的留学生交流座谈，了解华裔学生的学习生活情况。

在调研视察中，委员们对华文学院成立3年来取得的成绩、发挥的独特作用以及建设发展规划给予了充分肯定。委员们认为，华文学院的建立是发挥云南沿边地缘优势，整合侨务部门对外联系渠道和侨务资源优势、整合云南师范大学的教师教育特色和国际化办学优势，拓展对周边国家华文教育工作，推进云南高等教育国际化，服务云南桥头堡建设，服务国家“一带一路”战略的一项重要举措。云南省政协也会为华文学院和华文教育的发展多做推动工作。

18. 国侨办侨务干部学校副校长赵健赴温州大学华文教育研究所调研

2014年10月14日，国侨办侨务干部学校副校长赵健赴温州大学华文教育研究所调研，并为全体成员做华文教育、侨务研究专题讲座。

在了解温州大学华文教育研究所的工作开展情况后，赵健副校长充分肯定了温州大学华文教育研究所在华文教育研究、推动华文教育发展等方面所做的努力。在随后的讲座中，赵副校长结合当前中国侨务发展情况以及最新的侨情数据，分析了侨务工作发展新动态和工作重点以及当前华文教育发展状况，同时就华文教育研究提出了建设性的意见和建议。讲座最后，赵健还一一耐心解答了研究所科研人员的提问。

19. 致公党广西区委会到华侨大学开展华文教育调研

2014年10月18日至22日，致公党广西区委会重点调研课题组赴华侨大学华文学院调研。该调研组由广西人大常委、致公党广西区委专职副主委卢保江率领，广西华侨学校副校长雷丽芳等参加了此次调研活动。

华文学院院长陈旋波等接待了调研组。陈旋波院长介绍了华文学院的办学历史、学科布局和办学特色品牌项目。他指出，广西在中国东盟自贸区和国家“一带一路”战略构想的背景下，具有独特优势，具备大力发展华文教育的良好条件，华文学院愿意加强与广西华文教育机构的合作。

为更好地开展华文教育，促进民间友好交流活动，调研组此行就华文教育进行专题交流，了解华文学院华教工作的经验及未来战略思考。调研组还就华文教育的政策支持、学科认知、教材建设及网络背景下的华文教育举措等进行深入交谈。

20. 国务院侨办秘行司领导赴暨南大学华文学院调研信息资源建设工作

2014年10月24日，国侨办秘行司处长任启标赴暨南大学华文学院调研信息资源规划与建设工作。暨南大学华文学院党委书记李世云主持会议，华文学院、华文教育研究院相关科研教师参加了此次会议并对该院信息资源建设规划情况做了汇报。

李世云书记首先介绍了华文教育研究院总体概况，强调华文教育信息资源建设的重要性及展望未来发展规划。刘华教授、贾世国老师、苏宝华老师分别对华侨华人华语资源库、全球华文教育云服务中心建设规划、面向华文教育师资培养的教师行动研究资源库建设作汇报。任启标处长肯定了该院信息资源规划与建设的工作与科研人员所付出的辛勤劳动，并对基于云计算的华文教育服务平台、海外华语多媒体资源的收集、科学的华文教师师资培养途径表示浓厚的兴趣，提出了中肯的、有针对性的建议。任启标处长还表示，希望各侨校从国侨办角度出发，在中心点的基础上搭建相关平台并实现资源的整合和管理，避免资源的重复与浪费。会后，任启标处长参观了华文教育研究院办公室、海外华语研究中心、学院网络与教育技术中心。

21. 四川省外侨办走访国侨办

2014 年 11 月 13 日至 14 日，四川省外事办副主任薛斌赴国务院侨办，分别与国务院侨办副主任任启亮、宣传司司长许玉明、文化司司长雷振刚、中国华文教育基金会副理事长兼秘书长左志强及相关处室负责人交流座谈，争取侨务外宣工作支持。

国务院侨办领导表示，将一如既往大力支持四川 2015 年开展侨务外宣、文化交流和海外华文教育工作。

22. 上海市侨办官员赴区县及高校调研

2014 年 11 月 14 日，上海市海外交流协会副会长蔡建国赴黄浦区侨办开展调研，与黄浦区侨办和崇明县侨办负责人进行座谈交流。

黄浦区侨办和崇明县侨办负责人介绍了 2015 年各自的工作思路和打算。期间，蔡建国又与复旦大学、同济大学、上海外国语大学、上海财经大学、上海理工大学、上海大学、上海中医药大学和上海对外经贸大学侨务部门负责人进行座谈，详细了解工作情况并听取意见建议。蔡建国充分肯定上述区县侨办和高校侨务部门为侨务工作做出的贡献，希望他们针对侨务工作中出现的新情况、新问题、新思考，科学谋划好 2015 年的工作。

23. 中国华文教育基金会项目主任李晓梅莅临暨南大学座谈

2014 年 11 月 18 日，中国华文教育基金会项目部主任李晓梅女士赴暨南大学，慰问参加 2014 年新生代海外华文教育管理人员研习项目的 9 国学员，并召集举行各国华文教育办学管理经验交流座谈会。

李晓梅希望通过此次会议，了解大家对此次研习项目的意见和建议。她首先详细介绍了中国华文教育基金会的基本情况，历史起源，以及 10 多年来为华文教育事业所做的各项工作。在沟通中，学员们就申请中国华文教育基金会的学历教育、海外人员归国学习、加强国内外华校的互动交流，以及华文教育教师资格认证等问题，提出许多意见、建议，李晓梅女士根据国别差异，一一给予了回应。

李晓梅表示，中国华文教育基金会将不遗余力，继续办好各种教师及管理人员培训项目，促进海外华文教育的快速发展，为弘扬中华文化贡献力量。

24. 国务院侨办副主任任启亮在北京会见“文化中国之旅”观摩团

2014 年 11 月 19 日，国务院侨办副主任任启亮在北京会见第十九期“文化中国之旅”观摩团成员，并表示，深入体会博大精深的中华文化，对海外华侨华人推动中华文化走向世界，增强中华文化国际影响力等方面将发挥积极作用。会见中，团员代表、美中文化教育基金会副主席宋扬建议，中国应加大海外文化传播的支持力度，增进华裔新生代与祖（籍）国的亲近感，尤其是要给予他们更丰富的文化体验，更好地接受中华文化的熏陶。

25. 国务院侨办主任裘援平赴暨南大学考察调研

2014 年 11 月 19 日至 20 日，国务院侨办主任裘援平赴暨南大学考察调研。11 月 19 日下午，裘援平与广州市委书记任学锋到暨南大学视察，听取了暨南大学校长胡军关于办学的汇报，并问询了大学亟待解决的问题。裘援平表示，暨南大学是中国著名特色侨校，希望广州市领导予以重视。广州市委书记任学锋表示将大力支持暨南大学的各项工作，尽快帮助解决各种难题。

26. 国务院侨办副主任任启亮视察中国华文教育基金会

2014 年 12 月 9 日，国务院侨办副主任任启亮和全国政协港澳台侨委副主任、中国华文教育基金会理事长赵阳到中国华文教育基金会秘书处视察、指导工作，听取左志强代表秘书处所作近期工作汇报后，任启亮副主任、赵阳理事长同秘书处的同志举行座谈交流。

任启亮副主任和赵阳理事长分别在讲话中对基金会创会十年来特别是近年来取得的成绩和秘书处的工作给予了充分肯定，一致强调募集资金是基金会一切工作的基础和工作的重中之重。基金会要在总结经验的基础上，千方百计拓展筹资渠道，力争在困难的局面下取得募资工作的更大突破，为开展切合海外华文教育实际需要的工作项目筹措更多的资金。基金会秘书处要一以贯之，继续加强内部建设，严格各项规章制度，依法、依规办会。他们勉励秘书处的同志再接再厉，努力工作，为促进华文教育事业发展做出更大的贡献。同时也表示，将竭尽全力支持基金会秘书处的工作。

左志强秘书长在最后的总结发言中表示，基金会秘书处将认真学习和领会裘援平主任在第三届世界华文教育大会上的讲话，努力贯彻大会精神，在国侨办党组的领导和赵阳理事长的指导下，再接再厉，把秘书处的工作推向一个更高的台阶。

27. 北京华文学院一行到访云华师范学院

2014 年 12 月 19 日，北京华文学院副院长郭熙一行莅临缅甸云华师范学院，在云南海外教育中心缅甸中心主任唐建军先生，曼德勒云华师范学院董事长尚兴玺先生，云华师范学院校长何艺妮女士、副校长宝翠兰女士的陪同下参观了该校的教室、教师办公室，与学生亲切交谈，了解学生学习情况。双方举行了座谈会，探讨了缅甸华文教育的现状与发展。

28. 广西大学文学院到华侨大学华文学院调研

2014 年 12 月 26 日，广西大学文学院副院长黄南津率该院对外汉语教研室教师 5 人到访华侨大学华文学院，调研汉语国际教育专业本科、硕士的建设工作以及学生培养工作。华侨大学华文学院院长陈旋波，副院长李晓洁、胡培安及院办、教科办等部门负责人接待了到访客人。

陈旋波院长向到访客人介绍了华文学院办学历史、专业设置等情况，重点介绍了学科建设等方面经验，双方就汉语国际教育专业的办学经验、学术型硕士研究生语言学及应用语言学专业办学情况及语言学领域学术研究、课题申请、教学改革等方面进行了深入交流。

座谈会后，黄南津副院长等参观了华文学院校史馆、诗琳通图书馆及校园。

29. 国务院侨办副主任任启亮考察深圳耀华实验学校

2014 年 12 月 29 日，国务院侨办副主任任启亮、中国华文教育基金会理事长赵阳等，到访深圳耀华实验学校，看望在该校就读的海外华裔学生，并向该校董事长田贵联颁发捐赠证书，以表彰其支持基金会发展华文教育的善举。

30. 国务院侨办副主任任启亮莅临暨南大学华文学院调研

2014 年 12 月 30 日，国务院侨办副主任任启亮、人事司司长刘继坤和文化司副巡视员梁智卫，在暨南大学党委书记蒋述卓和副校长林如鹏等人的陪同下莅临暨南大学华文学院调研华文教育工作。华文学院执行院长邵宜、党委书记李世云、副院长曾毅平和党委副书记侯宏伟等出席座谈会议。

会上，邵宜汇报了学院概况及开展华文教育的相关情况。他表示，华文学院历来重视开展对外汉语教学和华文教育，开设了汉语国际教育、汉语言和华文教育专业，

2014—2015 学年学生总人数达到 2800 余人；同时，与海外华校和海外高校保持密切联系，开展汉语教学及华文教育合作与交流，目前该院开展的海外华文教材研发、华文水平测试和海外华文教师资格认证等项目，正是努力贯彻与落实国侨办海外华文教育正规化、专业化和标准化战略构想的具体表现。

任启亮听取汇报后，充分肯定了该院所做的工作和取得的成绩。任副主任表示，国侨办将尽力支持包括暨南大学在内的国内高校开展华文教育，对于开展华文教育过程中遇到的困难，国侨办会尽量解决。同时希望，暨南大学华文学院在华文教育方面发挥已有优势，在新的形势下做出更多更大的贡献。

31. 华侨大学校长贾益民校长率团访问台湾高校

2014 年 12 月下旬，华侨大学校长贾益民率学校教务处、发展规划处、港澳台侨办公室等部门负责人访问台湾。

在台湾期间，访问团先后参访了台北教育大学、台湾中原大学、淡江大学、台湾师范大学、辅仁大学以及世界华语文教育学会等高校和科研机构，与各方就学生交换、教师交流和科研合作等方面展开深入探讨。贾益民校长指出，双方的合作需要进一步的拓展和深化，在双方的优势领域增加研究生层次的交换人数，并希望以科研和教学并存的形式协同推进教师交换计划。受访高校赞同贾益民的建议，并对华侨大学选派优质生源前往台湾交换学习表示欢迎。

32. 北京市侨办赴北京科技大学附属中学调研华文教育工作

2014 年 12 月下旬，北京市政府侨办文宣处处长张于成、北京市海淀区侨办副主任刘莉赴北京科技大学附属中学调研华文教育工作。北京科技大学附中党总支书记、校长纪世铭，副校长韩英等参加了座谈会。

座谈会上，纪世铭校长介绍了该校的相关情况。他表示，学校已与 4 所国际学校建立友好关系，10 名学生作为教育部选拔的高中学生代表前往日本进行交流访问，近 30 名学生到美国、欧洲、新加坡、马来西亚进行考察学习，拓展了学生的国际化视野。张于成介绍了北京市华文教育工作的开展情况，他希望北京科技大学附中发挥自身优势，积极承担北京市华文教育工作任务，拓展国际交流渠道。

座谈会后，调研团还参观了苹果机房、学生电视台、国学讲堂、科技走廊、生物长廊、艺术画廊等学校特色场所，以及国际部公寓、食堂、体育设施等。

(二)国际互访与交流

1. 意大利华校校长访问温州华教基地

2014 年 1 月上旬，意大利佛罗伦萨中文学校校长潘世立、副校长谢群到温州市华文教育基地——温州市实验中学访问交流。

双方交流中，潘世立感谢温州市实验中学连续两年选派教师到该校援教，并充分肯定了两位外派教师的出色表现。温州市实验中学校长吴君宏表示，温州市实验中学积极推进国际合作与交流，与海外多所中文学校一直保持友好的合作关系，特别是 2012 年派遣华文教师赴意大利佛罗伦萨中文学校援教以来，在双方的共同努力下，两校间的交流与合作的声誉和影响正在不断扩大，取得了良好的办学效益和社会影响。双方一致表示，今后将进一步加强交流与合作，共同促进两校办学品质和教育教学水平的提升。

2. 中国国务院侨办副主任马儒沛走访欧洲时报文化中心

2014 年 2 月 9 日，中国国务院侨办副主任马儒沛率领侨务考察团走访了刚刚投入使用不久的位于巴黎让蒂易市的欧洲时报文化中心。

马儒沛对文化中心的设施十分赞赏。他指出，文化中心既是弘扬中华文化的一个窗口，也是中西文化交流的一座平台，要通过展览、座谈会、讲座等多形式、多层次的活动，让法国观众更真切了解到中国博大精深、源远流长的文化传承，了解中国当下的发展变化、中国人的精神风貌，为法国多元文化发展做出贡献。文化中心还是维系侨胞与祖（籍）国感情的一条纽带，要充分利用好，开展多层次的丰富多彩的活动，增强侨胞的文化归属感和自豪感。华文教育是文化传承的最重要的形式，在为侨胞“固根、壮魂、圆梦”方面的作用功不可没，要积极创造条件推动华文教育的开展。他相信，随着中法两国关系的不断加强，文化中心的功能和作用也会不断加强。

陈晓燕介绍了欧洲时报中文学校学员的情况以及法国华文教育协会的运行情况。马儒沛希望开展华文教育要和当地的国民教育紧密结合起来，为华文教育拓展更大空间。他表示，随着中国的不断发展，侨胞后代学习中文的要求会越来越强烈，国务院侨办也将采取更多措施，支持华文教育发展。

3. 中国驻文莱大使出席文莱中华中学新春团拜活动

2014 年 2 月 15 日，中国驻文莱大使郑祥林应邀出席了文莱中华中学新春团拜活动。郑祥林大使与来宾们共同观看了文莱中学学生呈现的精彩节目和舞龙舞狮表演，并向全校师生送上节日的祝福。

郑大使大力称赞文莱中学近年来在推广华文教育领域取得的杰出成就，表示中国政府将对华文教育给予一如既往的支持，希望文莱中华中学继续为推广中华文化、促进中文友谊做出贡献。郑大使还会见了到文莱中华中学考察交流的中国河北师范学院代表团一行并与他们亲切交流。

4. 国务院侨办主任裘援平访问美国侨团和华校

2014 年 2 月 15 日，中国国侨办主任裘援平在中国驻旧金山代总领事宋如安陪同下拜访了美洲中华中学校。裘援平在校长李树邦的介绍和引导下，参观了中华中学校，和正在上课的师生交谈。她代表中国国侨办向该校颁发“海外华文教育示范学校”牌匾，并向该校捐赠 2 万元，资助该校的华文教育。校方向裘援平致赠金匾。

2 月 16 日，裘援平主任参观访问了著名华人社团——波士顿华人前进会。裘援平和在座侨胞就国务院侨办的主要工作、前进会的历史沿革、办理护照签证、国庆庆祝活动等华人关心的议题进行了互动交流，裘援平同时还提到华文教育议题，指出中文学习已在全球掀起不小热潮，支持华文教育就成为建设“和谐侨社”的基础性工程。裘援平鼓励各类侨团面向基层面向侨胞提供更多服务，包括相互帮持、维护侨胞正当合法权益等，不断丰富构建“和谐侨社”的内容，主要目的是让侨社健康发展，让侨胞更好地长期生存和发展。

2 月 17 日，裘援平主任访问波士顿剑桥中国文化中心，看望来自大波士顿地区的 20 余位侨、学、商界代表，并同他们就关心的问题交换了意见。裘援平介绍说，2014 年是中国国侨办“和谐侨社”建设年，重点是面向侨团、面向基层、面向华侨华人社会，首先是整合侨团，其次是服务侨胞。国侨办将通过在整合服务类型、推进华文教育和深化美中文化交流三个方面的努力，为广大侨胞和侨社提供更好的服务。裘援平代表中国国侨办赠送 2 万元慰问金，并题词“弘扬中华语言文化，促进中美友好交流”。

2 月 19 日，裘援平主任拜访旧金山南侨学校。南侨学校校董会主席关洛章向裘主任介绍了南侨学校的办学宗旨及开展华文教育工作的情况。裘援平称赞南侨学校历史悠久、基业丰厚、从创业时的 30 多名学生，发展到今天近 2000 名学生；从幼稚园到高中分 7 个时段教授华裔子弟中国语言和中华文化，难能可贵。她代表国侨办向南侨学校捐赠 2 万元，支持学校发展海外华文教育，购置更多先进的教学器材和设施。

5. 加拿大不列颠哥伦比亚省教育代表团赴温州华教基地交流访问

2014 年 2 月 20 日，加拿大不列颠哥伦比亚省（BC 省）第 70 学区教育厅厅长卡姆·平克顿率教育代表团到温州乐清开展教育交流活动，拉开了加拿大 BC 省第 70 学区公立学校与温州乐清国际外国语学校合作项目“中加国际班”的序幕。乐清市副市长刘云峰出席交流活动。

2014 年初，在教育部门积极促成下，乐清国际外国语学校与加拿大 BC 省第 70 学区公立学校成功缔结了姐妹学校关系，并签署了开设“中加国际班”的合作框架协议，拟开设中加双重高中学籍、中加高中课程为一体的课程体系的两个国际班，国际班学生具有在国内考学和申请英语国家大学的双向升学选择。

6. 新加坡集美学院校董会副董事长苏宁访问华侨大学

2014 年 2 月 26 日，新加坡集美学院校董会副董事长苏宁访问华侨大学，华侨大学校长贾益民教授会见客人，双方就在新加坡开展合作办学事宜进行商谈。

苏宁就合作办学项目的初步方案向贾益民进行了详细说明，并提出当前存在的困难。苏宁表示，与华侨大学在新加坡开展合作办学，将主要开设以中文教学为主的课程，为中国移民和华人后裔提供以华语为教学媒介的学习机会。贾益民称赞新加坡集美学院提出的合作方案详细、可操作性强，希望双方能够加强沟通，共同克服困难，尽快签订合作意向书。贾益民还就合作办学的基础设施建设、课程设置、学历认证等问题提出具体的建议。

7. 中国驻老挝大使走访老挝华校

2014 年 3 月 4 日，中国驻老挝大使关华兵访问老挝南部沙湾拿吉省和占巴塞省，并走访了沙湾拿吉崇德学校和占巴塞百细华侨公学。

访问期间，关华兵大使会见了沙湾拿吉省省委书记兼省长苏潘·乔米赛和老挝人民革命党中央委员、占巴塞省省委书记兼省长宋赛·西潘敦。关大使积极评价沙湾拿吉省和占巴塞省发展取得的成绩，感谢老挝方面为中国企业、公民及华侨华人在当地发展提供的便利与支持，表示使馆将继续发挥桥梁作用，不断推动和加强中老地方友好往来与务实合作。苏潘和宋赛表示愿同中方一道，进一步拓展中老地方交流与各领域互利合作。关大使还与苏潘和宋赛就加强中国与两省各领域的合作交换了意见。在走访当地华校时，关大使大为赞赏华校为推广华文教育、宣传中华文化所做出的努力。

8. 美国阳光集团考察团赴广西华侨学校参观交流

2014 年 3 月 4 日，美国阳光集团考察团在广西壮族自治区侨办文宣处副处长吕俊峰的陪同下到广西华侨学校参观访问，对广西华侨学校的华文教育、高中办学和海外华裔青少年夏令营活动进行了交流考察。考察团一行旨在寻找能够合作开展华文教育的实体单位，希望中美双方能够多加交流，建立更深层次的合作关系。

9. 福建省泉州市华文教育交流团赴东南亚三国调研华文教育工作

2014 年 3 月中旬，应菲律宾华教中心、老挝中华理事会和越南有关单位的邀请，泉州市华文教育交流团 6 人在泉州市海外华文教育领导小组办公室主任温锦辉的带领下，赴菲律宾、老挝和越南开展华文教育及侨务访问。交流团此行旨在全面了解东南亚地区华文教育的现状，进一步提高泉州市海外华文教育工作的主动性，加强与东南亚地区华教机构和海外社团的交流与合作。

访问期间，交流团拜访了菲律宾旅菲各校友联合会、菲律宾华教中心、菲律宾宿务菲华联谊会、老挝中华理事会等 11 个海外社团，慰问了泉州籍外派教师在菲律宾华校的教学情况，深入菲律宾新华书城、景祥爱心幼儿园、老挝寮都公学等华文教育机构进行考察，就菲、老、越三国的基本侨情和华文教育的开展情况进行了实地调研。

10. 广东外派华文教师访问团访问印度尼西亚华校

2014 年 3 月下旬，广东省海外交流协会文教部部长汤泗昌率领的外派教师访问团在印度尼西亚万隆、泗水、棉兰、巴厘岛华校访问。

访问团走访了印度尼西亚亚洲国际友好学院、棉兰崇文中小学、万隆劲松三语国民学校、万隆曙光三语国民学校、泗水新中三语学校、泗水小太阳三语学校、泗水崇高基督教学校、泗水艾莉三语学校、巴厘岛文桥三语学校、巴厘岛印华三语学校等地，拜访了四地的粤籍乡亲社团，看望在四地工作的广东外派华文教师，了解当地华文教育发展现状。所到之处，华社和各华校均表示，广东省外派华文教师因更“接地气”，能更快地融入当地学校教学工作，在印度尼西亚华校很受欢迎，在提升当地华文教学水平、传承中华文化等方面发挥了积极的作用。

11. 意大利米兰华侨中文学校校长访问温州

2014 年 4 月上旬，温州市侨办侨办主任鲍卫翔会见来访的意大利米兰华侨中文学校校长陈小微。

鲍卫翔在简要介绍了 2013 年温州华文教育工作开展情况后，向陈小微详细询问了海外华校在推广华文教育过程中遇到的困难和需求，并征询其对温州开展华文教育的意见和建议。陈小微介绍了意大利米兰华侨中文学校发展前景。她表示，海外华文教育发展前景可喜，但资金匮乏、华文教师数量不足、中文课外读物缺乏等问题亟待解决。她希望家乡侨办能进一步加强与海外温籍华校所在国政府和教育部门的沟通与合作，为海外温籍华校开展华文教育创造良好的外部环境和更大的发展空间；要最大限度地调动各方的力量，为海外温籍华校的发展争取更多的支持和帮助；要在教材、课外读物、师资等方面给予支持，以满足海外温籍华校的多样化需求。鲍卫翔积极回应陈小微的意见建议，表示今后将进一步加大支持力度，整合各方力量，努力提高海外温籍华校办学水平，促进海外温籍华校可持续发展。

会见结束时，鲍卫翔向陈小微赠送了100套《温州童谣》音频光盘和《东瓯遗韵》等乡土文化书籍，希望她把温州乡土文化引入海外中文课堂，推动瓯越文化"走出去"。

12. 泰国公主诗琳通到山东大学考察交流

2014年4月7日，泰国公主诗琳通到山东大学进行考察交流。山东大学在明德楼举行了"泰王国公主诗琳通殿下山东大学名誉教授授予仪式"，山东大学校长张荣授予她名誉教授聘书，并为其佩戴校徽。

诗琳通公主用流利的中文说，山东是孔孟之乡，传统文化底蕴深厚，山东大学是历史悠久的名校，培养了很多人才。她30多年前开始学习中文，和中国、中国文化结下了不解之缘，这些年她把很多中国小说翻译成泰文，让泰国人民更好地了解中国的历史、社会、文化。

诗琳通表示，互相了解是增进友谊的基础，希望中泰两国在文化、教育领域开展更多合作交流，为中泰友谊培养更多的友好使者。张荣在聘任仪式上表示，诗琳通公主为推动中泰友谊做出了杰出的贡献，授予名誉教授意味着诗琳通公主成为山东大学的一员，希望诗琳通公主继续关心、支持山东大学的发展，促进山东大学与泰国在教育、文化和科技等领域的深入交流。

13. 中国驻印度尼西亚棉兰总领馆访问苏北华联亚洲国际友好学院

2014年4月13日，中国驻印度尼西亚棉兰总领馆总领事朱洪海、副总领事姜三菊等访问印度尼西亚苏北华社慈善与教育联谊会印度尼西亚亚洲国际友好学院。苏北华联亚洲国际友好学院是印度尼西亚教育史上第一所准予颁发中英文大学本科文凭、由华人精英鼎力资助的民办高等学府。

华联常务理事长廖章然、秘书长陈民生等带领客人参观校园并介绍相关情况陪同看望在印度尼西亚苏北支教的中国教师们，并举行座谈会。

会上，朱洪海总领事简要介绍了中印关系近年来的发展概况，在印度尼西亚支教的中国教师们，肩负着传播中华文化的伟大使命，应成为中印文化交流的友好使者。

来自苏北大学、崇文中小学、先达圣道学校、韩江学校以及苏北省各地的中国教师也纷纷发言，提出了许多现存的具体问题，朱洪海总领事等认真记录老师们的各种意见和建议，将提出的问题归类并耐心地逐一回应，表示会尽快协助解决此类问题，共同维护中国外派教师的合法权益。

14. 华教促进团走访缅甸克钦邦

2014 年 4 月 13 日至 17 日，缅甸泼水节期间，由驻曼德勒总领馆、福庆孔子课堂组成的华教促进团，走访了缅甸克钦邦八莫、抹港、和平、抹允、密支那 5 个城市，与各地区 11 个华校或汉语教学机构进行了近距离的座谈与沟通，指出了开展华文教育汉语教学的新方向：目前缅甸的华文教育不仅仅承担着“留根”的责任，还必须往汉语国际推广以及促进缅中两国友好关系方面发展。此次访问促进了缅北华文教育汉语教学的可持续性发展。

15. 泰国曼谷第一教育区副区长访广东清远商洽华教合作

2014 年 4 月 14 日，泰国曼谷教育区第一区副区长 Ngampit Lawakorn 女士率校长团到访广东清远开展文化交流活动。

清远外侨局党组书记李思真、副局长李杰等会见来宾。双方就开展华裔学生夏（冬）令营、缔结姐妹学校、互派教师等事宜进行广泛的磋商。随后，来宾们参观了清远市技师学院，考察了学校的办学、教学模式，并与校方领导一起参加了座谈会。座谈会上，技师学院有关领导向交流团简单介绍了技师学院的情况。来宾们表示泰国学生十分喜欢学习华语，泰国官方也打算积极推进华语教育，因此非常希望能够与清远、与技师学院合作，通过缔结姐妹学校等方式，更好地与清远市内学校开展教育活动交流，从而增进泰国人民对中国、对清远的了解，加深双方人民的友谊。

16. 意大利保罗茨落学校师生到浙江华教基地交流访问

2014 年 4 月中旬，意大利保罗茨落学校师生访问团 14 人在意大利佛罗伦萨中意文化交流协会会长、佛罗伦萨中文学校校长潘世立的陪同下，到浙江省友好学校进行交流访问。在为期 10 天的行程中，访问团先后赴杭州、温州两地，对杭州文澜中学、温州市少年艺术学校、温州市第五幼儿园 3 所学校进行访问。

17. 英国中国国际交流总会访问暨南大学华文学院

2014 年 4 月中旬，英国中国国际交流总会吴国强会长到暨南大学华文学院访问，洽商合作交流等事宜。暨南大学华文学院执行院长邵宜教授、副院长曾毅平教授等接待了来访客人。

座谈会上，邵宜执行院长向客人简要介绍了学院的办学特色、专业设置、师资力量、招生规模等情况，曾毅平副院长介绍了学院的海内外办学情况及相关中国政府留学生奖学金项目。吴国强会长介绍了英国目前在汉语教育方面的基本情况。双方表示，可以充分利用各自的资源优势以及中国政府留学生奖学金等项目，在本、硕、博学历教育，短期语言培训，文化游学互动，师生交流等领域开展合作。

18. “话友谊，促合作，故乡行”考察团访问暨南大学华文学院

2014 年 4 月 20 日，在云南省政协港澳台侨和外事委员会副主任杨光民的陪同下，由缅甸曼德勒云南同乡会、仰光云南同乡会、老挝中华理事会、老挝寮都公学各知名侨领组成的“话友谊，促合作，故乡行”考察团到暨南大学华文学院交流访问。暨南大学校长胡军，华文学院院长郭熙、党委书记李世云、执行院长邵宜接待了来访客人。

暨南大学华文学院与考察团初步达成合作意向，将为老挝、缅甸当地建设和发展华文学校等提供一定的师资帮助和支持，促进当地华文教育事业的发展。

19. 国侨办副主任谭天星率团访问老挝、柬埔寨

2014 年 4 月 21 日至 26 日，谭天星副主任率领国侨办代表团访问了老挝、柬埔寨华社。在老挝，代表团走访侨团，慰问侨胞，并重点考察了在老挝建设华助中心的可行性。在短短一天半的时间里，代表团与老挝主要侨团代表举行座谈，密集接触了陈华、姚宾等多位侨界知名人士，考察了寮都公学、永珍善堂等公益组织，慰问外派教师，并与中国驻老挝使馆进行了工作交流。在柬埔寨，代表团用两天半的时间，拜会了柬埔寨中华理事会、柬埔寨中国商会、柬埔寨港澳侨商会等多家社团，拜访了杨启秋、高华、任瑞生、方侨生、蔡迪华等数十位侨界知名人士，考察了端华学校、中山学校，慰问国侨办外派教师，向中南半岛地区唯一的海协顾问杨启秋颁发了聘任证书，并与中国驻柬使馆进行了工作交流。

谭天星每到一地都认真听取有关情况介绍，并代表裘援平主任和国侨办向侨胞表示问候。他勉励侨胞重点做好四方面工作：一是自力更生，大力发展华文教育；二是努力构建团结友爱、富有活力的和谐侨社；三是发挥自身优势，做沟通中老、中柬两国友好的桥梁；四是相互合作，积极扶持侨胞事业发展，共享中国机遇。

20. 暨南大学代表团赴印度尼西亚交流访问

2014 年 4 月 21 日至 25 日，暨南大学副校长兼校友会理事长林如鹏率团赴印度尼

西亚进行交流访问，华文学院执行院长邵宜教授与汉语系主任童盛强副教授随团参加了此次对外合作的交流访问。代表团先后会见了印度尼西亚阿尔戈·曼努卡尔集团董事长郑年锦先生、印度尼西亚福清公会主席俞雨龄先生等海外侨领以及暨南大学雅加达校友会的校友，就印度尼西亚华文教育事业的发展状况、发展前景以及如何进一步加强在华文教育事业上的合作等内容与印度尼西亚热心支持教育事业的侨界人士进行了广泛交流和深入探讨。

4月22日至23日，邵宜院长与童盛强主任飞赴坤甸，在印度尼西亚西加华文教育协调机构主席郑洁珊、副主席陈慧珍及坤甸共同希望教育基金会主席陈忠弟的陪同下，参观考察了西加华文教育协调机构师资培训班，与师资班的教师和学员进行了交流讨论。在坤甸期间，邵宜院长还代表暨南大学校长与坤甸共同希望教育基金会签署并交换了有关代理招生及合作开展华文学历教育的合作协议书，并表示暨南大学华文学院愿意扶持当地的华文教育工作，协助共同希望教育基金会在坤甸筹办华文高等院校。

21. 印度尼西亚玛中大学语言与艺术文化学院院长访问暨南大学华文学院

2014年4月28日，印度尼西亚玛中大学语言与艺术文化学院院长 Patrisius 访问暨南大学华文学院，探讨合作事宜。双方在座谈会上就华文教育的发展进行了交流，随后，双方就具体合作事宜进行了细致讨论，对前期拟定的合作协议进行完善和补充，双方表示希望能促成合作协议早日签署，共同为华文教育事业的发展贡献力量。

22. 浙江省温州市侨办副主任与温籍华校校长商谈华教发展

2014年4月29日，温州市侨办副主任许捷会见了回乡探亲的西班牙马德里中文学校校长叶玉兰、意大利罗马基督教中文学校校长黄智晓、葡萄牙里斯本喜洋洋中文学校校长韩淑敏等温籍华文学校校长，并就推进海外华文教育工作进行了座谈。

许捷表示支持和发展海外华文教育义不容辞，希望各华校在今后的工作中与温州侨办密切联系，加强合作与交流，共同为华文教育事业做出更大的贡献。座谈会上，宾主双方还就如何加强师资培训、解决教材紧缺问题、促进海外华校融入当地主流社会等方面进行了探讨与交流。

23. 中国驻纽约总领事馆总领事参加华夏校长研讨会

2014年5月上旬，中国驻纽约总领事馆总领事孙国祥、副总领事钟瑞明以及侨务随行人员，在新泽西普兰斯堡高中与华夏中文学校总校及各分校的主要教务人员就海外华文教育及华文教材相关话题举行座谈。

华夏中文学校校长王坚介绍华夏中文学校近20年来的发展情况以及华夏历年来举办的主要大型活动。孙国祥总领事首先肯定了华夏中文学校为海外中文教育做出的努力和成绩，表示中国驻纽约总领事馆将积极支持海外华裔子女的中文教育，尤其是对中文师资的培训、中文教材的改进和编辑出版。孙国祥总领事仔细询问了目前中文学校学生生源、教学中使用的教材以及教材使用过程中的问题。他强调，海外中文教材的改革，需要倾听第一线教学人员和学生在教与学过程中的实际反应，考虑中美文化差异，兼顾海外教学的特殊性，包括教育进度、中文环境缺失等。他明确指示，华夏中文学校提出详细改进计划，由总领事馆协助制定可行性方案，并配合落实执行。

24. 云南高校与缅甸华校交流华文教育

2014年5月11日至12日，云南昆明学院到访曼德勒云华师范学院、明德中学等缅甸华校，双边就缅华社会的华文教育进行交流。

云南省昆明市昆明学院书记孙勇首先走访了曼德勒云南会馆及云南会馆所办的曼德勒云华师范学院。双方就云华师范学院的教学及缅甸华教的情况做更进一步的了解与探讨。昆明学院书记孙勇表示，将会继续支持云华师范学院，共同促进中缅两国文化的交流与合作共赢，共同促进中缅两国的友好交往。此外，昆明学院还到访了曼德勒明德中学，并向该校捐赠了投影仪等教学用具。在曼德勒明德中学，大家就汉语本土化教材的编写、外派教师的派遣、本土化教师培训等问题进行了深入的讨论和交流。

25. 浙江省温州市侨办主任会见意大利教育代表团共商华教合作

2014年5月20日，意大利协助发展中国家协会亚洲部主任Maria Omodeo女士率领的意大利教育代表团4人访问温州侨办，与温州市侨办主任鲍卫翔、副主任许捷及有关人员座谈，共同探讨推动海外华文教育发展和中意文化交流合作方式。

鲍卫翔代表温州市侨办向代表团介绍了温州海外华文教育等情况。他希望代表团通过此行不同国家、不同教育体系之间的相互交流，有大的收获，在温州寻找到合作的机会，力促双方合作结出丰硕成果。同时，希望将此次访问作为一个契机，加强沟通与联系，增进彼此了解，扩大合作领域，实现互惠共赢。

Maria Omodeo女士多年来一直致力于推动海外华文教育发展，她表示此行的目的是进一步推进中意两国教育的交流与合作。此次代表团还计划赴温州市第八中学、温州市第二职业学校、瑞安外国语学校、瑞安玉海实验中学、莘塍实验小学、温州大学开展交流活动。

26. 泰中华文教育基金会携斯巴顿大学访问山东各地

2014 年 5 月 26 日，泰中华文教育基金会带领斯巴顿大学副校长林天光博士一行前往山东省济南市、济宁市、泰山市等考察合作。

访问团在济南当地侨办领导的带领和陪同下对济南、济宁、泰安等地的高校及中学进行了考察。在考察期间，各地学校的领导及部门负责人与斯巴顿大学代表就中泰教育合作进行了深入的洽谈，在多项合作领域达成共识。双方都表示将积极推动各项中泰教育交流的合作事宜。

27. 泰国龙仔厝三才公学黄追光主席应邀赴广西交流考察

2014 年 5 月 26 日至 31 日，泰国龙仔厝三才公学校董会主席黄追光博士携三才公学经理黄玉灵女士应中国广西华侨学校邀请出席“2014 中国华文教育基金会亚洲校长广西培训班结业典礼”暨“广西华侨学校实验高中 2014 届留学生毕业典礼”等庆典活动。

5 月 26 日，黄追光主席拜访了广西侨办。

5 月 27 日，在广西侨办文宣处副处长吕俊峰先生及广西南宁市外事办副调研员黄一胜先生的陪同下，黄追光主席参观了广西—东盟经济技术开发区下属的两所学校。黄追光主席、黄玉灵经理与两所学校的校长及相关负责人对学校进行了多方面的了解，双方就今后的交流与合作等有关事项广泛交换了意见。

在 5 月 29 日的亚洲校长培训班的结业典礼结束后，黄追光主席与来自各国的校董、校长们进行了会谈。黄追光主席在会谈中就泰国华文教育的现状及今后在教材研发、师资选派及培训、学生夏令营及留学生等方面与基金会的领导进行了深入沟通。

28. 亚洲华校校长齐聚广西华侨学校探讨交流合作

2014 年 5 月 29 日，中国华文教育基金会在广西华侨学校召开座谈会，与会 25 名亚洲华文学校校长深入座谈，探讨合作事宜。

中国华文教育基金会项目二部主任李晓梅介绍了基金会的基本情况，并表示，受诸多客观条件所限，海外各类侨校目前普遍存在师资、教材匮乏，教学方法陈旧，办学经费不足等困难，中国华文教育基金会作为非营利的全国性公募基金会，将充分发挥独特优势，广泛动员海内外各方面力量，多渠道募集资金，帮助华校实现顺利发展。

与会的 25 名华校校长们就各自学校发展现状、遇到的问题及今后合作具体合作事项与基金会做了交流，他们纷纷感谢基金会对华文教育事业的帮助和支持，表示回国后将努力培养更多优秀中文文化的传承者。

29. 泰国、马来西亚侨领考察海南省工商职业学院

2014 年 6 月中旬，海南侨联主席何云霞与泰国山地林木业集团公司总裁、泰国海南会馆永远名誉理事长、泰国海南教育基金会主席王琼南先生和马来西亚海南会馆联合会署理总会长、马来西亚南方大学学院理事长、马来西亚华校董事会总会副主席黄循积先生到海南省工商职业学院，开展华文教育资源与合作办学项目考察交流活动。两位侨领针对学院与海外侨校加强华文教育和海南历史文化教育的交流合作提出了建设性的意见和建议。

30. 江苏省侨办主任会见全美中文学校协会会长

2014 年 6 月中旬，江苏省侨办主任王华会见全美中文学校协会会长帅致若女士。王华说，发展华文教育事业是传承中华文化的大事，对促进中华民族凝聚力具有重要而深远意义。多年来，全美中文学校协会致力于发展华文教育事业，促进了中华文化在美国的传播，促进了两国间文化交流，希望双方能加强合作，实现共赢。帅致若表示，全美中文学校协会与江苏省侨办具有长久的合作关系，希望江苏省侨办一如既往支持协会的发展，并诚挚邀请江苏省侨办组团参加全美中文学校协会 20 周年庆典。

31. 泰国华文教师公会主席访问华侨大学

2014 年 6 月 21 日，华侨大学副校长张禹东在华侨大学厦门校区王源兴国际会议中心会见了泰国华文教师公会主席、华侨大学董事罗宗正和泰国皇室素博・巴莫亲王率领的泰国华文教师公会访问团。

张禹东表示，近年来，华侨大学在泰国华文教师公会的大力支持下，共同开创了“中华文化大乐园”“外国政府官员中文学习班”“华文师资本科函授学历班”等享誉海内外的华文教育品牌项目，其中很多华文教育项目都是罗宗正博士亲自协调的，泰国华文教师公会特别是罗宗正博士为推动泰国的华文教育事业以及华侨大学在泰国的华文教育工作做出了突出贡献，华侨大学将继续不遗余力地加强与泰国华文教师公会的合作，共同促进泰国华文教育事业的发展，促进中泰两国人民之间的文化交流。

罗宗正说，在华侨大学的支持下，现在泰国的华文教育已经有了良好的开端，希望能够继续在华侨大学大力支持下，巩固再发展，同时也欢迎华侨大学教师到泰国访问、交流，更好地帮助泰国发展华文教育。

32. 泰国驻厦门副总领事率华侨华人代表团到访华侨大学

2014 年 6 月 24 日，泰国驻厦门总领事馆副总领事孟坤率泰国南部边境府华侨华

人代表团30人到华侨大学参访。

华侨大学华文教育处相关项目负责人在厦门校区行政研发大楼接待了泰国客人，并介绍了华侨大学办学历史、办学宗旨及在泰国开展华文教育、泰国学生留学华侨大学的主要情况。孟坤总领事表示，此次泰国南部边境府华侨华人代表团到华访问，专门要求到华侨大学参访。希望华侨大学今后能更多关注泰国南部地区，推动泰国南部更多社团、学校等机构与华侨大学合作开展华文教育项目，推荐更多泰国南部地区学生到华侨大学学习，增进泰国南部地区和华侨大学的交流和友谊。

33. 华侨大学代表团访问菲律宾华教中心

2014年6月26日，华侨大学副校长刘斌一行4人访问菲律宾华教中心。菲华教中心常务副主席黄端铭、副主席杨美美等热情接待了刘斌副校长一行。

双方在座谈中，对合作的事项进行了友好交流，并探讨了如何深化合作。黄端铭副主席向刘斌副校长简单介绍了华教中心目前的工作情况。刘斌副校长发表讲话，重点提出两个方面：一是感谢华教中心多年来对华侨大学华文教育工作给予的支持和帮助；二是就目前双方合作的项目进行一些探讨。刘斌副校长表示，在双方达成的共识以及沟通顺畅的机制下，对于今后的合作向纵深方向拓展，希望菲律宾华教中心的领导多提宝贵的建议。

34. 缅北地区华校资深教师“神州行”代表团访问四川大学

2014年6月30日，缅北地区华校资深教师“神州行”代表团访问四川华文教育基地——四川大学，并在四川大学文学与新闻学院文科楼会议室举行了华文教育座谈会。

代表团由云南海外文化教育中心主任胡恒富带队，由缅甸10位长期从事华文教育的资深校长组成。代表团此次到四川主要是调研了解四川华文教育基地——四川大学在海内外进行华文教育的教学经验，希望共同促进华文教育在缅甸的推广学习。座谈会上，代表团的校长们在交流时谈到了缅甸华文教育的发展以及在推广时的种种现实困难，希望能从师资培训和学生交流学习方面加强合作。座谈会结束后，校长们还实地参观了四川大学的校区建设情况。

四川省外事侨务办副主任薛斌在成都会见缅北地区华校资深教师“神州行”代表团。薛斌向代表团介绍了四川开展华文教育的情况，并希望与缅甸华文学校在夏令营、教师培训等方面加强合作。

35. 北京市政府侨办主任会见美国教育官员及公立学校校长访华团

2014年6月30日，北京市政府侨办主任刘春锋会见了来访的美国教育官员及公立学校校长访华团。

美国教育官员及公立学校校长访华团共10人，由美国教委联合会和亚利桑那州等5个州的学区教委官员及校长组成，自6月30日开始，在北京进行为期6天的考察交流活动。当日，经北京市侨办协调，北京市教委、东城区教委及汇文中学、171中学、东直门中学等单位和学校与访华团进行了专题座谈，就北京市与美国相关州的教育发展情况、特别是教育国际化发展情况以及相关学校的办学特点、对外交流合作成果等进行了深入的交流。此后，访华团还前往北京师范大学石景山附属幼儿园、西城区少年宫和海淀区教师进修学校附属实验学校参观交流。

刘春锋表示，此次访华团来访，得益于中国旅美科技协会的牵线搭桥，为北京市教育部门和相关学校与美国同行进行专业交流提供了良机。他希望双方能充分利用此次机会，增进了解，促进中美两国在教育领域的交流与合作。访华团团长、美国教委联合会运营负责人伍德罗夫·查尔斯表示，在中美中小学教育、教师能力培养方面，与大家有着共同的目标。通过此次访问，深感促进中美学生间与教师间交流的重要性。

36. 重庆暨华中学到泰国清迈教联高级中学交流

2014年7月14日，重庆暨华中学到泰国清迈教联高级中学参访交流。此次到访的人员包括暨华中学教师、学生及学生家长。

清迈教联高级中学校长王相贤先生携师生接待了他们的到访，并在会议室进行友好交流。在交流会上，暨华中学观看了清迈地区华人村华文教师联谊会、清迈教联高级中学情况简介的幻灯片放映，之后，王相贤先生介绍了泰北华人村华文教育的现状，并表示对暨华中学一行的到访热烈欢迎。交流会结束后，暨华中学到高三班教室和师生进行友好互动，互动形式丰富，有写春联、中华知识问答、才艺表演等，互动过程气氛活跃，互动双方都表示收获颇丰，希望以后多组织这样的交流活动。活动结束后，双方交换小礼物道别。

37. 四川外侨办与海外华校校长交流华教事宜

2014年7月下旬，四川省外侨办副主任薛斌在成都会见了由美国、俄罗斯、加拿大、英国等国的著名华校校长组成的“寻根之旅”夏令营四川营领队一行。

薛斌向校长团介绍了四川省情及经济文化建设和发展情况后，就进一步开展好华文教育、中华大乐园等有关活动，同各位校长进行了友好交流沟通，达成了良好协议。

美国亚特兰大现代中文学校总校长刘志强表示，今后将继续就开展夏令营、华文教育、中华文化大乐园等有关活动做好各项促进工作，为传播和弘扬中华文化及巴蜀文化发挥应有作用。

38. 泰国公立培华学校汉语教师到三才公学、泰国农业大学孔子学院参观学习

2014 年 8 月 4 日，泰国素辇公立培华学校校长李继寿率中文部汉语教师及中国外派汉语教师 14 人分别到泰国龙仔厝三才公学、泰国农业大学孔子学院参观学习。泰国教育部民教委科长黄淑环也专程到三才公学进行调研指导。泰国龙仔厝三才公学校董事会主席黄追光、副主席黄宜声等接待了考察团成员。

39. 中国驻清迈总领馆领导莅临清迈教联高级中学访问

2014 年 8 月 5 日，中国驻泰国大使馆侨务参赞方文国、中国驻清迈总领馆总领事巢小良、中国国家汉办驻泰国大使馆文教处处长周高宇莅临清迈教联高级中学访问。

在教联高级中学会议室，双方进行了座谈。王相贤校长简要总结了办学经验，针对现况提出了一些切实存在的办学困难，并表示将迎难而上继续为泰北华文教育添砖加瓦的决心和切实提高教联高级中学办学质量的信心。他表示，清迈地区华人村华文教师联谊会和清迈教联高级中学作为华人村和祖籍国联系最紧密的组织和华校，竭尽所能，以清迈教联高级中学为中心，构建泰北华人村华文教育的新局面。方文国参赞询问了学校办学存在的困难，并着重对侨办公派教师需求、学校教材需求和教学用具需求等问题与校方进行商讨，积极寻求解决的办法。他还特别关心了国侨办外派教师，询问他们在工作和生活中遇到的问题，并鼓励大家要有吃苦耐劳的精神，求真务实为泰北华文教育做出贡献。巢小良总领事也表示，将支持清迈大谷地华人村华文教育。

40. 中国驻孔敬总领事赴泰国华文民校联谊会访问

2014 年 8 月 9 日，中国驻孔敬总领事谢福根、副领事陈卫燃赴坤敬公立华侨学校大礼堂访问东北部华文民校联谊会，并参加联谊会第三次理事会议。

华文民校联谊会主席洪泽荣向谢总领事汇报了联谊会 2014 年的主要工作及会务发展情况。谢总领事向参会人员介绍了中国驻孔敬总领事馆自建馆以来所做的各项工作，包括经济、文化交流方面的工作，并向大家介绍了将来泰中两国双边关系的未来发展趋势，希望各华校能够为泰国培养更多懂得中文的人才，为两国将来更加日益紧密的关系做好准备。他还希望大家今后能够更好地合作，共同推动泰中两国友好事业向前发展，成为亲上加亲的友好关系。此外，他还向 2014 年获得国侨办“海外华文

教育示范学校”称号的坤敬公立华侨学校和乌汶华侨学校2颁发了牌匾。

41. 广西玉林师范学院组团访问马来西亚、印度尼西亚华教合作学校

2014年8月中旬，为加强华文教育国际交流与合作，广西玉林师范学院副校长李伟中率团访问马来西亚新纪元学院、林登大学，印度尼西亚玛拉拿达基督教大学、印度尼西亚师范大学、万隆高中等学校。

在马来西亚新纪元学院，莫顺宗院长介绍了学院开展华文教育情况，传承与研究华人文化的办学宗旨、办学理念、办学特色等。李伟中介绍了玉林师范学院的基本情况，双方就开展学生交换项目、教师交流、科研合作等进行磋商，达成了一致意见，并签订了教育合作备忘录。

在马来西亚林登大学，代表团在该校首席运营官徐志力先生的陪同下参观了校园，并与该校学生代表进行座谈。双方就开展学生短期研习、教师进修、科研交流等方面的合作进行商讨，并签订教育合作备忘录。

在印度尼西亚玛拉拿达基督教大学，该校校长桑托索热情接待了代表团一行。双方就开展学生短期交流、教师互派、科研合作等项目进行商讨，并达成合作意向。

42. 湖南省长沙市侨务教育代表团赴东南亚访问

2014年8月中旬，应新加坡立伟小学和马来西亚教师会总会邀请，长沙市外侨办组织长沙侨务教育代表团赴新加坡、马来西亚访问考察，旨在进一步加强长沙与新加坡、马来西亚的交流与合作，涵养侨务资源，拓展华文教育渠道。

访问期间，代表团拜访了新加坡立伟小学，马来西亚坤成华小二校、雪兰莪巴生中华小学及沙叻秀华小等学校，并与马来西亚教师会总会、青年运动总会、马中文化交流委员会等组织座谈。此次考察期间，代表团通过与马来西亚教总协商，双方签署了为期3年的《关于建立华文教育交流长期合作关系意向书》，希望通过“海外华裔青少年潇湘文化行”系列活动，共同努力，积极推进两地文化、教育等方面多形式交流合作；并确定2014年参加“海外华裔青少年潇湘文化行”秋令营活动的师生名单、教学内容和行程安排。

代表团此行得到了到访单位的高度重视。马来西亚教师会总会主席王超群、马中文化交流委员会会长蔡佳兴、巴生中华国民型华小校长吴爱乐、沙叻秀华小校长林泰伸等致力华文教育的人士均表示非常愿意搭建与长沙华文教育交流的桥梁，并就如何推动大马与长沙市学校结成姊妹学校、加强师生互访等领域合作建言献策。

43. 日本一桥大学教授访问佛罗伦萨博识华文学堂

2014年8月中旬，日本一桥大学教授、社会学博士西口敏宏，日本龙谷大学社

会科学研究所研究员、经济学博士姜红祥一行，访问了佛罗伦萨博识华文学堂，并对该校校长王文艳进行一个多小时的采访，对该学堂的成立、办学模式与经费、中国政府和意大利当地政府支持力度等情况，作了较为详尽的了解。

44. 柬埔寨华社欢迎中国汉语教师和志愿者

2014 年 8 月 22 日，柬埔寨柬华理事总会在柬埔寨首都金边举行晚宴，热烈欢迎中国的外派教师和汉语教师志愿者抵柬埔寨任教。

中国驻柬埔寨大使布建国、柬华理事总会会长杨启秋等出席仪式。这批 45 名外派教师和 123 名汉语教师志愿者将被安排到 20 多所华文学校任教。杨启秋表示，柬埔寨华文教育事业为弘扬中华民族文化、为柬埔寨的建设和社会发展做出了重要贡献，中国政府选派的这批优秀教师的加入，必将进一步增强基层华校的教学力量，提高华校教学水准。布建国表示，近年来柬埔寨的华文教育事业在柬华理事总会的领导下蓬勃发展，归功于各位侨领以及华校校长和老师的无私奉献和辛勤工作，同时中国政府赴柬支教的教师们也在默默支持柬埔寨的华文事业，衷心希望新来的外派教师和汉语教师志愿者可以不辜负祖国期望，努力工作，为传承中柬友好事业贡献力量。

45. 清迈地区华文教师联谊会两所会员学校联谊交流

2014 年 8 月 24 日，清迈地区华文教师联谊会会长、清迈教联高级中学校长王相贤先生率团到清迈地区昌良村育英中学联谊交流。此次联谊交流活动旨在促进联谊会会员学校交流，密切会员学校联系，充分发挥联谊会整合华人村华校资源，达到“以大扶小，聚众助寡”的作用，同时也为清华大学和北京师范大学的志愿者实地考察泰北华校及泰北华文教育现状创造契机。

育英中学校长穆绍维主持召开了联谊交流座谈会。在座谈会上，联谊交流团观看了昌良村和育英中学简介的幻灯片放映，之后，育英中学校方领导简要介绍了育英中学办学经验和办学史。联谊会会长王相贤先生在座谈会上充分肯定了育英中学为泰北华文教育做出的贡献。他指出，育英中学和教联高级中学一样是联谊会举足轻重的华校，并表示今后将在获取教育资源、为当地无公民证的华裔青少年寻求回国升学渠道、为当地华文教师争取深造机会等方面提供帮助。

46. 泉州师范学院代表团访问菲律宾华教中心

2014 年 8 月 26 日，福建省泉州师范学院副校长王珊、文学与传播学院院长谢英、外事办副主任许琦红 3 人访问菲律宾华教中心，在参观了该中心办公室以后，双方进行了友好交流。

菲律宾华教中心常务副主席黄端铭、副主席杨美美等领导参与座谈。黄端铭副主席向王珊副校长简单介绍了华教中心的历史和目前开展的主要工作，并表示中心愿意积极配合泉州师范学院做好学中文夏令营的工作。王珊副校长向华教中心领导介绍了泉州师范学院的校史、专业设置、对外交流合作、学校取得的丰硕成果等，重点介绍了泉州师范学院在菲华学生学中文夏令营工作中采取的联动机制，确保夏令营活动圆满成功。

47. 中国巴拿马贸易发展办事处代表会见巴拿马多家中文学校负责人

2014 年 8 月 30 日，中国巴拿马贸易发展办事处代表王卫华在办事处会见巴拿马主要中文学校的负责人，了解目前巴拿马的中文教育情况，并向他们赠送一批中文教材。

王卫华代表首先向各中文学校代表介绍了当前中国国务院侨办和国家汉办海外汉语教学工作的开展情况，并就有关申请汉语教师到巴拿马开展教学等事宜回答了提问。王卫华代表认为，巴拿马的中文教学发展较快，取得了一定的成就，这与长期以来一直从事这项工作的教职工及学校管理者的努力是分不开的。王卫华代表同时强调，办事处将一如既往地对巴拿马中文学校提供力所能及的帮助。

在会谈中，学校的中文教育负责人就中文教学的各个方面进行了探讨，建言献策，均表示将努力把巴拿马的中文教学提升到一个新的层次，并对办事处的帮助表示了感谢。

48. 上海市政府参事会见华教专家了解日本华教发展

2014 年 8 月下旬，上海市政府参事、市海外交流协会副会长蔡建国会见国际著名汉学家、上海华文教育研究中心专家古川裕，日本樱美林大学教授、上海华文教育研究中心专家杨光俊等客人。

蔡建国向客人们介绍即将召开的世界华文教育大会的情况及近年上海华文教育工作的发展情况，并详细了解日本青年人对于中日关系的态度及日本中文教育近几年的发展状况。双方还探讨了开展远程网络教学的可能性。

49. 欧亚华文教师齐聚广西师范大学座谈交流华文教育

2014 年 9 月 1 日，由中国华文教育基金会和广西侨办共同组织的 2014 年欧亚华文教师座谈会在广西师范大学召开。中国华文教育基金会秘书长左志强、广西区侨办副主任陈宁、广西师范大学校长梁宏及培训班任课老师与来自法国、荷兰、意大利、西班牙、泰国、印度尼西亚、越南 7 个国家 20 所华文学校的 30 位教师参加座谈交流。

与会教师围绕华文教育畅谈交流。在课外读物建设方面，荷兰海牙中华语言学校王霞莉提出希望多一些中文课外读物给海外华裔青少年；法国华人华侨会中文学校高璇说，希望中国国内能出版一些简单的汉语阅读材料。在教材问题上，法国环球国际教育集团魏小龙建议提高信息互通，海外各华文学校由专人教师统一负责教材购买事宜，并利用网络下载教学教材，利用互联网等现代信息手段制作有趣的教学视频来丰富教材内容；印度尼西亚的戴美霞建议侨务部门联合大学能针对不同地区、不同国家的特点和需要来编写教材。教师们还希望中国侨务部门能扩大教材发行量，并赠送一些其他课外阅读教材。在海外师师资培训方面，法国华人华侨会中文学校教师郝英提出，希望在学习过程中，能按照海外华文教师的中文水平来分班，进行分层次教学。同时，她还建议今后海外华文教师培训班多开设语文教学及作文写作的课程。泰国合艾陶华学校教师吴玉文建议海外教师培训班能开设经济贸易课程，希望能开办海外幼儿教师培训班，提高海外幼儿教师的教学水平。

中国华文教育基金会秘书长左志强表示，中国华文教育基金会将尽最大努力，调动各方力量，推动海外华文教育事业的发展。

50. 中国驻缅甸曼德勒总领馆总领事参观新世纪学校

2014 年 9 月 9 日，驻缅甸曼德勒总领馆总领事王愚及缅华各界侨团领导参观曼德勒新世纪学校，并与教师欢庆教师节。

王愚总领事及各侨团领导在新世纪学校董事长张旺后、副董事长张仰辉及学校校长的陪同下参观曼德勒新世纪中小学及幼稚园校园、教师公寓、教师办公室、实验室、电脑室、学生课堂，观摩新世纪中文幼稚园蒙台梭利课，并参加学校为中文教师举办的“庆祝中国教师节暨年度华文教师表彰大会”活动。在表彰大会上，王愚总领事发表讲话，他肯定了曼德勒新世纪学校“新型华文教育”在缅甸所取得的成绩，鼓励全体华文教师继续为“传播优秀文化，服务缅华社会，凝聚中缅友谊”而努力奉献，同时表示今后将为华校提供更多的帮助和支持华文教育，让全体中方教师在异国他乡感受到了节日的快乐和从事华文教育的崇高荣誉。

51. 中国驻老挝大使赴华文学校慰问公派教师

2014 年 9 月 10 日，在教师节到来之际，中国驻老挝大使关华兵看望在老挝万象寮都公学工作的中国公派教师，向他们致以节日问候。寮都公学成立于 1937 年，是目前老挝规模最大、学生最多、师资力量最强的华文学校。该校得到中国国务院侨办的大力支持，是国侨办授予的老挝 3 所华文教育示范学校之一。关华兵与 25 名中国公派教师进行座谈，了解他们在老挝工作和生活的情况，并听取他们的要求与建议。

52. 中国驻瑞典大使夫人走访瑞京中文学校

2014年9月上旬，中国驻瑞典大使夫人白晓梅走访了瑞典规模最大的中文学校——瑞京中文学校，向校方捐赠了中文教材和音像资料。

瑞京中文学校校长王海琳向白晓梅介绍了瑞京中文学校建校历程及发展现状。瑞京中文学校成立于1977年，是瑞典办校时间最长的华文学校，隶属于瑞京华人协会。目前，该校在读学生300余人，开设了从幼儿园到高中的中文课程以及武术、舞蹈等兴趣班。

白晓梅表示，中国驻瑞典使馆一贯重视华文教育工作，想方设法为老师和孩子们创造更多、更好学习中文的条件。在瑞京华人协会会长柳少惠和王海琳校长的陪同下，白晓梅走进高、中、低班教室，向老师详细询问授课内容及教学成果，与上课的孩子们进行亲切互动，勉励老师们为传承和弘扬中华文化再接再厉，鼓励孩子们努力学好中文，更多了解中国，将来为中瑞友好与合作多做贡献。

53. 中国驻清迈总领事访问泰国鹏博冠学校

2014年9月上旬，中国驻清迈总领事巢小良访问泰国鹏博冠学校并拜会校董会主席马秀美。马主席向巢总领事介绍了学校的办学情况，并就如何进一步推广华文教育与巢总领事进行了交流和探讨。

巢总领事表示，中国综合国力的发展和国际地位的提高、中国古老的文明所具有的丰厚文化底蕴是目前全球掀起“汉语热”的主要原因，而中泰一家亲的传统友谊和东盟一体化、中国东盟自贸区的形成，更使在泰国的汉语学习和推广工作显得尤为迫切。鹏博冠学校办学历史悠久，中文教育虽然起步较晚，但顺应了时代的趋势和要求，希望学校继续努力，把中文教育越办越好，为社会培养出更多的社会精英和中泰友谊的使者，总领馆也将为学校提供力所能及的帮助。

54. 缅甸仰光汉语教师协会走访缅甸多地华校调研华文教育

2014年9月上旬，缅甸仰光汉语教师协会主席曾圆香率团走访缅甸勃固省的岱乌、捕当扎、凉礼平、玛道等地共12个城镇。通过与各地侨领们的交流沟通，曾圆香主席知悉了各地对复办华校的期待和愿望，也了解到各地复办华校所存在的各种困难。在各地的座谈会上，曾圆香主席表示，为了当地的经济发展和社会的繁荣，办好华文教育事关重要，也希望当地侨领及华人精英齐心齐力团结一致把华文补校办起来。教材和师资方面，教师协会尽心尽力给予支持。教师协会会和当地侨领携手努力，共同克服困难，让各地的华文补校顺利开办。

55. 中国驻宿务总领馆总领事张卫国参访三宝颜中华中学

2014 年 9 月 12 日，中国驻宿务总领事馆总领事张卫国莅临三宝颜中华中学参观考察，并慰问在该校工作的国侨办外派教师。

张卫国总领事在学校名誉董事长吴长民、林便良，执行副董事长蔡天普，董事林贻土、吴长西等人的陪同下，参观学校新教学楼、电脑室和相关基础设施。之后，张总领事与全体在校外派教师进行座谈。9 位国侨办外派教师各自谈了到校 3 个半月以来工作、学习和生活的感受，并表示，每位外派教师就是一面流动的国旗，在这里一定要努力工作，传播中华文化，弘扬民族精神，开展好华语教学活动，完成祖国交给的神圣使命。

座谈会上，张总领事向学校赠送了两台笔记本电脑，并发表讲话，勉励外派教师要遵守当地法律，确保自身安全，在学校安心工作，积极完成各项外派工作任务，为国争光。

56. 中国国务院侨办主任裘援平会见安哥拉教育部、总统基金会代表

2014 年 9 月 13 日，中国国侨办主任裘援平在华侨大学厦门校区王源兴国际会议中心会见到华侨大学参加安哥拉政府青年科技人才班第一期开学典礼的安哥拉教育部青年训练局局长路易萨女士、安哥拉总统基金会法律部部长阿维利诺先生。国务院侨办文化司司长雷振刚、福建省侨办主任杨辉，华侨大学校长贾益民、党委书记关一凡，副校长吴季怀、张禹东参加会见。

裘援平指出，中国是安哥拉的第一大贸易伙伴，安哥拉也是中国在非洲的第一大贸易伙伴。近几年来，两国在各个领域的合作不断深化，需要更多通晓两国语言，了解两国国情、文化，特别是懂专业的人才。裘援平对安哥拉总统基金会和教育部把培养青年科技人才的任务交给华侨大学表示感谢，并表示会认真培养这些学员，使其将来归国后担当重任。也相信各位学员一定会不虚此行，在中国、在华侨大学学到很多东西，成为中安友谊的使者。

路易萨表示，安哥拉总统基金会最重要的工作就是在全球范围内寻找教育领域的合作伙伴，此行非常确信华侨大学就是安哥拉很好的合作伙伴。安哥拉青年学生在这里的感觉良好，对这里的条件非常满意。路易萨认为，中国人应更多地学习葡萄牙语，安哥拉人应更多地学习中文，从而促进双方在各方面的交流与合作。路易萨表示，希望双方的这种合作发展得更加长远，并通过语言培养架起加深双方关系的桥梁。

57. 华侨大学外国政府官员中文学习班举行第十期开学典礼

2014 年 9 月 13 日，来自泰国国防部、皇家警察总署、商务部、农业与合作社部、财政部、海关总署、司法部、卫生部、内政部，印度尼西亚工业部、商务部、警察部、旅游部、财政部和菲律宾警察总署等部门的 100 名学员，入读华侨大学，成为该校外国政府官员中文学习班的新一届成员。这也是外国政府官员中文学习班项目的第十期。

此次开学典礼上，中国国务院侨办主任裘援平，泰国泰中文化经济协会会长颇欣，泰国驻厦门总领事馆总领事帕晨，华侨大学校长贾益民均发表了讲话，希望学员学好中文，成为中华文化的传递者和中外友好的使者。学员代表发言，表示会用学到的知识为泰中友好交流做出贡献。

泰国泰中文化经济协会副会长兼教育委员会主任威七、中国国务院侨办文化司司长雷振刚、福建省侨办主任杨辉、华侨大学党委书记关一凡、泰国驻厦门总领事馆副总领事孟坤、华侨大学副校长吴季怀、泰国泰中文化经济协会教育委员会成员单迪、泰国驻厦门总领事馆领事谢婉玲、泰国泰中文化经济协会副会长王志民等出席开学典礼。华侨大学副校长张禹东主持开学典礼。与会领导和嘉宾为学习班学员代表佩戴华侨大学校徽。

当天，中国国侨办裘援平主任还会见了出席第十期外国政府官员中文学习班开学典礼的泰国泰中文化经济协会会长颇欣率领的代表团。裘援平表示，举办外国政府官员中文学习班，具有非常重要的意义而且十分及时。中国是世界第二大经济体，世界上 1/5 以上的人讲中文，中文成为仅次于英文的世界第二大国际通用语言。华侨大学是一所开放型国际化的大学，在港澳台同胞和海外侨胞，特别是东南亚地区人才的培养方面尤其经验丰富。颇欣代表泰国泰中文化经济协会及外国政府官员中文学习班学员向中国国务院侨办及裘援平主任，以及华侨大学表示衷心感谢，并期待将来把学习班项目做得更加圆满。

自 2005 年起，由国务院侨办和中国海外交流协会启动的华侨大学外国政府高级汉语人才培训项目已为泰国、菲律宾和印度尼西亚政府培养了 400 多名高级汉语人才，为促进东南亚与中国的友好交流合作发挥了积极的作用，逐渐打造成为华侨大学在海内外具有重要影响的华文教育知名品牌和侨务公共外交品牌。

58. 中国驻马来西亚大使访问马来西亚多所独立中学

2014 年 9 月 13 日，中国驻马来西亚大使黄惠康走访吉隆坡坤成中学、尊孔独立中学。坤成中学董事长丹斯里拿督李深静、尊孔独中董事长沈德和等分别陪同。

黄大使对马来西亚华文教育给予高度评价，表示这是他陪同马来西亚最高元首及元首访华返马后出席的第一场正式对外活动。时值中马建交 40 周年及中国教师节设立 30 周年，他向全体教师致以敬意和节日的问候，并感谢马来西亚各界对华文教育的支持。

黄大使代表中国驻马大使馆向两所学校分别捐赠了 1 万马币的图书，希望同学们学好汉语，多了解中华文化，汲取各方面营养知识，早日学业有成，报效国家，为促进马来西亚经济发展、社会进步、种族和谐，为促进中马友好做贡献。

当天正值吉隆坡坤成中学 106 周年校庆，黄大使还同该校全体董事和在校师生共同参加了庆祝仪式。

59. 中国国务院侨办主任裘援平走访缅甸华文学校

2014 年 9 月 16 日，正在缅甸访问的国侨办裘援平主任走访了当地华文学校，了解华文教育状况。裘援平主任指出，对华侨华人来说，要大力继承和发扬中华文化，促进华文教育大发展，同时融入当地社会，培养更多通晓中缅两国语言和文化的友好使者。

裘援平首先走访了仰光东方语言与商业中心。该中心由当地 8 个华人社团携手创建，目前设有幼儿园、小学与中学课程，主要使用中文教学，兼授缅语与英语，现有学生 900 多人。裘援平说，侨社的根基在于华文教育。这两天访问期间，许多侨界朋友都提到兴建华文教育机构，令人感到振奋。“众人拾柴火焰高”，只要侨社齐心协力，华文教育一定能开拓出更加广阔的天地。

裘援平指出，目前缅甸华文教育面临三大机遇：一是祖（籍）国的快速发展，燃起了海外侨胞学习中华文化的热情，中文已经成为流行的国际语言，将来华文学校可以探索用双语甚至多语教学，成为名副其实的国际学校；二是近年来中缅关系不断发展，中国与东盟区域合作日益升温，当前迫切需要通晓中缅两国语言和文化的年轻一代，而具有天然优势的侨胞子弟正可以担当大任；三是中华民族的伟大复兴不仅是在经济层面，同时也包括软实力的提升，推动中华文化走向世界，融入当地，将为中外交流与合作打开更多沟通的“窗口”。

裘援平还前往仰光九龙堂天后华文学校考察交流。

60. 广西华侨学校华文教育考察团赴老挝调研考察

2014 年 9 月 16 日到 20 日，广西华侨学校华文教育考察团在雷丽芳副校长的带领下，赴老挝交流访问。考察团在老挝期间，访问了万象的寮都公学、白云碧双语国际学校等学校，并出席了老挝百细华侨公学 85 周年校庆活动。代表团还与各华校校长进行座谈，各华校校长表示广西华侨学校近年来在老挝影响力日益增强，并希望进一步加深交流与合作，共同推动华文教育事业的发展。

61. 柬埔寨华校华文教育考察团到访广西华侨学校

2014 年 9 月 19 日，在柬埔寨王国禄山市柬华理事会会长谢理坤的带领下，由柬埔寨王国各地柬华理事会负责人组成的柬埔寨华校华文教育考察团 13 人到访广西华侨学校。

广西壮族自治区侨办副主任陈宁向客人介绍了广西在柬埔寨开展华文教育的情况以及广西开展海外华校校长、教师师资培训的方面的情况，并希望以后更多的柬埔寨华校派校长、教师到广西访问、培训。广西华侨学校校长陈进超介绍了学校的基本情况，特别介绍了华文教育办学特色、课程设置、短期海外学生夏冬令营、海外华校校长教师培训及学校与国外地方政府教育部门教育机构合作办学等方面的情况，并表示希望双方开展华文教育方面的交流与合作，为柬埔寨学子选择到中国留学打开新局面。柬埔寨华校华文教育考察团团长谢理坤介绍了柬埔寨中小学华文教育的情况，表明此行目的是学习先进的教学和管理方法，并希望以后能有机会与学校展开更深入的合作，能有更多的中国外派教师赴柬从事华文教育工作。

会谈结束后，考察团在陈进超校长带领下实地参观了校园，并观摩了一堂留学生语文课。考察团对学校办学条件和办学成果给予了高度评价。

62. 泰国国防部外事办公室主任访问华侨大学

2014 年 9 月 19 日，泰国国防部外事办公室主任 Noppong Painupong 到华侨大学访问。此行意在了解外国政府官员中文学习班泰国国防部学员在校的学习、生活情况。在华侨大学华文学院，Noppong Painupong 与在校学习的 11 位泰国国防部学员座谈，并参观了校园和学员宿舍。

华侨大学副校长吴季怀在厦门校区行政研发大楼会见了泰国客人。吴季怀称，中泰两国关系友好，华侨大学与泰国各界也有频繁的合作与交往。他感谢泰国国防部将官员送到华侨大学学习。Noppong Painupong 称赞华侨大学校园环境优美，宿舍条件和学习环境好。他称，外国政府官员中文学习班举办了十届，为东南亚地区培养了 400 多名汉语高级人才，但还不能满足他们对于汉语人才的需求，希望学校多提供机会，多招收泰国国防部的学员。

华侨大学“外国政府官员中文学习班”项目创办十年来，已为泰国国防部培养了 70 多名汉语人才。

63. 泰国民众学院代表团到访华侨大学华文学院

2014 年 9 月 21 日，泰国高教机构副书记 Dr. Varaporn Seehanath、泰国民众学院工会主席陈汉展等 7 人到访华侨大学华文学院，商谈合作办学事宜。华文学院院长陈旋波等领导参加了座谈会。

陈旋波院长对泰国民众学院代表团的到访表示欢迎，并介绍学院办学特色、专业设置、海外合作办学项目及校园文化等情况，希望加强双方沟通联系，促进双方合作。陈汉展主席介绍了泰国民众学院基本办学情况，表示希望采取“2 +2”办学模式，挖掘资源，发挥双方办学优势，加强与学院合作，并希望华文学院在教材、师资等方面给予更多支持。随后，双方根据学校招生政策就合作项目进行深入探讨。

64. 温州华文教育与侨务工作代表团访问欧洲

2014 年 9 月 21 日，温州华文教育与侨务工作代表团访问法国巴黎，与旅法侨界举行座谈，并走访侨团中文学校，了解华文媒体发展，考察侨情，联系乡谊。

此次温州市侨办副主任许捷率团访问法国，拜会了法国法华工商联合会、法国华侨华人会，并与旅法温州籍侨领代表举行座谈，就华文教育、侨务工作、华媒发展等问题听取了法国侨界的意见和建议，并与侨胞展开深入的交流和探讨。访问期间，代表团还参观了法华工商联合会、华侨华人会等侨团创办的中文学校，实地考察当地华文教育的发展状况，提出加强海内外学校交流合作的愿望。

9 月 21 日晚，法国法华工商联合会会长郭智敏在欢迎代表团访法时表示，旅法温籍侨团始终致力于和谐和团结侨社的建设，在资金、师资、场地非常困难的情况下，坚持华文教育的办学事业，并在此方面发挥了示范作用。温州市侨办是联系海外温籍侨胞的桥梁和纽带，也是海外温籍华侨华人的娘家，希望旅法温籍侨胞与温州市侨办保持一如既往的密切联系。

温州市侨胞组建的华文教育与侨务工作代表团已先后访问捷克、西班牙等国。

65. 北京市侨务、教育部门与澳大利亚教育官员交流研讨

2014 年 9 月 22 日，“2014 年澳大利亚教育官员及公立校长与北京市侨务、教育部门座谈会”在北京西城区教育委员会召开，北京市政府侨办副主任高云超、西城区教委主任丁大伟出席座谈会。

会上，澳大利亚新州南部社区语言协会负责人、访华团团长萨宾豪特简要介绍了澳大利亚公立学校的教育现状与师资力量。她表示，很高兴看到中澳两国间的教育交流机会越来越多，澳大利亚的办学规模与师生数量虽远不及北京的学校，但这并不妨

碍双方校园文化与办学理念的共享交流，希望此番访华能加深中国师生对澳大利亚公立学校教育的了解与认可，创造更多合作机会。北京市中学的校长们表示，希望北京与澳大利亚之间能有更多的师生互访交流，包括短期或长期的留学培训、寄宿交流以及教学研讨等。通过互动交流研讨，加深中澳两国师生间的了解与沟通，促进文化相通相融，推动双方教育理念和教学质量得到提升。双方均表示今后在教师培训、学生交流及远程教学等领域将做进一步沟通联系。

66. 泰中文化促进会教育部主席访问华侨大学

2014 年 9 月 23 日，泰中文化促进会教育部主席高振华等 4 人访问华侨大学，并送该会推荐的 10 余名学生到华侨大学就读华文教育专业。

华侨大学副校长张禹东在厦门校区行政研发大楼会见访问团，介绍华侨大学的办学宗旨、华文教育及对泰交流情况。高振华对华侨大学表示由衷感谢，并就双方在未来开展进一步合作进行了交流探讨。高振华一行还参观了厦门校区模型室，登临行政研发大楼 26 层俯瞰校园全景，并到学生宿舍探望在华侨大学学习的泰国学生。

67. 暨南大学中华文化大乐园教学团队参访西悉尼大学双语研究实验室

2014 年 9 月 24 日，暨南大学首次赴澳大利亚承办“中华文化大乐园”活动团队的 14 名教师利用教学工作间隙，奔赴西悉尼大学位于班克斯镇的校区参访并与西悉尼大学人文传媒学院国际交流处处长 Brett Bowden 教授以及双语研究实验室全体研究人员座谈。

Brett Bowden 教授详细介绍了西悉尼大学的学科门类和发展情况，重点向老师们展示了班克斯镇校区以及人文传媒学院教学、科研工作与当地社区互动的特色项目。在会谈中，双语研究实验室齐汝莹教授及其团队用图文并茂的方式，给大乐园教师团队带来一场有关中英双语教学的实践课程，这为正在海外开展中华文化教育老师们的教学工作提供了全新的思路。

68. 泰国清迈教师联谊会率团参加中国驻清迈总领馆国庆招待会

2014 年 9 月 26 日，清迈地区华人村华文教师联谊会会长、清迈教联高级中学校长王相贤先生率团参加了中国驻清迈总领事馆举办的招待会，以庆祝中华人民共和国成立 65 周年。

清迈地区华人村华文教师联谊会成立于 2003 年 9 月 28 日，由清迈教联高级中学校长王相贤先生担任会长。联谊会旨在整合各华人村华校的资源，借“以大扶小，聚众助寡”的方式，使平时获取教育资源无门的偏远学校可以正常运转，并为当地众多无公民证的华裔青少年积极寻求到中国升学渠道，为当地华文教师争取深造机会。截至当日，联谊会共有24所会员学校，在校学生9000余名，教师近200位（其中中国老师50位）。联谊会成立以来，积极和中国驻清迈总领事馆、中国各种机构尤其是各级侨办、泰北华文民校联谊会及泰华侨社华校保持密切联系，几年来，联谊会共向中国暨南大学、华侨大学、云南大学、云南师范大学、昆明华文学校等输送了近百名学生，如今已有两届学生学成返回，服务于泰华社会。

69. 菲律宾侨中学院院长访问华侨大学洽谈合作

2014年9月28日，菲律宾侨中学院院长黄婉蓉一行3人莅临华侨大学访问、洽谈合作，华侨大学副校长张禹东在厦门校区会见黄婉蓉院长一行。

在会谈中，黄婉蓉表示，菲律宾侨中学院作为当地最重要的华校之一，一直致力于华文教育的推广和发展。近年来，菲律宾华文教育一直面临着本土华文师资短缺的困扰，侨中学院在菲律宾华社和侨界的大力支持下，正在探索本土华文教育师资培养的新途径，希望能够在华侨大学的大力支持下，共同开展菲律宾本土华文师资培养新途径探索，能够在师资队伍建设、课程建设、学生培养等方面给予大力支持和协助。张禹东副校长表示，菲律宾侨中学院是菲律宾华文教育的一面旗帜，已经具有完整的幼稚园、小学、中学、大学的办学体系，黄婉蓉院长此次到访必将进一步推动菲律宾侨中学院和华侨大学的合作，希望双方能够协同创新，共同探究菲律宾华文教育的新形势、新情况，创新华文教育发展理念、方式和方法，特别是加快推进菲律宾本土华文师资培养方面，华侨大学必将给予大力支持。

此外，双方还就携手合作开展菲律宾本土华文师资培养的愿景、途径和具体措施进行了细致研讨，并达成一致意见。

70. 意大利教育部官员视察佛罗伦萨华校

2014年9月下旬，意大利教育部国际交流司副司长Giuseppe Marucci先生在CO-SPE（协助发展中国家协会）负责人玛丽娅女士的陪同下，视察佛罗伦萨中文学校。

Giuseppe Marucci先生一边实地察看教育教学设施建设、校园文化建设情况，一边听取佛罗伦萨中文学校校长潘世立对学校相关情况的汇报，并走进10多个班级，与老师和学生亲切交谈，详细了解师资力量、教材使用、课程安排和作业布置以及如何与意大利学校协调学习时间等方面情况。

Giuseppe Marucci先生对佛罗伦萨中文学校的办学模式和所取得的成绩给予了充分的肯定和赞扬。他表示佛罗伦萨中文学校与意大利学校融合办学的模式很有特色，不仅能营造学习中文的氛围，提高学生学习兴趣，也能促进意大利学校和中文学校的交流，更有利于华人社会和意大利社会的融合发展。他表示，会将佛罗伦萨中文学校的办学模式通过正式的报告反馈到更高的管理层，把佛罗伦萨中文学校的办学模式在更大范围推广。

71. 留尼旺侨领访广东侨办交流青少年寻根和华教事宜

2014 年 9 月下旬，留尼旺华人联谊总会主席周贤忠拜访广东省侨办。广东省侨办副主任郑建民会见了周贤忠一行，双方就组织留尼旺华裔青少年到粤参加夏令营活动和推动华文教育在留尼旺的发展进行了交流。

郑建民表示，中国驻圣但尼总领馆对华人联谊总会开展华文教育活动非常支持和关心，多次与广东省侨办联系相关事宜，广东省侨办欢迎更多的孩子们到广东参加夏令营学习中华文化和中华才艺，广东省侨办将根据孩子们的需求精心安排夏令营的内容，让孩子们满意、学有所得，提升他们学习中华文化、了解中国的兴趣。郑建民还表示，广东省侨办将尽力支持华人联谊总会在当地推动开展华文教育事宜，如在外派老师方面，将尽可能精选精通普通话、粤语，并具有一定才艺的老师赴留尼旺任教。

周贤忠表示此行还有一个目的，就是华人联谊总会筹建关帝庙中文学校，计划针对不同年龄段开设各种中文学习课程，希望广东省侨办在师资、教材等方面给予支持。双方就中文学校的运行模式和中文推广进行了探讨。周贤忠还对关帝庙中文学校建设的建材和施工等方面进行市场考察。

72. 中国驻柬埔寨大使参访培英学校考察华教开展情况

2014 年 10 月上旬，中国驻柬埔寨大使布建国在柬埔寨国公省调研考察期间，前往盐田培英学校，考察该校华文教育开展情况，并慰问当地华侨华人，看望在该校支教的 4 位志愿者教师。

盐田柬华理事会会长周经裕和培英学校校长王溥向布建国大使介绍了学校发展的情况和存在的困难，感谢中国国务院侨办和使馆长期以来对该校推广华文教育、传播中华文化提供的支持和帮助。

布建国大使高度赞扬盐田柬华理事会在柬埔寨柬华理事总会的领导下对弘扬和传承、传播中华文化，开展华文教育所做出的贡献，对 4 位志愿者教师能够在教学、生活条件艰苦的情况下，兢兢业业、认真工作表示敬佩和感谢，并代表使馆向该校赠送了电脑、打印机、文体用品和慰问品。

73. 广西华侨学校与老挝开展多项合作共推华教发展

2014 年 10 月上旬，广西华侨学校考察团赴老挝交流访问，就华文教育如何在老挝万象开展、中国和老挝学校之间如何合作、如何推广华文教育等内容进行交流。考察期间，老挝白云碧双语国际学校与广西华侨学校建立友好学校关系。

广西华侨学校考察团在老挝访问了万象的寮都公学、白云碧双语国际学校等当地知名学府，并参加了老挝百细华侨公学 85 周年校庆活动，在与白云碧双语学校就中文教师培训、华裔青少年夏（冬）令营、提供华文教育教材和教学资料、开展中国文化历史地理知识竞赛、中老互派交换生及相关机构的人员交流活动等 6 个方面进行了深度洽谈并达成了初步合作意向。

74. 泰中华文教育基金会会长魏青到访广东省河源市

2014 年 10 月 12 日，泰中华文教育基金会会长魏青到访广东省河源市。魏青会长首先拜访了河源市源城区侨务局和教育局，查看“2014 年泰国华裔青少年中国寻根之旅——河源营”夏令营的进展情况，并希望该基金会和河源市侨务局可以在“中国寻根之旅”夏令营这个项目上长期合作发展下去，为更多的泰国青少年朋友提供到中国学习和交流的机会，同时也可以促进中泰青少年之间的交流。

75. 国侨办文化司司长赴迪拜龙城考察华教工作

2014 年 10 月 14 日，为了解阿联酋华侨华人子女教育情况，国务院侨办文化司司长雷振刚、中国驻迪拜总领馆副总领事马旭亮 7 人专程到迪拜龙城考察。

雷振刚司长表示，通过对身边华侨的考察，了解到大家对中国传统文化在海外华侨华人子女教育中缺失的忧虑，为了帮助大家解决子女在国外对中国传统教育的需求，希望通过广大华侨华人一起努力，在迪拜建立真正属于中国人的学校，解决侨胞对子女教育的后顾之忧。

马旭亮副总领事表示，英国、印度、菲律宾、加拿大等国在迪拜都有自己的学校，而作为当今世界第二大经济体的中国，在迪拜却没有一所真正的中国学校，所以，希望大家一起齐心协力，早日解决在阿联酋的华侨华人子女不了解中国文化的教育缺陷以及阿联酋华文教育同国内教育不衔接等问题。

中国海外交流协会理事、阿联酋迪拜龙城华侨华人总商会会长金国中及商会有关负责人表示希望通过大家的共同努力，早日在迪拜建成一所标志性中文国际学校。

76. 德国弗里德里希艾伯特学校师生访问温州华教基地

2014 年 10 月 15 日至 22 日，德国弗里德里希艾伯特学校 3 位老师和 18 位学生到温州华教基地乐清中学进行友好交流访问。

德国弗里德里希艾伯特中学是乐清中学的友好结对学校，这是德国弗里德里希艾伯特学校师生第二次到乐清中学交流访问。在访问的7天里，中德两校老师就各自的办学理念、办学模式、教育方式等多方面进行了交流。18位德国学生住在乐清中学结对的学生家中，体验中国家庭生活，与乐清中学结对学生一起参加雁荡山筋竹涧远足活动，一起学包饺子，一起参与中文、英语、历史、主题班会等课堂活动，还学习中国武术、书法、剪纸等中国传统文化课程，并举行足球友谊赛和中德学生联欢会。期间，德国师生还先后参观了乐清中学校史馆、乐清市非物质文化遗产馆、周昌谷艺术馆，考察了德力西集团、三禾文化俱乐部。

77. 北京侨办主任会见菲律宾旅菲各校友会联合会

2014年10月17日，北京市侨办主任刘春锋在北京会见了来访的菲律宾旅菲各校友会联合会访问团。

刘春锋在会见时表示，北京市侨办作为政府部门，承担着制定侨务政策，维护归侨侨眷权益的重要职责，发挥着密切海外华侨华人与北京经济文化交流的重要作用，为此，北京侨办通过设立“京华奖”，举办国庆系列活动、侨商北京洽谈会、“水立方杯”海外华裔青少年中文歌曲大赛以及海外侨团负责人、华裔中青年企业家、专业人士回国创业研习班等形式，密切与海外侨胞的联系，增进海外华侨华人对北京的了解。他希望海外华侨华人能经常到北京参观交流。

菲律宾旅菲各校友会联合会成立于1997年，由34个旅菲校友会联合组成，会员近万人。其成员均来自中国，事业有成，关心支持家乡建设，通过各种形式在支持故乡建设方面做出了重要贡献。

78. 国侨办交流团考察法国华教发展

2014年10月20日，中国国务院侨办“中华文化大乐园——优秀才艺学生交流团”走访法国华侨华人会中文学校，并与旅法侨界代表就华文教育、文化交流等问题举行座谈。国侨办文化司司长雷振刚表示，发展华教是“惠侨工程”八大计划之一，国侨办将进一步加大帮助和支持海外华教的力度。

国侨办交流团此次法国之行先后拜访法国外籍兵团退伍华人战友会中文学校、巴黎精英中文学校、法国华侨华人会中文学校等多所侨校，与学校师生在教学经验、成果等方面展开互动交流，并为巴黎侨胞和中文学习者举行文艺演出，展示中华传统文化魅力。

79. 泰北资深华文教师考察团到访广西华侨学校

2014年10月22日，泰国清莱华云学校副董事长田景灿先生率领清莱府华文民校教育考察团12人到访广西华侨学校。

广西华侨学校校长陈进超向客人介绍了学校的基本情况，特别介绍了华文教育办学特色、课程设置、短期海外学生夏冬令营、海外华校校长教师培训及学校与国外地方政府教育部门教育机构合作办学等方面的情况。考察团教师代表清莱华文学校校长倖启贤介绍了泰北山区中小学华文教育的发展情况，表明此行目的是学习先进的教学和管理方法，也希望以后能有机会与广西华侨学校展开更深入的合作，能有更多的中国外派教师赴泰从事华文教育工作。

80. 泰国农业大学代表团访问华侨大学商谈合作事宜

2014年10月22日，为庆祝全球孔子学院成立十周年，落实第四届泰国农业大学孔子学院理事会会议精神，泰国农业大学各学院负责人组成的代表团10人访问华侨大学。代表团此行意在深化两校在华文教育和汉语国际推广领域的良好合作，并以此为基础，将双方合作拓展至其他学科领域。

两校合作座谈会在华侨大学厦门校区王源兴国际会议中心举行，代表团与华侨大学华文教育处及相关学院负责人就双方互换学生、互派教师、合作科研及第五届农业大学理事会筹备等工作充分交换意见，并达成诸项合作意向。

81. 菲律宾三宝颜市市长会见中国国侨办外派教师

2014年10月23日，应菲律宾三宝颜市市长吕明丽女士的邀请，在三宝颜中华中学工作的两位中国国侨办外派教师厚懿轩、李恩鹤，在学校后勤处主任丁汉强的带领下，到三宝颜市政府参观并进行文化交流。

两位老师参观了市政厅、市长办公室、议会大厅和黎刹广场，并受到了吕明丽市长接见，与吕市长互赠纪念品。

82. 华侨大学校长贾益民率团赴英国访问

2014年10月24日至29日，华侨大学校长贾益民、副校长曾路赴英国访问，与英国埃塞克斯大学、威斯敏斯特大学和阿尔斯特大学展开交流，并与英国埃塞克斯大学、阿尔斯特大学签署合作备忘录，为今后双方合作奠定坚实的基础。

埃塞克斯大学副校长 Aletta Norval 接待了贾益民校长一行。Aletta Norval 女士首先介绍了埃塞克斯大学的基本办学情况，表示非常期待与华侨大学继续开展深入的合作。贾益民校长介绍了华侨大学的情况，希望今后双方能进一步加深合作关系，拓展合作领域，共创一个合作共赢的局面。双方还就开展“1+2+1”“2+2”“2+1”等形式的本科和研究生联合培养，互派教授访学，合作进行科学研究，共同举办国际学术会议，开展青年教师交流学习等进行了深入交流，并达成共识。

访问团一行还于10月26日访问了英国中文教育促进会，并出席英国华文教师节成立14周年庆祝典礼。中国驻英国大使馆侨务参赞李辉一同出席典礼。典礼上，英国中文教育促进会会长伍善雄表示，英国华文教育的开展得到了中国国务院侨办的大力支持。他指出，英国华文教师是火炬，不仅照亮英国华文教育发展的方向，同时推动广大华侨华人为实现中华民族复兴的中国梦而奋斗，希望广大教师为推动华文教育发展而继续努力。贾益民校长表示，广大教师为中国华文教育的发展做出了杰出贡献。华文教育事业伴随中国经济的飞速发展，全世界学习华文的热情也日益高涨。尽管我们还面临华文教育发展的各种问题和困难，但在广大华文教师的共同努力下，华文教育的影响力越来越大，在促进中外友好交流、传播中华优秀传统文化上发挥了重要作用。贾益民校长还表示，华文教育是华侨大学的重要任务和使命，希望今后能与英国广大华文教师一起为华文教育的发展做出贡献。

83. 马来西亚侨领赴黑龙江哈尔滨考察华文教育

2014年10月24日，中国海外交流协会海外理事、哈尔滨市海外交流协会海外理事、马来西亚留华同学会会长陈志成一行4人到哈尔滨市，就“2014年海外华裔青少年中国寻根之旅哈尔滨冬令营”活动与外事办进行工作沟通。陈志成此次到访，还与哈尔滨外事办对今后如何开展华文教育工作进行深入研究探讨交换意见，提出了多项有益建议。

84. 墨尔本教育访问团应邀访问上海

2014年10月26日至11月1日，应上海市政府侨办邀请，由上海“海外文化推广中心”澳大利亚墨尔本新金山中文学校组织的来自墨尔本当地中小学12位校长、学校负责人组成的“澳大利亚墨尔本教育访问团”访问上海。他们与上海的华文教育基地学校开展了教学及管理方面的交流。这是上海市政府侨办连续第3年通过设在海外的“文化推广中心”邀请当地中小学校长到沪交流访问。

3年来，已有来自加拿大和澳大利亚的46名中小学校长来上海交流访问。经过多方努力，被邀访问的学校绝大部分已开设了课后中文或中华文化课程，既增进了中外学校间的交流，也有力地推动了中华文化在海外的传播和海外华文教育事业发展。

85. 马来西亚留华同学会访华团访问北京

2014年10月26日至31日，应国务院侨办文化司邀请，马来西亚留华同学会访华团25人在北京进行为期6天的参观访问。

10 月 29 日，国务院侨办文化司雷振刚司长及北京华文学院的领导会见了访华团全体成员，并进行了交谈，座谈会由汤翠英副司长主持。雷振刚司长概括了全球华校的华文教育特点，肯定马来西亚华文教育的发展和成就，并指出现全球华校仍面临着巨大的挑战，如何增强海外华裔青少年学习汉语和中华文化的兴趣仍是一项严峻的课题。他希望海外华校今后要在华文教育方面互通有无，把海外华裔青少年培养成为学贯中西、复合型的、有影响力的人才。访华团成员均表示，希望日后能够有更多的机会再次访华，以此增进与祖籍国之间的文化交流与合作，不断推进马来西亚华文教育的发展。

10 月 31 日，马来西亚留华同学会访华团圆满结束在北京的参观交流活动后前往上海参观访问。

86. 广西侨办参访团慰问柬埔寨端华学校外派教师

2014 年 10 月 29 日，广西区侨办文宣处副处长吕俊峰访问东南亚最大的华文学校——端华学校，并慰问广西外派教师。潮州会馆副会长兼文教组长黄焕明及端华学校领导热烈欢迎访问团到访。双方举行了座谈交流。

黄焕明副会长希望祖籍国一如既往地给予端华学校师资的支持。宾主双方还就有关加强柬华文教育事业和选派外派教师等相关事宜进行商讨与交换意见。

87. 国侨办主任裘援平会见泰中文化经济协会访问团

2014 年 10 月 30 日，国侨办主任裘援平和副主任任启亮在国侨办会见了泰中文化经济协会会长颇欣·蓬拉军率领的访华团。双方就如何携手发展海外华文教育、推动中泰合作等展开深入交流。

裘援平主任指出，作为国务院侨办和中国海外交流协会长期合作的好伙伴、好朋友，泰中文化经济协会多年来为泰国乃至整个东盟地区的华文教育事业做出了突出贡献，尤其是前 9 期“泰国国防部军官中文学习班”的成功举办，她对此深表赞赏。裘援平主任表示，国务院侨办有自身独特的资源与优势，今后将继续与泰中文化经济协会密切合作，为推动泰国华文教育发展、促进两国友好做出努力，也希望双方多来往、多交流，在人文、经贸等方面找到更多的合作领域。

与会双方还就如何共同打造东盟地区最有成效的高等教育合作模式、如何推动中泰企业家投身海上丝绸之路建设等方面内容交换了意见。

88. 华侨大学党委书记率团访问印度尼西亚

2014 年 10 月下旬，华侨大学党委书记关一凡率团赴印度尼西亚访问，拜访华侨大学校董并看望校友。

在雅加达访问期间，访问团一行拜访了华侨大学董事会副董事长郑年锦先生，介绍了学校近期工作；访问了印度尼西亚泛华国际集团，向林述钦副董事长详细了解公司经营情况以及华侨大学泛华学院毕业生在印度尼西亚的工作生活情况。关一凡书记还会见了与华侨大学有多年合作办学关系的智民学院校长陈玉兰和刘桂杉校友等人，了解华侨大学在雅加达的招生以及研究生办学工作，同时表达了母校对校友们的关心和问候。

在泗水访问期间，校董邓仲绵举行招待会欢迎访问团，中国驻泗水总领事馆总领事于红、领事于杰以及东爪哇华文教育统筹机构主席李光迈博士，彼得拉大学副校长Djwantoro博士，泗水国立大学中文系主任陈丽娅博士，华侨大学印度尼西亚校友总会顾问林豪先生以及华侨大学印度尼西亚校友与各友好学校代表出席。关一凡书记介绍了华侨大学相关情况，华侨大学为侨服务，在印度尼西亚开展许多项目，为印度尼西亚华文教育发展以及中国与印度尼西亚友好交往尽一份力。他表示，华侨大学将继续为侨服务，推动海外华文教育的持续发展，促进中印两国的友好交流。于红总领事表示，泗水华社及各界推动华文教育发展的热情较高。中国驻泗水总领馆也在积极开展工作，反映泗水华社的心声。

关一凡书记还会见了在泗水的部分华侨大学老校友，带去母校的问候和关怀，并拜访了繁荣货柜仓储有限公司董事长李朝耀先生。

89. 美国华人校长参加西雅图教育展推介中文少儿图书馆

2014年10月下旬，Sunny World全日制中英双语幼儿园创办人尹兵团首次带领团队参加由美国《侨报》主办的第六届西雅图教育展。此次参展，他的团队主要向西雅图的市民推介华盛顿州最大的中文少儿图书馆，并在现场向前来参加展会的孩子们提供好看的图书供其阅读。

Sunny World全日制中英双语幼儿园由美中老师共同管理，采用沉浸式中英文教学，在中文教学中力图运用先进科学的方法帮助孩子们解决阅读难的问题。

90. 蒙古国育才中学校长到访厦门大学海外教育学院

2014年11月2日，蒙古国育才中学校长巴雅尔和扎雅老师到访厦门大学海外教育学院，与学院领导及相关老师会谈。

双方就蒙古国育才中学开办厦门大学海外网络教学点、育才中学毕业生到厦门大学留学等问题进行了重点磋商并达成一致意见。

育才中学是蒙古国最大的以汉语教学为主的私立中学，位于乌兰巴托市中心，目前有 1000 多名在校生。

91. 马来西亚砂拉越诗巫与加帛省华小董联会交流团访问福建

2014 年 11 月 9 日至 15 日，马来西亚砂拉越诗巫与加帛省华小董联会教育交流团 15 人，以该会主席张鹤岑先生为团长，赴福建省福州、厦门两地交流访问。

交流团分别赴福州市钱塘小学、厦门市大同小学、集美小学开展教学观摩与交流活动；并到福州三坊七巷、厦门集美鳌园、厦门鼓浪屿开展文化考察。团长张鹤岑表示，此行交流考察的 3 个小学，校园管理特色鲜明，各有千秋，尤其各学校分别从特色课程、校园建设与管理、课堂观摩等不同角度开放展示，结合深入有效的座谈交流，给交流团一行提供了规范的教学与管理模式，介绍了先进独到的教学管理理念，也指出了今后教育改进的意见与建议。

福建省海外交流协会刘良辉副会长表示，2014 年是中马建交 40 周年，又是马来西亚砂拉越诗巫与加帛省华小董联会成立 30 周年，此行交流意义独特，希望此次交流活动成为双方今后合作交流的新的更高的起点，成为中马教育、中马民间友好交流与合作的新开端。

92. 泰国素辇公立培华学校代表参加三才公学庆典

2014 年 11 月 14 日，应泰国龙仔厝三才公学校董会主席黄追光博士邀请，泰国素辇公立培华学校李继寿校长、教务主任李月娇等 5 人参加该校 10 周年校庆暨体育馆揭幕典礼。

龙仔厝三才公学校董会主席黄追光博士会见了代表团。李继寿校长代表学校转交了贺信和花篮，并对三才公学校在人才培养和华文教育方面所取得的成绩给予高度评价。

93. 国侨办代表团到访泰国崇华新生华立学校

2014 年 11 月 19 日，国务院侨办文化司副巡视员梁智卫、华侨大学副校长吴季怀等到访泰国清迈崇华新生华立学校，商谈在崇华新生华立学校合作筹办汉语本科学院事宜。此次会谈，双方达成多项共识。会谈还涉及合作建立大学的具体操作细节，双方在合办大学的道路上迈进了实质性的一步。

在 2013 年，李克强总理访问崇华新生华立学校期间，崇华新生华立基金会主席也向总理表达了崇华新生华立学校欲成立汉语本科大学的意向。国务院侨办对海外华侨一直持大力支持的态度，对海外侨胞在中华文化及汉语教学上特别支持。在国侨办的推动下，华侨大学伸出了援手，决定与崇华新生华立学校合作，在清迈成立一所汉语本科学院。在泰国清迈本土建立汉语本科学院，能够进一步推动泰国北部及周边东南亚国家汉语教学发展，在泰国华文教育进程中有着历史性的意义，是造福海外华侨后代的千秋大业。

94. 印度尼西亚侨领黄双安看望印度尼西亚汉语教师研修班学员

2014 年 11 月 19 日，福建师范大学董事会副主席、印度尼西亚侨领黄双安先生及其夫人白嘉莉女士，看望在福建师范大学海外教育学院学习的印度尼西亚汉语教师研修班学员。

此次印度尼西亚汉语教师研修班共有 40 名学员，是中国国家汉办与印度尼西亚文教部确立的印度尼西亚本土化师资培养项目。该项目计划于 2012 年至 2014 年 3 年内共同培养 100 名印度尼西亚汉语教师，截至 2014 年 11 月 19 日，已完成两批，此为第三批。

95. 缅甸腊戌果庆学校代表团到曼德勒新世纪学校交流学习

2014 年 11 月 19 日，缅甸腊戌果庆学校马从源校长带队的缅北多所华校校长、教师 13 人到曼德勒新世纪学校交流学习。

马从源校长一行分别到新世纪小学、初中课堂进行听课。在随后举行的座谈会上，新世纪学校校长张继向马校长介绍新世纪学校办学宗旨、育人目标、管理理念、师资团队与办学成果，并和马校长在学校管理、华文教育发展等方面进行交流。马校长对新世纪专业化的师资与管理和全新的课堂教学活动予以高度评价，并对新世纪学校在推动和发展缅甸新型华文教育所做出的贡献表示钦佩。

96. 意大利托斯卡纳大区教育代表团访问温州华教基地

2014 年 11 月中旬，意大利托斯卡纳大区教育代表团到温州少年艺术学校参观访问。代表团成员包括意大利托斯卡纳大区教育厅多元文化负责人亚历山大，意大利托斯卡纳大区教育厅国际交流负责人埃莉诺拉，意大利协助发展中国家协会亚洲部主任、多元文化交流负责人玛利亚，佛罗伦萨中意文化交流协会会长、佛罗伦萨中文学校校长潘世立等。代表团访问温州少年艺术学校，旨在进一步加强两地学校的友好联系，促进双方实质性的交流与合作。

在意大利客人参观温州少年艺术学校校史馆、观摩艺术课后，宾主双方就两国两地的教育现状、办学理念、办学特色进行了交流和探讨。双方希望进一步深化两地的教育交流与合作，为增进中意两国学生的文化交流与语言学习创造更好的环境，为两市的教育合作添砖加瓦。

97. 菲律宾华校互访搭建交流平台

2014 年 11 月 23 日，在亚虞山培青中学校董事会执行董事长王忠伟带领下，副董事长陈德强、Elizabeth Ramos、执行秘书长蔡清培、中文校长张杰及全体华语教师到同属菲律宾棉老地区卡加延德奥罗市的鄢市恩惠学校参观学习。这两所学校均是菲律宾老牌华校。

参观团在鄢市恩惠学校中文部主任肖美丽的引领下，参观了解学生的在校情况。随后，宾主进行座谈交流，双方就菲律宾华校发展现状、学校管理和具体课程改革等交换了意见。

98. 裘援平会见华侨大学外国政府官员中文学习班往届优秀学员社会实践考察团

2014 年 11 月 24 日，国务院侨办主任裘援平、副主任任启亮在北京会见以泰中文化经济协会会长颇欣·蓬拉军为团长的 2014 年外国政府官员中文学习班往届优秀学员社会实践考察团。

裘援平说，两国合作非常重要的基础就是语言，语言是双方交流中基础的基础，始终都应该把华文教育作为各项议题的重点来推进。2015 年恰逢中泰建交 40 周年，希望以此为契机，进一步加强与泰中经济文化协会的合作，继续办好外国政府官员中文学习班、中泰战略研讨会等项目，为促进中泰、中国与东盟国家乃至丝绸之路沿线国家的友好合作做出共同的努力，希望双方在华文教育等领域的合作上取得更大、更新的实质进展。

2014 年外国政府官员中文学习班往届优秀学员社会实践考察团此行分别拜访国务院侨办等单位，听取“中国法制建设历程与展望”等讲座，考察北京和广州的城市建设和文化景点，以进一步加强往届学员的联系和沟通，增强往届学员对中国的了解和理解，做好中外之间友好交往的沟通桥梁和使者。

2014 年是外国政府官员中文学习班往届优秀学员社会实践考察团第四次举办，考察团成员共 33 人，分别来自泰国国防部、警察总署、农业部、审计署、司法部、卫生部、高等法院、上议院秘书处、总理秘书处、泰中文化经济协会等部委和机构。

99. 中国云南科技协会考察团访问泰国华文教师公会

2014 年 11 月 25 日，云南省科学技术协会副主席赖永良等 4 人到泰国华文教师公会进行教育交流方面的合作访问。

泰国华文教师公会主席罗宗正表示该会与中国侨办、中国各大专学院有发展教育工作的密切关系，频繁交往促使华文教育事业发展。他还简要介绍了华文教师公会开展华教事务的规范、教育运作概况。随后，双方签订了“教育教学及科学研究交流合作意向书”，并合影留念。

100. 四川外侨办率巡讲团出访大洋洲交流华文教育

2014 年 11 月 25 日至 12 月 8 日，四川省外事侨务办副主任薛斌率“2014 中国华文教育基金会大洋洲巡讲团”，赴新西兰、斐济和澳大利亚三国开展有关华文教育、中华文化和巴蜀文化的巡讲交流活动。

巡讲团在新西兰、斐济、澳大利亚三国华侨华人相对集中的 7 座城市，开展巡讲、座谈、调研、交流和走访等公务活动 22 场，先后在新西兰克赖斯特彻奇、斐济苏瓦、澳大利亚堪培拉与当地华文教育机构负责人、华文学校教师、孔子学院师生代表开展巡讲教学和互动交流 3 场，参与受众近 200 人次。巡讲团还与当地侨领及华侨华人社团开展座谈交流 13 次，重点就弘扬中华优秀传统文化、推进华文教育事业和推动侨资项目与四川企业合作等方面开展了探讨交流。巡讲团先后走访调研了新西兰路易艾黎中文学校、斐济劳托卡中华学校、斐济苏瓦逸仙学校、澳大利亚标准中文学校，了解三国华文学校的办学情况、面临的困难和需求建议。

出访期间，巡讲团还先后拜会了中国驻克赖斯特彻奇总领事馆、驻斐济大使馆、驻澳大利亚大使馆相关负责同志，就加强四川在文化、教育和灾后重建等方面与三国的交流合作进行了探讨。

101. 中华禅武文化交流代表团访问意大利华校

2014 年 11 月 28 日，以广东省侨办副主任郑建民为团长、由中国华文教育基金会项目二部主任李晓梅、广东省侨办文化教育处处长汤泗昌和广东禅武中心教官组成的中国华文教育基金会禅武文化交流代表团到访意大利。代表团先后与意大利米兰、威尼斯、佛罗伦萨等地侨社、中文学校进行了文化交流活动。

广东省侨办副主任郑建民表示，禅武文化是中华文化的重要组成部分，此次中国华文教育基金会禅武文化交流代表团访问意大利，主要是让海外华裔新生代更深层次地认识和了解中华文化，激发海外华裔新生代学习中华文化的兴趣，为中华文化在海外的传承架起一座桥梁。

米兰华侨中文学校校长陈小微表示，中国华文教育基金会禅武文化交流代表团到米兰华侨中文学校交流访问，再次向学生们展示了中华文化的精华，再现了中华文化的魅力。此次交流和表演，不仅拓宽了学生们的视野，提高了学生学习中华文化的兴趣，而且让学生们对中华文化的内涵形成更深层次的认识。

102. 云南缅甸加强交流互访推进华文教育发展

2014年11月下旬，云南大学教授余建忠、云南海外文化交流中心驻曼德勒中心主任唐建军赴缅甸曼德勒，对曼德勒新世纪国际高级学校进行访问，就打造品牌学校和推广新型华文教育等方面进行交流。

交流访问团参观了学校所属的新世纪中小学、幼稚园以及中方教师公寓、餐厅。校长张继介绍了新世纪学校办学宗旨、育人目标、师资团队以及学校在新型华文教育方面所取得的办学成果，表示希望进一步加深云南缅甸教育合作，共同探索建立新型华文教育模式。余建忠详细介绍了云南大学附中、北辰高级中学等云南知名学校的办学经验，并就品牌打造、教学模式创新、教育国际合作等方面进行了深入交流。

曼德勒新世纪国际高级学校是一所囊括从幼稚园到高中的中文学校，学校完全聘请中国专业教师，使用中国现行人民教育出版社出版的教材。学校自成立以来，一直得到当地华人社会高度认可，成为当地重要的华文教育机构。

103. 法国精英中文学校校长赴温州华教基地交流访问

2014年12月2日至3日，法国精英中文学校校长宣琛访问温州，并拜访温州市侨办，与温州市侨办主任鲍卫翔、副主任许捷座谈交流华文教育相关事宜。

在温州期间，宣琛还先后访问了温州大学国际合作学院和温州少年艺术学校，听取温州大学国际合作学院院长严晓鹏、温州少年艺术学校校长李绍可开展海外华文教育情况和华文特色艺术班情况介绍，参观温州少年艺术学校校园和校史馆，观摩温州少年艺术学校三年级华文班的语文课程。

法国精英中文学校与温州少年艺术学校签订了友好学校协议书，两校正式建立长期文化交流合作关系。

104. 泰国教育部基教委汉语项目官员访问北京华文学院

2014年12月2日，泰国教育部基础教育委员会汉语项目官员吴泰弯女士访问北京华文学院，受到该院院长周锋的热情接待。

周锋院长向客人介绍了该院在读泰国学生的情况，并详细询问了泰国教育部的中文教育政策、与中国院校的汉语项目合作、中文师资培训项目情况和中文教材使用等情况。双方就合作开展师资培训和汉语项目合作进行深入交流。会见结束后，吴女士与该院部分泰国学生进行了座谈。

105. “2014海外华教高层广东行”代表团访问广东

2014年12月3日，参加“2014海外华教高层广东行”的嘉宾访问广东省侨办，并与广东省侨办及部分市侨务、教育部门座谈，交流华文教育和外派教师工作。广东省侨办副主任郑建民出席座谈会，广东省侨办文教处处长汤泗昌介绍了广东省侨办近年开展华文教育情况，尤其是外派教师的工作情况，并提出了2015年广东省外派教师的新要求。海外嘉宾分别对各自国家华文教育情况，尤其是外派教师情况进行了介绍，对华文教育工作提出意见建议，他们希望中国国内有关方面从外派教师、教材等方面入手，加大力度支持海外华文教育发展。

来自菲律宾、泰国、印度尼西亚、荷属库拉索的“2014海外华教高层广东行”的20多位海外华校校董还赴佛山、肇庆两市进行了参观交流。

106. 马来西亚华校教师到华中师范大学附属小学进行教学观摩

2014年12月9日至11日，在华中师范大学参加国侨办主办的马来西亚教总华小华文教师教学技能研习班和中华才艺班的老师103人到华中师范大学附属小学进行教学观摩，并与该校老师共同探讨中文教学技巧。

107. 第三届世界华文教育大会代表团赴湖南、山西、安徽、江西考察

2014年12月9日，第三届世界华文教育大会海外代表团分赴湖南、山西、安徽、江西进行为期3天的考察交流活动，受到各地的热烈欢迎。

湖南线一行到湖南师范大学国际汉语文化学院进行交流访问，湖南师范大学国际汉语文化学院院长杨玲向代表们介绍了学校学院概况及华文教育基地近年来的工作情况，并与代表们进行了深入交流。

山西线一行赴山西大学交流座谈。山西大学副校长刘维奇，学校语言科学研究所、教育科学学院等相关部门负责人、专家等出席座谈。座谈会上，汤翠英副司长传达了12月7日在北京召开的第三届世界华文教育大会的会议精神，并希望山西大学能够继续大力支持华文教育，携手推动海外华文教育大发展。山西大学副校长刘维奇在简要介绍学校办学历史、发展现状、国际交流情况之后，与代表们就对外汉语教育、海内外文化交流、优秀传统文化传播等进行交流互动。

安徽线一行在安徽大学、黄山、宏村等地进行考察活动。在安徽大学国际教育学院，就华文教育进行座谈交流。安徽侨办副主任黄英，安徽大学副校长俞本立、国际教育学院院长徐鸣以及来自加拿大、荷兰、泰国等21个国家的66位海外华教界代表参加了当天的座谈。安徽大学副校长俞本立简要介绍了学校的办学历史、发展现状、国际交流方面取得的成绩，并指出安徽大学注重教师和学生的国际化，每年组织教师和学生前往海外交流学习，并派遣老师前往菲律宾、印度尼西亚等地的海外华校任教。

江西线一行赴江西进行文化考察，江西省外侨办巡视员吴健民等陪同考察。考察团到江西师范大学，就华文教育与江西师范大学、江西理工大学、九江学院代表进行座谈交流。与会代表围绕“学校如何与各地华文教育基地长期联系，开拓双赢局面”“如何开展教师培训、华文教育对接交流经验”“如何更好地开拓访学通道”等问题进行了探讨。代表团还前往景德镇、上饶，参观古窑民俗博览区、婺源、三清山。

108. 北京市侨办举行北京海外华文教育杰出人士交流会

2014 年 12 月 10 日，北京市政府侨办和北京海外交流协会联合举办“北京·海外华文教育杰出人士交流会”，邀请在北京参加第三届世界华文教育大会的 47 个国家 108 位海外华文教育杰出人士和近 40 位北京大、中、小学学校负责人交流。中国华文教育基金会秘书长左志强、北京市政府侨办主任刘春锋出席交流会。

北京市政府侨办副主任严卫群、高云超，副巡视员史立臣，中国音乐学院院长赵塔里木，北京华文学院院长周锋，以及北京语言大学、首都师范大学等学校的领导出席了座谈会。

109. 西班牙华商中文学校校长访问厦门大学海外教育学院

2014 年 12 月 11 日，西班牙华商中文学校校长黄英女士访问厦门大学海外教育学院。

厦门大学海外教育学院院长郑通涛接待了来访客人。黄校长表示，希望华商中文学校的学生和老师有机会到厦门大学学习进修，或者通过网络的方式修读该院远程教育课程。郑院长表示愿意支持学生进修和师资培训，他还热情邀请黄校长参加 2015 在该院举行的新侨论坛。双方还就海外华文学校的发展交流了意见。

西班牙华商中文学校于 2000 年成立，位于西班牙马德里，目前有 600 余名在校学生，其中 10% 为西班牙学生，其余绝大部分都是当地华侨华人的子女。学校以小学为主，兼设初中部。学校要求小学生通过 HSK 五级、初中生通过 HSK 六级才能毕业。

110. 泰国华文教师公会主席访问暨南大学华文学院

2014 年 12 月 11 日，泰国华文教师公会主席罗宗正博士偕名誉主席周丽云、著名书画收藏家赵泰来博士、秘书叶富宁访问暨南大学华文学院。

暨南大学华文学院执行院长邵宜向代表团介绍了暨南大学华文学院近年来的发展情况，并表示期待与泰国华文教师公会有更多的合作，共同为海外华文教育做贡献。罗宗正主席表示华文教育在泰国正逐步扩大，他很欣慰所做出的努力有所成果，同时也十分感谢暨南大学华文学院对教师公会的支持，并表示很期待今后的合作更密切，在华文教育方面双方共同努力，让泰中的友谊更加亲上加亲。

邵宜执行院长还陪同代表团参观暨南大学华文学院，并合影留念。

111. 国侨办代表团走访意大利中文学校并看望外派教师

2014 年 12 月 16 日，国务院侨办文化司官员曹怡然，广东暨南大学华文教育学院副院长曾毅平，教授马新钦、蔡丽一行到意大利佛罗伦萨中文学校，看望外派教师，考察学校的运作情况。

访问团认真听取佛罗伦萨中文学校校长潘世立关于办学情况、办学特色以及校园文化建设的相关介绍，并与学校老师近距离接触，亲切交流，了解海外中文学校课堂教学等教育教学方法。访问团还代表国侨办看望慰问胡慧敏、陈郁媚两名外派教师，为她们送去来自祖国的亲切问候。

当天，访问团还在潘世立的陪同下，参观了佛罗伦萨中文学校的两个校区，深入了解学校多元化教育特色。

112. 中国驻意大利佛罗伦萨总领馆总领事考察中文学校

2014 年 12 月 17 日，中国驻意大利佛罗伦萨总领事馆总领事王辅国到佛罗伦萨中文学校参观考察。

王辅国在托斯卡纳大区政府官员 Susanna Guidotti、托斯卡纳大区政府教育部官员 Alessandra Papa，意大利协助发展中国家协会亚洲部主任玛丽娅等人的陪同下，考察了佛罗伦萨中文学校两个校区，并走进课堂，勉励学生做双语人才，为中意两国经济发展做贡献。

在佛罗伦萨中文学校召开的座谈会上，保罗茨落学校校长 Silvia Di Rocco-Gandhi 向王辅国介绍了该校与佛罗伦萨中文学校合作办学经过、合作模式等。托斯卡纳大区政府教育部官员 Alessandra Papa 介绍了中意文化交流的重要性，今后与佛罗伦萨中文学校合作的新目标，并提出创办“国际学校”的设想。托斯卡纳大区政府官员 Susanna Guidotti 介绍了多年来“中意文化交流协会”取得的成效，今后开展文化教育交流活动设想。圣托里诺学校校长 Osvaldo Di Cuffa 介绍了圣托里诺校区华裔学生的人数及学校办学特点。潘世立介绍了佛罗伦萨中文学校开展中意文化交流和学校的情况。

王辅国在听取介绍后对佛罗伦萨中文学校的办学成效和推动中意文化交流与发展发挥重要的作用给予高度评价，对该校与当地政府、学校合作的办学模式表示赞赏。他表示，领事馆将积极支持中意学校开创合作办学模式，探索新的办学思路，助推意大利中文学校向标准化、正规化、专业化方向发展。

113. 意大利温籍中文学校校董访问温州侨办

2014 年 12 月 17 日，温州市侨办副主任许捷会见意大利西海岸华商总会会长、意大利拉斯佩齐亚哈兔中文学校董事会主席陈朝霞。

双方举行座谈，围绕如何提高海外办学质量、加强海内外学校的交流与合作、融入当地主流、解决教材急缺问题等方面进行交流和探讨。许捷表示，家乡侨办会尽力调动各方力量，为海外温籍华校的发展争取更多的支持，帮助海外温籍华校解决教材、课外读物、师资等方面的实际困难。陈朝霞介绍了拉斯佩齐亚哈兔中文学校的概况，希望能得到侨办的支持和帮助，共同将学校做强做大。座谈会后，许捷代表温州市侨办向陈朝霞赠送了《海外华裔青少年“温州城市家书”征文比赛优秀作品选》和《华文教师培训》教学光盘等教学资料。拉斯佩齐亚哈兔中文学校创办不久，是当地首个中文学校。

114. 泰国华文教师公会主席偕理事访问培知公学

2014 年 12 月 17 日，泰国华文教师公会教育访问考察团主席罗宗正博士，名誉主席丘诗发等 8 人访问培知公学。期间，罗宗正主席为助华教事业昌盛，以私人及华教公会名义赞助培知公学教育经费各 4 万泰铢（共 8 万泰铢），由该校校董会主席刘暹有主席接领。双方互赠纪念品，并合影留念。

培知公学成立于 1957 年，现有 835 名学生，包括 234 名幼儿生，485 名小学生，116 名中学生，45 名泰文教师，中文教师 13 名。学校注重华文教育，被中国国务院侨办评为“海外华文教育示范学校”。

115. 马来西亚华校师生赴深圳开展华文教育交流活动

2014 年 12 月 18 日，来自马来西亚华文学校亚庇中学的学生在马来西亚沙巴州国民型华校董联会主席、亚庇中学董事长林克光的带领下，与龙城高级中学、布吉高级中学等深圳多所学校开展华文教育交流活动。

此次到访，林克光表示主要目的是为了学习更先进的教育理念。布吉高级中学校长罗丹说，希望通过这种交流形式使两个国家、两所学校从文化上取得共识，在感情上得以增进，让老师的教育、学生的学习能够相互取长补短，共同提高，并进一步加深两校多年来的友谊。林克光表示，亚庇中学一直重视中华文化的传承，希望能有更多的深圳老师到亚庇中学进行指导，帮助那里的孩子感受博大精深的中华文化，并希望亚庇中学与深圳的学校建立更多联系。

116. 智利驻广州总领事馆领事赴暨南大学华文学院调研

2014年12月19日，智利驻广州领事馆领事Carlos Marin先生，商务领事Hernan Jaramillo先生赴暨南大学华文学院，考察该院开展高等教育、华文教育等工作情况，并看望在该院就读的智利留学生。

117. 澳大利亚中文教育促进会中文教师参访团在福建省开展文化教育交流

2014年12月27日至2015年1月3日，澳大利亚中文教育促进会资深华文教师参访团23人到福建省福州市、南平市交流访问。此次活动旨在“探访福建教育与文化，促进中澳校际交流与合作”。8天的行期里，交流团赴福建重点中小学交流探访，赴高校听取专题讲座，赴山水间体验福建天人合一的独特地方文化。双方交流热烈，互动良好，在教育管理、教学拓展、校际文化交流等方面形成共识、达成合作的意向。

福建省海外交流协会副会长刘良辉于12月28日晚接待了参访团一行。参访团成员交流了此行福建的总体印象与收获，感谢并期盼福建省海外交流协会一如既往支持中澳双方开展校际文化交流与合作，共促华文教育事业发展与中澳民间友谊。刘良辉副会长介绍了福建省开展海外华文教育工作的现状，希望参访团为中澳校际文化交流与合作出力献策，共促华文教育新发展。

12月29日，参访团访问福建南平，考察了南平市实验小学、武夷学院、武夷山一中等地。福建省侨办纪检组长闵蕙君和南平市外侨办主任原明在南平会见了考察团，希望代表团能通过访问加深对南平教育体制的了解，相互借鉴，促进澳大利亚华校与南平市学校的交流和合作。

澳大利亚中文教育促进会于2006年在澳大利亚悉尼成立。2010年6月，该会促进悉尼北区教育部与中国国务院侨办签订合作协议，标志着双方在华文教育领域和中澳文化教育交流领域正式展开合作。

118. 唐风汉语教育科技有限公司拜访泰国华文教师公会

2014年12月28日，北京唐风汉语教育科技有限公司总裁李劲松、董事长刘飞访问泰国华文教师公会。公会主席罗宗正博士、名誉主席周丽云等设宴接待代表团。

双方就“汉语推广”进行了交流。李劲松总裁介绍了唐风汉语的历史、服务目标、合作理念，表示此次到访泰国是寻求平台，希望他们的产品和技术能为泰国华文教师和学校提供帮助，与泰国华文教师公会合作共同促进和推广泰国的汉语学习。刘飞董事长向泰国介绍“唐风汉语”经过多年的开发和实践，颠覆式创新推出集智慧课堂、智慧录播、远程同步/异步教学、智慧展示于一体的云端智慧教学整体解决方案。可以通过网络推广汉语，利用现代技术，以微信作为平台，不受时间、场地的限制学习汉语。

罗主席对“唐风汉语”的科技实践能力表示充分肯定，这种学习方法可以起到省钱、省力、省时间的高效果，并表示期待接下来的合作，通过中国汉办和侨办的力量，将在泰国华文教育界起到不同凡响的效果。双方为今后能够更好地合作，商议签订“战略合作”协议。

119. 西班牙温籍中文学校校长访问温州华文教育基地

2014 年 12 月 29 日，西班牙格拉纳达中文学校校长石朝晖在温州市侨办副主任许捷的陪同下，赴温州市华文教育基地温州市实验中学交流访问。这是西班牙格拉纳达中文学校与温州市实验中学 2014 年 9 月建立友好学校关系后，第一次访问该校。

西班牙格拉纳达中文学校由西班牙南部华侨华人协会和石朝晖等温籍侨胞于 1999 年共同创建，现有在校学生近百人。

120. 广西华侨学校组团访泰国奠定扩大华教合作基础

2014 年 12 月下旬，广西华侨学校校长陈进超带领调研组 5 人到泰国访问调研，期间与多所泰国华校达成合作意向。

考察团先后对芭提雅明满学校、春蓬府大众学校、德教树强学校、合艾国光慈善中学等华文学校进行参观访问。在国光慈善中学，考察团拜会了中国驻宋卡领事馆张晋雄总领事，泰南、泰西、泰北、泰东北部各华文民校联谊会主席，共议华文教育合作事宜。经过多场交流会谈，考察团对目前泰国的汉语推广和华文教育概况有了更明晰的了解。陈进超表示，这些信息的获取对广西华侨学校今后在泰国进行汉语推广和华文教育工作将起到重要作用。并且希望学校通过努力，进一步提升华教水平与层次，增强在泰国的影响力，把华文教育空间从海外华人社会向当地的主流社会拓展。

调研期间，考察团还对泰国曼谷暹罗商业管理学院、曼谷吞武里大学、瓦莱阿隆功皇家大学、泰国庄甲盛皇家大学、泰国曼谷特伟有限公司、泰国广西总商会进行参观访问，就教育国际化、学生留学、实习就业等问题进行深入的交流，上述高校均表示愿意加强合作，进一步拓宽合作的内容。为了解侨校学生在泰国的学习、工作和生活情况，考察团还看望了广西华侨学校在泰国留学、顶岗实习和就业的学生。

此次访问考察，加强了广西华侨学校与泰国华文学校、华文民校组织、泰国高校的联络沟通，拓宽了合作领域，提升了合作层次，为今后进一步扩大对外合作交流奠定了坚实的基础。

（三）华文教育组织及机构间的合作

1. 温州华教基地携手加拿大学校创办中加国际班

2014 年 1 月上旬，温州市华文教育基地——乐清国际外国语学校与加拿大不列颠哥伦比亚省第 70 学区公立学校正式缔结姊妹学校，并签署合作协议，共同创办“乐清国际外国语学校中加国际班”。

双方主要在教师培训、学生交换互访、夏令营、教学管理等方面开展全方位合作。2 月中旬，加拿大不列颠哥伦比亚省第 70 学区公立学校派遣两名有加方资质的加拿大籍老师，带领 8 至 9 名加拿大学生，到乐清国际外国语学校同中加国际班学生一起学习。

2. 暨南大学华文学院与泰国达拉萨姆学校签订汉语教学合作协议

2014 年 1 月 13 日，暨南大学华文学院与泰国达拉萨姆学校签订汉语教学合作协议。泰国达拉萨姆学校董事会主席 Vacharin Samanchit，暨南大学华文学院执行院长邵宜、副院长曾毅平以及相关系部办负责人参加了签约仪式。

根据协议规定，泰国达拉萨姆学校将与学院开展汉语教学领域的合作，具体包括双方合作编写适用于泰国本土学生的汉语教材、教辅材料，建设汉语教学资源库；双方合作举办汉语教学学术研讨会、冬夏令营；开展双方师生交流访问和各种文化交流活动；等等。

3. 意大利温籍华校与当地政府成立合作联盟

2014 年 1 月下旬，意大利佛罗伦萨中文学校正式与意大利托斯卡纳大区政府、意大利协助发展中国家协会、意大利佛罗伦萨甘地学院、意大利佛罗伦萨中意文化交流协会“牵手”，成立“意大利佛罗伦萨中文学校合作联盟”。此举开创了海外华校与当地政府合作办学的先河，标志着意大利佛罗伦萨中文学校迎来了新的发展契机。

意大利托斯卡纳大区副区长 Stella Targetti 女士、意大利教育部多元文化司学生处负责人 Vinicio Ongini 先生和托斯卡纳大区教育办公室负责人 Rosa De Pasquale 女士、意大利协助发展中国家协会亚洲部负责人玛丽娅女士等共同见证了合作联盟的成立。

温州市侨办主任鲍卫翔表示，意大利佛罗伦萨中文学校作为海外办学的成功典范，此次与当地政府牵手，成立合作联盟，利用双方优势，在教育、文化等领域开展深度合作，开启“政校合作，互利双赢”的全新实践，对海外华文教育和中华文化走向世界起到积极的促进和带动作用。

4. 国侨办与多伦多公校教育局续签华教合作协议

2014 年 2 月 28 日，正在加拿大多伦多访问的中国国务院侨办主任裘援平见证了中国国侨办与多伦多公校教育局续签华文教育合作协议。

裘援平指出，中国已经是世界第二大经济体，中文是世界第二大国际通用语言。现在的华文教育已经不仅仅是华侨华人对自己的后代进行教育，中加合作领域越来越宽阔，需要越来越多掌握双语的人才。这个协议是中国国务院侨办与外国地方政府签订的第一份华文教育协议，协议促进了在华文教育方面的沟通。多伦多公校教育局局长克里斯·鲍尔顿表示，多伦多公校教育局与中国国侨办的长期合作对多伦多的教师和学生有很大帮助。续签合作协议将是一个新的开始。

负责该项目的国侨办文化司司长雷振刚表示，此次续签的协议，合作范围广泛，涉及编写和提供教材，培养培训当地中文教师，组织双方学生的体验交流互访。这个协议为在海外各个国家与当地政府合作开展华文教育打下了良好的政策基础，为华文教育长期持续发展营造了很好的政策空间。协议的顺利实施是国侨办和海外有关国家政府教育部门合作的成功范例。

5. 中国海外交流协会与马来西亚教育局局长联谊会签署合作备忘录

2014 年 3 月 13 日，中国海外交流协会常务副会长裘援平和副会长马儒沛在北京会见以马来西亚教育部副总监阿米努丁为团长的马来西亚教育局参访团 31 人。访问团代表马来西亚教育局局长联谊会与中国海外交流协会文化交流部签署了教育文化合作备忘录。

裘援平表示，2014 年正值中马建交 40 周年，自建交以来两国关系发展良好，各领域交流合作不断深化，人员往来日益频密。其中，文化教育的交流更是促进了两国友谊的发展。中马两国在文化教育方面都有值得借鉴的经验，马来西亚教育体系完备，教育模式独具特色，双方应多在各层面加强文化教育交流。世界上有 1/5 的人使用中文，中文是世界上第二大国际通用语言，学中文在不少国家形成热潮，并纳入了国民教育体系，希望双方能用全球化的视角加强语言、教育和文化的交流。

马儒沛副会长向参访团介绍了中国海外交流协会的基本情况及工作原则和方针等。他同时指出，马来西亚有各类华校 1300 多所，学生约 60 多万人，马来西亚华文教育的办学规模和水平在全世界内位居前列。目前，中国正致力于华文教育正规化、专业化、标准化建设，马来西亚华教体系完备，建制完善，在办学模式、教学方法等方面创造了许多成功的经验值得我们借鉴和学习。马儒沛说，近年来，中国海外交流协会一直注重加强与各国主流教育部门达成合作协议，希望中马双方以合作备忘录为开端，建立长效沟通机制，使合作领域更加宽广，效果更加明显。

阿米努丁表示，马来西亚教育部十分重视包括华文教育在内的各民族母语学习，中文在马来西亚经济全球化发展中扮演了重要的角色。阿米努丁副总监表示签署备忘录只是第一步，希望接下来能有更深入的交流。

中国海外交流协会文化交流部部长雷振刚、副部长汤翠英，华文教育发展中心副主任邱立国等陪同出席了会见及签约仪式。

6. 广西华侨学校与泰国孔敬市政府签订华文教育友好合作协议

2014 年 3 月 14 日，在泰国孔敬府副府尹西提漫顿先生和孔敬市市长提卡优潘先生的带领下，泰国孔敬市政府代表团 28 人赴广西华侨学校签订合作协议，共同开展华文教育项目合作。根据协议，双方将在中泰文教师培训、推荐留学生到广西华侨学校就读、华裔青少年夏（冬）令营、双方提供华文泰文教育教材和教学资料及双方相关机构的人员交流活动等方面进行友好合作。

7. 广东省侨办、教育厅签约共建华文教育培训学院

2014 年 4 月 1 日，为打造广东省为侨服务和对外交流窗口，更好地推动海外中华文化传承和教育国际化，广东省侨办、广东省教育厅签署《共建广东省华文教育培训学院备忘录》，签约共建广东省华文教育培训学院。

广东省华文教育培训学院是在广东省华侨职业技术学校基础上，经广东省政府批准加挂的另一牌子，旨在充分利用该校资源，充分发挥“侨”的优势，为华文教育和中华传统文化在海外的传承培养人才。

8. 海南师范大学与泰国海南文化教育基金会签订合作协议

2014 年 4 月中旬，泰国海南文化教育基金会理事长王琼南访问海南师范大学。双方签订教育合作协议。

海南师范大学副校长杜明娥首先向王琼南理事长简要介绍了该校的发展历程，并重点介绍了海南师范大学留学生教育及与泰国方面的合作与交流情况。王琼南先生表示，非常感谢海南师范大学一直以来为泰国琼籍后裔到海南学汉语所做出的贡献及努力。他简要介绍了泰国海南文化教育基金会的情况，并提出进一步合作的构想。

9. 福建省侨办与福建富闽教育基金会、集美大学联合发展海外华文教育

2014 年 5 月上旬，福建省侨办与福建富闽教育基金会、集美大学联合开展东南亚国家人才培训项目，引导社会力量和资金支持海外华文教育。

此次福建省侨办与福建富闽教育基金会整合工作和资源优势，并发挥集美大学的海外影响力，开展东南亚国家人才培训项目，培养四年制本科学历人才；举办华文师资培训班，招收东南亚国家的华文教师，每年一期，每期 30 名，培训时间 20 天。2014 年首先在集美大学先行试点，培养项目包括东南亚华文师资培训班和东南亚留学生奖（助）学金。

福建富闽教育基金会成立于 2003 年，以资助贫困山区、家庭经济困难、品学兼优的学生为宗旨，成立 10 多年来，资助了数以百计的贫困学生。

10. 旧金山南侨学校和南京浦口行知小学缔结姊妹学校

2014 年 6 月 9 日，旧金山南侨学校谭鄰校长到南京浦口行知小学，考察该校华文教育基地建设，并与该校签署姊妹学校协议。

江苏省侨办主任王华会见美国旧金山南侨学校校长谭鄰女士。王华表示，旧金山南侨学校是一所有着百年办学历史的华文教育学校，海外条件有限，能够如此长久的坚持开展华文教育并形成较大规模，实属不易，江苏省侨办愿意为旧金山南侨学校的发展提供力所能及的支持，希望谭鄰校长多到江苏的华文教育基地学校走一走、看一看，寻求合作共赢。谭鄰说，2013 年江苏省侨办在旧金山南侨学校开展中华文化大乐园，给全校师生留下深刻影响，希望江苏省侨办能将更多的活动办到旧金山南侨学校，同时希望江苏省侨办帮助旧金山南侨学校缔结一批姊妹学校，促进南侨学校华文教育向更高水平发展。

11. 湖南省长沙市人民政府外事办代表团访问马来西亚教总

2014 年 6 月下旬，长沙市人民政府外事办代表团 5 人，在李毅副处长的带领下拜访马来西亚教总。

教总主席王超群在交流会上向代表团成员介绍马来西亚华文教育的发展概况以及一路走来所面对的风风雨雨。代表团对马来西亚华人社会在捍卫和发展华教事业上所展现的坚毅精神深表感动，并希望此行能够加强双方的联系，并展开相关活动，以协助推动华文教育的发展。双方签署《建立华文教育交流长期合作关系意向书》，并确定了相关的合作项目，包括举行“海外华裔青少年潇湘文化行”夏令营活动、促成两地学校结交姐妹学校，并为教师互派和学生互访创造有利条件，以促进两国华教工

作的交流。

12. 华侨大学副校长吴季怀率团访问南美推动华侨大学国际交流和招生合作

2014 年 7 月 25 日至 29 日，华侨大学副校长吴季怀一行 4 人赴南美厄瓜多尔和秘鲁交流访问。华侨大学招生处、国际学院、华文学院负责人随同出访。

7 月 25 日，华侨大学副校长吴季怀在中国驻瓜亚基尔总领事雷同立陪同下与瓜亚基尔大学校方代表威尔逊·博佐就两校教育合作、为厄瓜多尔培养汉语人才、促进中厄教育文化交流等议题深入交流。

7 月 28 日，吴季怀一行访问厄瓜多尔昆卡大学，受到昆卡大学校长卡拉希科·卡斯特罗等的热情接待。双方进行了广泛而深入的交流，之后两校领导签订校际合作协议，双方将在中文教育、师生交流等方面开展深入实质的合作。

在秘鲁访问期间，吴季怀代表学校与秘鲁特鲁希略国立大学签订合作协议。特鲁希略国立大学副校长波卡·伽西雅、学校国际交流处主任阿达·伽乐格丝参加了签字仪式。根据协议，双方将就中文教育、汉语夏令营、师生互换及学术研究等方面开展广泛的合作。

7 月 29 日，吴季怀一行还拜访了秘鲁中华通惠总局，与秘鲁中华通惠总局主席萧孝权及当地侨领进行座谈交流。随后，吴季怀、萧孝权分别代表双方签订合作招生协议，现场还举行了华侨大学秘鲁招生处成立仪式。

13. 暨南大学与阿根廷学校合作办学

2014 年 8 月 19 日，暨南大学代表团在环球商协会联盟阿根廷委员会主席贾微女士陪同下，参观了新太阳学校及莫隆大学，双方就开设全日制中西文双语学校，培养中西文公共翻译本科专业人才等事宜进行洽谈，并签订了开设全日制中西文双语学校的合作框架协议。双方决定：在莫隆大学开设中文、西班牙文公共翻译本科专业课程；针对阿根廷的汉语言教师，暨南大学将发挥自身特长，对新太阳学校提供汉语教学教材及教师培训等工作，培训在阿根廷的华人、华侨教师，使他们获得在阿根廷学校教学的资格。

此次暨南大学与这两所学校开展合作办学及培养中西双语人才，不仅为阿根廷华人、华侨子弟和当地的阿根廷孩子创造学习汉语、中国文化的机会和平台，而且对中阿文化交流方面也将起到非常大的促进作用。

14. 华侨大学与泰国泰中文化经济协会签署华文教育战略合作协议

2014 年 9 月 13 日，华侨大学与泰国泰中文化经济协会签署华文教育战略合作协议，以进一步加强中泰两国文化教育领域交流合作。据此，中国华侨大学与泰国泰中文化经济协会将继续办好外国政府官员中文学习班；共同推动中泰、中国—东盟科研交流和合作；共同推动中泰、中国—东盟文化教育交流；双方建立可持续发展互动机制。

在华侨大学厦门校区，华侨大学校长贾益民与泰国泰中文化经济协会会长颇欣分别代表双方在协议书上签字。中国国务院侨办主任裘援平，泰国泰中文化经济协会副会长兼教育委员会主任威七、驻厦门总领事馆总领事帕晨，中国国务院侨办文化司司长雷振刚，福建省侨办主任杨辉，华侨大学党委书记关一凡，泰国驻厦门总领事馆副总领事孟坤，华侨大学副校长吴季怀，泰国泰中文化经济协会教育委员会成员单迪见证签约。华侨大学副校长张禹东主持签约仪式。

泰国泰中文化经济协会于 1993 年由前泰国总理、国防部部长、最高总司令、陆军司令察哇立·荣知育上将与泰国军官、政治家以及著名企业家携手创办并担任首任会长，早期工作仅限于军事与国家安全领域，后扩展至文化与经济领域。2013 年起，前泰国副总理颇欣·蓬拉军博士接任第五届会长。泰中文化经济协会与华侨大学有着长期、友好、密切的合作，开展推动了“外国政府官员中文培训班”、中泰战略研讨会等诸多重要项目，为中泰合作交流与友谊做出了重要贡献。

15. 法国华侨华人会中文学校与温州实验中学结好

2014 年 9 月下旬，温州市侨办副主任许捷率温州市华文教育代表团 6 人走访了法国华侨华人会中文学校。访问期间，法国华侨华人会中文学校与温州市实验中学正式签约缔结为友好学校。此后，代表团前往西班牙马拉加市格拉纳达中文学校访问，温州市实验中学与格拉纳达中文学校也正式缔结为友好学校。

根据协议，温州市实验中学与法国华侨华人会中文学校和西班牙格拉纳达中文学校将在师资培训、教材编写、教育教学经验交流等方面，加强紧密合作，为传承中华优秀文化，为祖国和家乡建设做出积极贡献。

16. 浙江温州实验中学与法国南方华人总商会中文学校友好结对

2014 年 11 月 4 日，法国南方华人总商会中文学校和浙江温州实验中学友好结对签约仪式暨蒲公英图书室图书捐赠仪式在温州实验中学举行，温州市侨办副主任许捷出席签约仪式。

法国南方华人总商会中文学校校长陈定国和温州实验中学校长吴君宏分别在友好结对协议上签字，两校正式建立长期文化交流合作关系。根据协议，双方将积极开展定期互访及国际交流活动；组织和促进形式多样的交流活动，增进学生对对方国家及文化的认识和了解；互相交换科料和出版物，积极在课堂教学方法、远程教学、互联网视频会议等领域开展交流与合作。

17. 丹麦霍尔拜克市访问团访问华侨大学并签署合作意向书

2014 年 11 月 27 日，华侨大学校长贾益民接待了来访的丹麦霍尔拜克市市长 Søren Kjærsgaard 一行 6 人，并签署合作意向书。

根据意向书，双方将积极探索在开展本科、硕士、博士等多层次学历教育，开展中西方语言、文化教育，开展多种形式的教师、学生和文化交流，共同举办学术研讨会、论坛以及其他共同感兴趣的领域与项目的合作。双方一致同意充分利用双方优势，创新教学与学习模式，为来自丹麦、欧洲其他国家和中国的学生提供包括中西方文化、社会、经济、商务、哲学、历史、语言等人文与社会学科，以及一些自然学科在内的优质高等教育，并使学生通过中西多元文化体验教育获取国际经验与全球视野。

座谈会上，据 Søren Kjærsgaard 介绍，越来越多的丹麦人对中国的语言、文化和知识产生兴趣，霍尔拜克市近年也在中小学开始推广汉语教育。他希望通过与华侨大学的合作，打造更优质的汉语教学资源。贾益民校长向客人介绍了华侨大学的办学情况和对外汉语教学的经验和成果并表示对双方开展密切合作十分期待。

18. 湖北黄冈将与华中师范大学合作建立华文教育基地

2014 年 11 月 30 日，在湖北省外事办的倡议和黄冈市外侨局的支持下，华中师范大学与黄冈职业技术学院签署共建“黄冈市华文教育基地”合作协议。湖北省侨办副主任冯细国、华中师范大学副校长王恩科等参加签约仪式。基地接受湖北省外侨办及黄冈市外侨局的业务指导，设立在黄冈职业技术学院。

冯细国副主任指出，华中师范大学有着丰富的华文教育经验，黄冈职业技术学院有其自身的教育特色和地理文化优势，希望两校真诚合作、信息共享、优势互补，共同推进湖北华文教育事业的发展。

19. 浙江温州华教基地与英国利物浦鸽子山谷小学成为友好学校

2014 年 11 月下旬，英国利物浦和柴郡教育代表团到浙江温州市实验小学访问，交流国际教育经验。温州市实验小学与英国利物浦鸽子山谷小学正式签约缔结为友好学校。

双方就合作事宜举行座谈。温州市实验小学校长谢作长向代表团介绍了学校的办学理念、学校管理和特色课程等。英国利物浦鸽子山谷小学校长 Mr. Nik Smith 介绍了自己学校的办学理念、学校历史、课程设置、教学方式等，其中众多课程设置和“全人教育”理念引起了在场老师的共鸣和思考。

此次协议的签订，将促成两校在学校管理、教师培训、学生成长等方面，开展多层面、多形式的交流合作，进一步推进两校的国际交流水平。

20. 集美大学海外教育学院与泰国8所中学举行合作交流签约仪式

2014年12月8日，集美大学海外教育学院与泰国8所中学合作交流签约仪式在集美大学尚大楼14楼会议室举行。至此，该院已经与111所泰国中学签订了合作交流协议。

集美大学海外教育学院院长袁晓华出席签约仪式，双方就语言生、留学生的招生与培养等方面达成共识，并正式签订合作协议。袁晓华向泰国8所中学的校长和老师们介绍了集美大学近百年悠久而辉煌的办学历程和校主陈嘉庚先生的丰功伟绩，重点推介了集美大学语言生、留学生培养工作，希望与泰国中学之间进一步加强合作与交流、共谋事业的新发展。

21. 中意教学合作签约仪式在罗马举行

2014年12月16日，意大利对华友好协会、意大利科学技术学院、亚太交流与合作基金会在罗马举行中意教学合作签约仪式。亚太交流与合作基金会与意大利对华友好协会将携手两国多所高等学府联合组建“意中友谊学院”。

“意中友谊学院”的成立旨在推进中意两国教育机构的交流与合作，在科学研究、学术交流、联合培训等方面加强交流，共同推进两国教育界的学术交流、合作研发、学生交流交换，并在留学生的培养和推广汉语教学上开展务实合作。

五　华教活动

（一）夏令营·行在中国

1. 中国寻根之旅

（1）海外华裔青少年“中国寻根之旅”冬令营辽宁闭营

2014 年 1 月 1 日，由国务院侨办主办，辽宁省侨办与辽宁师范大学共同承办的 2013 海外华裔青少年“中国寻根之旅”冬令营闭营仪式在辽宁师范大学音乐厅举行。营员们观看了为此次冬令营精心制作的回顾短片。随后，辽宁师范大学向营员代表颁发了此次冬令营的结业证书及纪念品。其间，营员们体验了与南方截然不同的北国氛围。

（2）台湾地区青少年“中国寻根之旅”冬令营福建开营

2014 年 1 月 2 日，2014 年台湾地区青少年“中国寻根之旅”冬令营在福建惠安崇武中学举行开营仪式，来自台湾基隆高中、基隆八斗高中、台北三明高中、台北长安国中的 30 名青少年和惠安县崇武中学的 40 多名师生参加。

在 10 天的营期里，营员们与崇武中学和惠安三中两所学校的学生互动，与结对的学生们一起学习中国民族乐器、中国武术、中国古典歌词、书法及中国象棋等传统文化课程。营员们还参观了崇武古城、青山宫及聚龙小镇等地，由此了解惠安文化，增进两岸青少年的相互认知。

（3）海外华裔青少年“中国寻根之旅”南粤广州营闭营

2014 年 1 月 3 日，2013 年海外华裔青少年“中国寻根之旅”（南粤广州营）闭营典礼暨汇报演出在暨南大学华文学院举行。华文学院副院长曾毅平，来自秘鲁、德国、泰国、印度尼西亚 4 个团队的领队和华裔青少年营员 120 人，以及全体任课教师、志愿者和工作人员出席了此次闭营典礼。在此次冬令营里，同学们不仅学习了中文，华文学院还开设手工陶艺课，让海外华裔青少年营员们可以通过自己动手，亲自体验中华传统手工艺的奥秘，感受中国传统文化的精致、博大。

（4）海外华裔青少年“中国寻根之旅”重庆冬令营开营

2014年1月3日，由国务院侨办主办、重庆市政府外事侨务办和重庆师范大学华文教育基地共同承办的2013年海外华裔青少年“中国寻根之旅”冬令营重庆营在重庆师范大学新校区凯撒学术报告厅举行开营仪式。此次冬令营78名营员分别来自毛里求斯和印度尼西亚等国家。营员们在10天的营期活动中参加了丰富多彩的文化学习和文化体验活动，主要有汉语、武术、剪纸、民族舞蹈、书法、国画、文化体验、参观及师生座谈交流等内容。

（5）海外华裔青少年“中国寻根之旅”冬令营四川闭营

2014年1月5日，2013年海外华裔青少年“中国寻根之旅”冬令营四川营在四川乐山师范学院举行闭营仪式。来自澳大利亚的23名华裔青少年与乐山师院的师生欢聚一堂，以中外青少年联欢晚会欢庆冬令营成功举办。

此次冬令营除了学习中国历史地理常识、中华武术、传统手工艺、书法等课程以外，乐山师范学院还安排营员们游览了乐山大佛、峨眉山、三星堆、大熊猫基地、千佛岩、嘉阳小火车等人文景观。营员们还与乐山师范学院的师生们结对互动，交流联谊。

（6）北京民俗文化冬令营在首都体育学院开营

2014年1月6日，由国务院侨办和北京市人民政府侨办主办、首都体育学院承办的2014年“中国寻根之旅”北京民俗文化冬令营开营式在首都体育学院举行。在为期12天的冬令营里，50名营员学习威风锣鼓、南拳、书法、北京习俗、趣味汉语、羽毛球、艺术体操等课程，参观天安门、故宫、颐和园、孔庙、国子监等历史文化景点。冬令营于1月18日闭营。

（7）2014“中国寻根之旅”冬令营山东淄博营开营

2014年1月13日，由国务院侨办主办、山东省侨办承办、淄博市侨办协办的“中国寻根之旅”冬令营山东淄博营在淄博市青少年宫举行开营式。参加此次冬令营的60名华裔青少年全部来自印度尼西亚。营员们在淄博市青少年宫学习汉语、书法、剪纸、古筝、武术、十字绣、二胡等中华文化才艺课程，并赴青岛、潍坊、济南、德州等地观摩体验齐鲁文化。

（8）“寻根之旅——相约北京”美国冬令营在北京闭营

2014年1月26日，“寻根之旅——相约北京”美国冬令营在北京闭营。在京期间，30名美国华裔青少年学习茶艺、功夫、书法等文化课程，参观故宫、长城、颐和园等北京历史文化名胜古迹，游览鸟巢、水立方等北京奥运场馆，对中华文化和北京有了更深入的了解和认知。

（9）澳门青少年“文化与寻根”春令营在龙岩开营

2014 年 3 月 17 日，由国务院侨办、福建省侨办、龙岩市外事办联合主办，澳门永靖同乡会、澳门商训夜中学、龙岩市海外交流协会、龙岩市侨联、新罗区外事办协办的 2014 年海外华裔及港澳地区青少年“中国寻根之旅”春令营活动在龙岩举行。这是 2014 年福建省首个以“文化与寻根”为主题的合作营。此次活动是澳门永靖会馆第二次组织青少年回乡开展春令营活动，为期 10 天，共有来自澳门的营员、领队 35 名，他们祖籍地都在福建。

（10）2014 年“中国寻根之旅”春令营在安溪开营

2014 年 3 月 18 日，“中国寻根之旅”春令营安溪营在安溪开营，福建省侨办党组成员、纪检组长闵蕙君为春令营授营旗。31 名营员来自新加坡义安理工学院。活动期间，营员与安溪尚卿乡的学生结对子，一起进课堂学习、共同参与社会实践，开展一对一进农家体验生活。营员们还参观了安溪清水岩景区，观赏了“铁观音”茶叶的制作过程。这是义安理工学院第 9 次组织华裔青少年到安溪开展交流学习，数年来共有 230 多名营员受益。

（11）九国华裔青少年在昆明开展“中国寻根之旅”

2014 年 3 月 23 日，由中国海外交流协会主办、云南省海外交流协会承办、昆明市人民对外友好协会协办的 2014 年海外华裔青少年“中国寻根之旅”春令营云南集结营正式开营。来自泰国、缅甸、印度尼西亚等 9 个国家的 700 余名海外华裔青少年在昆明进行了为期 5 天的“寻根之旅”。

此次集结营安排营员们参观云南民族村和禄丰地质科普博物馆，亲身感受中国、体验故乡风情，并参加中华文化历史讲座等活动。

（12）海外华裔青少年“中国寻根之旅”春令营在惠安开营

2014 年 4 月 1 日，由国务院侨办、福建省侨办及惠安县侨办联合举办的 2014 年海外华裔青少年“中国寻根之旅”春令营福建惠安营在惠安荷山中学开营。春令营为期 5 天，来自马来西亚槟城钟灵中学的 6 名华裔青少年与荷山中学学生结对互动交流。活动期间，结对的学生共同学习汉语、中国书法及开展手工制作、文艺联欢等活动，还参观刘玉水故居、净峰寺、崇武古城等历史文化名胜，实地感知祖籍国日新月异的变化。

（13）2014 年“中国寻根之旅”——菲律宾华裔学生学中文夏令营开营

2014 年 4 月 1 日，由中国海外交流协会、福建省海外交流协会主办，华侨大学、集美大学、闽南师范大学、泉州师范学院、厦门外国语学校和泉州南少林武术学校共同承办的“中国寻根之旅”菲律宾华裔学生学中文夏令营在厦门集美福南堂正式开营。华侨大学副董事长、菲律宾航空公司董事长陈永栽等出席开营仪式。

（14）2014 年“中国寻根之旅”春令营山东营开营

2014 年 4 月 15 日，由国务院侨办主办、山东省侨办承办、山青世界协办的 2014 年海外华裔青少年“中国寻根之旅”春令营在济南山青世界开营。来自泰国的 40 位营员及领队老师与来自济南市的 40 位中小学生参加开营式。在为期 14 天的活动中，营员们亲身体验罗马战车、定向运动等户外拓展项目，感受国画、书法、武术等中华传统文化项目，到山青世界、济宁、泰安营地活动，并参观“三孔”，攀登泰山，游览淄博、潍坊、青岛的名胜古迹，充分感受底蕴深厚的齐鲁文化。

（15）缅甸华裔青少年“中国寻根之旅”夏令营上海开营

2014 年 4 月 23 日，由国务院侨办主办、上海市侨办承办的 2014 年“中国寻根之旅”缅甸华裔青少年夏令营在华东师范大学第二附属中学开营，共有 44 名来自曼德勒新世纪国际高级学校的师生参加此活动。夏令营期间，营员们学习书法、中国结、木兰剑等课程；欣赏精彩的杂技表演；参观游览豫园、南京路、东方明珠、上海博物馆、水乡朱家角等著名景点；在东方绿舟参加龙舟比赛；在上海学生家中体验海派城市的魅力与上海居民的生活，并与上海学生进行形式多样、内容丰富的深入交流。

（16）泰国、缅甸华裔青少年“中国寻根之旅”夏令营福建南安营开营

2014 年 4 月 24 日，由国务院侨办、福建省侨办、泉州市外事办、南安市外事办联合主办，鹏峰中学和柳城中学承办，福建省黄仲咸教育基金会协办的 2014 年泰国、缅甸华裔青少年“中国寻根之旅”夏令营福建南安营在鹏峰中学举行开营仪式。此次夏令营，共有 53 名华裔青少年参加，主要开展了华文教育、寻根谒祖、参观旅游、联络联谊等活动。

（17）“寻根之旅——泰国学生学习中文春令营”在广西华侨学校闭营

2014 年 5 月 6 日，由中国国务院侨办、中国海外交流协会、广西壮族自治区侨办、广西海外交流协会主办，广西华侨学校承办的 2014 年海外（泰国）华裔青少年“寻根之旅”泰国学生学习中文春令营在广西华侨学校闭营。

（18）泰国华裔学生在京开启“中国寻根之旅”

2014 年 5 月 8 日，由中国国务院侨办主办、北京华文学院承办的 2014 年“中国寻根之旅”夏令营泰国优秀华裔学生营在北京开营。百名华裔营员在两周时间内接受书法、武术、国画、剪纸、京剧等中国传统艺术的熏陶，参观故宫、长城，畅游鸟巢、水立方，在领略中国传统文化的同时，感受北京的现代化城市发展。

（19）华裔青少年“中国寻根之旅”夏令营厦门致公营开营

2014 年 5 月 13 日，由国务院侨办、福建省侨办主办，致公党福建省委、致公党厦门市委共同承办的 2014 海外华裔青少年“中国寻根之旅”夏令营厦门致公营开营仪式在厦门举行。该营共有来自菲律宾、缅甸和泰国的30位华侨华人子女参加。此次活动选择在厦门南洋学院办营，营员们在此学习体验中国书法、茶艺、武术以及中华服饰。同时，营员们参观了华侨博物馆、厦门大学等文化教育基地，了解华侨华人历史，感受老一辈华侨华人吃苦耐劳、恋祖爱乡的情怀。营员们还远赴杭州等地参观学习，了解中国经济建设取得的巨大成就。

（20）2014年华裔青少年“中国寻根之旅”德州营开营

2014年5月17日，2014海外华裔青少年“中国寻根之旅”夏令营山东德州营在德州青少年宫开营。来自印度尼西亚万隆第一传播基督中学的近60名青少年欢聚德州，开展为期14天的夏令营活动。活动期间，营员们在德州青少年宫学习体验武术、京剧、书法、国画、陶艺、剪纸、古筝等中国传统文化课程，参观德州博物馆、董子园景区、减河湿地公园等城市景观，还与德州青少年朋友结对并入住中国家庭，感受中国家庭的亲情与温馨。夏令营还安排营员赴济南、曲阜、泰安等城市进行学习参观。

（21）海外华裔青少年“中国寻根之旅”夏令营贺州营开营

2014年6月4日，由国务院侨办和广西壮族自治区侨办联合主办、贺州市承办的2014海外华裔青少年“中国寻根之旅”夏令营——“八桂情韵”贺州营在贺州学院西校区举行开营仪式。此次夏令营活动以“汉语·文化·寻根”为主题，以“文化”为核心，汇集了来自贺州市与马来西亚、泰国的近百名优秀华裔青少年。开营仪式上，贺州市青少年与马来西亚、泰国三方的队员互相结成对子，并交换礼品与合影。夏令营期间，中马泰三国的青少年所组成的夏令营到贺州市姑婆山、萧贺古道、富川风雨桥、黄姚古镇等文化教育基地参观学习。

（22）新加坡华裔青少年“中国寻根之旅”夏令营在福建福清开营

2014年6月4日，新加坡培青学校融籍青少年“中国寻根之旅”夏令营在福建福清开营。团组一行34人开展了学中文、剪纸、绘画、书法等多项社会实践，参观家乡风景名胜等活动。活动于6月7日结束。

（23）“寻根之旅”文莱中华中学艺术夏令营在北京举办

2014年6月7日至15日，由国务院侨办主办、北京市政府侨办承办、北京燕京文化专科学校协办的“2014寻根之旅——相约北京”文莱中华中学艺术夏令营在北京举行。此次活动为期8天，共有33名文莱华裔青少年参加。

（24）“中国寻根之旅”夏令营在西安开营

2014年6月15日，由西安市外事办、哈萨克斯坦东干协会等单位共同举办的2014年“中国寻根之旅”夏令营西安营（中亚东干营）开营。来自俄罗斯、吉尔吉斯斯坦、哈萨克斯坦等国家的青少年和西安市高新第二学校师生共150人在西安汉城湖畔一起拜孔子、学写毛笔字、学习中华礼仪，开启相约故土的和平寻根之旅。

（25）印度尼西亚华裔青少年“中国寻根之旅”夏令营上海开营

2014年6月15日至7月2日，印度尼西亚福清总会和印度尼西亚全国华文教育联合会组织200余名华裔青少年在上海开展2014年印度尼西亚华裔青少年“中国寻根之旅”夏令营活动。此次活动由国务院侨办与上海市侨办联合举办，以学习中华文化为主要内容。主办方安排营团前往具有上海风情的豫园老街、外滩、南京路步行街、水乡朱家角等景点参观游览，并观赏精彩的杂技表演。

（26）海外华裔青少年“中国寻根之旅”湖南开营

2014年6月17日，由国务院侨办、中国海外交流协会和湖南省外事办、湖南省海外交流协会举办的2014年海外华裔青少年“中国寻根之旅”夏令营湖南营活动开营。在湘期间，来自印度尼西亚和美国的52名华裔青少年在领队老师的带领下，领略湖南秀美的自然风光，感受湖湘文化的魅力。

（27）海外华裔青少年“中国寻根之旅”惠安营开营

2014年6月17日，2014年海外华裔青少年“中国寻根之旅”夏令营惠安营在泉州南少林国际学校开营。泉州南少林国际学校校长陈翔向海外营员们介绍泉州南少林武术发展沿革、泉州南少林国际学校基本情况。新加坡星洲惠华国术研究社主任何奕葆、营员代表康睿航分别在开营仪式上致辞和发言。双方互赠锦旗、纪念品。

（28）新疆少数民族华裔青少年夏令营在北京举行

2014年6月17日至22日，由国务院侨办主办、北京华文学院承办的2014年新疆少数民族华裔青少年“中国寻根之旅”夏令营北京文化营在北京举行。在6天的活动时间里，来自哈萨克斯坦、吉尔吉斯斯坦、巴基斯坦、乌兹别克斯坦、沙特阿拉伯5个国家的48名华裔青少年，遍访北京名胜古迹，饱览湖山美景，体验中华文化。

（29）印度尼西亚华裔青少年中国寻根之旅夏令营汕尾开营

2014年6月20日，由汕尾市外事侨务局和印度尼西亚棉兰鹅城慈善基金会共同举办的2014年海外华裔青少年“中国寻根之旅”夏令营开营仪式在汕尾市老干部活动中心举行。汕尾市政府副市长刘小静等相关领导和来自印度尼西亚的58名华裔青少年参加了此次活动。

（30）瑞典华裔青少年夏令营首次在厦门举办

2014年6月26日，由中国国务院侨办、福建省侨办、厦门市侨办和华侨大学共同举办的2014年海外华裔青少年“中国寻根之旅”夏令营——瑞典学生体验中华文化营在厦门开营。30余名来自瑞典瑞青中文中学的华裔青少年，在厦门、泉州两地展开为期10天的中华文化体验之旅。

夏令营采取由本地优秀学校承办及所在区侨办协办的办营模式。活动期间，营员集中学习汉语及中华武术、中华歌舞、剪纸、国画等中华传统才艺，并通过讨论会、参加学生社团活动等与中国学生交流。学习之余，营员还参观游览了当地风景名胜。

(31) “中国寻根之旅”优秀华裔青年营温州开营

2014 年 7 月 2 日，由国务院侨办、温州市侨办主办，温州大学承办的 2014 年“中国寻根之旅”夏令营优秀华裔青年营在温州大学学院路校区开营，来自美国、意大利、希腊、泰国等 12 个国家的 60 名营员参加。本届青年营，温州大学以培养面向世界舞台的华裔优秀青年领袖为目标，通过瓯越故里文化寻根、青年领导力训练、跨境电商技能训练、中国传统文化素养提升、辩论口才训练 5 个模块系列活动，增进优秀华裔青年对祖（籍）国以及家乡风土人情的了解，传承中华传统文化，在短时间内提升温籍华裔青年的个人综合能力，与各国优秀华裔青少年对话交流，展现优秀青年风采。

(32) “中国寻根之旅”海外华裔青少年夏令营上海开营

2014 年 7 月 3 日，由国务院侨办与上海市侨办联合主办的 2014 年海外华裔青少年“中国寻根之旅——相约上海　中华武（舞）魂主题夏令营”开营。来自加拿大、爱尔兰等 10 个国家和地区的百余名华裔青少年参加。营员们都具有一定程度的舞蹈、武术功底，在为期 15 天的行程里，他们每天都有近 3 小时的专业课（舞蹈、武术）训练。此外，营员们还参访了上海博物馆、城隍庙、南京路步行街、黄浦江等景点，开展如中国画、茶文化、中国结制作、写作课等课程。

(33) 海外华裔青少年“中国寻根之旅”湖北黄冈闭营

2014 年 7 月 5 日，由国务院侨办、湖北省外事办共同主办的 2014 年海外华裔青少年“中国寻根之旅”荆楚文化营黄冈之旅落下帷幕，来自马来西亚沙巴大学华文学会的 30 余名师生圆满结束了在湖北黄冈的交流学习。此前，他们参观了黄冈职业技术学院、东坡赤壁公园、遗爱湖风景区、李时珍纪念馆、黄冈市博物馆等著名文化景点和高校。此后，他们还将前往武汉，继续“中国寻根之旅”。

(34) 海外华裔青少年“中国寻根之旅夏令营”内蒙古开营

2014 年 7 月 6 日，由国务院侨办和内蒙古自治区侨办合作主办的 2014 年海外华裔青少年“中国寻根之旅”夏令营内蒙古营在内蒙古呼和浩特开营。20 名澳大利亚华裔青少年、4 名新西兰华裔青少年和 3 名带队老师、家长参加此次活动。

此次夏令营历时 12 天，活动地点集中在呼和浩特、包头、鄂尔多斯。营员们在这 12 天里，参观中国现存同类衙署中保存规模最大、现状最好的武官衙署——将军衙署；前往广袤的希拉穆仁大草原体验马背民族最隆重的礼仪——下马酒，骑马漫游草原、访问牧户、祭祀敖包等；还品尝蒙古风味烤全羊，感受美味的同时，体会草原文化的深邃。

（35）海外华裔青少年清新福建营在厦门开营

2014年7月6日，由国务院侨办主办、福建省人民政府侨办承办、华侨大学华文学院协办的2014年海外华裔青少年“中国寻根之旅”夏令营清新福建营在华侨大学华文学院开营。

此次夏令营共有来自意大利金龙学校44名青少年营员参加，华侨大学华文学院承担培训任务。在15天的时间里，营员们学习了中华文化、手工剪纸、武术、书法、国画和音乐等课程，并参观游览福建风景名胜。

（36）“中国寻根之旅”青田华侨中学分营在华侨中学开营

2014年7月7日，由浙江省青田县侨办主办、青田县华侨中学承办的2014年海外华裔青少年“中国寻根之旅”夏令营青田华侨中学分营正式开营。此次夏令营共有来自10个国家的80名海外华裔青少年参加。他们通过学习书法、绘画、剪纸、青田话等课程，深入接触中华文化，重点了解家乡特色，增进对祖国和家乡的亲切感和认同感。此外，为了积极响应省市县“五水共治”活动，夏令营还专门开设了“治水谣”“治水海报设计”等课程。海外华裔青少年通过学唱治水歌谣、制作治水海报等趣味活动，深刻理解“五水共治”。

（37）“中国寻根之旅”夏令营温州营各分营陆续开营

2014年7月7日，由国务院侨办和温州市侨办主办，瓯海区侨办和瓯海区第一高级中学（任岩松中学）承办的2014年海外华裔青少年“中国寻根之旅”夏令营相约温州营瓯海分营正式开营。来自法国、意大利等6个国家的126名营员参营。此次活动从7月7日起，至8月9日止。其间，主办方精心安排优秀的教学团队以及生活老师照料营员，瓯海区侨办、街道侨务工作站、学校三方单位还专门安排值班人员为营员们保驾护航。

2014年7月8日，鹿城分营开营仪式在鹿城实验中学隆重举行。共有来自美国、法国、意大利等9个国家和地区的80多名青少年参加，在此学习中华文化，领略家乡风情。

（38）台湾地区青少年夏令营福建永春营开营

2014年7月7日，由国务院侨办主办，福建省侨办、泉州市外事办、永春县外事办共同承办的中国台湾地区青少年“中国寻根之旅”夏令营福建永春营在永春二中举行开营仪式。

此次夏令营为期10天，中国台湾地区营员们与永春二中学生结对子交流、举办文艺晚会、驻校学习，通过参观永春老醋公司、东关桥、篋香城、百丈岩、美丽乡村和观摩学习咏春白鹤拳、纸织画等方式进一步了解故乡永春。夏令营一行还前往龙岩、漳州、厦门等地游览历史文化名胜，了解福建历史人文，感受中国大陆社会经济发展成就。

（39）“寻根之旅”文莱中华中学艺术夏令营在京开营

2014年7月8日，由国务院侨办主办、北京市政府侨办承办、北京燕京文化专科学校协办的2014年“寻根之旅——相约北京”文莱中华中学艺术夏令营在北京举办。33名文莱华裔青少年在北京进行了为期8天的夏令营活动，除集中学习外，还参加古筝和扬琴的等级考试，学习捏面人等北京民俗文化，参观北京名胜古迹，并与北京同龄学生进行交流。

（40）澳大利亚华裔青少年“中国寻根之旅”夏令营北京开营

2014年7月8日，澳大利亚新金山交响乐团在国家大剧院音乐厅为中国观众献上了一场中西合璧、别具一格的音乐会，50多名华裔青少年演奏了《澳洲风》《袋鼠舞》《中国狂想曲》《小星星变奏曲》《新金山交响诗》等精心编排的乐曲。作为2014年澳大利亚华裔青少年“中国寻根之旅”夏令营的一项重要活动，此次音乐会是新金山交响乐团向祖（籍）国人民的“汇报演出”。

（41）美国华裔家庭“中国寻根之旅”夏令营厦门开营

2014年7月8日，2014年美国华裔家庭“中国寻根之旅”夏令营在厦门开启鹭岛行。厦门市侨办作为东道主，精心策划路线，协助安排其在厦门的学习交流活动，向他们展示鹭岛的独特魅力。在短短的2天时间里，营员们在厦门市青少年宫学习古筝、学扎风筝，与厦门的孩子同台献艺，参观鼓浪屿、走访中山路，学习中华文化，感受美丽厦门。

此次夏令营团队13个孩子、6位家长来自7个家庭，在国侨办、福建省侨办、厦门市侨办的牵线搭桥之下，为期12天的夏令营活动从6月25日在北京开始，之后转至厦门。活动期间，营员们与北京亲密接触，感受长城、紫禁城的历史气息；在武夷山欣赏秀美风光，体验茶文化的“芳香四溢”；到福州漫步，三坊七巷中体验八闽民俗的独树一帜；拜访泉州南少林，与武僧切磋武艺，通过木偶戏亲历闽南文化；最后抵达厦门。

（42）六国海外华裔青少年“中国寻根之旅”夏令营陕西西安开营

2014年7月8日，“中国寻根之旅”夏令营——汉唐文化行活动在陕西西安开营。来自丹麦、西班牙、比利时、美国、加拿大等国100名海外华裔青少年参加开营仪式。在为期10天的夏令营中，海外华裔青少年们以“汉语·汉唐文化·寻根”为主题，通过寓教于乐、游教结合的方式，了解陕西历史文化，学习中国书法、汉语口语，游览名胜古迹，体验民俗风情。

（43）海外华裔青少年“中国寻根之旅”夏令营在福州开营

2014年7月9日，由国务院侨办主办、致公党福建省委承办的第四次海外华裔青少年“中国寻根之旅”夏令营活动在福州开营。来自美国、加拿大、缅甸、泰国和中国台湾等国家与地区的45名青少年在福建开启“中国寻根之旅”。营员们学习中华文化课程；参观福州三坊七巷、马尾船政博物馆；感受武夷山优美风情和漳州土楼“世遗”风情；体验海滨城市厦门鼓浪屿的魅力景色等。

（44）“海峡两岸青少年夏令营”在江苏昆山开营

2014年7月9日，由国务院侨办主办、江苏省昆山市侨办承办的2014年“海峡两岸青少年夏令营”及海外华裔青少年“中国寻根之旅”夏令营在江苏省昆山市科技文化博览中心正式开拔。夏令营营员及营员家长等近200人出席开营仪式。活动中，昆山市侨办组织了近百名台商在昆子女及当地青少年参加，在昆山、南京、扬州、山东枣庄等地进行了为期16天的体验活动。此外，活动方还组织了近10名在昆侨商子女参加海外青少年“中国寻根之旅”夏令营，他们在昆山、南京、宿迁等地开展为期10天的交流活动。

（45）寻根之旅文莱艺术营营员北京集训通过艺术考级

2014年7月10日，在国务院侨办主办、北京市政府侨办承办、北京燕京文化专科学校协办的夏令营中，16名到北京参加2014年“寻根之旅——相约北京”艺术夏令营的文莱营员顺利通过等级考试，其中，古筝一级2位、三级1位、五级9位，扬琴三级4位。考级结束后，团员游览了北京名胜古迹，近距离感受中华五千年文明。

（46）“领养中国儿童外国家庭夏令营”北京开营

2014年7月10日，“2014年领养中国儿童外国家庭夏令营”在北京开营。来自美国、加拿大、澳大利亚、荷兰、芬兰48个领养家庭71位被领养中国儿童和76位家长参营。活动为期6天，营员们游览故宫、长城、颐和园等名胜古迹，学习中国传统手工艺，并学唱中国戏曲。

（47）华裔青少年“中国寻根之旅”重庆营开营

2014年7月10日，由国务院侨办主办，重庆市外事办、重庆师范大学华文教育基地承办的海外华裔青少年“中国寻根之旅”夏令营到重庆市綦江县开展国际文化交流教育培训活动。在10天的活动中，来自美国、韩国、泰国、越南、印度尼西亚、马来西亚、巴拿马、秘鲁8个国家的80名华裔青少年，既在课堂上学习汉语、中华文化课程，接受剪纸、书法、茶艺、民族舞蹈等中国传统文化熏陶，又走出校园，参观大足石刻、千年古镇磁器口，体验重庆綦江农民版画，观山城夜景、品地道重庆美食。

（48）海外华裔青少年“中国寻根之旅夏令营”杭州开营

2014年7月11日，由国务院侨办、浙江省侨办主办，杭州市侨办承办的2014年海外华裔青少年“中国寻根之旅（杭州）夏令营”开营仪式在浙江杭州举行。来自美国、法国、意大利、西班牙、比利时等15个国家的近100名华裔青少年齐聚杭州，开启为期3周的夏令营活动。此次活动以“美丽中国文化艺术熏陶寻根夏令营”为主题。近百名海外华裔青少年学习汉语基础以及中国书法、中国戏曲、中国舞蹈、中国功夫的基础知识；参观六和塔、白塔公园、杭州孔庙等名胜古迹。

（49）美国·泰国“中国寻根之旅”夏令营厦门开营

2014年7月11日，美国·泰国华裔青少年“中国寻根之旅”夏令营暨思明区“侨蕊”夏令营在厦门开营。此次活动由国务院侨办、福建省侨办、厦门市侨办、思明区外事办及思明区教育局主办，厦门双十中学思明分校承办，主题为“中国梦·家乡情”，为期10天。此次夏令营共有营员25名，其中有5名泰国华裔青少年是由泰国集美校友会推荐，其余均来自美国，由美国闽南同乡联合总会组织。在厦期间，营员们集中学习书法、国画、武术、汉礼仪和汉服文化、中国民俗、中国趣味地理等中华经典文化；动手制作京剧脸谱、陶艺、包饺子；参观厦门华侨博物院、厦门市规划馆、前埔北社区、陈嘉庚纪念馆、曾厝垵文创村、鼓浪屿等厦门优秀的自然与人文景观。营员们从学习、动手、游历三方面入手，提高学习汉语的兴趣，深入了解中华文化，感受美丽厦门的建设发展成果。

（50）海外华裔青少年夏令营陕西西安开营

2014年7月11日至18日，2014年海外华裔青少年夏令营在陕西西安举行。主办方结合西安文化特色和“寻根”主题，组织来自西班牙、美国、丹麦、加拿大等国家的海外华裔青少年游览西安大小雁塔、西安博物院、兵马俑等历史文化名胜之外，每天开讲一堂中华传统文化礼仪讲座，穿插学习中华武术，参观陕西非物质文化遗产，与民间艺术大师互动交流。

（51）海外华裔青少年“中国寻根之旅”山东青岛开营

2014年7月12日，2014年海外华裔青少年“中国寻根之旅”齐鲁文化夏令营青岛营在山东青岛39中学开营。来自法国、瑞典、加拿大、德国、葡萄牙、西班牙、中国澳门等8个国家和地区的115名海外华裔青少年和领队参加此次活动。营员们学习中华礼仪、中华武术、中华经典歌曲、京剧脸谱、趣味汉字等语言文化课程，体验生态农场，游览青岛市区特色旅游景点，了解青岛的海洋文化、帆船文化、啤酒文化和道教文化，参观“2014年青岛世界园艺博览会”主会场。

（52）华裔青少年“中国寻根之旅”夏令营广州开营

2014年7月14日，由中国国务院侨办主办、广州市侨办承办的2014年海外华裔青少年“中国寻根之旅”夏令营在广州开营。美国、法国、巴拿马和中国香港、中国澳门等8个国家和地区72名华裔青少年齐集广州，开展为期10天的中华文化营地活动。这批华裔学生分别在广州的花都、越秀和番禺3个营地学习和生活。活动期间，学生们了解、学习中国传统乐器、茶艺、剪纸、舞狮和饮食文化，参观广东顺德清晖园和莲花山等具有广东侨乡文化的景区，感悟中华传统文化。

（53）加拿大华裔青少年广东佛山夏令营开营

2014 年 7 月 15 日，由广东省佛山市外事侨务局和加拿大多伦多华人社区服务协会共同举办的“中国寻根之旅”——加拿大华裔青少年佛山夏令营在广东佛山开营。14 名来自加拿大的华裔青少年在此度过为期 15 天的夏令营生活。此次夏令营是在佛山市乡贤邓衍锌先生的牵线搭桥下举办的，营员年龄 14 至 23 岁不等，他们都是第一次到佛山，有的还是第一次回祖籍国。

（54）西班牙华裔青少年“中国寻根之旅”在浙江衢州开营

2014 年 7 月 15 日，由国务院侨办和浙江省侨办主办，衢州市外事办和侨办承办，衢州市教育局、衢州市旅游局、衢州一中等多家单位共同协办的 2014 年海外华裔青少年“中国寻根之旅”夏令营活动在浙江衢州开展。

此次夏令营为期 12 天。营员们参加了多姿多彩的活动，学习了许多极具中国文化特色的课程，既有传统的太极拳、武术、书画、戏曲；又有包饺子、衢州本地民间艺术讲解、汉语言魅力、孔子文化及衢州人文风俗等。此外，学校还组织他们前往衢州市著名风景旅游景点参观游览。

（55）海外华裔青少年“中国寻根之旅”湖南长沙开营

2014 年 7 月 16 日，由国务院侨办主办、湖南省外事办协办、湖南师范大学承办的 2014 年海外华裔青少年“中国寻根之旅”夏令营（优秀营）开营仪式在湖南长沙举行。在湘期间，来自英国、瑞典、葡萄牙的华裔青少年学习汉语言、古典诗词赏析、书法、剪纸、武术等中国文化，与中国青年艺术家、学生交流，并参观游览韶山、张家界等湖南历史文化名胜。

（56）海外华裔青少年“中国寻根之旅”夏令营四川成都开营

2014 年 7 月 16 日，2014 年海外华裔青少年“中国寻根之旅”夏令营四川营活动在四川成都拉开序幕。来自美国、英国、新西兰、加拿大、俄罗斯 5 个国家的 102 名华裔青少年与领队齐聚成都，学习了解中国文化，感知现代中国发展。在为期 11 天的活动中，营员们积极学习汉语知识和中华才艺，包括书法、围棋、武术、剪纸等中国传统文化艺术；还体验三国文化、巴蜀民俗，与国宝大熊猫亲密接触，品尝地道四川美食，游览四川各地的秀美风景。

（57）“中国寻根之旅”夏令营——欧美优秀学生中华文化体验营在北京开营

2014 年 7 月 16 日，由国务院侨办主办、北京华文学院承办的 2014 年“中国寻根之旅”夏令营——欧美优秀学生中华文化体验营在北京华文学院新校区开营。西班牙华商中文学校校长黄英以及来自西班牙、法国、德国等国家的 50 名营员出席开营仪式。活动期间，营员们游览长城、故宫等中国文化古迹，参观鸟巢、水立方等现代名胜，品尝北京烤鸭等中国特色美食，还走进课堂学习剪纸、绘画、功夫等中国传统文化艺术。

（58）台湾地区青少年“中国寻根之旅”夏令营在福建龙岩开营

2014 年 7 月 17 日，由国务院侨办、福建省侨办主办，龙岩市外事办、新罗区外事办、新罗区台办承办，台湾新住民关怀协会协办的 2014 年台湾地区青少年“中国寻根之旅”夏令营福建新罗营在福建龙岩新罗区开营。此次夏令营活动内容丰富，活动形式多样，既有学习与交流的结合，也有寻祖与考察的结合，为台湾地区青少年学习中华文化、了解认识闽西、增进海峡两岸青少年交流感情提供了良好平台。

（59）“中国寻根之旅”夏令营法国华裔青少年游学营北京开营

2014 年 7 月 17 日，由国务院侨办主办、北京华文学院承办的 2014 年“中国寻根之旅”夏令营法国华裔青少年游学营在北京华文学院新校区举行。北京华文学院培训部副主任王图保、60 名来自法国的华裔青少年等出席开营仪式。

（60）“根连福建·情系华夏”寻根之旅参访故宫

2014 年 7 月 18 日，加拿大福建同乡会联谊会第三届“根连福建·情系华夏”寻根之旅访问团成员参观北京故宫博物院。此后两周，团员们还在上海、福建多地参观走访，既游览名胜古迹，也与中国国内的同龄人开展文化层面的交流互动。访问团团长薛潭生已陪同近 60 名华裔孩子到华访问。

（61）“中国寻根之旅”河南开营

2014 年 7 月 18 日，来自美国、爱尔兰、瑞士、加拿大等 6 国的 112 名华裔青少年，缘聚河南千年古刹少林寺，开启“中国寻根之旅”为期 8 天的少林武术学习活动，实地亲身体验少林武术魅力。此次活动主要有参观少林寺，学习少林拳法，学习书法、剪纸等多个项目。此外，国务院侨办文化司还派专家对营员们进行 HKC 汉语口语测试，并为合格者颁发证书。

（62）“中国寻根之旅”夏令营宁夏营开营

2014 年 7 月 21 日，海外华裔及港澳台地区青少年“中国寻根之旅”夏令营神奇宁夏营在宁夏石嘴山市开营。来自石嘴山市光明中学、宁港青年交流促进会、澳门中华青年展志协进会、深圳市耀华实验学校的青少年在开营仪式上表演了精彩的文艺节目。共有来自东南亚、美国、中国香港、中国澳门的 94 名青少年参加此次宁夏营活动，营员们在 10 天的营期里，学习汉语、书法、剪纸、武术、舞蹈、泥塑、面具制作等，并参观移民村、黄河景观大道、沙湖、沙坡头等。

（63）“中国寻根之旅”夏令营广西师范大学营开营

2014 年 7 月 22 日，由国务院侨办和广西壮族自治区侨办主办、广西师范大学承办的2014年海外华裔青少年“中国寻根之旅”夏令营——八桂情韵集结营广西师范大学营举行开营仪式。此次夏令营以“汉语·文化·寻根”为主题，采取寓教于乐、游教结合的方针。来自德国、瑞士、泰国、老挝、印度尼西亚等国家的47名营员开启了他们为期1周的“寻根”之旅。活动期间，营员们进行了汉语、葫芦丝、剪纸等中国传统文化的课堂学习；参观游览桂林王城景区、兴安乐满地主题公园，观看《印象·刘三姐》等历史文化名胜及著名山水景点。

（64）海外华裔青少年“中国寻根之旅”夏令营在贵阳开营

2014年7月22日，由中国国务院侨办主办、贵州省侨办承办的海外华裔青少年“中国寻根之旅”夏令营贵州营在贵阳开营。在为期11天的活动中，荷兰、美国、加拿大、斯洛伐克4国的华裔青少年学习中国文化、中国历史、中国武术、民族民间音乐、贵州地理知识等课程，还到关岭国家地质公园、黄果树瀑布、西江千户苗寨等地体验贵州神奇多变的喀斯特地貌和多姿多彩的民族风情。

（65）寻根之旅“中华国学营”在北京华文学院开营

2014年7月22日，由国务院侨办主办、北京华文学院承办的2014年“中国寻根之旅”夏令营中华国学营开营仪式在北京华文学院回龙观校区举行。

此次中华国学营紧扣“中华国学”主题，除传统汉语、文化课程和游学外，营员们学习了《三字经》与儒家文化、中华诗词、从《三国演义》看中华名著、中华饮食、新闻采访和写作等相关课程，还聆听了《中国国情讲座》《中国历史概述》《中医文化与养生》等讲座。活动于8月1日闭营。

（66）“中国寻根之旅”夏令营南粤广州营开营

2014年7月22日，来自荷兰、法国、美国、意大利、英国、印度尼西亚、荷属圣马丁7个国家和地区的130名华裔青少年聚首羊城广州，参加2014年海外华裔青少年“中国寻根之旅”夏令营（南粤广州营）。在13天时间里，他们学习生活汉语和中华舞蹈、中国武术、中国书画、剪纸、陶艺、珠心算等中华传统文化和技艺，并感受广州、深圳历史文化风貌及参观城市新变化、新景观。

（67）海外华裔青少年“寻根之旅”走进边城黑河

2014年7月23日，由中国国务院侨办主办的2014年海外华裔青少年“中国寻根之旅”夏令营黑龙江营抵达黑河。来自泰国、印度尼西亚、意大利、美国、加拿大、乌克兰6个国家的60余名海外华裔青少年参加了此次活动。活动中，华裔青少年们参观了瑷珲历史陈列馆，并在当地中俄工艺美术协会、黑河中旅等部门组织下，学习了中国传统民族舞蹈、武术、汉语书法等课程。

（68）海外华裔青少年“寻根之旅”逾850名华裔广东大集结

2014年7月23日，由中国国务院侨办与广东省侨办、中山市政府主办的2014年海外华裔青少年中国寻根之旅大型集结夏令营“相约广东·走进中山”开营仪式在中山体育馆举行。来自美国、加拿大、英国、塞舌尔、俄罗斯、荷兰、马来西亚等23个国家和地区共850多名海外华裔青少年相约广东。为期4天的夏令营内，营员们参观广东孙中山故居、中山詹园以及珠海长隆海洋王国。

（69）海外华裔青少年“中国寻根之旅”夏令营新疆开营

2014年7月23日，2014年海外华裔青少年“中国寻根之旅”夏令营开营仪式在新疆乌鲁木齐举行。活动期间，百名华裔小学生参观了乌鲁木齐市红山公园、博物馆等重要景点，接受汉语学习以及书法等中国传统文化的熏陶。巴基斯坦参加夏令营活动共计12人，带队老师穆罕默德，直言第一次到中国新疆，印象非常好，希望学生认真参观乌鲁木齐，珍惜这次增长见识的机会。

（70）五国华裔青少年齐聚北京学习民族舞蹈

2014年7月24日，由中国国务院侨办主办、北京华文学院承办的2014年海外华裔青少年“中国寻根之旅”夏令营舞蹈营在北京开营。来自英国、美国、泰国、德国、法国的145名华裔学子由此开启为期2周的中国寻根之旅。

（71）千名华裔少年齐聚珠海开启“寻根之旅”

2014年7月24日，来自美国、英国、新加坡、印度尼西亚、中国香港、中国澳门、中国台湾等32个国家和地区的上千名华裔青少年在广东珠海长隆海洋王国集结，参加“中国寻根之旅——相约广东走进珠海”夏令营启动仪式。国务院侨办文化司副司长周虹出席开营仪式。他说，新一代侨胞正在晋升为华侨“主力军”，由于他们对中国文化不甚了解，因此要让新一代华侨感受到中国文化的魅力，增强他们的民族认同感，避免华侨群体出现“断层”。

（72）“八桂情韵”集结营桂林营闭营

2014年7月27日，为期10天的2014年海外华裔青少年“中国寻根之旅”夏令营——八桂情韵集结营（桂林营）在广西桂林市少年宫闭营。

此次夏令营活动，有来自马来西亚、日本、瑞士等国的80名华裔青少年参加，是历年来参营人数最多的一次。夏令营期间，80位营员参加了8个专题、24个批次的学习。营员们还亲身体验了“桂林山水甲天下、阳朔山水甲桂林”的漓江美景。

（73）荷兰华裔青少年佛山夏令营开营

2014年7月27日，“中国寻根之旅”荷兰华裔青少年佛山夏令营在佛山鸿胜堂武术文化研究培训中心开营。15名来自荷兰的华裔青少年在振奋人心的醒狮表演中正式开始了他们的学习功夫之旅。

此次夏令营由佛山市外事侨务局主办、禅城区武术协会承办，以学习佛山传统武术蔡李佛拳为主，辅以各式各样的文化体验活动，旨在向海外华裔青少年传播中华传统武术，弘扬武术精神，打造佛山武术品牌。在为期 12 天的夏令营里，营员们参加了集中的武术训练，体验了陶艺等具有岭南特色的传统文化，并参观游览佛山多处名胜古迹，亲身感受武术的魅力与博大精深的岭南文化。

(74)“八桂情韵”集结营广西容县营圆满落幕

2014 年 7 月 27 日，海外华裔青少年“中国寻根之旅”夏令营——八桂情韵集结营广西容县营活动落下帷幕。10 天的夏令营活动时间里，广西容县外事办积极配合广西侨办安排营员们先后参观了广西民族博物馆、广西科技馆、广西规划馆等地，还安排华裔青少年与容县的学生结对子、交朋友，共种友谊树，学习了解侨乡风土人情、华侨源流以及中华武术、绘画、剪纸和书法等中国传统文化，感受侨乡容县的人杰地灵。

(75) 192 名海外华裔及港澳台地区青少年在泉州参加武术夏令营

2014 年 7 月 29 日，由国务院侨办主办，福建省人民政府侨办、泉州市外事办、厦门市侨办承办，泉州南少林国际学校协办的 2014 年海外华裔及港澳台地区青少年“中国寻根之旅”武术夏令营福建营在泉州锦绣庄举办开营仪式。参加此次夏令营的 192 华裔青少年分别来自德国、肯尼亚、比利时、荷兰、美国、泰国、英国、葡萄牙和中国台湾 9 个国家和地区。此次活动突出中华武术主题，在 7 月 27 日到 8 月 9 日为期 14 天的夏令营里，华裔青少年在泉州、南平、厦门等地学习南少林武术、福建历史地理文化、中华书画、手工、民族音乐、象棋、汉语知识等，并参观泉州、武夷山、鼓浪屿等名胜。

(76)“中国寻根之旅”夏令营河南濮阳营闭营

2014 年 7 月 30 日，“中国寻根之旅”夏令营河南濮阳营在郑州举行闭营仪式。活动期间，营员们先后游览了濮阳市戚城公园、登封少林寺、开封清明上河园等人文、自然景观。濮阳市外事办相关负责人向全体营员颁发了参营证书。

(77) 泰国华裔青少年在广西来宾参加“八桂情韵”集结营

2014 年 7 月 30 日，海外华裔青少年“中国寻根之旅”夏令营——八桂情韵集结营来宾营文艺表演暨闭营仪式在广西来宾智慧国际英语学校举行。夏令营期间，泰国华裔青少年营员们通过学习书法、国画，与来宾学生结对子等方式，深入接触中华文化，了解广西特色。活动为期 9 天。

(78)“中国寻根之旅”黑土地民俗文化感知营开营

2014 年 7 月 30 日，由国务院侨办主办、北京华文学院承办的 2014 年“中国寻根之旅”夏令营——中国黑土地民俗文化感知营在北京华文学院回龙观校区开营。

(79) 海外华裔青少年“寻根之旅”夏令营北京营开营

2014 年 8 月 2 日，由国务院侨办主办、北京市人民政府侨办承办、首都体育学院协办的2014年“寻根之旅”夏令营在首都体育学院举行开营仪式。在为期10天的夏令营内，营员学习北京美食礼仪、太极拳、太极球、南拳、南刀、防身术、双节棍、安塞腰鼓、维吾尔族舞、藏族舞、传统制作等课程，参观天安门、故宫、孔庙、国子监等历史文化景点，还观看了老北京民俗表演和“‘水立方杯’海外华裔青少年中文歌曲大赛”颁奖晚会。

（80）德国华裔青少年七彩之乡香格里拉“中国寻根之旅”开启

2014年8月2日，2014年海外华裔青少年“中国寻根之旅”七彩云南香格里拉营开营仪式在昆明举行。来自德国的35名华裔青少年和3名中国台湾青少年一起在云南度过了12天的寻根之旅。此次活动由云南省侨办主办，云南海外文化教育中心和云南迪庆州侨办承办。

（81）肯尼亚华裔青少年“中国寻根之旅”夏令营福建开营

2014年8月5日，由国务院侨办、福建省侨办、厦门市侨办和华侨大学华文学院共同举办的2014年肯尼亚华裔青少年“中国寻根之旅”夏令营开营。开营式后，10余名来自肯尼亚的华裔青少年在厦门、漳州、泉州各地展开为期10天的中华文化之旅。夏令营主办方安排营员们在课堂里学习中华文化、中华书画、武术、民族音乐等课程的同时，还组织他们走出课堂，参观泉州、南靖土楼、鼓浪屿、惠和石文化园、奥林匹克博物馆等，并走进厦门金山社区，去感受和体验当地居民的和谐生活。此外，营员们还参观了华侨博物院、陈嘉庚纪念馆、鳌园，了解侨史，多方位、立体式感受厦门、感知闽南。

（82）海外华裔青少年“中国寻根之旅”庐山营在江西九江开营

2014年8月5日，2014年海外华裔青少年“中国寻根之旅”夏令营魅力庐山营开营仪式在江西省九江市举行。此次夏令营由国务院侨办、中国海外交流协会主办，江西省外事办、九江市外事办承办。在12天的活动中，主办方安排了中华礼仪、九江历史地理文化、书法、民乐欣赏等课程，还组织营员们参观庐山等九江周边的名胜古迹，赴瑞昌学习民间艺术剪纸，与九江的中学生进行联谊。

（83）“八桂情韵”集结营广西合浦营开营

2014年8月6日，海外华裔青少年“中国寻根之旅”夏令营——八桂情韵集结营合浦营开营仪式在广西北海市合浦县举行。来自香港广西北海同乡会的领队老师、营员及对结子学校合浦廉州中学、合浦华侨中学的学生共100多人参加了开营仪式。

（84）“中国寻根之旅”夏令营——福建龙岩营开营

2014年8月9日，由国务院侨办主办，福建省侨办、龙岩市外事办承办，香港闽西联会、龙岩市海外交流协会、龙岩市侨联协办的2014年海外华裔及香港地区青少年“中国寻根之旅”夏令营福建龙岩营在福建省龙岩市举行。

此次活动是香港闽西联会连续第五次组织青少年回乡开展夏令营活动，共有来自美国、中国香港的营员、领队40名，他们祖籍地大多在闽西，营员年龄在10—20岁。活动内容丰富，活动方式多样，既有学习与交流的结合，也有寻祖与考察的结合，为海外闽西籍青少年搭建了一座学习中华文化，了解认识闽西、福建的平台。

（85）柬埔寨华裔青少年“闽南文化寻根之旅”夏令营厦门开营

2014年8月10日，2014年柬埔寨华裔青少年“闽南文化寻根之旅”夏令营在厦门华侨大学华文学院拉开帷幕。此次活动由厦门市侨联主办、华侨大学华文学院承办，营员是柬埔寨福建商会、福建会馆从柬埔寨公立民生中学中选出的20多位优秀华裔青少年，他们大部分祖籍在福建和广东，都是首次到厦门。

夏令营活动为期12天。主办方根据营员特点精心安排了中国文化、国画、手工制作、武术等蕴涵中华文化内涵的课程。营员们还通过参观陈嘉庚纪念胜地、华侨博物院、华侨大学及厦漳泉闽南地区名胜古迹等方式领略祖籍国的美丽风光。

（86）“寻根之旅·走进河源”港澳青少年夏令营闭营

2014年8月11日，由国务院侨办、广东省侨办主办，河源市外侨局承办的“中国寻根之旅·走进河源”——2014年港澳青少年夏令营落下帷幕。来自中国香港和澳门的96位营员在一周时间里，探访客家古邑，寻根客家文化。营员们通过参观恐龙博物馆，探究龙川学宫、考棚及和平林寨古村落，观摩参与连平忠信花灯的制作和紫金花朝戏的表演，以及学习书法、绘画、唱山歌等活动，体验祖国的风土人情，更好地了解并热爱客家文化和中华文化。

（87）台湾青少年参加“中国寻根之旅”夏令营洛江营

2014年8月15日，由国务院侨办主办，福建省、泉州市、洛江区三级侨办承办，泉州南少林国际学校协办的2014年海外华裔及港澳台地区青少年“中国寻根之旅”夏令营福建洛江营开营仪式在泉州南少林国际学校举行。营员们在此学习中华武术，参观荣祺食品、永大食品等台资企业以及台商聚集的绿谷开发区，了解台商在泉州的创业情况，听取企业家们关于大陆为台商创造的各种良好投资环境的介绍，进一步加深了对海峡两岸经济往来的了解。

（88）华裔青少年“中国寻根之旅”夏令营上饶婺源营开营

2014年8月26日，由中国国务院侨办、江西省外事办主办，上饶市外事办承办的2014年海外华裔青少年“中国寻根之旅”夏令营上饶婺源营开营。此次夏令营为期10天，共有来自德国、日本和津巴布韦的25名华裔青少年参加。活动期间，营员们跟随老师学习汉语、绘画、书法、武术、音乐和舞蹈等中华文化课程，参观婺源的秀美风光、感受婺源悠久的历史和文化底蕴。

(89)“海外华裔青少年潇湘文化行”活动闭营

2014年9月22日，由中国华文教育基金会主办，湖南省外事办、湖南省海外交流协会和长沙市外事办承办，中国振乾坤投资集团有限公司赞助的“2014年回家过节·海外华裔青少年振乾坤潇湘文化行”活动在湖南长沙圆满闭营。在9天的夏令营期间，66名东南亚华裔师生了解湖湘文化，体验长沙、张家界、韶山等地的风土人情。

(90)“中国寻根之旅”泰国华裔青少年秋令营上海开营

2014年10月11日，由国务院侨办、上海市政府侨办联合举办的“中国寻根之旅”泰国华裔青少年秋令营在上海进华中学开营。在为期10天的秋令营内，由泰国华泰教育交流中心组织的33位华裔学生学习国学经典、学习茶文化，学做中国菜，学习中华武术、瓷盘制作等课程，并领略上海秋季的别样风光。活动期间，泰国华裔青少年一行还与上海10多所学校的200多名中小学生参加2014年第六届上海市Bioblitz“生物限时寻”探究活动。

(91)海外华裔青少年“中国寻根之旅”南粤广州营开营

2014年10月11日，来自泰国东方文化书院、华泰教育交流中心、泰中华文教育基金会的78名华裔青少年齐聚羊城，参加由国务院侨办、中国海外交流协会主办，暨南大学华文学院承办的2014年海外华裔青少年“中国寻根之旅”秋令营（南粤广州营）。在14天的学习时间里，营员们系统学习了中华传统知识及技能，包括生活汉语课、中国武术、中国民族舞蹈以及书法、手工、陶艺等；在广州、深圳开展3次中华历史文化、华人华侨奋斗史和现代化建设方面的考察。这使这些海外华裔青少年们充分感受中国快速发展的昂扬风貌、品味中华文化的辉煌灿烂、分享祖籍国繁荣富强的幸福。

(92)海外华裔青少年“中国寻根之旅”秋令营泰安营开营

2014年10月16日，海外华裔青少年“中国寻根之旅”秋令营泰山营在山东泰安十九中举行开营仪式。此次秋令营通过学习书法、国画、民乐、太极拳、剪纸等活动，为营员提供一次与祖籍国文化亲密接触的机会，让他们在和十九中师生的交流中深刻感受中华文化的博大精深和强大的吸引力。

(93)“中国寻根之旅”菲律宾优秀华裔游学营在北京开营

2014年11月4日，由国务院侨办主办、北京华文学院承办的2014年“中国寻根之旅”秋令营——菲律宾优秀华裔青少年学中文游学营在北京华文学院阜成门校区开营。

(94)百名新加坡华裔青少年浙江“寻根”感受中华传统文化

2014年11月11日，由国务院侨办、浙江省外事办主办，杭州金成外国语小学

邵宜、副院长曾毅平以及暨南大学国际交流合作处副处长董启源参加会谈。访问团的团员们针对泰国的华文教育工作，以及华校发展中遇到的机遇和困难等，与暨南大学华文学院领导、师生进行交流。

（4）“海外红烛故乡行”校董、教师走进贵州

2014年6月23日至30日，由中国华文教育基金会主办、贵州省侨办承办的“海外红烛故乡行——2014中国华文教育基金会东南亚华校校董、老教师贵州文化行”在贵州举行。来自泰国、菲律宾各个华校的校董、教师共30余人开展为期一周的交流考察活动。

此次活动内容包括参观贵州师范学院、西江大苗寨，游览荔波县小七孔—大七孔风景区、历史名城镇远、黄果树大瀑布、天星桥风景区，品尝苗族风味餐，观赏大型民族歌舞“多彩贵州风”等。活动特地安排对老教师开展体检及医疗保健康复的活动，并配合地方民族特色进行医疗康复活动。

（5）“华文教育·华校校董/杰出人士华夏行”广州共商华文教育发展

2014年7月7日至11日，由中国国务院侨办、中国海外交流协会主办的“华文教育·华校校董/杰出人士华夏行”活动在广州进行。来自全球32个国家的158名华校校董及华文教育界的杰出人士齐聚广州。活动期间，校董和杰出人士们共商华文教育事业发展，听取海内外华文教育工作及新理念的专题报告，并体验岭南文化魅力，参观亚运后新广州市容市貌。此次活动，还包括参访广州华美实验学校、广州华侨外国语学校等华文教育开展较好的中等学校，参观黄埔军校、广东华侨华人博物馆、佛山祖庙等具有中国传统文化特色的景点。

（6）2014年“海外红烛故乡行”启动16位海外华校校董赴浙

2014年7月16日，由中国华文教育基金会主办、浙江省外侨办承办、完美（中国）有限公司资助的2014年“海外红烛故乡行·‘完美’浙江之旅”活动在浙江杭州启动，邀请了来自法国、英国、挪威、意大利、西班牙、瑞典等国家的16位海外华校校董、校长参加。

（二）夏令营·走在海外

1. 2013年“中华文化大乐园——法国巴黎营”完满谢幕

2014年1月4日，历时15天的2013年“中华文化大乐园·法国巴黎营”以精彩纷呈的教学成果展示在巴黎华侨饭店完满谢幕。此次活动由法国巴黎精英中文学校承办。在为期2周的教学时间里，来自浙江省杭州、温州和宁波等学校的11位优秀教师为法国华裔青少年开展了汉语文化、中华武术、书法绘画、音乐舞蹈、米塑手工艺和珠心算等课程的教学，为近160名孩子上了120堂以中华文化为主题、内容丰富的教学课。

2. 泰国中东部交际汉语夏令营开幕

2014年3月7日，泰国教育部基础教育委员会、东方大学孔子学院、罗勇中学孔子课堂联合举办的泰国中东部交际汉语夏令营在泰国罗勇中学正式开幕。泰国教育部基础教育委员会汉语项目官员 Uthaiwan Chalermchai、罗勇中学校长 Wiroj Bumrung、东方大学孔子学院中方院长陈素云、泰方院长 Wilai Limthawaranun 等嘉宾出席开幕式。

活动为期2周，100名营员分别从泰国中东部春武里府、罗勇府、尖竹汶府、北柳府四府的23所学校选拔而出。东方大学孔子学院、罗勇中学孔子课堂的5名中文老师及来自泰东地区的16名泰籍汉语教师授课。活动综合评比出9名成绩优异的学生，赴中国参加夏令营。

此次汉语夏令营项目是响应泰国教育部长乍都隆大力推广汉语语言培训这一政策的号召开展的，在课程设置上主打听说、写作、阅读和HSK培训4种课型，充分体现了短期特训的特点。主办方还为学员们安排了中国文化概况、中国剪纸、中国书法、中国舞蹈、中国美食等丰富的中国文化课程，并举办了配音比赛、话剧比赛、导游比赛等汉语技能大赛。

3. 2014年“中华文化大乐园——泰国曼谷营”举行

2014年3月17日，由中国海外交流协会主办，华侨大学、泰国华文教师公会承办，泰国东方文化书院、泰国时代中学协办的“中华文化大乐园夏令营”活动在泰国曼谷开营。中国驻泰王国大使馆侨务参赞方文国、泰国华文教师公会主席罗宗正、泰国华文教育基金会主席谢荣烈、泰国东方文化书院院长何韵、曼谷营全体教师和百余名学生及其家长共同出席开营仪式。活动期间，来自华侨大学的教师们从汉语、中国书画、中华武术、剪纸、中华音乐、中华舞蹈等方面引领泰国青少年学生走近中国语言文化。活动于4月8日落幕并举行汇报演出。

4. 2014年“中华文化大乐园——泰国素叻营”开营

2014年3月17日，由中国海外交流协会主办、华侨大学和泰国华文教师公会联合承办、泰国素叻府华萌学校协办的“中华文化大乐园——泰国素叻营”在泰国素叻开营。泰国华文学校校董会副主席李荣源、校长泰文、经理王康桑出席开营式并致辞，素叻营全体教师、营员们及家长参加开营式。教师们根据营员的汉语水平进行分班后开始上课，采取寓教于乐的教学方法，适时对教学内容进行调整，利用学习评比的方式激发营员们学习中华文化的兴趣。

5. 华侨大学2014年“中华文化大乐园——泰国普吉营”开营

2014年3月31日，由中国海外交流协会主办，华侨大学、泰国华文教师公会承办，泰国普吉市政府协办的“中华文化大乐园夏令营”活动在泰国普吉开营。泰国普吉市市长许得意、副市长陈福财，普吉市议员、市侨领许荣春，普吉泰华学校原校长陈素川，普吉市教育委员会官员及普吉营全体教师出席开营式。普吉市学生、家长近2000人观看开营式。此次活动为期1个月，4月30日闭营，开设汉语、剪纸、书法、国画、武术等丰富的语言文化课程。

6. 马来西亚华校举办“中华文化营”盼华裔勿忘传统

2014年5月上旬，马来西亚于吉兰丹州中华独中举办“第一届吉兰丹中学生中华文化营”。来自马来西亚各州的学生度过了三天两夜的文化之旅，享受了一顿包括华教故事、经典名著导读、节令鼓、扯铃、茶艺、电影分享、武术和节令庆典介绍的“文化飨宴”。在闭幕礼上，学生展示了手语、武术、扯铃、歌唱、诗歌朗诵等学习成果。林连玉基金吉兰丹联委会主席陈子儒出席文化营闭幕礼。

7. 2014年“中国文化海外行——南非营”开营

2014年5月19日，由中国华文教育基金会主办、华侨大学承办的2014年“中国文化海外行——南非营”在南非比勒陀利亚斐京华侨公学开营。华侨大学副校长张禹东、中国驻南非大使馆领事部副主任祝笛、全非洲和平统一促进会会长李新铸、斐京华侨公学校长诺南及300多名南非当地华裔青少年和斐京华侨公学学生参加了开营仪式。

此次南非营活动由全非洲中国和平统一促进会、斐京华侨公学共同协办，完美（中国）有限公司资助。该活动也是华侨大学首次派遣教师赴非洲开展华文教育授课活动，讲授《中华书法》《中国画》《中国民族音乐》《中国民族舞蹈》《中华武术》等课程。

8. 2014年“中华文化大乐园——柬埔寨金边营”开营

2014年6月4日，2014年“中华文化大乐园——柬埔寨金边营”大型活动在柬埔寨金边端华分校大礼堂举行开营仪式。此次活动由中国海外交流协会主办，甘肃省海外交流协会承办，柬埔寨潮州会馆公立端华学校协办。中国驻柬埔寨大使馆代办李志工、领事部主任杨庆连，甘肃省海外交流协会会长樊向勤，柬华理事总会会长杨启秋勋爵出席开营仪式并致辞，来自金边华校代表500多人参加开营仪式。

此次活动由来自甘肃的12人教师团队执教，端华学校提供较为完备的软硬设施，投入强大的人力、物力保证活动的举办。活动为期8天，共368课时，开设有汉语知识、民族舞蹈、中国书法等课程。

9. 2014年“中华文化大乐园——印度尼西亚雅加达营”开营

2014年6月12日，由国务院侨办主办，四川省外侨办、成都市侨办承办的2014年“中华文化大乐园——印度尼西亚雅加达营”夏令营活动在印度尼西亚雅加达开营。中国驻印度尼西亚大使馆参赞兼总领事刘玉飞、成都市侨办副主任石敏、当地华侨华人社团代表及350余名营员参加开营仪式。这是中国政府在印度尼西亚举办的第三次华文教育夏令营活动。

10. 2014年“中华文化大乐园——美国华盛顿夏令营”开幕

2014年6月25日，2014年“中华文化大乐园——美国华盛顿夏令营”活动在华盛顿启动。中国驻美大使馆总领事阮平、副总领事张毅出席当天的开营仪式。此次活动由国侨办文化司副司长周虹任团长。来自江西理工大学、九江学院的多位教师为当地学生讲授中华手工、中国书法、中华魔术、中华武术、民族声乐、民族舞蹈、中华美术等科目，通过寓教于乐的方式让华盛顿地区青少年亲身感受中华文化。周虹表示，中国国侨办将继续办好“中华文化大乐园”夏令营活动，不断丰富和充实活动内容，改进活动形式，进一步推动中美人文交流。

此次“中华文化大乐园”夏令营活动吸引了百名华裔和其他族裔青少年参加，年龄最小的学生只有4岁，最大的12岁，他们都表现出对中华文化的浓厚兴趣。

11. 2014年“中华文化大乐园——厄瓜多尔基多营”开营

2014年6月30日，由国务院侨办主办，河南省外侨办、厄瓜多尔思源中国语学校承办的2014年“中华文化大乐园——厄瓜多尔基多营”在厄瓜多尔基多市思源中国语学校开营。中国驻厄瓜多尔大使馆、河南省外侨办、基多市政府的领导和嘉宾出席开营仪式并致辞。思源中国语学校的华裔青少年学生及厄瓜多尔华人华侨联合会、媒体、河南教师团等近200人参加开营仪式。

此次2014年“中华文化大乐园——厄瓜多尔基多营”课程历时7天，于7月6

日闭营。活动内容包括中华文化知识、少林武术、民族音乐、民族舞蹈、书法绘画、手工制作等课程。

12. 2014年“中华文化大乐园——美国休斯敦营”开营

2014年6月30日，由国侨办主办，广西区侨办和美国休斯敦华夏中文学校承办的2014年“中华文化大乐园——美国休斯敦营”在休斯敦华夏中文学校开营。中国国务院侨办文化司副司长周虹、中国驻休斯敦总领事馆副总领事张传兵、华夏中文学校校长关丽华等出席开营仪式。周虹副司长致辞，对华夏中文学校的丰硕教育成果表示赞赏，并介绍了此次大乐园教师出访团的构成特点：一是教师性别比例1:1，能较好地兼顾到所有孩子；二是年轻老师多，多为“80后”，对课堂教学的生动性和活力更有保证。广西区侨办文宣处处长董洪亚代表出访团向华夏中文学校赠送壮锦以作纪念。大乐园团长、广西侨办副主任陈宁宣布开营。

此次大乐园活动共有300多名学生参加，在总校和Katy分校两个校区同时开班。来自广西的12位教师轮班在两个校区授课。学生们学习了中国历史地理常识、古诗诵读、中华武术、壮族音乐舞蹈、书法、中国画、传统手工艺等知识。活动为期10天，于7月8日闭营。

13. 2014年“中华文化大乐园——美国洛杉矶营”落幕

2014年7月3日，由国务院侨办主办，福建省侨办、洛杉矶尔湾中文学校联合承办的为期12天的2014年“中华文化大乐园——美国洛杉矶营”活动圆满落幕。国侨办文化司副司长周虹、美国加州南海岸中华文化协会会长曾昭华先后致辞。中华文化大乐园的学生、家长共300多人参加闭营式成果会演。

此次活动中，12位来自福建省的教师通过寓教于乐的方法，让学校1200名学生经历了一次从玩中学中文、了解中华文化的体验。此番活动是国侨办、福建省侨办第一次与当地华校合作，取得了良好的效果。

14. 2014年“中华文化大乐园——加拿大多伦多营”开营

2014年7月7日，在驻多伦多总领事馆、多伦多教育局的鼎力支持下，由国务院侨办主办、辽宁省侨办承办的2014年“中华文化大乐园——加拿大多伦多营”在多伦多教育局侨文中文学校开营。多伦多教育局暨国际教育部总督导Karen Falconer女士致开幕辞。

此次大乐园活动迎来了近200名华裔小营员。来自辽宁省的12位专业教师承担教学工作。在为期10天的活动中，教师根据孩子们不同的文化背景与年龄特点开展了中国武术、书法、国画、民族舞蹈与乐器及传统手工艺的教学，突出体现大乐园中的“乐”字，让孩子们在学习与欢乐中感受中国文化的独特魅力。

15. 2014年“中华文化大乐园——意大利米兰营”开营

2014年7月24日，2014年“中华文化大乐园——意大利米兰营”在米兰华侨中文学校开营。此次活动由国务院侨办主办，湖南省外事办承办，米兰华侨中文学校协办。在8天的活动时间里，教师们教授戏曲、舞蹈、合唱、武术、服装、汉语、历史、地理等课程。

16. 2014年“中华文化大乐园——斐济苏瓦营”开营

2014年8月4日，由国务院侨办主办，浙江省外侨办承办，斐济华人教育协会、斐济逸仙学校共同协办的2014年“中华文化大乐园——斐济苏瓦营”在斐济逸仙学校开营。中国驻斐济大使馆大使黄勇、斐济华人教育协会副会长 Warren Yee、斐济逸仙学校校长苏里亚诺以及近320名学生参加开营仪式。黄勇大使发表致辞，并代表国务院侨办和中国驻斐济大使馆向逸仙学校捐赠文化用品。

来自浙江省的12位老师承担此次教学任务。在一周的活动中，教师们运用寓教于乐的教学方式，传授中华文化基本元素，开展武术、民族舞蹈、书法、国画、鼓号乐器及传统剪纸等10个门类课程的教学工作。

17. “中华文化大乐园——南加州营”展学习成果

2014年8月11日晚，2014年“中华文化大乐园——南加州营”在美国南加州惠提尔大学举行闭营仪式。学生们展示在“中华文化大乐园”学到的中国民族舞蹈、武术、水墨画、剪纸、中文童谣、民歌等节目。

此次大乐园活动由国务院侨办主办，华侨大学承办。华侨大学选派中国语言、书画、武术、舞蹈、音乐等科目的多位优秀教师为当地各族裔青少年集中授课近3周，各科目轮流教学，让学生在短时间内了解和掌握中华文化的基本常识。

18. 中国优秀才艺学生交流团在印度尼西亚雅加达演出

2014年8月15日，中国海外交流协会精心挑选的20位10至18岁的优秀才艺学生组成“中华文化大乐园·优秀才艺学生交流团”在印度尼西亚雅加达登台献艺，献演精彩的武术、传统乐器、民族舞蹈、戏曲、变脸等节目，为观众献上一场场高水平的艺术盛宴。交流团自8月15日起在印度尼西亚雅加达、万隆、泗水等地为当地观众表演精彩节目。

19. 2014 年“中华文化大乐园——悉尼营”开营

2014 年 9 月 21 日，由中国海外交流协会主办，暨南大学与悉尼实验中文学校联合承办的 2014 年“中华文化大乐园——悉尼营”活动在悉尼巴拉玛打地区的格兰维尔公立学校拉开帷幕。中国驻悉尼总领事馆副总领事童学军，新南威尔士州州长代表 Tony Issa，新南威尔士州民族语言学校协会副主席 Thiru Thirunanthakumar，华社各界 30 多位知名人士以及 284 名营员、家长出席开营典礼。

此次悉尼营由暨南大学教师团承担教学工作。活动为期 10 天，除传统的中华武术、舞蹈、国画等课程外，还特设了五华提线木偶、安塞腰鼓、中华文化微电影制作等创新的中华文化课程。许多营员已是第三次参营，称 2014 年的课程是最丰富的一次。“微电影制作”课程在营员中引起很大反响。

20. “中华文化大乐园——优秀才艺学生交流团”赴法国演出

2014 年 10 月 19 日，由中国国务院侨办组派的“中华文化大乐园——优秀才艺学生交流团”在巴黎伊西莱穆利诺会议宫上演了一台精彩的节目，这是优秀学生才艺团首次到法国演出。国务院侨办文化司司长雷振刚、秘书行政司副司长张建民，中国驻法使馆领事部参赞邹建华，法国让蒂伊市市长托尔吉曼，《欧洲时报》副社长陈晓燕、副总编刘建以及旅法侨领、各中文学校学生及家长、法国友人 2000 余人观看了演出。

10 月 26 日，交流团在法国里昂大会议中心演出。中国驻里昂总领馆、里昂大区政府、国务院侨办、法国罗阿里昂华联会的众多嘉宾出席，与数百位中法两国观众共同欣赏了当晚的演出。

21. 2014 年“中国文化海外行——印度尼西亚营”巴厘岛开营

2014 年 10 月 20 日，由中国华文教育基金会主办、湖南师范大学承办、印度尼西亚巴厘岛文桥三语学校协办的 2014 年“中国文化海外行——印度尼西亚营”在巴厘岛文桥三语学校开营。这是湖南师范大学连续第二年在巴厘岛承办此活动。文桥三语学校董事长江睿、总经理江道云等嘉宾以及文桥三语学校师生近 300 人出席开营仪式。

在 10 余天的时间里，学生们完成中国武术、舞龙、中国民族乐器以及民族舞蹈的学习，并在学习中与老师们交流印度尼西亚的民族文化。

22. 2014 年“中华文化大乐园——毛里求斯营”举行

2014 年 12 月 3 日至 8 日，由国侨办主办、中国驻毛里求斯大使馆支持、湖北省外侨办承办、毛里求斯中文教师联合会协办的2014年“中华文化大乐园——毛里求斯营”在毛里求斯路易港皇家中学开营。中国驻毛里求斯大使馆、路易港皇家中学、毛里求斯中文教师联合会的领导嘉宾和毛里求斯华裔青少年、当地华文教师代表等250余人出席，并观看开营文艺演出。

来自湖北的12名优秀教师向200多名毛里求斯青少年传授音乐、舞蹈、历史、地理、剪纸、手工、武术、书法、国画、京剧等中国优秀传统技艺、课程。师生代表还走访波巴生盲人学校，参与大使馆与毛里求斯国家电视台共同录制的中国美食之旅电视节目等。

毛里求斯副总统贝勒波出席大乐园闭幕式。此次“中华文化大乐园——毛里求斯营”系湖北省首次承办。毛里求斯国家电视台、华文传媒、《华侨时报》以及当地发行量最大的报刊《快报》等新闻媒体进行全程跟踪报道。

23. 2014年“中华文化大乐园”巴黎开营

2014年12月27日，由国务院侨办主办，山东省侨办承办，法国华文教育协会、欧洲时报中文学校协办的2014年“中华文化大乐园”巴黎营活动在欧洲时报文化中心开营。参加活动的150余位营员按兴趣分为中国书法、中国画、中华武术、中国民族舞蹈、中国民族音乐、剪纸、面塑、京剧脸谱绘制等8个教学班，由山东省侨办组派的8位优秀教师分别担任相关课程的教学任务。营员分别来自法国华侨华人会中文学校、法国潮州会馆中文学校、法国中华学校、中华圣母堂中文学校、法亚友爱会中文学校、巴黎南郊中文学校和欧洲时报中文学校等，不但有华裔学生，还有热爱中国文化的法国小朋友。活动为期8天。

（三）竞赛活动

1. “茶花杯”国际华裔学生书法比赛在浙江宁波举行

2014年1月上旬，第十三届“茶花杯”国际华裔学生书法比赛在浙江宁波举办。此次活动由浙江省侨办、宁波市侨办、宁波市书法教育研究会与宁波旅日同乡会、香港宁波同乡会、台北宁波同乡会等联合举办。来自中国香港、法国、西班牙、塞尔维亚、奥地利、葡萄牙、美国等地的华裔青少年纷纷加入赛事，相互交流，传承中华优秀文化。

“茶花杯”从2001年开始至今已连续成功举办13届。本届比赛以“墨海飘香以书会友”为主题展开。和往届相比，2014 年的赛事规模扩大，共收到作品 120 件，参赛作品风格鲜明、形式多样，有方正规矩的正楷、飘逸清秀的行书、妩媚多姿的隶书、刚劲有力的篆书。经评委评定，59 名选手获奖，其中最优秀奖 6 名，优秀奖 15 名，佳作奖 38 名。

2. 第二届美国少年儿童中文写作大赛总决赛在美国纽约举行

2014 年 1 月 5 日，由《侨报》主办的第二届美国少年儿童中文写作大赛总决赛在纽约州立大学视光学院举行。本届大赛参赛者较上届数量更多、水平更高，参与的中文学校数量也更多、更活跃。比赛共分纽约、华盛顿、费城、新泽西、波士顿、芝加哥 6 个赛区。

出席此次活动的嘉宾和评委有中国驻纽约总领事馆新闻与公共外交一等秘书乔利领事、文化领事王萍，视光学院孔子学院美方院长 Jeffrey Philpott，孔子学院中方院长屠理理，北美著名作家陈九，法拉盛华人工商促进会理事长徐朱留弟，纽约崇正会主席吕坚强，纽约华侨衣馆联合会主任廖忠诒以及《侨报》副总编卢仲维。

比赛得到各界人士、社团和中文学校的大力支持，纽约州立大学视光学院提供礼堂和赞助，纽约崇正会、美国福建同乡会、徐氏集团、华侨衣馆联合会、陈麦洁明女士、武重淑子博士提供赞助。

3. 第十四届华人少年作文比赛颁奖会在北京举行

2014 年 3 月 22 日，第十四届华人少年作文比赛颁奖会暨第十五届启动仪式在中国教育国际交流协会逸夫会议中心举行。大赛组委会主任、著名教育家柳斌，著名作家肖复兴，各主办单位领导及全国 10 余个省、市的教育部门领导出席颁奖会。会上，华人少年作文比赛组委会秘书长罗辰生总结了第十四届华人少年作文比赛情况。本届华人少年作文比赛有 26 个国家的 230 所华校参赛，国内有 1600 余个单位参赛，中国台湾、香港、澳门等地区有 50 余所学校参赛。来稿共计 122000 余份，有近万名华人少年获奖。

大赛组委会副秘书长梁学全宣读了第十五届华人少年作文比赛征文启事。赛事由国务院侨办文化司、教育部关心下一代工作委员会、国家汉办、《人民日报》（海外版）共同主办。本届大赛以“我的小秘密”和“我的老师”为主题，2014 年 10 月 31 日截稿。要求用中文书写，题材不限（诗歌除外），字数不限，可个人来稿，也可以学校、文学社团、校外教育机构为单位集体来稿。大赛按一定比例分别设立一、二、三等奖若干名，并设教师指导奖和单位组织奖。颁奖典礼将于 2015 年 3 月前后在北京举办。

4. 575篇作品参加2014年鲁迅青少年文学奖（海外组）评选

第六届“鲁迅青少年文学奖”海外组于2014年3月31日截稿，共收到来自美国、澳大利亚等5个国家和地区30个海外华文教育机构选送的575篇作品。上海市海外交流协会已将海外组的作品移交给活动评委。比赛于2014年5月公布获奖结果，并于12月14日在华东师范大学举行颁奖典礼。

此次活动由上海市海外交流协会与上海鲁迅文化发展中心、上海教育报刊总社、东方教育时报等机构共同举办。上海市海外交流协会表示，此次参赛学校和作品的数量较往届有大幅的增长，学校和学生参赛热情不断高涨，进一步印证了华文教育在海外的蓬勃发展。

“鲁迅青少年文学奖”由鲁迅先生之子周海婴先生倡议发起，其宗旨是尊重母语、学习语文、独立思考、培养韧性，在中华民族伟大复兴的进程中，弘扬鲁迅精神，造就文学新人，倡导抒写关注社会、热爱人生的真情文章。

5. 马来西亚地方举办华文学艺盛会18所国中300名学生参赛

2014年4月19日，马来西亚居銮县国中华文学艺盛会在明吉摩国中举行，共有18所国中约300名学生参与书法、诗歌朗诵、华文语文及中国文学问答笔试和口试比赛。居銮县国中华文学艺盛会已经举办了11届，它不单是国中的活动，也是居銮小区的重要活动。

马来西亚华人公会居銮区主席颜炳寿致开幕词时说，在居銮有80%的华小生进入国中求学。他希望小区能多关注及赞助国中华裔学生的活动。他促请在国中求学的华裔学生扮演族群及文化大使，让友族教师及学生了解华裔的文化。

6. 韩国中华缘中文大赛报名启动

2014年4月21日至5月10日，韩国“龙庆峡杯”第10届中华缘中文大赛报名持续进行。大赛由韩中文化友好协会和北京龙庆峡风景区共同主办，中国驻韩大使馆、中国国家旅游局首尔分局等协办。大赛在原有的演讲比赛和才艺展示两个部分的基础上，新增了韩中知识快速问答部分。在比赛之外，主办方还计划举办北京龙庆峡摄影展、试饮黄金茶以及品尝中国小吃等活动。

中华缘中文大奖赛自2005年开始在首尔市每年举行一届，无论在规模、形式还是内容上，都已成为韩国各界认可、具有代表性的中文大奖赛。

7. 马来西亚举办全国华教常识比赛

2014年4月29日，马来西亚槟州华校校友会联合会会长蔡亚汉公布全国华教常识比赛槟城区骆保林杯华教常识比赛的优胜者名单。优胜者自动入选第二阶段，即“拿督许廷炎杯”全国华教常识比赛。活动由槟州华校校友会联合会举办、该会前任会长骆保林所赞助，是为促进华校校友、华团人士、中学生与小学生更深入地了解华教的历史与时事。比赛出题范围限于《华教常识手册》，分为团体赛及个人赛。优胜者获颁奖金和奖牌。

2014 年 5 月 17 日，由马来西亚全国华校校友联合会主办、柔州华校校友会联合会承办、利丰港培华校友会协办的第十二届马来西亚华教常识比赛在利丰港培华独中进行，共有 97 名独中生及 5 名国中生参与。

8. 温州开展华裔青少年“温州城市家书”征文比赛

为弘扬中华文化，激励广大温籍华裔青少年学习中文的热情，温州市侨办联合《温州商报》于 2014 年 5 月 4 日启动海外“温州城市家书——给美丽家乡写一封信”征文比赛。征稿内容以“温州城市家书”为主题，参赛对象为 18 周岁以下的海外温籍华裔青少年。收信对象可以是温州城，可以是具体的温州政府公务员，也可以是参赛者的温州亲人、朋友、恋人；可以书写对家乡的建议，可以表达对亲友的念想，也可以追溯一段不为人知的动人故事，更可以展示父辈早年的“家书”。征文体裁不限，题目自拟，来稿字数要求每篇在 1000—2000 字。

大赛于 2014 年 7 月 12 日截稿，共收到近百篇用中文书写的家书。温州市侨办和《温州商报》组织专业评审团进行评比，评出一等奖 6 名，二等奖 27 名，三等奖 32 名。意大利普拉托华人华侨联谊会中文学校、意大利罗马中华语言学校、意大利佛罗伦萨中文学校、西班牙埃尔切博思学习中心等 4 所温籍海外华校获得组织奖。

9. 第九届全英中文作文大赛启动

由英国中文教育促进会主办，曼城华夏中文学校、伦敦普通话简体字学校、育华中文学校、University of Sussex，Roedean School，William Morris Sixth Form 和 The High School of Glasgow Junior school 协办的 2014 年第九届全英中文作文大赛开始公开征稿。各大、中、小学校、学院以及社区成人教育中心、中文学校的学生皆可报名参赛，年龄不限。大赛于 2014 年 5 月 9 日截稿。

10. 印度尼西亚举办华语节汉语朗诵比赛

2014 年 5 月上旬，印度尼西亚汉语教学促进会日惹分会举办华语节汉语朗诵比赛。此次活动由印度尼西亚汉语教学促进会日惹分会与日惹伽查玛达大学职业学院中文大专合作举办，由日惹特区华文教育协调机构协办，共有 110 名学生参赛。比赛分

6 个等级，即普通小学的低年级组与高年级组，三语小学的低年级组与高年级组，初中组与高中/中专组。小学组与初中组朗诵古文故事，以“中华智能”为大主题；高中组以《我的中国梦》主题，以“笔试 + 口试”的方式举行。比赛得到了部分热心华文教育的企业家赞助，也得到了日惹华社的支持。

11. 广西华侨学校成功举行中外学生大合唱比赛

2014 年 5 月 15 日，广西华侨学校 2014 年东盟特色校园文化艺术节闭幕式暨中外学生大合唱比赛成功举行。共有 300 余人参赛。经过激烈角逐，中专部外语专业科获一等奖，留学生高中部获二等奖。国际交流中心和留学生高中部获最佳组织奖。

本届艺术节是广西华侨学校探索构建“东盟特色”校园文化的有益尝试和实践，其系列包括东盟国际美食节、东盟知识学习园地评比活动、广西华侨学校—广西壮锦民族乐团交流演出、中外学生讲故事比赛、中外学生宿舍文化卫生大比拼、中外学生大合唱比赛等 6 项内容。

12. 马来西亚全国中学华语辩论赛决出冠亚季军

2014 年 6 月上旬，马来西亚北海钟灵国民型中学在砂拉越古晋夺下 2014 年第 16 届大马福联青全国中学华语辩论比赛冠军宝座，成为北马第一支摘冠的队伍。全场最佳辩手也由该校的洪梓恒获得。亚军队伍是柔佛峇株巴辖华仁中学的辩论队伍，两支获得季军的队伍分别是古晋第一中学及八打灵公教中学。

活动由大马福联青主办，砂拉越古晋福建会馆青年团承办。决赛在古晋中学皇冠礼堂举行。辩论题目为“当今社会，自助价更高”（正方：北海钟灵国民型中学）及“当今社会，互助价更高”（反方：柔佛峇株巴辖华仁中学）。

13. 马来西亚吉隆坡举行华小华语诗歌朗诵比赛

2014 年 6 月初，“第 10 届吉隆坡华小文华杯华语诗歌朗诵比赛”在马来西亚吉隆坡冼都中文华小举行，共有 41 所华小参与。育南华小、循人华小、中国公学及民众华小顺利在比赛中成为吉隆坡 4 区之冠。

各区冠、亚、季及第四名得主于 7 月 12 日在冼都中文华小参加州级赛，以选出一支最优异队伍代表吉隆坡参加全国赛。此项赛事由马来西亚教育部主办，吉隆坡教育局与吉隆坡华小校长理事会承办。

14. 第十二届全英普通话朗诵比赛开赛

2014 年 6 月，第十二届全英普通话朗诵比赛在苏格兰、曼城、伦敦三地举行，大赛先分出华裔普通话组、华裔其他方言组、父母一方非华裔组以及外语组四大组别，再根据每组不同年龄段、个人或者集体节目进行比赛。

6月14日，由英国中文教育促进会主办、利兹华人中文学校、曼城文化中心中文学校、曼彻斯特大学协办的第十二届全英普通话朗诵曼城区赛事在曼彻斯特大学举行。本届大赛共有曼城文化中心中文学校、曼城侨联社华人子弟学校、曼彻斯特华人基督教会主日学校、曼城佛光山中文学校、利兹华人中文学校、北威尔士中文学校、明翰现代中文学校、利物浦华声社中文学校、雪埠中文学校、伯明翰语言文化学校圣保罗中文学校、黄金未来中文教育等12所中文学校和Prince Henry Grammar School、Edgbaston High School for Girls、Academic Excellence、Manchester College of Languages、Ashton Community Science College等5所英国主流学校近90名学生参赛，参赛人数较2013年多。中国驻曼彻斯特总领事馆赖波副总领事、吴晓敏领事，曼城侨联社会长王亮能先生、曼城文化中心主席李启泰先生作为大赛特邀嘉宾出席比赛现场。

6月22日，来自27所学校的250位学生，参加了伦敦赛区的比赛。裁判们反映参赛者的朗诵水平较前几年普遍提高，朗诵内容选材也十分广泛。本届比赛的一大特点是，普通话组的选手占全部选手的40%，达100人之多。其中大多来自华文学校，而且年龄非常小。单人比赛的36个学生中，5到9岁的有21位。比赛共决出60多个奖项，旨在鼓励参与、奖励优秀。中国驻英大使馆李辉参赞、英国中文教育促进会会长伍善雄太平绅士、全英华人华侨中国和平统一促进会会长单声博士等嘉宾亲临现场祝贺，鼓励学生学习普通话。

15. 首届“华文教育教案比赛”获奖名单及作品公布

2014年6月20日，国务院侨办文化司与中国海外交流协会文化交流部联合于2013年面向广大海外华文教师开展的征集优秀教学教案的活动落幕。首届“华文教育教案比赛”获奖名单及作品公布。

教案比赛分海外华文教师和外派教师两组进行。经过初评、复评、终评，共有128人获奖。特等奖4名，海外华文教师3名，外派教师1名；一等奖10名，海外华文教师5名，外派教师5名；二等奖18名，海外华文教师10名，外派教师8名；三等奖33名，海外华文教师21名，外派教师12名；优秀奖63名，海外华文教师42名，外派教师21名。

活动旨在增进海外华文教师交流教学经验，丰富教学形式，提升教学效果。

16. 第14届华人少年作文大赛英国赛区举行颁奖典礼

2014年6月22日，英国中文教育促进会在伦敦西敏寺大学举办了第14届华人少年作文大赛英国赛区的颁奖典礼。英国中文教育促进会会长伍善雄太平绅士介绍了英国赛区 2014 年的赛况，对获奖的学生表示热烈的祝贺并勉励他们再接再厉、继续努力。应邀前来参加颁奖典礼的中国驻英使馆李辉参赞、英国著名侨领文祖述会长与伍善雄会长为获奖者颁奖并合影留念。

由国务院侨办文化司、国家对外汉语教学领导小组、教育部关心下一代工作委员会、《人民日报》（海外版）等联合主办的华人少年作文比赛是全球规模最大的中文作文比赛。2013—2014 年度的第十四届比赛有 26 个国家的华文学校参赛，收到稿件共计 122000 余份。

英国中文教育促进会自 2012 年开始将这项比赛纳入全英中文作文比赛，2014 年在全英作文活动中为这项比赛设立了专栏，组织社区中文学校和主流学校的华裔学生参赛。2013—2014 年度英国选送了 100 多篇作品，全英有 40 位学生获奖，其中来自 Roedean School 的马汇敏同学获得了一等奖。Malvern St James 的吴允红老师获得了优秀作文指导奖。

17. 新加坡华媒举办趣味华文赛

2015 年 7 月，新加坡举办趣味华文比赛“华文大比拼”。活动由《联合早报》和南洋女子中学主办，和美置地、通商中国以及推广华语理事会协办。比赛融合趣味和语文知识，旨在让中学生认识和了解中华文化好玩的一面。

比赛分初赛、半决赛和决赛。初赛以个人作答的方式进行，每一名参赛者都须在时限内完成笔试。平均得分最高的 9 所学校（取初赛学校得分最高前 4 名学生成绩），组成 3 人一队，进入半决赛。半决赛分 3 场，每场的优胜队伍进入决赛比拼。半决赛和决赛均包括口试、抢答和书写三个部分。所有参赛学生都可获得参赛证书。每所学校可派出不超过 50 名中三和中四学生参赛。

18. 2014 年“水立方杯”海外华裔青少年中文歌曲大赛成功举办

2014 年 8 月 8 日晚，2014 年“水立方杯”海外华裔青少年中文歌曲大赛颁奖晚会在国家民族剧院举行。来自马来西亚赛区的李佩玲获得金奖，来自马来西亚赛区的吴依蕾和葡萄牙赛区的黎安琪获得银奖，来自美国华盛顿赛区的牛念念、洛杉矶赛区的马伯骞和泰国赛区的李紫婷获得铜奖。2014 年大赛组委会还专门设立了新的奖项，印度尼西亚赛区的“小女高音”吴悦婷获得“最具潜力奖”，南非赛区被选手们称为“女神”的美女高南获得“网络人气奖”。澳大利亚北京会、加拿大中国文化促进会、马来西亚华人演艺人公会、美国大华府北京同乡会、蒙古旅蒙华侨友谊学校、葡萄牙中华总商会、泰国中央中文电视台、新西兰中国团体联合会等 8 家海外承办机构获得

"最佳组织奖"，其他20家海外承办机构获得"优秀组织奖"。

国务院侨办主任裘援平、中国侨联副主席乔卫、全国青联秘书长刘佳晨、北京市副市长程红、北京市政协副主席沈宝昌等领导以及京华奖获得者谷建芬、陈丽华，文化名人马未都，北京市国资公司董事长李爱庆、奥运捐资人代表、香港霍英东集团副总裁霍启山等出席晚会。

此次大赛共有23个国家的28家机构承办海外选拔赛，1500多名选手参赛，56名优胜者到北京参加总决赛。海外各赛区共举办了51场初（复）赛、28场决赛，现场观众人数约2万人次。参加总决赛的选手最大23岁，最小14岁，其中男选手22名，女选手34名。在2014年7月20日所有选手齐聚北京后，代表所在国家参加在北京的初赛（7月27日）、复赛（7月31日）、决赛（8月3日）。经过5个小时的初赛，比赛决出入围下一轮复赛的30强选手。复赛中经过激烈的角逐，美国的毛天骄、马伯骞、牛念念，加拿大的谢峥，马来西亚的吴依蕾、李佩玲，印度尼西亚的纪玉萍，泰国的李紫婷，葡萄牙的黎安琪和西班牙的王安伦10名选手顺利晋级决赛。8月3日晚举行决赛，决出金银铜等各个奖项。

2014年"水立方杯"海外华裔青少年中文歌曲大赛是由国务院侨办、北京市人民政府、中华全国青年联合会共同主办，北京市侨办、北京电视台、北京市国有资产经营有限责任公司、北京国家游泳中心有限责任公司、北京市演出有限责任公司联合承办的一项大型公益性侨务文化交流活动。活动旨在以中文歌曲比赛的形式，吸引广大海外华裔青少年学习中文，促进海外华文教育；充分利用"水立方"这一广大港澳台侨同胞捐资共建的奥运场馆，搭建海内外交流平台，进一步促进北京与海外在经济、文化等各领域的交流与合作。

大赛要求选手为年龄在14周岁至22周岁的华侨或外籍华人；选手须使用中文进行演唱，唱法不限；选手演唱歌曲应内容健康、旋律优美。活动从演唱技巧、中文水平和演绎水平三个方面对选手进行考核；鼓励海外华裔青少年广泛参加，不按职业与非职业划分，不按唱法划分，不按年龄分组。

大赛在海外华侨华人主要聚居国设立大赛分赛区；在不具备设立分赛区条件的国家或地区设立推选分站。大赛分三个阶段进行：一是选拔赛阶段：2014年3月至6月，由各承办机构在当地组织选拔赛，优胜者获得到北京参加总决赛资格，每个承办机构限推2人；二是总决赛阶段：2014年7月20日至8月4日，由各海外承办机构选出的优胜选手，到北京参加大赛总决赛。总决赛分为初赛、复赛和决赛进行，10名优胜者将进入决赛并决出相应奖项。三是颁奖晚会阶段：2014年8月5日至8日，大赛颁奖晚会。8月8日在北京举办大型颁奖晚会，获奖选手和国内知名艺人共同演出。

此赛事已连续举办三届，在海外华侨华人社会和北京各界取得了良好反响，受到了海外华侨华人的肯定和赞誉。

19. 第五届“金水桥之恋”华裔青少年书画大赛启动

2014 年 9 月 28 日，由北京市侨联主办的 2014 年海外华文教育研讨会暨第五届“金水桥之恋”华裔青少年书画大赛启动仪式在北京举行，北京市侨联副主席李冬娟出席并主持仪式。来自美国、加拿大、英国、菲律宾等 15 个国家和地区的 23 位华文教育负责人在现场介绍了海外华文教育的办学经验，并签约加入此次书画大赛的征集工作。

“金水桥之恋”华裔青少年书画大赛是北京市侨联面向海外华裔青少年，立足“弘扬中华优秀文化、助推华文教育事业”而创办的品牌活动，自 2007 年以来，已成功举办 4 届。

20. 厦门市首届国际大学生汉语大赛落幕

2014 年 12 月 5 日，厦门市首届国际大学生汉语大赛决赛在华侨大学华文学院举行。来自印度尼西亚、泰国、德国、利比里亚、马来西亚、尼日利亚 6 个国家的 14 名留学生分别代表华侨大学、厦门大学、集美大学等高校闯入决赛，决赛由“我与厦门”命题演讲、才艺展示和趣味问答 3 个环节组成。

此次大赛为厦门市第十届社会科学普及活动周系列活动之一，由厦门市语言学会和华侨大学华文学院主办，厦门大学海外教育学院、集美大学和闽南师范大学联合协办。此前于 2014 年 10 月 19 日在华侨大学华文学院举行预赛。

21. “发现东方之美”华裔青少年寻根之旅微信大赛启动

2014 年 12 月 7 日，“发现东方之美”华裔青少年寻根之旅微信大赛在北京人民大会堂正式启动。国务院侨办主任裘援平、中国国际广播电台台长王庚年以及来自 50 个国家和地区的华文教育界代表、中外媒体代表等出席启动仪式。在现场 500 多位全球华文教育界代表的见证下，裘援平主任与王庚年台长共同按动水晶球，宣布“发现东方之美”华裔青少年寻根之旅微信大赛正式启动。

从 2015 年起，参加“中国寻根之旅”活动的广大华裔青少年们可通过“发现东方之美”微信公众号发表个性化的微信作品。全球华人也可通过国际台旗下的以传播中国传统文化及东方生活理念为宗旨的多媒体文化产品——“知道”APP 客户端参与投票，最终评选出年度最具人气优胜作品，激发华裔青少年在参与过程中更加用心体验中华文化的博大精深，更加用心发现神州大地的秀美壮丽，捕捉精彩画面，分享寻根收获。

此次微信大赛是国务院侨办与国际台合力打造的媒体品牌项目之一，将围绕华裔青少年这一特定群体，利用移动新媒体搭建起长期有效的沟通互动平台，以用户参与、精准传播为核心，增强海外青少年对中华文化和华文教育的浓厚兴趣，迅速打造出一个“移动华文社交圈”。

22. 菲律宾摘海外华裔及港澳台地区青少年海丝文化大赛桂冠

2014 年 12 月 26 日，由国侨办主办的“海丝情 · 桑梓梦”——福建省海外华裔及港澳台地区青少年海丝文化大赛总决赛在福州落幕。来自马来西亚、印度尼西亚、菲律宾、新加坡、缅甸、泰国、日本、毛里求斯及中国香港、中国台湾等 10 个国家和地区的 15 支队伍共 467 名海外华裔及港台青少年参赛。

马来西亚雪隆龙岩会馆、菲律宾侨中学院 - 福建师范大学菲律宾华文师资班、新加坡华源会、缅甸曼德勒福庆学校、华侨大学印度尼西亚 - 泰国华文师资班、日本横滨山手中华学校等 6 支队伍进入决赛。“中华情愫”“桑梓情怀”“海丝情缘”“异域风情” 4 个环节充分显示了选手对中华文化知识、古代“海上丝绸之路”、建设 21 世纪“海上丝绸之路”战略的了解情况。选手们还展示了富有中国和住在国文化元素与内涵的才艺。最终，菲律宾侨中学院 - 福建师范大学菲律宾华文师资班队获得总冠军。

23. 第三届海外华裔青少年中华文化大赛总决赛隆重举行

2014 年 12 月 28 日晚，由中国国务院侨办主办的第三届海外华裔青少年中华文化大赛总决赛在厦门隆重举行。蒙古队夺得知识竞赛组冠军，澳大利亚队和巴西队分获亚、季军。演讲与朗诵组、声乐组、器乐组、舞蹈组、综合组冠军则分别由来自澳大利亚的曾乐、菲律宾的许利文、奥地利的胜隆、美国的彭天悦、澳大利亚的陈艾迪摘得。国务院侨办文化司司长雷振刚、华文教育发展中心副主任邱立国等嘉宾出席当晚知识竞赛组总决赛暨颁奖盛典，并为获奖选手颁奖。

“海外华裔青少年中华文化大赛”是由中国国务院侨办在全世界范围内发起的一项综合性竞赛活动，旨在提高海外各国华裔青少年学习汉语和中华文化的兴趣，增进其对祖（籍）国的了解和认识。自 2012 年首届大赛成功举办以来，大赛在海内外引起强烈反响。2014 年第三届海外华裔青少年中华文化大赛在总结往届经验的基础上，对赛制进行了全面升级，分为知识竞赛、演讲与朗诵、声乐、器乐、舞蹈和综合（武术、戏曲、曲艺、民俗表演等舞台表演类比赛）六个单项，由海外各国预选赛和年终国内总决赛两环节组成。本届海外预选赛共吸引了英国、澳大利亚、菲律宾、美国、新西兰、马来西亚、巴西、蒙古等16个国家的3万余名华裔青少年参加。不同赛区的比赛情况如下：

2014年8月下旬，第三届海外华裔青少年中华文化大赛澳洲赛区的比赛在悉尼正式启动。此次比赛由澳大利亚中文学校联合会承办。知识竞赛部分于8月31日开始陆续在全澳6个州市举行，近1500名澳大利亚海外华裔青少年参加。才艺比赛于11月2日在悉尼举行澳洲地区决赛。

2014年9月12日，第三届海外华裔青少年中华文化大赛缅北赛区首场才艺比赛，在景栋中文会话培训中心大礼堂举行，共有11位选手参赛，参赛选手来自景栋中文会话培训中心及龙伦分校。9月13日，缅北大其力赛区才艺比赛在缅甸金三角洲大其力市大华学校礼堂内举行，共有12位选手参加。10月7日，曼德勒地区才艺比赛在曼德勒福庆孔子课堂多功能厅举行，来自曼德勒城市与周边地区的华校学生30余人参加。10月12日，由中国海外交流协会主办的第三届海外华裔青少年中华文化大赛在缅甸各地区举行。

菲律宾华教中心承办的“第三届海外华裔青少年中华文化大赛——才艺比赛”菲律宾预选赛于10月25日在菲律宾华商联总会大礼堂举行。来自侨中总分校、中正、中西、巴西中华、怡省毓侨、蜂省大同、甲美地清锦、三宝颜中华等8所华校的31名选手参加，最终评出10位选手赴中国参加总决赛。

2014年12月3日，加拿大渥太华欣华中文学校承办的第三届海外华裔青少年中华文化知识竞赛加拿大赛区比赛在加拿大首都渥太华举行。来自渥太华各中文学校的近70名学生参加了比赛。当天的比赛在欣华中文学校东、西两个校区同时举行，参赛选手年龄最大的18岁，最小的只有7岁。赛题内容涵盖了中国历史、地理、文化等多领域知识。

（四）文体活动

1.“文化中国·四海同春”艺术团赴海外慰侨

2014年春节期间，国务院侨办与中国海外交流协会组派5支“文化中国·四海同春”艺术团，分赴北美洲、欧洲、大洋洲、亚洲10个国家及港澳地区共22个城市进行慰侨演出，并在当地举办了多场侨界联欢。演出内容包括歌舞、民乐、戏剧、杂技、魔术等多种艺术形式，富有浓郁的民族风情，赢得了海外侨界和当地主流社会的热烈欢迎和广泛赞誉。

“文化中国·四海同春”活动于2009年春节正式启动，于每年春节期间在全球五大洲华侨华人聚居的国家和地区开展慰侨访演活动，是国务院侨办和中国海外交流协会为丰富海外侨胞春节文化生活、满足海外侨胞精神需求，增进世界人民对中华文化的了解和认知，以侨为桥，沟通中国与世界，而精心打造的春节系列文化品牌活动，被誉为全球华人的“海外春晚”。

活动开展五年来，已向海外派出38个艺术团组，累计出访全球六大洲86个（次）国家及中国港澳地区172个（次）城市。演出258场，观众累计达286.6万人次，电视观众逾亿，在海外侨界乃至主流社会积聚了较高人气，赢得了深厚的民众基础和较高的知名度，已成为国家春节慰侨访演和文化传播的重要品牌。

2014年的“文化中国·四海同春”活动与往年相比，侨味更浓，首次选派国内两所著名侨校——暨南大学和华侨大学的艺术团随团演出；节目内容更丰富，声乐、器乐、舞蹈、魔术及杂技等多种形式精彩荟萃，极具中华民族韵味和特色；演出队伍更精干，在总结过去五年活动经验基础上，主办方从众多国内知名艺术院团和演员队伍中精心挑选，最终选定了总政歌舞团、海政文工团、中国歌剧舞剧院、中央民族歌舞团、广州军区战士杂技团和南京军区前线文工团等在海内外广受赞誉并多次成功参与“四海同春”慰侨演出、深受海外侨胞及当地主流社会喜爱的艺术院团。

表3-1 “文化中国·四海同春”慰侨访演行程

艺术团	出发时间	演出地点	场次	演出团体
赴欧洲艺术团	1月31号	英国伦敦，法国巴黎、马赛，罗马尼亚布加勒斯特	5场	中国歌剧舞剧院及海政文工团
赴亚洲艺术团	2月2号	马来西亚亚庇、古晋，日本东京、大阪，韩国济州岛、首尔	6场	暨南大学艺术团及中央民族歌舞团
赴北美艺术团	2月5号	美国洛杉矶、西雅图、芝加哥、波士顿，加拿大哈利法克斯	5场	南京军区前线文工团和总政歌舞团
赴大洋洲艺术团	2月5号	澳大利亚悉尼、布里斯班，新西兰惠灵顿、奥克兰、基督城	5场	上海歌舞团
赴港澳艺术团	2月10号	中国香港、中国澳门	2场	广州军区战士杂技团及华侨大学二十四节令鼓队

2. 英国华文教育交流研究会举办“春节文化工作坊”小型研讨会

2014年1月5日，为配合伦敦“查宁阁图书馆”庆祝中国新年的系列活动，英国华文教育交流研究会举办面向中文教师及中国文化爱好者的“春节文化工作坊”活动。

此次活动由来自台湾地区的旅英华文教师徐淑君主讲。徐老师演示了多种春节手工饰品的制作方式，还鼓励教师们在教学的过程中多多引导学生们加入自己的创意和想象。这些手工课和文化课，激起了华裔子女和外国人对中文和中华文化的兴趣。另一位来自台湾地区的旅英中文教师黄凡瑜，则向参加研讨会的人员传授了让西方孩子向往的“中国功夫——五步拳”。此次工作坊吸引了几十位来自英国不同地区的华文教师、校长和各界华人人士参加。

3. 驻悉尼总领事馆举办“华文教育主题开放日”活动

2014 年 6 月 1 日，中国驻悉尼总领事馆举办“华文教育主题开放日”活动。澳大利亚中文学校联合会、澳大利亚中文教育促进会、纽修威中文教育理事会以及悉尼中文学校、丰华中文学校、大同中文学校、实验中文学校、樱桃小溪华人协会中文学校、各族同胞联谊会中文学校、明德中文学校等多所华文学校师生、中国驻悉尼总领事馆嘉宾等参加此次活动。

悉尼中文学校师生及总领馆阳光学校师生表演了舞狮、手工草编、剪纸、中国武术、魔术、乐器合奏、歌曲、舞蹈、双簧、快板等丰富多彩的节目。曾参加 2013 年第 12 届“汉语桥”世界大学生中文比赛的获奖学生也到会并表演了节目。

4. 旅蒙华侨友谊学校举办建校 50 周年庆典活动

2014 年 9 月 11 日，旅蒙华侨友谊学校举办建校 50 周年庆典活动。中国驻蒙古使馆政务参赞杨庆东、领事部刘继民主任，蒙古教育部官员，《人民日报》和新华社驻蒙记者、华侨协会、中资商会和企业、内蒙古侨办等有关人员应邀出席。

杨庆东参赞在庆典上致辞，祝贺旅蒙华侨友谊学校 50 华诞。他高度赞赏侨校对蒙古国经济和社会发展以及增进中蒙两国友谊方面所做的贡献，由衷感谢各界人士多年来对侨校的支持，希望侨校将华文教育发扬光大，再创辉煌。

庆典活动期间，杨庆东参赞代表驻蒙使馆向侨校捐赠价值 600 万图的体育器材。

5. 中国华文教育基金会“八桂乡音”学生艺术团赴台湾交流

2014 年 11 月 2 日，由中国华文教育基金会主办，广西海外交流协会、台北市文化艺术促进协会承办，完美（中国）有限公司赞助的“八桂乡音”大学生艺术团抵达台湾，在台湾开始为期一周的文化交流活动。此次“八桂乡音”学生艺术团成员是从广西艺术学院选拔出来的一批优秀的青年艺术骨干。艺术团的成员包括壮、瑶、苗、回等少数民族演员，大多数是广西艺术学院的在校学生。

11 月 2 日至 8 日，艺术团分别在台湾艺术学院、交通大学、成功大学演出 3 场，让莅临的观众在享受艺术视听的同时，了解中华传统优秀文化和民间艺术的多样性，感受和领略独特的壮乡文化魅力。

中国华文教育基金会学生艺术团曾于2012年和2013年分别组织“吴韵汉风”学生艺术团和“荆楚之风”学生艺术团赴台湾进行艺术交流活动。

6. 柬埔寨最大华文学校端华学校迎百岁生日

2014年11月23日，柬埔寨最大华文学校端华学校在首都金边举行建校100周年庆祝活动，中国驻柬埔寨大使馆临时代办李志工、柬埔寨柬华理事总会会长杨启秋、柬埔寨加华集团总裁方侨生以及来自全球各地的端华校友、嘉宾等约2000人出席庆祝仪式。

端华学校校长李辉明、法国端华校友联谊会会长陈锡南、中国驻柬埔寨大使馆临时代办李志工、柬埔寨柬华理事总会会长杨启秋在仪式上分别致辞，表达对端华学校百岁生日的祝贺，希望未来端华学校站在更高的起点上，面向世界，继往开来，让端华更加光辉灿烂。

柬埔寨端华学校创建于清朝末年，前身是潮侨私塾，1914年定名为“潮侨公立端华学校”。端华学校历经几代人的艰苦创业，严谨治学，2011年荣获中国国务院侨办授予的“海外华文教育示范学校”称号，现拥有正校和分校两处校园，学生人数超过1.6万，教职员工280多人。

（五）公益活动

1. 中国华文教育基金会颁发“金辉”奖学金

2014年1月14日，中国华文教育基金会“金辉”奖学金颁发仪式在北京华文学院举行。来自印度尼西亚、泰国、蒙古、日本等国家的21位大专班华裔学生获此奖学金。“金辉”奖学金立项以来，已惠及20多个国家的海外华裔学子超过2000人。

2. 捷克中文学校获中国国侨办海外华文教育帮扶款10万元

2014年1月中旬，中国驻捷克大使馆临时代办严宇清专程赴布拉格中华国际学校看望师生，并代表中国国务院侨办向学校转交“海外华文教育帮扶专款”10万元人民币。严宇清代办还向学校赠送了文化用品，并与现场师生进行互动交流。中国驻捷克大使馆领事部和教育组负责人出席活动。

3. 英国中文教育促进会为54所华校颁发助学金

2014年2月上旬，英国中文教育促进会举办春节联欢暨“中文学校助学金”颁发典礼，向54所华校颁发近18000英镑助学金。中国驻英大使馆唐立总领事和李辉参赞、社团侨领、新闻媒体代表、54所应邀前来的学校代表以及促进会的新朋老友共同出席了此次活动。这是促进会第15年举行这样的活动。15年来，英国中文教育促进会每年都积极向热心于华文教育的侨领们、侨胞们募捐，以资助那些经费不足的中文学校。

4. 中国国侨办向文莱中学捐赠教育发展基金10万元

2014年2月15日，中国驻文莱大使郑祥林在文莱中学举办的新春团拜活动上，向该校移交中国国侨办教育发展基金10万元人民币。

郑祥林大使在致辞时表示，中国国务院侨办为鼓励文莱中学更好地发展，决定捐献10万元人民币作为教育发展基金，并于马年新春团拜活动上由他代表侨办将款项移交该校。文莱中学董事长张应鸿代表学校领取捐款，校长许月兰在场见证。

5. 菲华杰出学生颁奖礼举行

2014年2月15日，由曾景祥爱心文教基金会主办的“第二十一届菲华杰出学生奖”颁奖礼在菲律宾富都大旅社举行。12位获得本届菲华杰出学生奖的同学一一上台领奖。曾景祥爱心文教基金会创办人曾文狮、菲律宾华教中心领导、本届杰出学生奖的评审委员、各宗亲会领导以及获奖学生所在学校校长、主任、老师、家长等200多人出席颁奖礼。曾景祥爱心文教基金会举办菲华杰出学生奖已经21年，评选出200多位优秀学生。

6. 菲律宾密三密斯光华中华学校获赠中国国务院侨办中文图书2000余册

2014年2月，中国国务院侨办58箱赠书历经3个月的旅途辗转运达菲律宾。2012年岁终，经菲律宾华教中心推荐，菲律宾密三密斯光华中华学校向中国国务院侨办递交了赠送学校一间中文图书室的申请。

此次国侨办赠送的2000多本图书，内容丰富，形式多样，包括小说、童话、诗词、故事、哲学、历史等，还多有英汉对照，并配有CD等多媒体设备，充实了学校图书馆。

7. 泰国清迈观音堂慈善基金会举行奖助学金颁发仪式

2014年3月7日，泰国清迈观音堂慈善基金会在清迈观音堂举行奖助学金颁发仪式。获得奖学金的清迈崇华新生学校学生，在崇华新生华立基金会董事会代表关复兴、法人代表谢秉德及家长的陪同下到场领奖。此次共有40位学生获得每人4000泰铢的奖助学金，观音堂董事长林华，副董事长庄礼健等多位董事致辞，希望通过此次奖学金的颁发，鼓励学生们继续努力学习，未来能够传承侨社，让中华文化继续在海外发扬光大。

8. 驻马达加斯加大使向当地著名小学赠送中文书

2014年4月3日，中国驻马达加斯加大使杨民夫妇应邀参观考察塔那那利佛小鸟窝小学，并代表中国大使馆向学生们赠送中国历史文化书籍和足球。

小鸟窝小学是当地著名私立学校，创办于1987年，现有教职员工300人，学生3000人，包括幼儿园、小学和中学，从2014年起由孔子学院推荐的老师为中学生开设汉语课。

9. 马来西亚华文媒体举办“我来自华校”筹款活动

2014年5月，由《南洋商报》和Astro联手推出的“我来自新村”嘉年华从2014年起转型成“我来自华校”嘉年华，不仅走入新村，也到马来西亚各城镇为有需要的华文小学及独立中学推展华教筹款活动。从5月开始共举办10场，其中2场在独中举行，另外有8场的受惠学校是华小。过去5年，已有55所华小承办嘉年华，总共筹获逾2692万令吉。

10. 马来西亚华文媒体向华小赠中文书籍

2014年5月4日，马来西亚《星洲日报》活力副刊为推动“希望阅读——好书共享阅”活动，赠送200本各类中文书籍给巴生中华小学。赠书移交仪式在巴生中华小学图书馆进行，由星洲日报总经理陈金泉移交书籍给该校校长吴爱月。

11. 美籍华人梁培炽赠书北京华文学院

2014年5月13日，美籍华人学者梁培炽携所著新书《美国华文教育论丛》走进北京华文学院，向该校赠书，并与30余位教师展开深入交流。北京华文学院院长周锋等出席赠书仪式。该书由中国华侨出版社于2014年4月正式出版，首批印刷的新书已有约500册被运往美国，其余主要提供给中国国内的图书馆、学校、研究机构等。

12. 中国华教基金会资助昆明华文学校205名优秀华裔生

2014年5月22日，中国华文教育基金会向昆明华文学校华裔初、高中学生发放

70 万元奖助学金。来自泰国、缅甸、老挝的 205 名华裔学生获此资助。

2012 年，中国华文教育基金会首次携手金辉集团向昆明华文学校华裔学生进行资助，截至目前，已经有 371 名华裔学生获得金辉集团提供的 100 万元奖助学金。到 2014 年底，受益学生将达到 576 人。

13. 中国华文教育基金会颁发华裔初、高中助学金

2014 年 5 月 23 日，2014 年中国华文教育基金会华裔初、高中助学金颁发仪式在云南省中缅边境畹町中学举行。这是中国华文教育基金会华裔初、高中金辉助学金第二次在畹町中学发放，颁发的助学金共 5.1 万元，有 17 名华裔初、高中生获得该助学金。

14. “邓慕莲专项助教基金”资助瑞丽圆愿国际小学建设项目

2014 年 5 月 23 日，中国华文教育基金会“邓慕莲专项助教基金”资助瑞丽圆愿国际小学建设项目捐赠仪式在该小学隆重举行。中国华文教育基金会秘书长左志强、昆明华文学校校长张明军、德宏州侨办主任赵冬梅、瑞丽市政府副市长杨燕飞、瑞丽圆愿国际小学教职工及学生代表参加了捐赠仪式。左志强秘书长介绍了“邓慕莲专项助教基金”资助瑞丽圆愿国际小学项目的基本情况，对邓慕莲小姐的善举表示感谢，并期望校方能专款专用。左志强秘书长还参观了贫苦弱势儿童服务平台——“圆愿小屋”。

瑞丽圆愿国际小学的前身系创办于 1976 年的瑞丽市芒沙小学，2013 年 3 月更名为“瑞丽圆愿国际小学”，主要面向原芒沙小学招生片区学生以及外来务工人员子女、留守儿童、孤儿、华侨子女、缅甸及东南亚外籍学生、全市各乡镇自愿到该校就读的贫困弱势儿童。此次瑞丽圆愿国际小学建设项目社会各界总捐赠 280 万元人民币，其中“邓慕莲专项助教基金”出资 50 万元人民币。

15. 旧金山湾区图书馆与中文学校获赠 3000 本中英双语书籍

2014 年 6 月 15 日，美国旧金山湾区中文书籍捐赠仪式在红木城红木海岸图书馆举行。3000 本中英双语书籍将分送给旧金山湾区各个图书馆和中文学校。此次捐赠书籍全部由“文脉东方”出版，硅谷职业女性团体“硅谷女性”和《美华文学》杂志社负责湾区承办工作。

中国驻旧金山总领馆文化参赞肖夏勇、加州参议员候选人郭宗政、加州众议员候选人乔培志、库比蒂诺市议员张昭富、“华人榜”主席王溶、《美华文学》杂志社社长张慈等出席仪式。

16. 柬埔寨中资企业向当地华文学校捐资助学

2014 年 7 月 4 日，中国驻柬埔寨大使布建国在柬埔寨金边向柬埔寨柬华理事总会转交由中资企业提供的用于资助当地华文学校的捐款。柬埔寨柬华理事总会会长杨启秋、柬埔寨中国商会会长高华等 20 人共同出席仪式。

此次给华校的捐款额共计 3.9 万美元，其中包括柬埔寨中国商会及部分理事单位提供的 2 万美元和华为技术（柬埔寨）有限公司提供的 1.9 万美元。

17. 菲律宾侨领赞助华教中心师资学生赴华留学

2014 年是菲律宾华教中心华语师资“造血计划”实施的第 11 年。项目启动至今，已资助来自大马尼拉、吕宋、米沙鄢、棉兰老 30 所华校的 161 名学生赴华攻读华文教育专业本科。其中，一半由陈延奎基金会董事长陈永栽博士支持赞助。目前学成归来服务华校的已有 92 人，均按协议从教，教龄最长者为 10 年。

2014 年 8 月 30 日，陈永栽博士在菲律宾世纪公园大酒店设宴为即将赴华留学的 20 位新生和大二、大三、大四年级老生送行。陈延奎基金会还为“造血计划”毕业回国任教 5 年期满继续任教的老师陈紫鑫、洪美兰、张玲玲颁发了奖金。

18. 中国驻约翰内斯堡代总领事向当地华文学校赠书

2014 年 9 月上旬，中国驻约翰内斯堡代总领事杨培栋在领事馆内代表中国国务院侨办向约翰内斯堡“学以致用”华文学校赠送 3000 多册中文教材用于该校的华文教育事业。该校李彦尼校长代表学校接受赠书。

19. 福建新闻出版代表团赠菲律宾华教中心首批 60 箱图书

2014 年 9 月 17 日，中国福建省新闻出版代表团向菲律宾华教中心赠送“闽侨书屋”图书，“闽侨书屋”首批获赠价值 11 多万元人民币的中文书籍共 5000 多册，包括历史、文艺、经济、科普、语言等各个种类。

20. 缅甸曼德勒云南同乡会纪念孔诞举行颁奖典礼

2014 年 9 月 21 日，第三十四届庆祝孔子圣诞暨 2014 年中缅文优秀学生颁奖典礼在缅甸曼德勒云南同乡会礼堂隆重举行。

中国驻曼德勒总领事馆王愚总领事、靳仪麟副总领事、吴毅领事、雷洋领事、曼德勒云南同乡会理监事、曼德勒各侨团侨校领导、长青教育基金会领导们、家长们、学生们逾千人参加颁奖典礼。在典礼上，云南同乡会为优秀学生颁发奖金；长青教育基金会同时向2013—2014年度缅文十年级会考四、五、六科优等生颁发奖金。

21. 广西侨爱基金会为钦州贫困归侨侨眷子女捐资助学

2014年9月下旬，广西钦州市侨联举行广西华侨爱心基金会捐资助学金发放仪式，向该市12名优秀贫困归侨侨眷子女颁发助学金。此次善款由南宁长江集团董事长覃展敏先生提供。

22. 中国驻泰国清迈总领馆向教联高级中学捐助教学及文化用品

2014年11月10日，中国驻泰国清迈总领事馆向泰国教联高级中学捐助了校园广播系统1套、教学用笔记本电脑10台以及古筝、二胡、巴乌、笛子等乐器。

清迈教联高级中学自建校以来，得到中国驻清迈总领事馆历任总领事的关心指导。此次捐赠活动对丰富校园文化活动、传承中华传统文化有重要意义。

23. 中国驻德班总领馆捐赠树德中文学校支持南非中文教育

2014年11月，中国驻德班总领事馆昌海涛代总领事向当地树德中文学校再次赠送中文书籍刊物，以支持该校的华文教育。这也是中国驻德班总领馆一年多来向该校赠送的第六批书籍，所捐书籍总数约2000册，种类包括教材、杂志、DVD光盘等。中国驻德班总领馆同时还向该校捐款10000兰特，用于购置古筝等乐器，支持该校开设器乐课程。

11月，南非华文教育基金会也向德班树德中文学校捐款15000兰特，以资助该校的华文教育课程。

24. “广西书架”向新加坡捐赠中文图书　每年约1万册

广西壮族自治区文学艺术界联合会及广西桂学研究会联合举办“广西书架”活动，计划向东盟10个国家的国家图书馆与大学中文图书馆捐赠总值40万元人民币的中文图书。新加坡是“广西书架”项目的第一站，2014年12月20日，当地首个以华族文化为主题的唐城图书馆获赠中文书籍。首批捐赠的书籍为文学艺术、佛教、学术及中国文化普及类。这些书籍将陆续在新加坡唐城图书馆以及国家图书馆供公众借阅。未来4年，新加坡国家图书馆与新加坡国立大学中文图书馆，将每年获赠约值5万元人民币的图书，总共约1万册。

“广西书架”项目将陆续推广至其他东盟国家。

25. 浙江省温州侨办、温州高校向海外华校捐赠中文读物

为帮助海外温籍华校解决中文教材和课外读物缺乏的问题，浙江省温州市侨办于

2014年初正式实施“一对一”帮扶工程。截至2014年12月，温州市侨办已在意大利、西班牙、荷兰、法国、奥地利、葡萄牙等国家13所中文学校创建“蒲公英”图书室，共捐赠1万余册中文读物和1000余册《温州童谣》及配套光盘。

2014年3月下旬，温州市侨办向西班牙中加友好学校赠送100套《温州童谣》音频光盘。

2014年5月27日，温州市侨办向温籍华校旅荷华侨总会乌特勒支中文学校赠送50套《温州童谣》音频光盘和《东瓯遗韵——温州市非物质文化遗产大观》。

2014年6月11日，温州大学国际合作学院向意大利罗马基督教华人中文学校捐赠360册中文教材和100套《温州童谣》音频光盘。

2014年8月21日至23日，温州市侨办向意大利都灵中文学校和西班牙格拉纳达省中文学校各赠送了100套乡土教材《温州童谣》及其音频光盘。

2014年11月24日，温州市侨办向西班牙爱华中文学校赠送《温州童谣》《海外华裔青少年“温州城市家书”征文比赛优秀作品选》和《华文教师培训》教学光盘等教学资料。

2014年11月28日，温州大学国际合作学院向意大利米兰华侨中文学校捐赠中文教材500余册。

2014年12月3日，温州市侨办向法国法华工商联合会创办的中文学校捐赠500册中文读物。

2014年12月下旬，温州市侨办向意大利中意学校捐赠500本课外读物。

26. 旅菲校友会联合会再次捐助华人少年作文比赛全部奖金

由中国国侨办文化司等单位联合主办的“第十四届华人少年作文比赛”，有26个国家的230所华校参赛，近万名华人少年获奖。菲律宾华教中心组织全菲律宾华校的学生积极参加此次作文比赛，获奖的学生共有107人。旅菲各校友会联合会按照惯例捐助全部奖金。

六　华教师资培养

（一）海外来华师资培训

1. 专项教学能力培训

（1）缅甸华校教师九年制教材教学法培训班在昆明举办

针对缅甸华文教学的实际需要，云南省侨办组织完成了人教版中小学语文、数学九年义务制教材的改编工作。为了鼓励缅甸华文教师积极参与到改编教材的教学教法学习中，进一步了解和熟悉改编教材，促进缅甸华文教育工作的发展，2014 年 5 月 15 日至 6 月 13 日，云南省侨办以将改编教材发送到缅甸华校为契机，委托昆明华文学校举办了首届“海外华校教师九年义务制改编教材教学教法培训班”。

此次培训班 40 名学员来自缅甸北部 29 所华校。围绕“九年义务制教材教学教法”和“教学观摩”这两项中心任务，昆明华文学校为学员们开设了教学基本功、教育心理学、小学教材教法、说课与评课、课堂教学技巧、小学备课与教案设计、中国文化常识等课程，并增设了剪纸艺术和脸谱绘画两门手工制作课。

（2）东盟十国华文教师教学技能培训在北京举办

2014 年 7 月 21 日至 8 月 8 日，由中国华文教育基金会主办、北京华文学院承办、金辉集团资助的“2014 东盟十国华文教师教学技能培训班”在北京举行。此次培训班主要活动内容包括专业课程讲座、文化体验、访问交流及参观游览等。

在此期间，华文教师们聆听了内容丰富的讲座，学习教学方法与技巧，还深入教学一线观摩，与资深教师进行交流等。除了让华文教师学习了中华文化、国情、中医养生等内容，此次培训班还进行了汉语语音、识字、词汇、语法、写作、口语、课堂技巧等教学技能的培训。

来自缅甸的华文教师杨永昕表示从许多专业老师的身上学到了课堂知识与技巧，也体验了剪纸、国画、书法、太极扇等文化活动，感受到了中华文化的博大精深。而每周末的参观活动更让他们体会到了那些只在书本里看到，只能意会不能言传的道理。他们表示回国后一定会学以致用，把学习经验分享给同事并应用到自己的课堂之中。

（3）海外华文教师团首次参加汉语口语水平测试

2014 年 10 月 14 日，55 位海外华文教师到天津国际汉语学院参加了中国国家汉语口语水平测试（HKC）。此次测试采用人机对话的形式，令各位教师印象深刻。

HKC 是教育部、国家语委为构建中国全方位、立体化语言文字测试体系，顺应国际汉语学习交流的需要，针对母语非汉语的人群及海外华侨华人推出的一项国家级语言类标准化水平测试。该项测试要求应试者在规定时间内完成读词、读句、提问、设问、复述、描述和说话 7 部分题目。测评结果分初、中、高三等九级。

（4）17 国优秀华文教师观摩天津大学附属小学语文课堂

2014 年 10 月中旬，天津大学附属小学迎来了马来西亚、加拿大、日本、新西兰、泰国等 17 个国家的 78 名华文教育优秀教师代表。在附小校长俞红霞等人陪同下，教师代表们参观了附小校园环境，观看了学生的课间活动，了解了附小学生的学习生活情况。

郭倩和赵莉玫两位教师向代表团的老师们呈现了两节精彩的语文课。课后，来访观摩的教师们与郭倩、赵莉玫等教师就汉语拼音教学、学生的教材安排等情况进行了交流。

（5）2014 年新生代海外华文教育管理人员研习班顺利举行

2014 年 11 月 10 日到 21 日，由中国华文教育基金会主办、中国振乾坤投资集团资助、暨南大学华文学院承办的“2014 年新生代海外华文教育管理人员研习班”顺利举行。

此次课程面向新生代海外华文教育管理人员开设，旨在提高学员们科学、专业、标准的管理和教学能力。学员们历经 11 天的课程学习、工作调研和文化考察，并与中国华文教育基金会、国际慈善机构狮子会开展广泛的交流。

学员们表示，通过这次培训，不但收获了许多海外华文教育管理、社团服务的知识和技巧，了解了祖籍国的风情民俗和发展模式，更与各个国家的华文教育管理人员建立了深厚的友谊。此次活动搭建了一个新生代海外华文教育管理人员交流的平台；对中国各名校、侨校的走访，也使学员们碰撞出中外教学理念交流的火花。

暨南大学华文学院院长郭熙教授为 2014 年新生代海外华文教育管理人员研习班学员开设“世界华文教育”专题讲座，与研习班学员共同探讨破解海外华文教育发展困局、增强海外华文教育教学和管理水平的长远发展之道。

（6）华中师范大学举办马来西亚华小教师教学技能和才艺班

2014 年 11 月 26 日至 12 月 11 日，华中师范大学举办“2014 年国侨办马来西亚教总独小华文教师教学技能研习班暨中华才艺研习班”。此次马来西亚华文教师培训班为期 18 天，共有来自马来西亚教总独小的 102 位华文教师参加，其中教学技能班和中华才艺班各 51 名。

该培训根据马来西亚华文小学的教育现状并结合华中师范大学附属小学小学语文教学的特点，开设教育心理学、普通话教学、教案编写和华中师范大学附属小学教学观摩等系列课程。与此同时，针对中华才艺班的教学方向开设剪纸、结绳、国画、太极扇、古琴等文化课程，以帮助华文教师提高教学水平，学习中华才艺，积极推进华文师资本土化工作的开展。此次培训日程除了安排必要的培训课程外，还带领来自海外的华文教师到武汉黄鹤楼、湖北省博物馆以及荆州、三峡、屈原故里等别具荆楚地域文化特色的地方参观考察。

2. 华校校长及校董培训

（1）2014 年“华文教育·校长研习”加拿大班在江西南昌开班

由国务院侨办主办、江西省外侨办协办、九江学院承办的 2014 年“华文教育·校长研习”加拿大班 2014 年 3 月 18 日在江西南昌开班。来自加拿大不列颠哥伦比亚省的中文学校校长、校董及该省教育局官员共 16 人参加了开班仪式。

加拿大不列颠哥伦比亚省中文协会成立至今已有 30 余年，是该省规模最大的中文教学非官方组织，该协会所联系的中文学校有 60 多所。此次到江西、北京研习访问是应国侨办文化司的邀请。在江西期间，学员们聆听专家教授讲解华文教学法、中华文化、陶瓷文化等，并体验剪纸、陶艺等中国文化技能。

（2）2014 年亚洲华校校长广西培训班结业

2014 年 5 月 29 日，由中国华文教育基金会主办，广西海外交流协会、广西华侨学校承办的 2014 年亚洲华校校长广西培训班在广西华侨学校举行结业仪式。来自印度尼西亚、泰国、老挝、越南 4 个国家的 25 位华校校长完成课程任务，顺利结业。

此次培训班为期 10 天，承办方广西华侨学校精心设计和开设校长治校建设、华文教学技巧等课程，还聘请专家教授介绍养生文化、陶瓷文化等知识。

（3）青岛举办马来西亚华文教育校长研习班

2014 年 5 月 30 日至 6 月 10 日，“2014 马来西亚华文教育校长研习班”在青岛举办，来自马来西亚的 86 位在职华文学校校长齐聚青岛参加为期两周的培训。

此次培训班采取专家授课、讨论研讨、实地观摩等相结合的方式，开设了教学管理理念、校长管理艺术、学校行政管理等多种课程以及齐鲁文化和中国养生文化的讲座。

（4）深圳举办马来西亚华校董事长研习班

2014年11月9日，由深圳市侨办主办的马来西亚华校董联会董事长研习班在深圳拉开帷幕，来自马来西亚沙巴州的40余名华校董事长在参观和学习中感受中华民族文化、祖籍国飞速发展的经济和深圳先进的教育水平。

此次研习班从11月9日持续至11月13日，内容包括参观龙华新区行知小学，福田区岗厦小学、莲花小学，南山区育才二小、南头中学，观摩课堂教学，聆听专家讲座等。通过“游学结合、以学为主”的丰富形式，让马来西亚华校董事长感受深圳校园文化的魅力，掌握学校的特色化教学，学习先进的教育理念。

（5）海外聘方学校校长研习班暨侨务干部华教专题培训班在江西九江举行

2014年9月18日，由国务院侨办文化司主办、江西省外事办协办、国务院侨办侨务干部学校和九江学院承办的“外派教师海外聘方学校校长研习班暨侨务干部华文教育专题培训班”在江西省九江市举行开班。

此次共有来自6个国家47所华文学校和华教机构的50位代表参加海外聘方校长研习班，来自国内27个省市区侨办和有关教育部门的100位代表参加侨务干部华文教育专题培训班。

培训期间，全体代表听取了华侨大学贾益民校长所做的《大数据时代下的华文教育》报告；汤翠英副司长做了一场题为《加强管理，交流经验，共推华教发展》的主题报告，介绍近年来外派教师工作情况，总结外派教师工作中存在的问题和不足，提出推动外派教师工作举措，坚持选派优秀外派教师到海外任教，大力传播中华文化。

（6）马来西亚华校独中校长研习班在深圳举办

2014年11月23日至27日，63名华校校长和校董参加了深圳市政府侨办主办、南山区教育局承办的“2014马来西亚华文独立中学校长研习班”。学员们参观了南山区名校南头中学、北京师范大学附属中学及博伦职校，同时与著名学者进行深入交流，共同学习中华传统文化，交流研讨海外华文学校办学经验。

（7）马来西亚校长研修班在深圳开班

2014年11月25日，由国务院侨办文化司主办、深圳市侨办协办、深圳市耀华实验学校承办的“华文教育·校长研习”马来西亚班在深圳市耀华实验学校举行开班仪式。深圳市侨办处长彭林英、深圳市耀华实验学校校领导以及马来西亚70位华文学校校长出席开班仪式。

马来西亚校长研习团此次到深圳进行为期10天的交流学习，意在借鉴深圳名牌中小学的办学理念、教育方针与管理模式上的成功经验，以期提升马来西亚当地华文教育水平，将中华文化更好地传承下去。

3. 远程及学历型师资培养

（1）暨南大学教师赴印度尼西亚进行远程教育授课

2014年1月12日，暨南大学华文学院为印度尼西亚远程学历教育选派的16名教师抵雅加达，开始为雅加达教学点的学员讲授《汉语听说教学法》《汉语阅读教学法》《汉语语法》和《中级汉语》等课程。

（2）暨南大学教师赴英国进行华文教育专业远程学位班面授

2014年3月上旬，暨南大学宗世海、陈建用两位教师应邀赴英国伯明翰，为英国华文教育专业远程学位班学员进行课程面授。

英国中文教育促进会会长伍善雄、邬明庆常务副会长亲临教学现场，为学员们打气加油。英国华文教育专业远程学位班由英国中文教育促进会与暨南大学合作举办，开办了三年大专升本科课程，已有来自全英各地的21名学员报名学习。

（3）2014年海外华文教师远程培训开课

2014年3月14日，由中国华文教育基金会主办、北京四中网校承办的“完美中国”海外华文教师远程培训开课仪式在首都师范大学第二附属中学会议室和文莱中华中学王长荷讲堂同步举行，逾60人出席并参加开课仪式。

2014年共有文莱、印度尼西亚、葡萄牙、美国、澳大利亚、蒙古等8个国家参加“海外华文教师远程培训项目”。培训内容包括《汉语语音教学》《古诗新唱》《新HSK高级写作》等多门课程，8个国家的华文教师将通过远程教学平台学习、分享来自北京专家的精品培训课程。

（4）泰国华文教育本科学历班第三期课程在曼谷开班

由中国华文教育基金会主办，中国华侨大学与泰国华文教师公会共同承办的泰国华文教育本科学历班第三期课程教学于2014年3月17日在泰国曼谷海南会馆开课。泰国华文教师公会副主席陈年、泰国留学中国大学校友总会副主席赖锦庭及学历班全体师生出席开班仪式。

陈年先生与赖锦庭先生重申了提高华文教师知识能力的重要意义，鼓励全体学员珍惜机会，认真学习，不断提升自身的学历层次和教学水平，为泰国华教的发展做出更大贡献。

泰国华文教育本科学历班是在完美（中国）有限公司的鼎力资助下，于2013年3月由中国华文教育基金会主办，中国华侨大学与泰国华文教师公会共同承办的。泰国华文教育本科学历班培训项目为期3年，由华侨大学每年选派富有经验的专业教师，分寒暑两季赴泰授课。学员通过计划课程考核，即可取得华侨大学华文教育本科学历证书。目前该班已完成两期授课任务，教学培训工作进展顺利。

（5）2014 年蒙古、印度尼西亚华文教师远程培训正式开课

2014 年 3 月 28 日和 30 日，“2014 年中国华文教育基金会‘完美中国’海外华文教师远程培训”通过北京四中网校的网络平台分别在蒙古旅蒙华侨友谊学校、印度尼西亚苏南和谐文化教育基金会会场同步举行开课仪式。来自蒙古和印度尼西亚 7 所华文学校的 130 位老师，在旅蒙华侨友谊学校江仙梅校长和印度尼西亚苏南和谐文化教育基金会主席唐建源带领下参加了开课仪式。

利用现代先进的科技手段开办远程师资培训，是开展海外华文教师培训工作的重要手段，并会在不断总结经验的基础上不断完善这项工作。中国华文教育基金会成立十年来，通过师资学历教育、师资短期培训和师资远程教育，为海外华文学校培养了 3000 多名有学历、有素养、教学精的高素质华文教师。

（6）2014 年上海华文师资远程培训开班

2014 年 4 月上旬，由上海市侨办与上海海外文化推广中心——加拿大蒙特利尔佳华学校共同主办的海外华文远程师资培训班在上海和蒙特利尔同步举行，蒙特利尔的 58 名华文教师通过网络参加了培训。上海华文教育研究中心专家、上海机关建国幼儿园园长张敏薇做了题为《课堂游戏》的首场讲座。

（7）2014 年印度尼西亚西爪哇省海外华文教师远程培训开课

2014 年 4 月 12 日上午，中国华文教育基金会“完美中国”印度尼西亚西爪哇省华文教师远程培训在万基督教立人学校开课。来自万隆、井里文、牙律县的 30 多位华文教师，在西爪哇华文教育协调机构主席刘一江的带领下参加了开课仪式。

刘一江主席在开课仪式上致辞。他指出，远程培训平台调动了学生们学习中文的积极性，也减少了老师远赴中国学习所造成的不便，网络教育会使中文教育变得更多元化，更具有时代化。

（8）华侨大学“菲律宾华语与华文教育硕士研究生班”在马尼拉面授

菲律宾华文教育中心“华语与华文教育”专业菲律宾硕士研究生班的第二次面授于 2014 年 5 月 7 日至 18 日在马尼拉世纪公园大酒店举行。此次授课分别由华侨大学华文学院陈旋波教授、胡培安教授、胡建刚副教授、张胜林副教授担任授课专家，面授课程主要为中国文化专题、华文教育研究、语言理论与方法、华语语法研究。

“华语与华文教育”专业硕士研究生班由中国华文教育基金会主办，华侨大学承办，华侨大学华文学院和菲律宾华文教育中心协办，完美（中国）有限公司赞助。

（9）菲律宾华教中心第二届本科函授班开班

2014 年 5 月 11 日至 17 日，由菲律宾华教中心和中国暨南大学华文学院联合举办，中国国侨办提供奖学金的“第二届华文教育专业本科学历教育”函授班在菲律宾富都大旅社三楼交谊厅进行面授。报读的 27 名教师来自侨中、中西、培德、计顺菲华、能仁、英才、马加智嘉南、怡省毓侨、郊亚鄢南星、依拉岸中华、三宝颜中华、纳卯中华、纳卯基督13所华校。

(10)2014年华文教师研习印度尼西亚班在北京华文学院开班

2014年6月18日，由国务院侨办文化司主办、北京华文学院承办的2014年“华文教育·教师研习”印度尼西亚班开班仪式在北京华文学院举行。国务院侨办文化司副司长汤翠英、北京华文学院院长助理曹正国等领导出席此次仪式。

此次印度尼西亚教师研习班不仅开设中国文化、民俗风情及中国国情介绍等课程，还教授华文教师教学方法和技巧。

(11)华侨大学华文学院举行华文教育专业毕业典礼

2014年6月中旬，华侨大学华文学院举行2014级华文教育、汉语言专业毕业典礼。来自印度尼西亚、泰国、缅甸、越南、日本等国的近100名毕业生和学生家长参加了本届毕业典礼。

华侨大学华文学院院长陈旋波等领导及专业课教师出席了毕业典礼。仪式上，华文学院领导为毕业生颁发毕业证书、学位证书，行拨穗礼。陈旋波院长表示，希望毕业生牢记母校的嘱托、老师的教诲和自己肩负的使命，不畏艰难、脚踏实地地工作，做和平与友谊的使者，为住在国的经济与社会发展贡献力量，促进中国与住在国的友好合作。

(12)暨南大学华文教育专业2014级函授本科学历教育毕业典礼举行

2014年6月27日，暨南大学华文教育专业2014级函授本科学历教育毕业典礼在华文学院学生活动中心隆重举行。中国华文教育基金会副秘书长卢海斌先生、办公室主任徐婷婷女士，雅居乐地产控股有限公司企业文化部张斌先生，教育学院院长韩兆洲教授，暨南大学副校长林如鹏教授，华文学院院长郭熙教授、执行院长邵宜教授，来自印度尼西亚多个函授教学点的负责人，来自印度尼西亚万隆、雅加达、坤甸、泗水、巴淡、山口洋、梭罗等教学点的100名毕业生，以及毕业生家属共200多人出席了毕业典礼。

暨南大学华文学院自2002年起在印度尼西亚开展海外函授本科学历教育，截至2014年6月，已在包括印度尼西亚在内的5个国家开设了近30个海外函授教学点，成功培养了800多位函授本科毕业生。

(13)澳大利亚悉尼远程华文师资培训开课

2014年9月20日，由中国华文教育基金会主办，北京四中网校、完美（中国）有限公司赞助的“2014年中国华文教育基金会华文师资远程培训”开课仪式，在北京四中网校和悉尼中文学校远程同步举行。

中国驻悉尼总领馆侨务领事王芸、北京四中网校校长黄向伟、悉尼中文学校校长张维德、大同中文学校校长张学丰、澳大利亚中文教育促进会副会长邵洪胜，以及来自悉尼雪梨、大同和丰华3所中文学校的30余位华文教师参加了当天的开课仪式。

此次开课的悉尼、大同和丰华中文学校都是澳大利亚悉尼地区开展汉语教学最优秀的学校。3所中文学校都拥有先进的管理体制，师资和课程不断完善创新，教学活动丰富多彩，办学模式各具特色，深受当地华人华侨的喜爱，均被中国国务院侨办评为“海外华文教育示范学校”。

（14）华侨大学泰国华文教育本科学历班第四期课程开班

2014年10月13日，由国务院侨办、中国华文教育基金会主办，中国华侨大学承办，泰国华文教师公会、泰国海南会馆等共同协办的泰国华文教育本科学历班第四期课程在泰国曼谷海南会馆如期开课。

本期课程的4门课程都是华文教育专业的基础课和专业课，泰国华文教师公会主席、华侨大学校董罗宗正及教师代表刘甜博士都希望学员们能克服万难，掌握各门课程的主要内容和学习方法，做到学有所获、学有所成，提升华文教学的水平。

泰国华文教育本科学历班的开办积极推动了泰国华文教育事业的发展。该项目为期3年，由华侨大学华文学院每年选派富有经验的专业教师，分寒暑两季赴泰授课。

（15）华侨大学华文学院2014级昆明海外研究生班开班

2014年10月22日，华侨大学华文学院2014级华语与华文教育专业昆明海外研究生班开班典礼暨中国华文教育基金会完美奖学金颁发仪式在昆明华文学校举行。本届研究生班共44名，来自泰国、缅甸、越南3国，基本是从事华文教育事业的华校教师。

中国华文教育基金会副秘书长李献国、华侨大学校长贾益民、云南省政府侨办文化处副处长甘露云、昆明华文学校校长张明军及相关部门负责人出席仪式。华语与华文教育昆明境外研究生班2013级、2014级50余名学生与会。

（16）上海侨办课题组赴京调研华文师资远程培训工作

2014年10月27日，由上海市政府参事、上海市海外交流协会副会长蔡建国率领课题组赴北京调研华文师资远程培训工作。

在京期间，课题组访问国务院侨办文化司、中国华文教育基金会、中国华文教育网、北京四中网校等单位，认真学习了各单位开展华文师资远程培训的做法及经验，并与各单位领导及有关负责人进行了认真细致的交流。

为了推动上海华文师资远程培训工作向着科学化、系统化的方向发展，2014年上海市侨办委托上海华文教育研究中心专家开展“构建海外华文师资远程培训课程系统”的研究，为今后开展华文远程师资培训提供工作指导。

4. 幼儿华文教育师资培养

(1) 2014 年“海外华校幼儿师资学历班”汇报教学成果

2014 年 5 月 16 日，由中国华文教育基金会主办、福建省海外交流协会和福建幼儿师范高等专科学校承办、金帝集团赞助的 2012 级“海外华校幼儿师资学历班”在福建幼儿师范高等专科学校大礼堂举行毕业典礼暨“成长”教学成果汇报。

中国华文教育基金会项目二部主任李晓梅、福建省海外交流协会副会长闵蕙君、福建幼儿师范高等专科学校党委书记林雨等出席毕业典礼。菲律宾商联总会执行副理事长张昭和、副理事长施梓云、文教组主任洪健雄，菲律宾计顺菲华中学校长李淑慧，福建幼儿师范高等专科学校部分学生，2012 级“海外华校幼儿师资学历班”全体学员参加了活动。

毕业典礼结束后，随即举行了以“成长”为主题的教学成果汇报演出，多层次、立体化展示了 2014 级“海外华文幼儿师资学历班”的优秀教学成果，是福建省“海外华文幼儿师资学历班”培养的成功典范。

本届“海外华文幼教师资学历班”学员于 2012 年 9 月入学，是福建省第四批海外华文幼儿师资学历班。现毕业学员 11 人，其中菲律宾学生 5 人，印度尼西亚学生 6 人。

(2) 第十期海外华文幼师培训班顺利结业

2014 年 6 月 30 日，由中国海外交流协会主办、广东省海外交流协会承办的第十期海外华文幼师培训班结业典礼在广州市幼儿师范学校礼堂举行。来自印度尼西亚、泰国、马来西亚、柬埔寨、哥斯达黎加、缅甸等国的 52 名学员经过一年的培训圆满完成学业。国务院侨办文化司副司长汤翠英、广东省侨办副主任郑建民以及教育厅，广州市教育局、广州市侨办、广州市幼儿师范学校、广东外语艺术职业学院等单位的领导及第十期海外华文幼师班全体学员、海外有关华教机构代表等出席典礼。

本届学员大多为华侨华人子女，汉语水平参差不齐，初来中国时只会一些基本的普通话生活用语，有的甚至没有汉语基础。经过为期一年的学习，他们已能用较流利的普通话进行沟通与交流，还会写一手标准的汉字。在幼师作品展览室，学员们的作品既有精致的手工制作，也有可爱传神的卡通画、颇具韵味的国画。

(3) 华侨大学与泰国华文教师公会举办全泰在职中文幼师培训

2014 年 10 月 5 日，为进一步提高泰国中文幼师教学技能和专业素质，由中国华侨大学与泰国华文教师公会联合主办，泰国教育部教师委员会协办的“全泰在职中文幼师培训班”在 Hotel De Moc 酒店 7 楼会议室举行隆重的开班仪式。

此次培训从 10 月 5 日至 7 日共 3 天，教师公会特别聘请福建幼儿师范高等专科学校鹿海云教授和陈凤玉教授两位幼师方面的国家级专家讲授课程。培训内容以幼儿园课堂管理和教学技能训练为重点，通过理论学习、教学观摩和模拟教学掌握汉语教学基本技能和教学方法，主要课程有：幼儿园心理学、汉语教学技巧、活动教学以及申请泰国教育部教师委员会教师资格证的讲座交流。

（4）马来西亚华文幼儿教师研修班在集美大学举办

2014 年 12 月 9 日，马来西亚华文幼儿教师研修班开班典礼在集美大学尚大楼 20 楼会议室举行。此次研修班由福建省海外交流协会和福建省富闽基金会联合主办，集美大学海外教育学院承办。

此次培训班为期两周，共迎来了 23 名来自马来西亚的幼儿教师。此次研修活动的课程主要以讲座的形式授课，除了设置剪纸、国画等中华文化特色课程之外，海外教育学院为学员们邀请了集美大学、集美幼儿园和集美实验幼儿园的学科专家、资深教师与他们共同探讨对外汉语和学前教育的课堂教学技巧与方法，还带领学员走进集美幼儿园、集美实验幼儿园的课堂进行教学观摩与研讨，组织学员到陈嘉庚故居、集美鳌园、鼓浪屿、华侨博物馆、福建土楼等文化旅游胜地参观，让他们在华文课堂和观光旅游之中充分体会中华传统文化的丰富内涵。

5. 综合教学能力培训

（1）印度尼西亚华文教师在福建研习

由国务院侨办主办、福建省侨办承办的 2013 年“华文教育·教师研习”印度尼西亚班于 2013 年 12 月 17 日在福建师范大学开学，2014 年 1 月 6 日该班圆满结业。研习班学员 43 人，分别来自印度尼西亚雅加达、万隆、苏加巫眉、茂物、展玉、棉兰、三宝垄、石叻班让、巴淡岛 9 个城市。该班有 24 位学员是 20 世纪 80 年代以后出生的，显示了来华培训华文教师的年轻化趋势。

此次培训活动为期 21 天，通过系统有效的教学培训，研习班学员在课堂教学技能技巧和华文教学等方面收益良多，教学培训反响很好。

（2）2013 年“华文教育·教师研习班”印度尼西亚班结业

2014 年 1 月 8 日，经过近一个月的紧张学习，由国务院侨办主办、深圳市侨办和深圳市耀华实验学校承办的 2013 年“华文教育·教师研习班”印度尼西亚班圆满结业，26 名来自印度尼西亚幼儿园、中小学的华文教师领到了结业证书。

此次研习班培训内容包括中国历史、文化讲座、汉语基础知识、京剧、剪纸、泥塑等，辅以参观游览深圳市容市貌等，通过“游学结合、以学为主”的形式，让印度尼西亚的华文教师体会到中华民族文化的绚丽多姿，增强他们从事华文教育、传播中华文化的信心。

(3) 2014年“华文教育校长·教师研习班”在云南昆明举办

2014年4月10日，由中国海外交流协会主办、云南省海外交流协会承办，云南华文学院、云南海外文化教育中心和昆明华文学校共同协办的2014年“华文教育·校长研习”和“华文教育·教师研习”缅甸、老挝、泰国班在云南昆明开班。来自缅甸、老挝、泰国的240多位华文学校校长和教师参加了此次培训。

他们在为期12天的研习期内听取学校管理理论与方法、教学管理理念与体系、中华文化课程等课程，并开展教学观摩，与当地中小学校校长、教师进行经验交流和分享。

(4) 2014年华文教育基金会亚洲华文教师培训班结业

2014年5月，由中国华文教育基金会主办的2014年亚洲华文教师北京培训班在北京语言大学举行结业典礼，中国华文教育基金会副秘书长卢海斌、项目二部主任李晓梅、北京市侨办副主任高云超等出席结业典礼。

此次亚洲华文教师北京培训班自4月20日至5月4日，培训内容主要有“对外汉语教学回顾与展望”“小学课堂方法与技巧”“趣味绘画教汉字”“中小学中华传统文化教学”“中国剪纸”等课程。学员还参观史家胡同小学并与该校老师们座谈交流，游览北京的名胜古迹，对中华文化和华文教育有了更深层次的了解。

(5) 印度尼西亚华文教师研习班在北京开班

2014年6月18日，由国务院侨办文化司主办的2014年“华文教育·教师研习”印度尼西亚班在北京华文学院开班。来自印度尼西亚的48位华文教师在北京参加为期18天的教学技能培训。

此次印度尼西亚教师研习班开设了丰富多彩的课程，不仅有中国文化、风俗民情及国情介绍，还有作为华文教师应该掌握的教学方法和技巧。为了让海外华文教师了解国内教学状况，学院还组织培训班学员在北京华文学院泰国班听课、观摩教学，并与学院汉语教学权威交流。另外，学院还安排教师们观摩北京大学、北京八中怡海分校等学校的汉语教学课堂，与教师进行交流、讨论。

(6) 2014年“华文教育·教师研习”欧美班在辽宁师范大学结业

由国侨办文化司主办、辽宁师范大学承办的“华文教育·教师研习”欧美班于2014年8月7日至20日在辽宁大连举办。8月19日，研习班在辽宁师范大学举行了结业仪式。国侨办文化司司长雷振刚、辽宁省外侨办、辽宁师范大学的有关领导出席结业仪式。

此次欧美华文教师研习班为期14天，共有来自美国、意大利、英国、爱尔兰等国50余位华文教师参加研习，研习主要内容为多媒体技术及应用。

（7）“大洋洲华文教师北京培训班”在北京师范大学开班

2014 年 6 月 30 日，由中国华文教育基金会主办、北京师范大学承办、完美（中国）有限公司提供赞助的“大洋洲华文教师北京培训班”在北京师范大学开班，来自澳大利亚的 30 名华文教师在中国参加为期 12 天的培训。北京师范大学副校长曹卫东、中国华文教育基金会副秘书长卢海斌分别代表学校和基金会致辞，向远道而来为海外华文教育做出贡献的老师们表示欢迎和敬意。

此次培训班由北京师范大学的名师为学员提供汉语知识、教学技能等方面的课程。

（8）“华文教育·教师研习”中亚班结业

由国务院侨办主办、华中师范大学承办的“华文教育·教师研习”中亚班于 2014 年 7 月 10 日至 24 日在湖北武汉成功举办。7 月 23 日，研习班举行了结业仪式。国侨办文化司司长雷振刚、湖北省外侨办副主任冯细国、华中师范大学副校长李向农出席结业仪式，向学员们颁发结业证书，并与学员进行座谈。

此次中亚地区华文教师研习班为国务院侨办连续第四年举办，2014 年首次拓宽招收了来自哈萨克斯坦、乌兹别克斯坦、吉尔吉斯斯坦、塔吉克斯坦 4 国的华文教师，研习主要内容为华文教学方法及中华文化。

（9）欧美地区 28 国华文教师研习《华文教师证书》等级标准项目

2014 年 7 月 19 日至 8 月 5 日，“华文教育·教师研习”华文教师证书培训欧美班在暨南大学举行。此次活动由国务院侨办、中国海外交流协会主办，暨南大学华文学院承办，共有来自欧美 28 个国家的 150 余名华文教师参加。在 17 天的培训中，海外华文教师们研习汉字教学、教育技术、课文教法、语法教学等华文教育课程并参加《华文教师证书》测试。

此次研习项目，让大家充分了解了《华文教师证书》的评估体系和测试标准，对于该项目日后的正式推行有很好的促进作用。

（10）缅甸曼德勒华文教师培训班开班

由中国海外交流协会主办、云南省海外交流协会承办、泰国曼德勒云华师范学院协办的“2014 年中国海外交流协会巡回讲学曼德勒地区教师培训班”开班典礼于 2014 年 8 月 11 日在曼德勒云华师范学院礼堂举行。中国驻曼德勒总领事馆副总领事靳仪麟、领事吴仪，云南海外教育中心缅甸中心主任唐建军，曼德勒云南同乡会 20 位理事、监事等出席仪式。此次参加培训的学员有来自曼德勒、贵概、当阳、迪波、木姐等地 40 余所华校 90 名教师。

（11）欧亚 7 国华文教师在广西桂林进行培训

2014 年 8 月 16 日至 28 日，来自法国、意大利、荷兰、葡萄牙、西班牙、泰国、印度尼西亚等欧亚7国19所华校的30名华文教师齐聚桂林参加培训。此次华文教师培训班由中国华文教育基金会主办，广西壮族自治区侨办与广西师范大学共同承办。培训班于7月28日在广西师范大学举行结业典礼。中国华文教育基金会秘书长左志强、广西壮族自治区侨办副主任陈宁与广西师范大学校长梁宏，分别为各位华文教师颁发结业证书。

此次培训期间，华文教师们参加汉语教学法、教案编写、多媒体课件制作等教育教学专题讲座，参与中国传统乐器、武术与书法等中国文化才艺体验活动，游览桂林历史悠久的人文景点和秀美的自然风光。

(12) 2014年海外华文教师培训班在温州举行

2014年8月22日，由温州市侨办主办的2014年海外华文教师培训班在温州开班，来自6所海外温籍华校的校长和华文教师等20人参加培训。温州市侨办副主任许捷出席开班典礼并作动员讲话。

此次培训班为期3天，课程设置是在征求各海外温籍华校意见后为学员量身打造的，专门邀请来自水心小学教育集团、温州市实验中学、温州市第十一幼儿园、温州华侨中学的具有丰富教育经验的老师围绕海外华校管理、班主任管理、教育价值观和海外教学技巧等内容进行授课。

温州市侨办高度重视和大力支持海外华文教育工作，自2011年起已连续举办3届海外华文教师培训班，共培训了近百位教师，得到了海外华校的充分肯定和认可。

(13) 东盟十国汉语教师研修班在北京举办

2014年9月22日，由商务部主办、北京华文学院承办的“2014东盟十国汉语教师研修班”在北京华文学院回龙观校区主楼会议室隆重举行。来自东盟国家的9位学员参加了此次研修班。

此次研修班历时28天，培训内容涵盖汉语教学法、教学技能、课程设计、中华文化体验、专题讲座以及丰富的交流考察活动。

(14) 泰国华文教师广西华侨学校接受集中培训

2014年10月10日，80名来自泰国各地的华文教师们在广西华侨学校参加了“华文教育·教师研习”泰国班开班仪式。此次活动由国务院侨办主办、广西侨办承办。

此次研习班至10月22日结束。泰国华文教师集中接受培训，学习华文教育技巧、普通话正音、汉语作文教学等系列课程。为让华文教师们感受中国现代化的教育模式和方法、全面了解中华文化知识，培训期间承办方还为教师们安排了棋牌、书画、气排球等课余活动，并组织到南宁、桂林等地实地参访。

（15）天津举办“华文教育优秀教师华夏行”研习班

由国侨办主办、天津市侨办和天津大学国家教育学院承办的2014年“华文教育优秀教师华夏行”研习班在天津顺利举办。此次研习班于2014年10月10日开班，10月19日结束，来自世界20多个国家华文学校的近60名优秀华文教师参加了研习。

研习期间，海外华文教师们听取了《中国文化》《学生学习兴趣的培养》《中国剪纸》《天津地域文化》《师资队伍培养》等讲座，参观考察了天津大学附属小学、天津普育学校等特色学校，观摩了这些特色学校的语文公开课和素质教育课。

（16）2014年“华文教育·教师研习”泰国班在暨南大学举办

2014年10月下旬，108位来自泰国的华文教师在暨南大学参加了“华文教育·教师研习”《华文教师证书》的培训。通过17天严格的课程培训及测试，所有泰国华文教师都顺利结业。

（17）马来西亚华小教师研修班在福建武夷山举行

2014年12月9日，2014年马来西亚华小教师研修班在武夷学院举行开班典礼，来自马来西亚华校的28位华文教师参加了此次研修班。

此次研修班为期14天，学员们学习了中国茶文化、中国传统文化、中华才艺和文化体验4个方面的研修课程，向学员们展示了武夷学院在传承中华文化方面的整体实力和老师教学的深厚功底。

（二）国务院侨办外派教师培训

1. 江西省选派教师赴俄罗斯参加“2014中国文化海外行”

2014年3月11日，江西理工大学举行了“2014中国文化海外行——俄罗斯营”教师选拔会。中国华文教育基金会副秘书长李献国、江西省外事办港澳处处长汪敏、江西理工大学副校长温和瑞出席会议并讲话。

来自江西理工大学及赣南师院、文清路小学的16位教师参加了这次选拔面试，他们当中将有6名教师于2014年7月赴俄罗斯为华裔青少年夏令营授课。

“2014中国文化海外行——俄罗斯营”由中国华文教育基金会主办、江西省外事办与江西理工大学承办，是该校作为华文教育基地第四次开展海外活动，旨在通过“走出去”的形式弘扬中国传统文化，加强国际交流。

2. 菲律宾华教中心举办中国外派教师总结会并表彰40余位外派教师

2014年3月24日，由陈延奎基金会赞助的菲律宾华教中心2013—2014年度中国国侨办外派教师总结会在菲律宾马尼拉世纪公园大酒店举行。菲律宾华教中心主席颜长城、副主席黄端铭、各部门主任及中国国侨办外派教师近150人与会。40多位2013—2014年度综合表现突出的外派老师，被授予“优秀外派教师”荣誉称号。

颜长城主席高度肯定中国国侨办外派教师一年来为菲律宾华文教育所做出的贡献，肯定了外派教师在菲律宾的华文教育面临新的挑战过程中发挥了不可或缺的作用，同时对外派教师的规范管理提出了更高的要求。

菲律宾华教中心拟定了比较全面、客观、公正、公平的外派教师综合考核细则，评出了40多位优秀中国国侨办外派教师，并在大会上进行了表彰。这是该中心在外派教师管理工作上的一次全新尝试。

国侨办外派教师张杰、徐丽娟、吴珂维和裴秀敏分别代表管理人员组、中小学组、幼儿园组作题为《牢记使命，努力开创华教工作新局面》《教无定法，贵在得法》《菲尝工作体验》《菲律宾工作汇报》的大会发言。

3. 广西、福建分别选拔“2014中华文化大乐园”教师

2014年3月25日，广西壮族自治区侨办举行2014年“中华文化大乐园”美国休斯敦营教师选拔面试会，选出12位教师赴美国休斯敦，教授当地华裔青少年中华文化常识、国画、书法、民族舞蹈、剪纸、武术等中华传统文化。广西侨办副主任陈宁参加选拔面试。此轮选拔是从桂林市少年宫、广西师范学院和广西医科大学的近40位老师中，优中选优，确定12位老师上报。面试过程中，老师们充分展示个人的教学水平和才艺水平，并从教学思路、课程设计、教学方案等方面讲述对海外华裔青少年的教学理念。2014年“中华文化大乐园”美国休斯敦营定于6月29日至7月10日举行。此次是广西侨办在赴老挝、柬埔寨、新西兰之后，连续第4年承办国务院侨办的“中华文化大乐园”活动。

2014年3月28日，福建省侨办对2014年赴美国举办“中华文化大乐园”的夏令营教师进行选拔。国侨办文化司华教二处处长王梦黎，福建省侨办纪检组长闵蕙君以及文宣处的干部组成评委，对来自福建省的9所海外华文教育基地院校的20多名教师进行评选。教师们按照“中华文化大乐园”的要求，在中国书法、国画、舞蹈、古诗诵词教学、武术、手工等课目展示了具有针对性的教学理念和计划。评委根据教师的综合素质，经过认真的综合评选，从中选出12名教师。2014年美国“中华文化大乐园”由国务院侨办主办、福建省侨办承办，于6月24日至7月5日在美国洛杉矶尔湾中文学校举行，为期12天。

4. 浙江省侨办召开归国外派教师座谈会

2014年3月27日，浙江省侨办召开外派菲律宾教师期满回国座谈会。浙江省侨

办主任王文娟、副主任徐高春等出席会议。

在座谈会上，王文娟首先对外派老师回国表示欢迎，对他们远离家人，在异国他乡以推广汉语、弘扬中华优秀文化为己任，不畏艰苦、乐于奉献的工作精神予以充分肯定，感谢他们为海外华文教育事业所做的贡献。

10 名外派教师详细讲述了在菲律宾的工作情况和生活感悟，结合中菲教学差异，对华文教育、国内幼儿教育提出许多意见和建议。

王文娟表示，外派教师承担着特殊使命，是中菲民间外交的使者，通过此次外派菲律宾教学，更好地把民间的声音传递出去，把民间友好的种子播种下去。她希望外派教师能将此次外派经历视为一笔宝贵财富，继续保持与浙江省侨办的密切联系，支持华文教育工作，为华文教育做出更大的贡献。

5. 福建举办华文教育暨夏令营网络平台应用培训班

为提升福建侨务干部海外华文教育工作水平，开拓海外华文教育工作思维与视野，推动福建华文教育工作进一步走向“规范、高效、高科技”，2014 年 4 月 1 日，福建省侨办在华侨大学华文学院举办“海外华文教育暨夏令营网络平台应用培训班”。国务院侨办文化司副司长周虹，福建省侨办党组成员、纪检组长闵慧君，暨南大学网络与教育技术中心软件研发部部长和工程师陈少涌、工程师李哲夫，以及来自福建省侨办、华侨大学华文学院、9 个设区市侨办和有关县（市、区）侨办的 40 多位侨务干部参加了此次培训活动。

6. 福建省侨办举行赴菲外派华文教师座谈会

为了解外派教师的海外华文教育工作情况，进一步做好海外华文教育工作，2014 年 4 月 14 日，福建省侨办召开 2013 年外派菲律宾教师座谈会。福建省侨办纪检组长闵蕙君、文宣处相关同志及泉州市外侨办和福建省幼儿师范高等专科学校选派的 14 名教师参加了座谈会。

参加座谈会的 14 名外派教师，于 2013 年 5 月底被国侨办派往菲律宾开展华文教育，2014 年 3 月下旬圆满完成任务回国。座谈会上，老师们汇报了自己的海外华文教育工作情况，围绕外派教师的才艺要求、工作中的人际关系处理、教材改进和海外教学准备等问题，对做好下一步海外华文教育工作提出了宝贵的意见和建议。

7. 山东省德州市 9 名外派华文教师赴海外执教

2014 年 5 月 6 日，山东省德州市通过严格选拔的张桂花、李敬堂等 9 名外派教师启程赴泰国、菲律宾执教，德州市副市长杨玖庆等参加欢送会。

山东省德州市自2008年开展外派教师工作以来，派往柬埔寨、韩国、印度尼西亚、泰国、牙买加、菲律宾、马来西亚等国任教的教师累计达80余人次，外派教师人数连续多年在全省名列第一，该项工作多次获得国侨办、山东省侨办的表彰。

8. 安徽亳州、四川攀枝花、广西北海等地侨办与外派华文教师座谈

2014年4月25日，安徽省亳州市外派华文教师座谈会举行。安徽各县区教育局、侨办、外派教师所在学校负责人等参加座谈。亳州市委常委、副市长魏黎耕出席会议并讲话，亳州市教育局党组书记、局长李建忠主持会议。

2014年5月中旬，由国侨办在四川乐山市选派的2名语文教师、1名舞蹈教师分别赴菲律宾、加拿大执教。为使外派教师圆满完成教学任务，乐山市外侨办、市教育局组织召开了外派教师交流座谈会，邀请2013年外派到菲律宾任教，且已经圆满完成外派任务的两位教师参加座谈会，并请他们做经验介绍。

2014年5月中旬，四川省攀枝花市侨办、侨联主动邀请回攀枝花休假的外派文莱华文教师阚旭然和陈靓进行了座谈，了解她们的工作生活情况，听取她们对市侨办侨联工作的意见建议。攀枝花市侨办侨联党组书记、侨办主任陈君仁，侨联主席王棣以及机关各处室人员与两位老师进行了交流座谈。

2014年8月下旬，北海市外侨办组织召开外派教师座谈会，北海市外侨办副主任程洪、侨务科和涉外科负责人以及外派华文教师共18人参加了座谈。据悉，2014年北海市共有12名教师赴泰国、柬埔寨、老挝等国华文学校开展援教工作。

9. 菲律宾华文教育中心召开外派教师工作会议

2014年5月28日至31日，菲律宾华文教育中心召开2014—2015年度中国国侨办外派教师工作会议。会议由陈延奎基金会协助举办。

开幕式由菲律宾华教中心师资部主任郝海庭主持，华教中心主席颜长城致开幕词。颜长成主席向2014年度中国国侨办外派教师表示热烈的欢迎，同时介绍了中心对于外派教师的管理规定。

5月29日至30日，大会安排了专题讲座、教学指导，精品课示范、讨论答疑、纪律教育、布置任务等多项议程。颜长城主席主讲《千岛之国：菲律宾》，杨美美副主席主讲《落地生根：华人社会》，常务副主席黄端铭主讲《留根工程：华文教育与华教中心》。刘佳丽、周杰、韩昕、黄丽清、耿杰、杨燕玲等延聘的外派教师分别作了教学指导和精品课示范。菲律宾华教中心师资部主任郝海庭为外派教师作了《把华语作为第二语言教学》《华语课程设置与课型安排》两场报告，引发老师们热烈的讨论。

会议期间，陈延奎基金会董事长陈永栽博士看望了中国国侨办外派教师。他对外

派教师到菲律宾支持华文教育表示感谢，并且充分肯定菲律宾华教中心多年来对菲律宾华文教育做出的努力。

10. 四川省外侨办负责人参加外派教师教案研讨

2014 年 5 月下旬，四川省外侨办副主任薛斌率省侨办文宣处负责人一行，与成都市侨办副主任石敏及 12 位外派教师一起，参加“中华文化大乐园——印度尼西亚雅加达营”教师教案研讨会。

薛斌对各位老师的教案一一进行了点评和建议，他希望老师仔细研究教学对象特点，了解文化差异，不断提升个人教学水平、提高教学质量，并在教学中做到寓教于乐，使学生能够喜欢大家的教学，最终实现传播中华文化的目的。

自 2012 年起，四川省外侨办已连续两年承办印度尼西亚和美国“中华文化大乐园”活动。

11. 2014 年国侨办外派教师培训班在华侨大学举行

2014 年 5 月下旬，由国侨办主办，福建省侨办、华侨大学共同承办的 2014 年国侨办（福建）外派教师培训班在华侨大学厦门校区举行。福建省侨办文宣处及华侨大学华文教育处相关人员，以及福建省幼儿高等专科学校和来自福建省四个设区市侨办选派的 43 名中小学、幼儿园教师参加了开班式。

12. 上海侨办外派教师赴马来西亚开展专题培训

2014 年 7 月上旬，受国务院侨办委托，由上海市政府侨办派遣的 7 位教师赴马来西亚开展师资培训。此次外派任务应马来西亚华文教育董事联合总会的邀请，旨在帮助当地华文学校推广上海“成功教育”理念，推动课堂教学改革。

参加培训的老师来自当地 4 个华文独立中学，涉及德育、华文、物理、化学、生物等学科。中、马两国教师在集中培训之后进行了热烈的交流。马来西亚教师提出他们在德育或学科教学上的问题和困惑，外派老师一一给予解答。

13. 湖南籍教师赴新西兰执教“中国文化海外行”

“中国文化海外行——新西兰营”于 2014 年 7 月中旬在新西兰基督城开营。湖南派出 5 名教师，执教此次夏令营全部课程。7 月 13 日下午，中国华文教育基金会副秘书长李献国专程到湖南，与教师见面座谈。李献国表示，华文教育不仅能够提升中国在海外的文化软实力，亦能推动海外华侨华人社会的团结与发展，让当地华裔体会到血浓于水的亲情；希望湖南教师做文化传播的民间大使。

14. 广东、福建、广西侨办分别举办外派教师行前培训班

国务院侨办和中国海外交流协会因应海外华文教育的要求，积极在国内选派教师到海外华校任教。至2014年7月下旬已在31个省市区遴选380位教师，赴15个国家的151所华校任教。

为帮助教师了解海外华校办学和教学情况，2014年5月至7月，国务院侨办和中国海外交流协会分别委托广东、广西、福建省（区）侨办在广州、南宁和福州举办三期外派教师行前培训班。培训班为期5天，培训课程包括外事纪律教育、涉外礼仪礼节、海外国情和侨情介绍、海外华文教育情况以及华语教材教法，还邀请已完成外派任务的教师进行经验介绍与交流，聘请专家进行突发事件处理和心理辅导等。培训结束后，老师们赴有关国家或地区的当地华校任教。

15. 广东省梅州市选派8名教师赴印度尼西亚华校任教

2014年7月下旬，广东省梅州市派遣8名教师赴印度尼西亚华文学校任教。这是广东省侨办和广东省教育厅联合举办的2014年外派华文教师赴海外任教项目，广东全省共有65位教师通过遴选。其中梅州选派的教师将分别奔赴印度尼西亚雅加达、万隆、巴厘岛、棉兰等地，在当地华文学校开展为期一年的汉语和客家话教学。

据了解，印度尼西亚有客家人约600万，其中梅州籍的客家人约70万。2013年6月梅州市长谭君铁率梅州代表团赴印度尼西亚考察交流时，当地侨领提出如何加强新生代华侨对祖（籍）国、对家乡的文化认同问题，希望梅州能选派一批支教老师去当地教授华语和客家话，传承中华文化和客家文化。

16. 2014年国侨办广西外派教师培训班在南宁开班

2014年7月14日，2014年国务院侨办（广西）外派教师培训班在广西南宁开班，国务院侨办文化司副司长汤翠英、广西侨办副主任陈宁等出席了开班仪式。

此次培训为期5天，54名外派华文教师参加培训，具体内容包括海外侨情与华文教育、对外汉语教学概论、外事礼仪、跨文化交际等课程。参与培训的华文教师在8月中下旬分别赴柬埔寨、老挝，并在当地任教一年。

17. 福建省泉州市考核2014年度第2批外派华文教师

受国侨办、福建省侨办委托，2014年上半年，泉州市顺利完成10名华文教师赴菲律宾支教的选派任务。在此基础上，福建省侨办增派7个外派教师任务名额。泉州市首次尝试在泉州师范学院选拔优秀毕业生赴菲律宾支教，选出7名拟任人选。2014

年7月21日，泉州市外事办同省侨办文宣处相关负责人对第二批拟选派人选进行了考核和选拔。

18. 山东省召开外派教师工作表彰大会

2014年7月23日，山东省外派教师工作表彰大会在济南召开。国务院侨办副主任任启亮，山东省侨办主任刘方会，国侨办文化司副司长汤翠英，山东省教育厅总督学孟庆旭，山东省侨办副主任田西勇、孙西忠等出席会议。

会上，山东省侨办、省教育厅联合表彰了全省外派教师工作先进单位和优秀外派教师，总结了山东省近年来开展外派教师工作经验，并对今后外派教师工作做出部署和安排。会议表彰了30个全省外派教师工作先进单位、60名全省优秀外派教师，并向他们颁发了奖牌和证书。山东省侨办还结集出版了《山东省优秀外派教师事迹材料汇编》，记录了优秀外派教师们多年来在海外的工作生活、奋斗历程和情感体验。

19. 中国驻印度尼西亚泗水总领馆举办汉语教师座谈会

2014年9月10日，中国驻泗水总领馆邀请泗水及玛琅地区10个学校的20余位中国教师代表到馆参加座谈会。与会教师表示，总领馆在中秋节和教师节前组织这样的活动令人感到非常温暖。大家畅谈了各自学校的情况并对汉语教学的现状及发展表达了各自的看法。

20. 外派教师海外聘方学校校长与各省市侨办座谈会召开

2014年9月20日，外派教师海外聘方校长与各省市侨办齐聚江西九江学院，在国务院侨办文化司副司长汤翠英的带领下共商华文教育的大发展。

汤翠英副司长做了外派教师规章制度讲解。海外聘方学校校长就华文教育存在的突出问题、外派教师管理等方面展开了深入的讨论。

（三）国侨办及各省、市专家赴境外培训华文师资

1. 《华文教师证书》研制项目组赴泰国缅甸讲学测试

为了在海外实地验证“《华文教师证书》研制”项目主体成果《〈华文教师证书〉实施方案》的可行性以及检验培训、考试、认证三位一体的华文师资培养操作模式与流程，并为正式颁行《华文教师证书》奠实基础，国侨办文化司于2013年12

月26日至2014年1月10日期间组织暨南大学华文学院“《华文教师证书》研制”项目组3位老师赴泰国清迈大谷地和缅甸曼德勒讲授华文师资培训课程，进行《华文教师证书》考试境外试测工作。培训根据《〈华文教师证书〉实施方案》中的有关要求设置课程，课程结束后，学员们参加了《华文教师证书》试测考试。

这是国侨办文化司组织的首个培训、考试、认证三位一体讲学团。在国侨办文化司的大力支持下，讲学团各项工作前期准备充分，实际开展过程顺利，培训内容贴近海外华文教师实际需求。在测后调研中，两地学员充分表达了对《华文教师证书》迫切需求的心声。讲学团系列工作充分检验了培训、考试、认证具体操作模式与流程的合理性与规范性，为正式开启“走出去”和“请进来”的培训、考试、认证三位一体华文教师培训工作奠定了基础。

2. 加拿大BC中文协会举办师资培训

2014年6月1日，加拿大不列颠哥伦比亚省中文协会2014年春季研讨会在加拿大兰加拉学院圆满落幕。此次研讨会的主题是“嬗变中的中文”。中国国务院侨办王匡廷先生率领由来自北京语言大学副教授张莉老师、副教授王瑞烽老师和北京师范大学幼儿园董佑静老师组成的讲学团，做了《汉语语法规范化教学》《汉语教学的小组任务活动、设计与实施》和《学前儿童语言学习的实践教学》的专题演讲。

3. 2014年华教福建讲学团马来西亚培训教师

由中国海外交流协会主办、福建省海外交流协会承办的2014年华文教育赴马来西亚讲学团一行8人，于6月4日结束在吉隆坡、柔佛州新山、彭亨州文冬的华文教师培训活动，共培训华文教师492名，并于6月4日至9日在亚庇开展海外华文幼儿师资培训活动。

此次培训旨在提升马来西亚华文教师的教学理念，提高华文教师的教学技能，增进中马友谊与交流。团组的7位教师以丰富的学识淋漓尽致地向受训教师展示了各自领域的教学成就与魅力。参训的华文教师纷纷反馈，能够在马来西亚分享到来自中国福建优秀同行的教学成就与经验，要特别感恩中国和福建省海外交流协会的支持与促成，希望以后能有更多学习交流的机会。

此次培训是中国海外交流协会和福建省海外交流协会应亚庇中华工商总会的申请，连续两次在亚庇举办华校幼儿教师培训活动。

4. 国侨办教师培训团一行赴西班牙讲学

2014年6月中旬，由国侨办文化司曹怡然女士带队的教师培训团一行4人，在西班牙马德里中文学校及巴塞罗那华文学校进行了教学培训指导课。

马德里中文学校培训课进行了两场，分别在学校总校和分校两地进行，马德里中文学校校长叶玉兰与本校30位教师分别聆听并接受了培训。两场培训指导课皆由华中师范大学附属小学优秀教师杜朝辉老师指导。

在巴塞罗那华文学校，培训团对该校老师及热心华文教育事业的各界人士进行为期3天的华文教师培训，有200多人次接受培训。此次巴塞罗那的培训由巴塞罗那孔子文化学校组织实施。

5.《华文教师证书》研制项目组顺利完成印度尼西亚讲学

2014年6月22日至7月3日，暨南大学华文学院党委李世云书记率《华文教师证书》研制项目组部分教师成员赴印度尼西亚雅加达、泗水、北干、棉兰等4个城市讲授华文师资培训课程，开展《华文教师证书》考试境外试测和实地调研工作。此次培训团由国侨办文化司和中国海外交流协会组织，目的是为了进一步在海外实地验证《华文教师证书》研制项目的可行性，检验“培训—考核—认证”三位一体的海外华文师资培训模式的流程与效果，为今后正式颁行《华文教师证书》奠定基础。

6. 中国华文教育基金会组织巡讲团赴蒙古讲学

2014年6月23日至30日，由中国华文教育基金会主办、海南省外事办及海南师范大学协办、完美（中国）有限公司赞助的“2014中国华文教育基金会蒙古巡讲团”进行了为期8天的教学。

巡讲团在乌兰巴托旅蒙华侨友谊学校、达尔汗市彩虹学校及额尔登特市彩虹光明学校进行了教师培训、教学调研及文化交流。巡讲团团长、中国华文教育基金会项目二部主任李晓梅表示，基金会虽然是首次组团赴蒙古巡讲，但多年来通过各种方式对蒙古的华文教育工作给予了大力支持，如资助蒙古华文教育示范学校建设、邀请该国华文教师回国参加培训、开通对蒙古华文教师的远程培训、邀请蒙古华裔学生回国参加夏（冬）令营等，受到了蒙古华校师生的热烈欢迎。

7. 中国华文教育基金会亚洲巡讲团在印度尼西亚及马来西亚巡讲

2014年7月10日至13日，由中国华文教育基金会主办、宁夏海外交流协会承办、完美（中国）有限公司赞助的“2014中国华文教育基金会亚洲巡讲团”活动分别在印度尼西亚文桥三语学校、日惹崇德三语学校举行。巡讲团成员包括宁夏大学教育学院院长戴联荣、宁夏石嘴山光明中学老师盛来宁、宁夏银川第一幼儿园副园长刘秦中。巡讲团主要就中华文化、汉字教学以及校园文化与团队管理等内容对两地的华文学校教师进行了培训，博得参训教师的一致好评。

在马来西亚，巡讲团成员宁夏大学教育学院院长戴联荣和宁夏石嘴山光明中学老师盛来宁，通过“学校文化的建构与管理”“中国文化——汉字与词”这两个课题，深入浅出地将广博的中华文化传授给了马来西亚沙巴州的华文教师们。

8. 2014年中国海外交流协会巡回讲学团曼德勒开班

2014年8月11日至20日，由中国海外交流协会主办、云南省海外交流协会承办、曼德勒云华师范学院协办的“2014年中国海外交流协会巡回讲学曼德勒地区教师培训班”在曼德勒举办。参加培训的学员有来自曼德勒、贵概、当阳、迪波、木姐等地40余所华校90名教师。

此次培训共开设了《小学语文教学教法》《小学数学教学教法》《中学语文教学教法》《中学数学教学教法》4门课程，从小学到中学，从理论到实际，讲解了中国九年义务教育中小学语文、数学的课程体系，讲授了新教材的教学理念和教学方法，具有很强的针对性、实用性。

在东枝、腊戌、曼德勒三地同时进行的巡回讲学教师培训班也圆满结束。

(四)海外华校（华教组织）自主培训

1. 佛罗伦萨中文学校举办汉字识字教学研讨会

2014年1月18日，意大利佛罗伦萨中文学校举办汉字识字教学研讨会，学校全体老师参加了研讨会。

会上，在意大利佛罗伦萨中文学校任教7年、具有丰富汉字识字教学经验的石莹老师，围绕此次研讨会的主题，就汉字的字形结构特点、教学设计、教学方式和教学策略做了专题讲座。

石莹老师创新性地提出“演中学、玩中学、学会学”等实用而操作性强的教学模式，通过图文并茂的方式、细致详细的讲解，向与会教师展示了比较识字法、形声识字法、分解识字法、游戏识字法等在课堂上的实践及运用后的效果。

2. 第三届缅甸三区域曼沾教师培训班圆满结束

2014年2月21日，第三届缅甸三区域曼沾教师培训班结业典礼举行，缅甸三区域8所学校的校领导及老师们参加了此次结业典礼。

结业典礼上，此次典礼主席曼沾勐稳学校廖等昌董事长、杨大昌董事长、顾问廖楼昌先生先后致辞，感谢福庆孔子课堂为三区域8所学校进行短期培训，让各校的老师增加了不少专业知识，提升了教学能力。

3. 菲律宾宿务无名氏校长教师奖结果揭晓

2014年3月9日，2013—2014年度纪念“宿务无名氏（引叔）”施维鹏优秀华校校长、模范华语教师奖颁奖典礼在菲律宾华商联合总会大礼堂隆重举行。施维鹏老先生的长孙女施美清及其夫婿许培坤、全体评委莅临并为获奖者颁奖。王淑美获“优秀校长奖”，吴丽君等14位教师获得“模范华语教师奖”。

颁奖典礼由菲律宾华教中心副主席黄端铭主持。中心主席颜长城发表致辞。王淑美、吴丽君分别代表获选校长和模范教师讲话。当天出席活动的有获奖者所在学校校长、老师，获奖者亲属以及华社各社团、宗亲会的领导400多人。

颁奖典礼结束之后，菲律宾华教中心颜长城主席特别为“造血计划”2012—2013年度完成赞助任务的热心单位和人士致赠表彰状，分别是：陈延奎基金会、菲华新联公会、菲律宾华文学会，旅菲各校友会联合会李法铭、戴国安、王书侯、林乘福、施万轸、邱清往，菲华新联公会陈光曦、黄天从、蔡玉玺和菲华各界联合会卢祖荫。

菲律宾华教中心受“宿务无名氏（引叔）”施维鹏及其后裔委托，已经连续十七年举办优秀华校校长和模范华语教师奖评选活动。

4. 意大利华校举办海外华校预备教师培训班

为提升华校预备教师的汉语教学理论水平和教学实践能力，推进意大利华文教育事业的发展，2014年3月15日，意大利佛罗伦萨中文学校举办首届海外华校预备教师培训班。来自佛罗伦萨大学的6位中国留学生，参加了为期2周的专业培训。

培训班采取理论与实践相结合的形式，为学员安排了专题讲座、教学录像、听课、试教等丰富的培训内容。佛罗伦萨中文学校还专门为学员配备了教学经验丰富的资深教师担任指导老师，落实听课、备课、试教的时间和内容。

佛罗伦萨中文学校校长潘世立在开班仪式上说，随着海外华文教育的快速发展，华文教师的数量和专业素养远远不能满足目前的需求，培训预备教师是当务之急。

5. 印度尼西亚汉涵学府与当地大学联办特级汉语教师培训

印度尼西亚特里沙克蒂大学语言文化中心（Pusat Bahasa Lembaga Budaya Universitas Trisakti）主任亚古斯婷博士一行人于2014年3月16日莅临汉涵学府三楼多功能

厅。双方将联办特级汉语教师培训。

汉涵学府创办人孙爱玲博士说，汉涵学府与名校特里沙克蒂大学语言文化中心将签署合作协议，联办特级与标准级的汉语教师培训，为此她感到非常荣幸。特级汉语教师培训主要是针对来印度尼西亚任教的中国老师以及已经拥有至少三份证书的本地汉语教师开办。

6. 曼德勒新世纪为本土华文教师培训电脑办公软件

2014 年 3 月 19 日，曼德勒新世纪国际高级学校为期 1 个月的电脑办公软件培训班举行了考试和结课仪式，并为培训合格者颁发结业证书。

新世纪学校 2 月份开办了“本土华文教师免费培训之办公软件电脑班”，免费提供多媒体教学设施、教学光盘、计算机等服务，并且安排了专业的计算机教师担任教学。参与此次办公软件培训的教师有 23 名，培训期 1 个月。

新世纪国际高级学校的办学宗旨是“传播优秀文化，服务缅华社会”。学校自建校以来，针对本土华文教师共举办了 50 余次培训，培训内容包括汉语拼音、汉字、课堂教学法、课程标准等内容。

7. 马来西亚地方华小举行“高层次思维教学法”教学培训

2014 年 5 月下旬，马来西亚近打县 11 所华小共派出 238 名教师出席在红坭山华小举行的“高层次思维教学法”在职培训课程。这 200 多名教师来自红坭山华小、怡保文冬华小、甲板华小、益智华小、打扪兴华华小、巴东牙也华小、第一花园、育华华小、彬如一校、彬如二校、三才华小及双溪榴莲华小。

工委会主席兼红泥山华小校长甄惠翠希望有关培训课程能让教师们对“高层次思维教学法”有更深一层认识，并提升自己的教学效率，造福莘莘学子，为国家培育更多有创意和有灵活思考力的年轻一代。主讲人、教育部联邦视学团高级联邦督学钟志强说，教师需要用一本功夫秘诀，以协助学生掌握高层次思考力，并运用有关思维来解决日常生活难题，教师具有积极的思维才会带来正面成果。

8. 泰北召开外派教师联谊会探讨汉语教学经验

2014 年 6 月 7 日，泰北 14 所华校 50 多名中国外派教师代表在帕府中兴学校会议室召开联谊会。

会上，老师们围绕“怎样对待泰国学生”“怎样处理汉语教材”“怎样提高课堂效率”三大议题，展开了热烈而深入的交流和探讨。会后，老师们还单独进行亲切的交谈，共同欣赏了帕府中兴学校精彩的文艺演出。

9. 新加坡举行2014年“全国模范华文教师”颁奖礼

2014年6月11日，新加坡“2014年全国模范华文教师奖”得奖教师在“2014年新加坡书展”上获得贸工部政务部长张思乐颁奖表扬。

2014年共有9名优秀的华文教师获选为全国模范华文教师，除了各获奖金500元和一座奖杯之外，也将在2014年底学校假期参加一项由主办方安排的中国教育考察团。该奖项由《联合早报》主办、新加坡中学华文教师会和新加坡华文教师总会协办，李氏基金赞助及教育部支持，2014年是连续举办的第17年。

10. 印度尼西亚万隆国际外语学院首办华语教学技能培训

2014年6月23日至24日，由印度尼西亚万隆国际外语学院和厦门大学海外教育学院联合举办，旨在提高西爪哇本土教师华语教学技能的培训活动在劲松礼堂举行，报名参加培训的学院80余人，加上到场的劲松基金会理事听讲人数达100余人。

此次培训服务印度尼西亚社会，服务华文教育，在印度尼西亚，政府规定高校应该完成三项使命：教学、科研和社会服务。此次培训是西爪哇本地高等院校首次主办类似华文教学培训活动。

此次培训的最大特点是更有针对性、更具实用性，培训把一些前沿的教学理论转化为切实可用的教学技巧，不但给教师们系统地介绍知识体系，还给教师们提供了多种即学即用的实际方法，得到教师们的认可与欢迎。

11. 马来西亚彭亨州举办汉语教师培训营

2014年6月下旬，由马来西亚彭亨州教育局、彭亨华校教师公会联合会、马来西亚全国校长职工会彭亨州分会、彭亨大学汉语文化中心和马来亚大学孔子学院首次联办的汉语教师培训营在彭亨大学举办，237名老师参加此次培训。

马来亚孔子学院委派北京外国语大学张剑锋主讲。会上，张剑锋老师从实用汉语教学方法讲述了语音教学技巧和汉语课堂活动设计与教学实践。彭亨大学汉语文化中心的章维新讲师和彭亨大学现代语文与人文中心华文主任杨银梅与参会者分享语音和语法研究的心得。

12. 西班牙昆卡举办汉语教师短期集训

2014年7月14日，由西班牙昆卡市政府、UNED大学以及西班牙Macma中文教育培训咨询公司联合主办的昆卡首届汉语教师短期集训拉开帷幕，来自中国大陆不同地区的11名学员接受了为期2周的汉语教师培训项目。

从 2005 年开始，西班牙开始掀起学习汉语的热潮，发展至今，全国开设汉语课程的大学和中小学数量已经分别达到 50 所和 200 所左右，2013 年西班牙参加汉语水平考试的人数已经超过 7100 人，居欧洲首位。2014 年是昆卡第一次举办汉语教师培训课程，主要目的是有针对性地专门为西班牙本土培养优秀的汉语教师人才。

此次短期集训课程为前一个星期是基础培训，后一个星期是实践课程，学员们面对昆卡当地 6 至 10 岁的小朋友教授中文，学习合格者可获得昆卡市政府颁发的结业证书。

13. 中信菲律宾华校华语教师专业奖申报启动

菲律宾中信慈善基金会与菲律宾华文教育研究中心合作，设立“中信菲律宾华校华语教师专业奖”，2014 年 7 月 31 日起开始接受全菲华校华语教师的申报。

“中信菲律宾华校华语教师专业奖”旨在鼓励华校华语教师进行专业学习，促进华校华语教师队伍专业化，提高华校华语教师质量。每年将奖励符合教育专业要求的华校校长、中文主任和华语教师，奖额每年为 100 万比索。申报者须具备以下资格：华侨华人；在职华校本土校长、中文主任或华语教师，连续工作满 5 年以上；具有教育本科、硕士、博士学历，或非教育本科、硕士、博士学历但拥有菲律宾高校的 24 教育学分，或取得中国国侨办“华文教师证书”者。

菲律宾中信慈善基金会由菲律宾中信地产公司和建立建筑公司董事长蔡建立、许嘉真伉俪于 2014 年初设立，旨在菲中两国从事社会公益慈善福利事业。中信慈善基金会每年捐献 200 万比索，鼓励和支持华校华语教师迈向专业化以及资助华校清寒学子努力向学。

14. 柬埔寨百余名华文教师参加暑假培训结业典礼

2014 年 8 月 8 日，由柬埔寨王家研究院孔子学院为柬埔寨本土百余名华文教师举办的暑期培训班在柬埔寨首都金边举行结业典礼。中国驻柬埔寨大使馆领事部主任杨庆连、柬埔寨孔子学院汉语老师、柬埔寨柬华理事总会侨领代表和接受培训的华文老师等共同参加结业仪式。

至今，由柬埔寨王家研究院孔子学院承办的柬埔寨华文教师暑假培训班已举办 3 期。此次培训班 7 月 25 日开班，100 余名当地华文教师参与，培训内容包括拼音正音、词汇教学、语法教学、汉字教学等，涉及汉语综合教学、课堂教学技能、汉语课堂组织和设计等方面。

15. 缅甸仰光汉语教师教学技能比赛举行

2014 年 8 月中旬，由缅甸仰光汉语教师协会和仰光东方语言与商业中心联合主办的第三届仰光汉语教师教学技能比赛总决赛在仰光东方语言与商业中心举行，8 名选手参加了决赛。中国驻缅甸大使馆新闻处潘雪松主任、文化处刘利民秘书和领事部张鹏秘书，仰光汉语教师协会主席、仰光东方语言与商业中心董事长曾圆香女士等出席了此次活动。缅华社会各界侨领与代表、华校老师学生等观看了比赛。

本届决赛的内容为教师课堂授课。相比前两届，本届比赛的形式和内容均有不同，教师们除了能文、能舞、会说、会唱之外，还需要在课堂实际教学表现上出类拔萃。按照大赛评分标准，针对设置说课、上课和提问 3 个环节，进行了两天的紧张比赛。

16. 英国举行第 14 届华文教师节庆典暨优秀教师表彰会

2014 年 10 月 26 日，英国中文教育促进会在伦敦隆重举行了英国华文教师节成立 14 周年庆祝典礼暨优秀教师表彰大会。大会主席英国中文教育促进会会长伍善雄、MBE 太平绅士、中国驻英国大使馆李辉参赞、华侨大学贾益民校长一行 4 人、伦敦华社侨领、各界社会人士代表以及 200 多名来自全英各地的中文学校师生代表出席了当天的庆典活动。

伍善雄先生在活动中发表致辞。他高度赞扬了英国华文教师的奉献精神以及在海外华文教育这一平凡而伟大的事业中所做出的贡献。中国驻英国大使馆李辉参赞高度赞扬和肯定了英国教育促进会和会长伍善雄先生在英国为推动华文教育事业而做出的努力，以及所取得的优异成绩，同时也大力表扬了英国华人侨社、侨领以及各界热心人士为推动英国华文教育事业所提供的支持和帮助。来自华侨大学的贾益民校长在致辞中说，习近平主席关于“根、魂、梦”的讲话，揭示了华文教育深刻的本质和内涵，通过举办这样的教师节能够更加有效地让华文教育工作者意识到身上的责任，从而在促进中外交流方面、在传播中华文化方面发挥巨大的作用。

七 华教资源建设

1. 柬埔寨《华文》（初中版）举行专家审稿会

2014年1月15日，《华文》教材（初中版）专家审稿会在暨南大学华文学院举行。北京大学李晓琪教授、香港教育学院陈学超教授、华东师范大学吴勇毅教授、暨南大学彭小川教授、华南师范大学方小燕教授5位知名学者担任审稿专家，就面向柬埔寨编写的华文教材《华文》（初中版）进行了综合审阅。国务院侨办文化司司长雷振刚、华文教育发展中心副主任邱立国、暨南大学副校长林如鹏等出席审稿会。

会上，专家们听取了教材编写组关于教材编写理念、整体设计与编写思路等工作的汇报。专家组对教材编辑工作进展表示了肯定，同时提出了更多的修改意见。专家认为，教材在出版前还有很多待改善的空间，例如课程难度、例句选用、习题编排等，须更符合柬埔寨学生的实际需求。邱立国副主任要求编写组认真记录、整理专家的评审意见，会后立即投入修改工作，力争早日达到正式出版的要求。

2012年1月初，暨南大学党委书记蒋述卓带团访问柬埔寨柬华理事总会，双方商定由暨南大学为柬埔寨编写一套初中版华文教材。为高质量完成此次教材编写任务，在中国国务院侨办的大力支持下，暨南大学华文学院专门成立教材编写组，积极进行教材编写工作。2013年3月，该教材开始各册分组编写，2013年10月完成初稿。

2. 文莱小学《高级华文》（四年级·上）投入使用

2014年2月上旬，历时一年时间编写的小学《高级华文》（四年级·上）教材在文莱投入使用。这套为文莱中华中学编写的华文教材由中国华文教育基金会组织，由中国华文教育基金会、北京燕京文化专科学校和文莱中华中学教师联合编写。

教材主要围绕“衔接、巩固、基础、渐进”的原则进行编写，积极与《图示五步识字》进行对接，从集中识字、韵语识字过渡到分散识字，顺利地转入到语句、语段、语法、词汇的学习使用，进而达到能阅读、会写作的要求，把掌握的汉字基础知识转化成综合语言能力。新教材主要依照中国汉办 YCT 和 HSK 考试大纲和新加坡 2007—2010 年小学华文课程标准进行编写，通篇贯彻“寓教于乐”的编写理念。教材内容丰富多彩，注重培养沟通能力，体现中国文化与习俗，比较了中、文两国文化特性，注重在实际生活中的运用。

2011 年，文莱中华中学引入了中国苏州小学的《图示五步识字》教材，大胆地进行华文教学改革。改革颇见成效，学生通过 3 年的学习，达到识读 1700 个汉字，超过同期新加坡学生 1400—1500 个汉字的标准，识写近 700 个汉字的水平，实现了华文教学领域的一大突破。

3. “《华文教师证书》考试题库”建设获国侨办立项资助

为满足《华文教师证书》颁行对教师教学能力认证的需要，暨南大学华文学院课题组在完成第一阶段研发工作的基础上，提出了建立“《华文教师证书》考试题库”的构想，并申请设立为国侨办华文教育重大科研项目。2014 年 4 月 11 日，国侨办文化司正式批复暨南大学华文学院，同意立项支持该项研究。

“《华文教师证书》考试题库建设”项目针对试题设计、征集、选用和题库运行与管理机制进行研究，利用计算机进行试题命制各环节的自动管理，具有自动生成试卷、检索等功能。题库建设是建立统一的华文教师职业能力认证技术体系的重要措施，是职业能力认证命题标准化、规模化、科学化必要的保障，对规范认证行为、保证认证质量具有重要意义。

题库建设是贯彻“培训、考核、认证”三位一体师资培训思路的重要举措之一，对海外华文师资培训与培养的专业化、科学化、规范化意义重大。

4. 澳大利亚华裔学生本土化汉语教材编写启动

近年来，随着澳大利亚“全国学校亚洲语言学习计划”（NALSSP）的实施，中文教学在澳大利亚主流学校日益受到重视。在此背景下，新南威尔士州为具有亚洲文化背景的学生制订了新的 Heritage Course 语言教学大纲。

为适应华裔学生中文教学的需要，暨南大学华文学院应澳大利亚中文教育促进会的邀请，为该计划下的华裔中文教学课程编写适用的本土化教材，供开设 Heritage Course 的主流学校选用。2014 年 5 月该教材编写计划获国侨办立项，编写工作已经启动。

5. 中国首部《世界华文教育年鉴》出版发行

2014 年 5 月 1 日，由华侨大学校长、华文教育研究院院长贾益民教授主持编撰的《世界华文教育年鉴（2013）》一书，由社会科学文献出版社出版发行。

作为中国海外华文教育领域的首部年鉴，《世界华文教育年鉴（2013）》以权威性、学术性、真实性为编撰原则，记录和反映了2012年世界华文教育领域各方面的重要发展，其主要内容包括综述、大事记、华教资讯、学术动态、论著选介、华教天地、重要文献等，是华侨大学海外华文教育与中华文化传播协同创新中心所取得的阶段性成果，其出版发行对华文教育的政府决策、学术研究等意义重大。

国务院侨办副主任、中国海外交流协会副会长马儒沛在序言中指出，编撰《世界华文教育年鉴》是一项收集和整理世界华文教育信息、考察和分析世界华文教育现状的基础性工程，将为世界各国华人社会开展华文教育工作提供参考，为世界华文教育研究提供资料性服务，为国家华文教育政策的制定提供决策信息，为世界华文教育发展的历史足迹留下记录。

6. 中国侨网（全新版）正式上线

为给海内外侨界提供丰富的涉侨资讯和便利的沟通服务，经过半年多精心运作，2014年6月6日，中国侨网（全新版）正式上线，旨在打造成为全球华侨华人温馨的网上家园。当日，正值第七届世界华侨华人社团联谊大会在北京举办，中国侨网全新版启动仪式在大会举办地北京饭店亮相。

国务院侨办主任、中国海外交流协会常务副会长裘援平向参加社团联谊大会的500余位嘉宾详细介绍了中国侨网全新版的特色功能与组织架构，并强调，“侨”是该网站最重要的特点。

据裘援平介绍，中国侨网拥有稳定健全的信息采集网络，与海内外华文媒体、中国侨务部门、民间涉侨机构、华侨华人社团有广泛密切联系，是面向全球华侨华人的综合性网站。其内容涉及海内外侨界和中国侨务工作的各个领域，有三大特色功能：资讯、服务、互动。

中国侨网致力打造成为丰富权威的“涉侨资讯中心”，共设置七大板块展示涉侨资讯，包括“华侨华人”“中华文化”“华文教育”“经济科技”“归侨侨眷”“涉侨法规”“涉侨机构”。

“服务”是中国侨网全新版最突出的特色，网站致力打造便捷亲和的“为侨服务平台”，包括涉侨法规分类查询、回国定居办理指南、出境入境贴心提示、华文教育资源共享、网友咨询在线问答、侨务活动网上报名等服务性内容。

中国侨网亦致力为侨界搭建可以畅所欲言的“交流互动园地”，为此设置了“侨网相连”“公共社区”“侨声传递”“侨商权益”“微侨务”等板块。

启动仪式上，在500多名海外侨领的见证下，裘援平与中国新闻社社长刘北宪以及来自五大洲的侨领代表共同触摸水晶球，正式启动中国侨网全新版。

7. 华侨大学华文教育研究院打造华文教育领域首个智慧教室

2014 年 6 月，华侨大学华文教育研究院着手创建“华文教育智慧教室”，并于 7 月正式启用。这是华文教育领域首个采用碎片“云”和互联“端”技术开展教学的示范性教室，集办公、备课、互动教学、课堂录播、在线教育等五大功能于一体，是教室信息化建设的最新形态，能有效实现线上—线下、课上—课下“零距离”即时、多向、多形式的互动教学，帮助师生摆脱传统束缚，深度激发教与学的潜力。同时，它将教学过程碎片化，并即时传至“云”平台，供学生课下复习使用。“智慧教室”创建至今，已接待了数百名来自海内外的观摩者。

华侨大学华文教育研究院在华文教育智慧教学探索、实践上已走在国内前列。借助“智慧教室”这一前沿平台，研究院正在开发《中文》教学案例，建设教学资源私有云，并开展部分课程的智慧教学探索。

8. 暨南大学中文教材编写组赴澳大利亚实地调研

澳大利亚高中《中文》教材编写组在主编曾毅平教授带领下，于 2014 年 8 月 29 日至 9 月 2 日，前往悉尼、墨尔本进行了为期 5 天的实地调研。通过实地听课和调研，编写组感受了当地的课堂教学风格，对 Heritage Course 的教学模式和测试方式有了深入的认知，进一步明确了教材定位，掌握了当地中文高考信息和教学制度的基本数据，对澳大利亚中文教学发展趋势有了较好的把握。调研期间，编写组还收集了各类教学大纲、试卷、作业、本土教材和讲义、纸质和音像素材等有价值的资料，物色了本土编写人员，并取得了预期效果。

9. 意大利罗马侨团与华校举办中文教材编写研讨会

2014 年 9 月上旬，罗马华侨华人联合总会与中华语言学校共同组织举办中文教材编写座谈研讨会。浙江省外侨办文教宣传处处长王云奇率领代表团一行专程前往参会，会议就如何编写适合海外华裔青少年的中文教材与海外华校进行座谈交流。中国驻意使馆领事李帆及罗马各侨团侨领参加研讨会。

此次研讨会为编写适合海外华裔青少年学习的教材提供了切实可行的方案。

10. 温州侨办向海外华校推出《华文教师培训》教学光盘

为满足海外温州籍华校的培训需求、更有效地帮助海外温州籍华校提高华文教师队伍综合素质，温州市侨办推出了《华文教师培训》教学光盘。

这套光盘的教学内容均是温州 2014 年海外华文教师培训班现场录制的教学录像资料，收录了海外华校管理、班主任管理、教育价值观和海外教学技巧等为海外华校校长和华文教师量身打造的课程。

11. 华文在线网络学习平台在四川成都正式上线启动

2014 年 12 月 26 日，由四川省侨联、成都市侨联、成都广播电视大学联合打造的汉语语言网络学习平台——“成都华文学习在线”（http：//chengdu. myechinese. com）上线启动仪式在成都社区大学市民学习中心举行。中国侨联、国家开放大学发去贺电，世界各地的海外侨胞及汉语学习者以远程视频方式热烈祝贺“成都华文学习在线”上线启动。

四川省侨联党组书记、主席刘以勤，国家开放大学对外汉语教学中心副主任李孚嘉，成都市侨联党组书记、主席陈雄，成都市教育局党组副书记、副局长姚凯，以及成都广播电视大学的领导出席启动仪式。

分布在世界各地的华裔新生代人数大量增加，他们迫切希望国家做好汉语语言推广工作。四川省市侨联与成都广播电视大学充分利用各自优势搭建了“成都华文学习在线”网络学习平台，让“成都华文学习在线”优质的汉语语言教学、中华文化及巴蜀文化学习资源更好地服务归侨侨眷、海外侨胞及到四川发展的外商，对于讲好中国故事、传播四川声音、展示成都形象、促进文化交流，扩大中华文化国际影响具有深远的意义。

“成都华文学习在线”的启动旨在通过整合优势资源，以先进的网络技术发展教育，以教育的视角传递文化，以文化的融通服务社会，打造成都“大教育”的多彩时空。

第四部分

世界华文教育学术动态

一　学术会议

1. 第六届世界华语文教学研究生论坛在台中教育大学举行

第六届世界华语文教学研究生论坛于2014年1月18日至25日在台中教育大学举办，由台中教育大学语文教育学系华语文教学研究所、世界华语文教育学会联合主办。来自中国台湾、中国大陆、中国香港、日本、马来西亚、韩国、新加坡34所大学的250位博硕士研究生参加了此次论坛，发表论文99篇。

此次论坛的主题是“国别化及数位化之华语文教学研究”，讨论议题包括华语文本体研究、华语文教学研究、华语文教学科技研究、华语文能力检测与师资培训等多个方面。

此次论坛特邀台湾师范大学宋曜廷教授、新加坡国立大学周清海教授（兼任南洋理工大学教授）、美国洛杉矶加州大学陶红印教授、暨南大学曾毅平教授、厦门大学郑通涛教授等学者做主题报告。

“世界华语文教学研究生论坛”发起于2007年，旨在为世界各地华语文教学领域的研究生提供一个发表、讨论与交换研究成果的平台。通过交流讨论，提升研究生研究华语文教学的学术能力，并增进相互间的学术与文化交流。首届世界华语文教学研究生论坛于2008年1月16日至19日在暨南大学举办，有中国大陆、中国台湾、中国香港和新加坡的专家学者、研究生100多人与会，遴选40多篇优秀研究生论文发表，分组讨论，并邀请知名学者做专题演讲、文化参访等活动。

2. 第二届国际汉语教学研讨会在美国旧金山州立大学成功举行

2014年4月25日至26日，由美国旧金山州立大学孔子学院主办的第二届国际汉语教学研讨会成功举办。

本届大会以“汉语研究与中文教学：当下与未来”为主题，以“专家专题演讲，分享当今最新汉语研究成果；全会讨论互动，探索最新汉语语言教学特点；汇集智库资源，研究汉语文化教学未来发展；深入研究交流，搭建孔院高端学术交流平台”为宗旨，来自宾汉顿大学的陈祖言教授、戴维斯加大学的储诚志教授、香港中文大学的冯胜利教授等19位中美著名专家分别就汉语语言学研究及二语教学的最新理论和发展，孔子学院汉语文化教学未来发展趋势，汉语、文化与思维关系的研究，汉语语法、词汇与汉字教学，汉语二语教学法的研究，翻译理论与翻译实践，中国电影在中国语言文化教学中的理论与实践，优秀汉语教师的培养与训练，汉语教学中的测试、评估与考教结合等九个专题做主旨演讲。共有来自7个国家，35所孔子学院、孔子课堂的代表，以及北美地区中文专业师生150余人参会。

3. 第四届国际汉语应用语言学研讨会在美国爱荷华大学召开

国际汉语应用语言学研讨会由爱荷华大学孔子学院和中国华东师范大学联合主办，于2008年在美国爱荷华大学召开首届会议。

第四届国际汉语应用语言学研讨会由爱荷华大学孔子学院和华东师范大学对外汉语学院主办，于2014年4月25日至26日在美国爱荷华大学召开。大会共包含2个主题发言，10个小组发言，包含汉字习得、词汇心理表征研究、汉语口语和写作评估研究、汉语教师发展研究、汉语课堂纠错反馈研究和汉语语法习得研究等10个专题。

马里兰大学二语习得研究专家蒋楠教授做了题为“高级汉语学习者语言能力的心理学探索”的报告，报告了马里兰大学正在开展的汉语LCP项目的部分情况。报告主要聚焦在词义发展、句子加工自动化和词汇辨认自动化三个项目上。

第二场主题报告来自美国洛杉矶加州大学的陶红印教授，题为“汉语教学话语语用：理论与实践”，包括语境中的语言使用、社会文化中的语言使用，并展示了相关的自然会话案例、声像资源，且呈现了一段话语语用辅助语法和交际的联结的案例，案例体现了话语语用分析对语言理解的促进作用。因此，从动态话语分析的角度来看，汉语教学中的话语语用应该从真实的语言任务中去分析语言结构和语法结构。

4. 德语区汉语教学协会第18届汉语教学研讨会在法兰克福歌德大学举行

第18届德语区汉语教学研讨会于2014年5月8日至10日在法兰克福歌德大学举行。此次会议由德语区汉语教学协会及法兰克福歌德大学孔子学院主办。来自德语区汉语教学协会以及德国各州的130余名德语区骨干汉语教师参与了大会。大会还邀请了来自美国、奥地利以及中国的汉学教授及专家出席。

与会者围绕会议主要议题“汉语作为外语教学：口头语言与书面语言”展开讨

论，并就“汉语水平考试”“汉学专业课程设置与完善”“汉语习得”等课题进行了深入的讨论。

法兰克福总领馆教育文化组赵伟民总领事、哥廷根大学汉学系 Henning Klöter 教授、德语区汉语教学协会主席 Andreas Guder 博士以及法兰克福孔子学院总理事长 Dorothea Wippermann 教授为大会致欢迎词。来自美国加利福尼亚大学伯克利分校的陶红印教授作了主题报告，与大家共同分享、探讨了基于语料库的汉语教学课题，为大会拉开精彩的序幕。

基于口语与书面语教学这一中心议题，此次会议共分为“口语与书面语的教学新发展”“汉语词汇习得”“书面语言表达能力”“汉语在欧洲中小学校的发展”“成人对外汉语教学”“对外汉语教学课程高校管理”等分议题，在 9 个会议组展开热烈的讨论。同时，大会还就一些较深入的议题开设了 5 个专题讲座，如“‘把’字句型的教学”“中德对话式交际”等，为与会老师提供充裕的时间共同探讨与交流。

大会期间，法兰克福孔子学院的蒋煜恒老师以德国儿童表演的儿童剧“中国梦”呈现了她的参会报告。虽然孩子们的中文表达简单，动作稚嫩，但却传递出他们对汉语朴实而真挚的热爱。

随着汉语热现象的涌现，德国一些大学已将汉语师范开设为正规的学科专业，此新兴现象也成为此次大会的重要议题之一。来自德国波鸿大学、哥廷根大学以及图宾根大学的汉学专业负责人就此新兴专业的发展作了详细且深入的报告，不仅介绍了汉学专业的课程设置及教学安排，而且还对相关汉语课程的教学重点及学生发展前景作了阐述。法兰克福孔子学院与歌德大学联合举办的在职教师资格培训，也受到了各位汉语教师的大力推崇，至今已有三届培训学员，2014 年招收第四届学员，为德语区中学汉语教学持续推出师资人才。

在会议期间，来自波鸿大学的 Neder 博士以及来自 Hansenberg 国际中学的 Stefan Happel 老师还分别就汉语教学在德国中学的发展开展了讨论。Neder 博士介绍了汉语口语测试在德国中学的设置与管理，并分享了如何真正培养并挖掘出学生“说”汉语的能力，让大家受益匪浅。Happel 老师生动地讲解了如何利用现代数字技术辅助汉语教学，并为大家展示了他个人为教学开发的汉语教学网站及视频。课本与动画相结合，使汉语教学变得充满了乐趣，极大地提高了学生们的学习兴趣。

全世界都掀起汉语热，欧洲多国都越发重视本国学生的汉语能力。专业对外汉语教师面临巨大缺口，中国人若想去欧洲教授汉语，则必须取得符合欧洲职业认证体系的英国 City & Guilds 国际教师资格。

5. 2014 开创华语文教育与侨民教育之新视野国际学术研讨会在台湾中原大学举办

2014 开创华语文教育与侨民教育之新视野国际学术研讨会由台湾中原大学应用华语文学系主办，于 2014 年 5 月 9 日在中原大学举办。此次研讨会以“开创华语文教育与侨民教育之新视野以迎接全球华语文热之来临”为主题，旨在邀集从事华语文教育与侨民教育之产官学专家学者集思广益，促成华语文教育与侨民教育的携手合作，共同为开创华语文教育与侨民教育的新局面而努力。

会议邀请到日本大阪大学语言文化研究科古川裕教授、台湾清华大学语言学研究所曹逢甫教授、台湾中正大学语言学研究所戴浩一教授担任专题演讲特约讲者。北京华源普惠语言学研究院院长吕必松发表《怎样使汉语学习化难为易》，韩国外国语大学金贤珠教授发表《韩国大学对古代中国语的教育现状和分析》，韩国湖西大学朴雪豪教授发表《韩国大学华语教学的现状及改善方向》，新加坡南洋理工大学华文教研中心周小玉讲师发表《论戏剧教学法在新加坡华文教育的萌生、发展与挑战》。

中国、日本、韩国、新加坡从事华语文教育与侨民教育的专家学者齐聚一堂，针对教材编印、师资培训、网络教学等课题集思广益。跨国学者的携手合作促进了华语文教学与国际顺利接轨。

6. 第七届北京地区对外汉语教学研究生论坛在北京大学举办

第七届北京地区对外汉语教学研究生论坛由北京大学对外汉语教育学院研究生会主办，于 2014 年 5 月 10 日在北京大学举办。论坛以多元环境下的汉语第二语言教学研究为主题，围绕汉语国际教育学科发展及跨学科研究、教学教法教材研究、国际汉语教师发展及教师技能研究、二语背景下的汉语本体研究、二语习得研究 5 个议题展开。

大会之初，张旺熹教授为大家做了题为《从视点平行移动看持续体“着”的语义形成机制》的专题讲座，杨德峰教授做了题为《趋向补语认知研究与教学》的专题讲座。随后，来自北京外国语大学的硕士生张晓明、来自北京大学的硕士生季竞分别向大会报告了论文。两位同学的研究选题新颖，方法严谨，逻辑清晰，表述精彩，引起了现场师生浓厚的兴趣和热烈的讨论，徐晶凝老师还从选题意义和研究方法两个角度对两位同学的报告进行了精彩点评。

会上，来自 7 所高校的 37 位与会代表分为 5 组宣读了论文，每组均有对外汉语教育学院的资深教师参与讨论并做点评。此次论坛的论文选题范围广，视角新颖，既有对汉语本体、二语习得理论的深入细致探讨，也有对教学实践、教师发展、学科建设等问题的反思与展望，有些论文还具有一定的国际视角，体现出对外汉语教学界研究生们的学术潜力和学术素养。

北京地区对外汉语教学研究生论坛是由北京大学对外汉语教育学院研究生会发起并主办的一项大型研究生学术交流活动，是对外汉语教育学院学生课外活动的品牌项目。论坛始终坚持学术定位，为对外汉语教学专业研究生搭建展示学术成果的平台，提供沟通交流的契机，活跃北京地区对外汉语教学界的学术氛围。论坛于 2008 年创办，自第五届起，论坛优秀论文由中国知网国内重要会议论文数据库收录。

7. 2014 对外华语人才培育国际研讨会在台北联合大学举行

2014 对外华语人才培育国际研讨会由华语文学系与华语文中心联合主办，于 2014 年 5 月 16 日至 17 日在台北联合大学举行。此次会议围绕师资培育，华语文产学合作，华语各学科教材编写，华人文化教学，资讯融入华语教学，华语语音、语法、词汇、汉字、语用等本体研究，教学法、教学法应用，其他与华语人才培育相关学术课题展开讨论。新加坡华文教育研究中心陈之权教授做《聚焦新加坡华文教师在职培训——开发师资培训课程须回答的几个问题》专题演讲，暨南大学伍巍教授做《汉语口语表达的实践方法》专题演讲，台湾政治大学、台北联合大学讲座教授竺家宁做《两岸词汇与华语教学》专题演讲。

8. 第四届语言学与华语二语教学国际学术研讨会在中央民族大学举行

由华语二语教研学会主办、中央民族大学国际教育学院承办的第四届语言学与华语二语教学国际学术研讨会于 2014 年 5 月 18 日在中央民族大学举行。

此次研讨会的主题为“国际汉语教学理论与实践创新”，以高级论坛形式举行，特邀专家报告论文与听众讨论相结合，一般参会者不安排报告论文，但可提交论文，优秀论文可收入会议论文集出版。会议邀请陈学超、储诚志、崔希亮、冯胜利、胡晓清、贾益民、吴伟平、吴应辉、吴勇毅、郑通涛 10 位国内外著名学者担任大会报告人，报告涉及华语教学中的文化教学、语法教学、教学设计、语料库建设、教师培养等多个问题。

9. 第五届中青年学者汉语教学国际学术研讨会在美国哥伦比亚大学举办

第五届中青年学者汉语教学国际学术研讨会由北京大学对外汉语教育学院与美国哥伦比亚大学联合主办，于 2014 年 5 月 23 日至 24 日在哥伦比亚大学成功举办。来自 11 个国家与地区的 130 多位与会学者在“语言与文化：全球视野下的汉语研究与汉语教学”这一主题下共襄盛举，就国际汉语教育背景下汉语研究与汉语教学中的诸多问题进行了热烈而深入的交流。

此次会议4个分会场共20个小组的60余位代表同与会专家和听众分享了自己的研究和思考，发言人包括来自多个国家和地区的一线汉语教师、汉语教学领域的专家学者以及博士生等，其主题覆盖了汉语教学中的词汇、语法、语音、汉字研究，文化与跨文化教学研究，汉语作为第二语言的习得研究，国别化教学及教材研究，教学设计及教学模式研究等各个领域和方向。在各项主题中，语言要素的研究广泛涉及了多个方面的各类题目，例如：语音方面的重音、声调研究；词汇方面的多义词、反义复合词、成语研究；语法方面的动态助词、连词、句式及篇章研究；汉字方面的教学策略研究；等等。

习得研究大多遵循了心理学实验研究的途径，对诸如语块习得、韵律特征习得、近义词习得以及HSK对教学与习得的反拨作用、学习动机对习得的影响等问题进行了探讨，其中一些题目与国际主流研究接轨。

在国别化教学、教材建设、教学的设计与模式方面，既有从宏观高度对国别化教学进行的理论构思与整体框架构建、对“高级汉语”定义的思考，也有对国别化教材的话语角度、知识体系、公立大学的课程设置、具体国别的职业汉语教学、复述教学法和案例教学法等具体问题的讨论和介绍。

文化与跨文化的研究亦内容多样，所关注的问题包括：不同教材的文化匹配度、特殊汉语教学中的文化教学与实践活动、跨文化教学研究的现状、文化能力的构成等等。该方向的与会者达成如下共识：语言教学中的文化教学必须服务于语言教学，文化内容能够丰富但不能霸占语言课堂。

闭幕式上，休斯敦大学温晓虹教授、圣母大学朱永平教授、加州大学戴维斯分校储诚志教授、北京大学杨德峰教授分主题对各分会场的报告与研讨情况进行了总结。4位专家一致肯定了此次会议中各小组报告所取得的进展与成果，认为这些研究具有关注范围广泛、视野开阔的特点，涉及一些前沿性、普遍性的问题，或是对已有问题提出了新的视角和观点，并且在研究方法上也有所突破，例如语音研究基于实证调查基础上的详细描写与分析，语法研究中利用语料统计的有所增加，习得研究大多使用了心理学的实验手段等。同时，专家们也指出了这些研究仍存在的一些不足。

10. 第三届汉语语言与话语国际研讨会在伦敦大学举办

第三届汉语语言与话语国际研讨会由伦敦大学伯贝克学院主办，于2014年6月11日至13日在英国伦敦举办。来自中国、英国、美国、澳大利亚、意大利、丹麦、荷兰、新加坡等全球20多个国家和地区的80余名代表出席了此次会议。与会代表主要来自世界各著名高校，如英国剑桥大学、牛津大学、伦敦大学，美国布朗大学，澳大利亚悉尼大学，新加坡南洋理工大学等。中国驻英国大使馆派代表出席了开幕式并致贺词。

汉语语言与话语国际研讨会主要讨论汉语话语功能和对外汉语教学，会议范围涉及语言与社会、语言与文化、语言与社会交流、话语与语法、传播研究、语言接触等。首届汉语语言与话语国际研讨会2010年在美国加州大学洛杉矶分校举办。

11. 第五届中外商务合作跨文化交际与商务汉语教学研讨会在上海财经大学举办

第五届中外商务合作跨文化交际与商务汉语教学研讨会由国家汉办国际商务汉语教学与资源开发基地主办，于2014年6月13日至15日在上海财经大学举办。来自美国加州大学圣塔芭芭拉分校、美国宾夕法尼亚大学、日本丽泽大学和中国北京语言大学、中山大学、山东大学等国内外高校的50余位专家学者出席会议。

会上，与会专家分别就专用汉语学习动机、国际汉语教师的文化理解及跨文化交际能力、商务汉语书面语语体特征、商务汉语教材、商务汉语课程建设等议题展开讨论。

美国哥伦比亚大学刘乐宁教授从专用汉语学习者学习动机以及二语交际频率、二语交际意愿与学习动机的关系入手，探讨教师在提升学习者的理想自我过程中的作用和策略，提出学习者要融入所学语言的所在国文化。

美国加州大学圣塔芭芭拉分校关道雄教授就“商务汉语案例教学的问题设计”这一议题探讨了教学过程中“问题”的界定、分类、提出及解答。美国宾夕法尼亚大学蒋冕华教授以宾州大学沃顿商学院商务汉语课程实践为例，介绍了金融风暴后商学院人才培养理念的变化对商务汉语教学的新要求和该校的实践，向与会者展示了海外商务汉语教学界的新动向。日本丽泽大学三潴正道教授撷取《人民日报》论说文作为语料探讨白话书面论说体的特征，认为这一研究有助于学习者学习商务汉语书面语。山东大学国际教育学院院长、中华传统文化研究与体验基地主任宁继鸣教授在以“文化理解与跨文化交际能力——基于国际汉语教师职业素养的分析”为题的发言中强调了跨文化交际意识和能力对商务汉语教学以及国际汉语教师的必要性。中山大学国际汉语学院院长、国际汉语教材研发与培训基地主任周小兵教授依托该校国际汉语教材研发与培训基地教材信息库的统计数据，展示了商务汉语教材的多层面考察研究方法。上海财经大学国际文化交流学院黄锦章教授分享了关于“商务汉语案例教材编写中的若干原则问题”的看法。其他与会学者也分别就“商务汉语教学资源”和“跨文化交际与商务汉语教学”两大主题进行热烈交流，议题涉及商务汉语教学法、教学资源研发、课程设置等多个领域。

此次会议既展示了商务汉语教学科研领域最新的研究成果，也促进了全国各高校以及海内外专用汉语教学界的学术交流，极大地拓展了上海财经大学国际商务汉语教学与资源开发基地（上海）与海内外同行的合作领域。与会学者认为定期举办的商务汉语专题系列研讨会将大大推动未来商务汉语教学、教材、教师培训、课程建设等各方面的研究工作。

12. 第十二届国际汉语教学学术研讨会在哈尔滨理工大学召开

第十二届国际汉语教学学术研讨会由中国黑龙江省教育厅、哈尔滨工业大学和美国罗德岛大学联合主办，于 2014 年 6 月 27 日至 29 日在哈尔滨理工大学召开。来自世界各地 10 余个国家和地区的汉语教学专家、学者、一线教师、黑龙江省高校在读研究生近 300 人参加了会议。围绕会议“国际汉语教学的挑战与机遇”主题，与会者就国际汉语教师面临的挑战与应对策略，汉语本体研究与国际汉语教学，国际汉语教学法的发展，汉语作为第二语言的习得研究，现代教育科技在国际汉语教学中的应用，孔子学院的发展与文化的传播，教材编写等七大议题进行了广泛深入的讨论。

会上，来自北京语言大学、中央民族大学、美国汉明顿大学、纽约大学的 4 位特邀嘉宾围绕会议主题，分别从汉字教学、阅读教学、师资培养目标和文化教学艺术等方面发表了主旨演讲，介绍了国际汉语教学前沿的研究成果。

在为期 3 天的议程里，代表们分别会聚在 4 个分会场中，围绕大会主题和 7 个议题进行研讨。大会共收到论文 380 余篇，从中精选 77 篇收入论文集，已于会前由黑龙江人民出版社正式出版。

13. 全澳中文教师联会第 20 届年会在墨尔本举行

2014 年 7 月 5 日至 6 日，全澳中文教师联会（CALFA）第 20 届年会在墨尔本 Melbourne Grammar School 举办。此次会议由墨尔本大学孔子学院与维多利亚州中文教师协会（CLTAV）联合主办，会议主题为“回顾与展望”。来自澳大利亚各州近 300 名中文教师欢聚一堂。为期 2 天的年会共举办 8 场学术论坛，论坛话题包括课堂教学与管理、教学资源探索发现、语言教学理论等。来自教学一线及科研前沿的中文教师和专家学者向参会教师分享自己的经验和发现。全澳中文教师联会副主席李复新博士在闭幕式上肯定了本届全澳中文教师联会的收获。该届年会是 20 年来与会人数最多、论坛最多的一届，是一次质的飞跃，在澳大利亚中文教学史上具有重要的纪念意义。

14. 第十二届高校汉语教学国际研讨会在伦敦举行

2014 年 7 月 9 日，由英国汉语教学研究会主办的第十二届高校汉语教学国际研讨会，在伦敦摄政大学开幕。此次研讨会为期3天，来自英国本土以及世界各地国际汉语教学领域的130余位专家、学者和汉语教师齐聚伦敦，探讨国际汉语教学的发展动态和趋势，分享教学理念、思路和经验。高校汉语教学国际研讨会于1997年在牛津大学创办，迄今已成功举办了11届。

15. 第六届现代汉语虚词研究与对外汉语教学学术研讨会在上海师范大学举行

2014年7月18日至20日，上海师范大学对外汉语学院举办了第六届现代汉语虚词研究与对外汉语教学学术研讨会。

此次会议共有来自日本东京外国语大学、新加坡南洋理工大学、韩国启明大学、法国国立东方语言文化学院、越南孙德胜大学、香港浸会大学和北京大学、南京大学、复旦大学、中国人民大学、中国社会科学院等60余所高等院校和科研院所的130余名代表出席，提交会议论文129篇。代表们围绕汉语虚词的共时用法、历时演化、汉语作为第二语言教学、相关格式、类型比较和其他等主题分成6个小组，进行了深入、热烈的讨论。

暨南大学邵敬敏教授，南京大学/北京大学沈阳教授，中国传媒大学邢欣教授，上海师范大学范开泰教授、吴为善教授，上海交通大学王珏教授，东京外国语大学望月圭子教授，香港浸会大学杨素英教授，上海师范大学齐沪扬教授和张谊生教授分别在开幕式和闭幕式上做了题为《副词"大不了"的语义固化及其功能特点》《"才"字句和"就"字句的意义对立和意义反转》《含有否定标记的话语标记的语篇功能探讨》《话题新探》《隐性语义等级序列的激活机制及其语篇整合效应》《拟声词阴平调一统天下的三个谜题》《日本汉语学习者的虚词偏误研究与偏误语料库的建构》《汉语作为第二语言的定语从句习得》《关于语气成分研究的一些思考——基于本体研究和汉语作为第二语言的研究》《从夸张类别、穷尽方式到强调程度——"百般、万般"与"千般"的表达功能与演化模式探讨》的大会主旨发言，引起与会者的热烈反响。

现代汉语虚词研究与对外汉语教学学术研讨会发起于2009年，已经连续成功举办了5届，在国内外均取得了良好的学术影响。

16. 第九届中文教学现代化国际研讨会在华侨大学厦门校区举办

2014年7月19日，第九届中文教学现代化国际研讨会在华侨大学厦门校区举办。此次会议由中文教学现代化学会主办，华侨大学华文学院、华文教育研究院和海外华文教育与中华文化传播协同创新中心共同承办。来自海峡两岸、中国香港、新加坡、英国、加拿大的近百位专家学者会聚一堂，共同探讨大数据时代中文教学的理论与实践问题。此次学术研讨会共分为8个报告专题，包括“云时代”中文教学的实践应用与反思、中文教学“现代化”的理论审视与实践应用、汉语教学知识库及数据资源的理论与应用、汉语现代化教学多媒体技术的应用与探索以及汉语现代化课堂教学探索等。会议论文集《数字化汉语教学》由清华大学出版社在会前正式出版，共收录论文59篇。

17. 第三届两岸四地现代汉语对比研究学术研讨会在鲁东大学召开

2014年7月25日至27日，第三届两岸四地现代汉语对比研究学术研讨会在鲁东大学隆重召开。鲁东大学党委副书记郑明珍、教育部语言文字信息管理司标准处处长王奇、台湾中华语文研习所董事长何景贤先生、教育部语言文字应用研究所副所长吕同舟教授、北京师范大学现代汉语研究所所长刁晏斌教授先后在大会开幕式上致辞。

国家语委两岸语文词典大陆编委会李行健研究员、台湾清华大学曹逢甫教授、山东大学盛玉麒教授、北京师范大学刁晏斌教授、台湾中国文化大学黄沛荣教授、澳门理工学院周荐教授、鲁东大学亢世勇教授等语言学家和学者特邀作了大会报告。

本届研讨会由教育部语言文字应用研究所、北京师范大学、国家语委两岸语文词典大陆编委会、鲁东大学联合主办，来自中国大陆、港、澳、台的50余名专家、学者以及台湾华梵大学的20余名学生参加了研讨会。会议收到论文50余篇，涉及中国大陆、港、澳、台语音、词汇、语法对比、辞书编纂研究、语言文字政策等多个领域。会议的成功举办有助于促进海峡两岸以及内地与港澳地区语言状况对比研究的深入开展和持续进行。

18. 泰国西南地区本土汉语教师研讨会举行

2014年8月2日至3日，泰国普吉孔子学院与泰国第十教育区合作举办的泰西南地区汉语教师研讨会召开。来自普吉、甲米、攀牙、董里、拉农等5府20余所中小学74余名本土教师参与了此次会议。第十教育区区长蔡福成、普吉孔子学院泰方院长 Dr. Sontay、中方院长张新玲出席此次研讨会。在国家汉办和中方合作院校上海大学的大力支持下，国际汉语教学专家丁迪蒙、张少云受邀为泰西南地区汉语教师讲授汉语教学理论和教学技巧。形式多样、内容丰富的培训课程，理论与实践相结合，为老师们提供一个将所学理论知识运用到教学实践中的平台。据悉，近年来泰国学习汉语人数快速增长，普吉孔子学院多次组织泰西南地区汉语教师研讨会及本土教师培训，2012年度和2013年度共举办8次汉语教师研讨会及本土教师培训。普吉孔子学院的汉语教师研讨会以增强本土教师汉语知识和专业技能为目的，通过输送优秀学员和孔子学院奖学金获得者到中国交流深造，培养合格的汉语教师和各类汉语人才。

19. 第三届汉语中介语语料库建设与应用国际学术讨论会在福建师范大学举行

2014 年 8 月 2 日至 3 日，由北京语言大学和南京师范大学、福建师范大学联合主办，福建师范大学海外教育学院承办的第三届汉语中介语语料库建设与应用国际学术讨论会在福州顺利举行。来自北京语言大学、南京师范大学、福建师范大学、厦门大学、中山大学、同济大学、南京大学、上海交通大学、鲁东大学、香港中文大学、台湾师范大学等 20 多所高校以及日本、英国、丹麦、越南等国家的专家、学者近 100 人参加了此次会议。

北京语言大学校长崔希亮教授、福建师范大学副校长许明教授、教育部语言文字应用研究所冯志伟教授出席开幕式并致辞。崔希亮教授祝贺此次会议顺利召开，并介绍了“全球汉语中介语语料库”的研究与建设情况。许明教授介绍了福建师范大学的概况，特别是对台交流、留学生教育、汉语国际推广所取得的显著成绩。冯志伟教授表达了自己对语料库建设与应用研究的一些哲学思考，希望会议的召开能进一步推动汉语中介语语料库的建设和基于语料库的汉语教学与研究的发展。

会议分为大会报告、分组报告、小组汇报 3 个单元。北京语言大学张宝林教授，北京语言大学长江学者、香港中文大学冯胜利教授，厦门大学郑通涛教授，南京师范大学肖奚强教授，越南河内国家大学何黎金英教授，中山大学周小兵教授，鲁东大学胡晓清教授，北京语言大学付永刚副教授等分别就汉语中介语语料库建设标准、语体标注、大数据时代的语料库建设、汉语中介语语料库标注的原则与类别、越南学生“了”的偏误、语料库建设的理论意义与应用价值、语料库的综合开发与利用、语料库协同标注与检索平台等主题作了大会报告。大会分 4 个小组就汉语中介语语料库建设与应用研究中诸多方面的具体问题进行了深入、热烈的讨论，提出了许多具有学术前沿性的意见和观点。

此次会议旨在交流海内外汉语中介语语料库建设与应用研究的新成果，探讨相关问题，促进学界的交流与合作，进一步推动汉语中介语语料库的建设与基于语料库的汉语教学研究的发展。筹备伊始，即得到学界同人的广泛关注与大力支持，共计收到论文 70 余篇。会议成果丰硕，达到了预期目的，极大地促进了中介语语料库的建设和应用领域相关研究的蓬勃发展。

20. 第六届亚太地区国际汉语教学学会年会在华东师范大学举办

2014 年 8 月 15 日，第六届亚太地区国际汉语教学学会年会在华东师范大学国际汉语教师研修基地隆重开幕，这是该年会首次在中国举办。大会主题是“亚太地区国际汉语教育的发展趋势”。来自日本、韩国、新加坡、越南、澳大利亚和中国的近百名专家学者，围绕未来亚太地区国际汉语教学发展趋势问题进行了为期3天的交流和讨论。

出席此次年会的有中国外文出版发行事业局局长周明伟，中国国家汉办/孔子学院总部党委书记、副主任马箭飞，华东师范大学党委书记童世骏，亚太地区国际汉语教学学会会长吴英成（新加坡）等近百位专家学者。

会上，周明伟做了题为“汉语教学与跨文化交流”的主题发言。他指出，汉语教学促进了中外文化的交流与合作，在汉语教学过程当中恰当的方式、方法能够有效地加强中外文化的交流。马箭飞发表了题为“本土化师资——亚太地区中文教育发展的关键”的报告。他指出本土化师资建设是亚太地区未来发展的重要目标，并以泰国为例介绍了其本土师资建设的主要模式，还表示亚太各国在建设本土师资方面的经验值得互相借鉴和推广。原澳大利亚 Monash 大学文科院国际汉语交流中心主任洪历建做了题为“国际汉语教育的发展战略”的演讲，他从海外华人汉语教学、孔子学院语言教学与文化传播、东亚文化圈等多个角度重新阐述了亚太地区国际汉语教学的理念和亟待重新思考的新问题。

亚太地区国际汉语教学学会常任理事古川裕（日本）、阮黄英（越南）、洪历建（澳大利亚）、孟柱亿（韩国）、吴英成（新加坡）在专家论坛上就亚太五国的汉语学习者、教师、教材、汉考等各种问题进行介绍，并回答与会代表提出的各种问题。

不同专家从各自工作领域共同阐述了国际汉语教学的发展情况与前景展望，为与会代表提供了更新的思考视角。与会代表与发言嘉宾积极互动，论坛在热烈活泼的氛围中进行。

闭幕式上，亚太地区国际汉语教学学会会长吴英成、日本北九州市立大学教授胡玉华、越南河内国家大学下属外国语大学中国语言文化系副教授阮黄英、韩国外国语大学中国语科教授孟柱亿做小组讨论汇报。汇报集中反映了两天内与会代表们关注的亚太地区国际汉语教学热点问题，如汉语教学资源设计与开发、教学模式探索、汉语与汉语教学研究等，与会代表纷纷表示收获颇丰。

亚太地区国际汉语教学学会是亚太地区汉语教学领域的一个非营利性学术组织，由来自新加坡、韩国、日本、越南、澳大利亚五国的研究人员于2009年发起成立，以提升本地区的汉语教学水平、增进会员间的交流与合作为宗旨；每年举行一届年会，前五届年会分别在日本大阪、韩国首尔、新加坡、越南河内、澳大利亚墨尔本举办。

21. 第一届国际汉字汉语文化研讨会在美国俄克拉何马大学举办

“第一届国际汉字汉语文化研讨会”于2014年8月15日到8月17日在美国俄克拉何马州诺曼市成功召开。此次研讨会由北京师范大学文学院和俄克拉何马大学文理学院主办，北京师范大学汉字与中文信息处理研究所和俄克拉何马大学孔子学院承办。来自法国、德国、日本、韩国、新加坡、美国、中国等世界10余个国家和地区的专家会聚一堂，交流、研讨最新学术成果；并与来自本州和外州的汉语教师研讨、分享其汉语教学经验。

研讨会的开幕式由俄克拉何马大学文理学院终身名誉院长博文理博士和该校孔子学院院长荀学红女士主持，俄州教育部世界语负责人Desa Dawson女士代表州教育部向与会者致热情洋溢的欢迎词，并高度赞扬了俄克拉何马大学孔子学院在当地汉语及文化推广方面所取得的成绩。北京师范大学文学院书记李国英教授和王立军副院长分别为大会致开幕词和闭幕总结，高度赞扬了俄大孔院建院八年来在汉语文化推广、中国文学海外传播方面所做出的显著成绩，并希望未来两校有更多的合作。

与专家会面和出席大会开幕式的有：中国驻休斯敦总领事馆徐白羽领事，俄克拉何马大学Hamilton和Pappas副校长、俄克拉何马大学文理学院Damphousse院长、《世界文学》杂志Davis主编、中美问题研究所Gries所长、《今日中国文学》杂志Stalling副主编、俄克拉何马大学现代语言系LaGreca主任、夏威夷大学孔院任友梅院长、得克萨斯州大学达拉斯分校孔院顾明栋院长、波特兰州立大学孔院刘美如院长，俄亥俄迈阿密大学赵晨院长、冷慧中方院长，俄克拉何马州汉语教师协会会长、教授专家协会副会长、俄大孔院下设孔子课堂负责人，以及来自世界各地的30多位专家学者，来自得克萨斯州、俄亥俄州和俄克拉何马州的大、中、小学汉语教师、学生和汉字汉语文化爱好者，共计120余人。

北京师范大学资深教授、中国语言学会副会长王宁先生做了题为《汉字的形体结构及其文化阐释》的主旨演讲。王宁教授从汉语学习的教与学的角度深入浅出，指出汉字在汉语学习中的重要性，提出了汉字教学中需特别注意的问题。法国教育部汉语总督学、世界汉语教学学会副会长白乐桑教授做了题为《太初有字：对外汉语初级阶段应以字为起点》的演讲，白乐桑教授提出：汉语学习的初始阶段就要引入汉字教学，并阐释了其必要性和重要性。中国语言学会副会长、中央民族大学一级教授戴庆厦先生做了题为《汉字与中华文化的互证关系》的演讲，对汉语教学具有重要指导意义。《长城汉语》技术开发负责人、北京师范大学信息科学与技术学院宋继华教授，为会议提供了《数字媒体时代的国际汉语教材编写指南》，并特别介绍了由国家汉办资助开发的教材编写平台，为国际汉语一线教师提供了利用资源库、模板库开发教材、教辅的技术指导。

此次大会按中英两种工作语言安排了研讨会场，专家们就汉字、汉语本体和汉字、汉语教学，以及基于互联网技术的汉语教学数字化等问题进行了深入的研讨。研讨会现场气氛热烈，专家、学者及参会人员积极交流，认真切磋、探讨。研讨会还特别安排了会前研讨，为年轻学者提供了学术交流的平台。

会后，专家和参会者纷纷致函，对研讨会给予了很高的评价，一致认为，“这是一次十分成功的研讨会，它为与会者提供了学术交流及对外汉语教学研究的平台”。“研讨会的内容、组织流程、会务服务给与会者留下了深刻的印象。”

此次研讨会将汉字汉语文化研究推向了海外，开启了汉字汉语文化研究新的里程，必将对海外汉语教学产生深远的影响。

22. 第三届对韩（朝）汉语教学国际学术研讨会在延边大学召开

2014 年 8 月 16 日至 17 日，由《汉语学习》编辑部、延边大学汉语言文化学院、汉语国际推广东北基地延边大学中心、韩国忠北大学孔子学院联合举办的第三届对韩（朝）汉语教学国际学术研讨会在延边大学成功召开。

会议共收到参会学术论文 76 篇，来自北京大学、复旦大学、吉林大学、北京语言大学、上海师范大学、上海外国语大学、东北师范大学、商务印书馆、延边大学及韩国忠北大学等 27 所国内外高校和新闻出版单位的 70 余位专家学者、教师、博（硕）士研究生代表参加会议。来自韩国、日本、中国的学者也提交了参会论文。

此次会议的成功召开，为国内外对韩（朝）汉语教学和研究界搭建了交流和探讨的平台，促进了相关领域研究的进展和融合。

23. 第八届加拿大汉语教学国际研讨会暨加拿大中文教学学会在温哥华市中心校园召开

2014 年 8 月 16 日至 17 日，由加拿大中文教学学会和加拿大不列颠哥伦比亚理工大学（简称 BCIT）孔子学院联合举办的“第八届加拿大汉语教学国际研讨会”在 BCIT 温哥华市中心校园召开。来自欧洲、亚洲和加拿大各地大学的 27 位教授、专家和学者在研讨会上发表论文，就当代汉语教学的理论、汉语教学资源的开发与同行们进行探讨、交流、切磋和分享。

步入 21 世纪的第 2 个 10 年，全球海外中文教师所面对的挑战是如何满足不同学生的不同学习需求与学习方法，以及如何在海外汉语教学中充分有效地应用现代教学理论、方法和技术，尤其是网络与数字化技术。就此，在第八届加拿大汉语教学国际研讨会上，以北京语言大学教授刘珣先生为首的来自 8 个国家的 44 位学者和老师们，就当代汉语教学的理论探索与资源开发展开了研讨。其中27位学者在研讨会上就“课堂活动与课程、教材与教本形式、学习架构与方式、教学方法与理论、学生学习动机与习惯、汉语教学的学术研究”6个课题发表论文并进行宣讲，并与参会专家和学者进行热烈的讨论。

本届汉语教学国际研讨会的成功召开为海外汉语教师们提供了一个跨国界的、相互交流和沟通的平台，对促进国际汉语教学水平的提高也将起到积极推动的作用。

24. 马来西亚董总成立60周年庆典暨2014年世界华文教育论坛在新纪元学院召开

马来西亚董总成立60周年庆典暨2014年世界华文教育论坛于8月22日至23日在马来西亚新纪元学院召开。来自东南亚各国华教组织代表、专家学者和特邀嘉宾等300余人出席盛会。开幕式上，董总主席叶新田博士致辞说，本届世界华文教育论坛是第一次在中国以外的国家举行，马来西亚作为第一个海外主办国与有荣焉。东南亚各国华教组织唯有团结一致，坚守华文教育的防线，齐心捍卫，才能继续发展华文教育，不负华教先贤的牺牲与奉献。董总署理主席邹寿汉指出，董总今后不仅要积极站稳在维护华教的岗位上，更要为世界华教发展再领航。

2014年世界华文教育论坛的主题为“促进世界华文教育的发展”，论坛的两大宗旨为“献心献策、发展华文教育”及“群策群力、弘扬中华文化”。论坛的研讨议题包括六大范围：“世界各地区华文教育发展的情况与展望”“政府教育政策的变迁与华文教育发展”“华教意识在华社的变迁方向”“华文教育与多元文化社会的构建”“华文教育与华文传承辨析”与“华文作为第二教学语言的问题与研究”。各国代表在2天的时间里，围绕论坛的六大课题，积极展开交流、讨论分享。中国中央民族大学国际教育学院院长吴应辉教授说，随着中国的强大，大家努力维护统一、规范华语文，华语有望成为全球语言。中国华侨大学华文教育研究胡建刚副院长指出海外华教必须保持个性化。新纪元学院理事会主席林忠强强调华文教学要符合社会多元需求。文莱中华学校许月兰校长做了以文莱中学为例的教改心得分享。交流时段，印度尼西亚苏北华联秘书长陈民生勉励大家说，我们要用自强不息的坚毅精神感动大众、带动子孙，华文教育才能发扬光大。

25. 新西兰中文教师协会成立大会暨中文教学研讨会举办

2014年8月23日，新西兰中文教师协会成立大会暨中文教学研讨会举办。驻奥克兰总领事馆牛清报总领事代表中国驻新西兰大使王鲁彤出席致贺。新西兰工党议员霍建强、新西兰中国关系促进委员会首席执行官英派特、新西兰外语教师协会主席马丁·易斯特教授、新西兰教育部国际语言交流发展项目（ILEP）执行主任克莉丝汀·贝儿布瑞彻和汉语顾问王宇等也应邀出席。中国驻新西兰大使领馆和驻克里斯彻奇、奥克兰总领事馆教育领事，新西兰3所孔子学院的中外方院长，多位中小学校长代表、70多位新西兰本地汉语老师和汉语志愿者以及部分汉学研究专家出席此次盛会。

中文教师协会的成立，标志着新西兰汉语教学新的重要发展，它将为新西兰中小学汉语教师之间的联系和交流建立起良好的沟通机制，为提高汉语教学的质量和效果创造有利条件，为推动本地汉语教师职业水平发展发挥重要作用。

26. 第四届两岸华文教师论坛在北京华文学院召开

由台湾世界华语文教育学会和北京华文学院联合主办的“第四届两岸华文教师论坛”于2014年8月23日在北京华文学院举行。来自两岸及海外的120余位华文教学专业人士围绕大会主题“华文教学的理论和实践”，相互切磋分享华文教学经验，共同探讨海外华文教育发展大计。

国务院侨办副主任任启亮在致辞中表示，随着两岸关系的发展，两岸在华文教育领域的交流与合作近些年也取得了丰硕的成果。华文教师论坛、研究生论坛、协同创新论坛相继举办，师生交流、学术合作日益频密，两岸合作的基础和机制已经初步建立起来。他提出三点建议：一是分享教学经验，研讨教学问题，共同探寻海外华文教育发展的规律；二是凝聚共识，共同研究两岸合作支持海外华文教育发展的途径和方法；三是建立机制，共同搭建两岸支持海外华文教育发展、推动中华文化走向世界的新平台、新管道。

论坛期间，世界华语文教育学会顾问任弘、台北教育大学校长张新仁教授等多位专家发表了学术演讲。此外，论坛内容还包括小组论文报告、小组教案讨论等交流活动。

两岸华文教师论坛此前先后在暨南大学、台北教育大学、华侨大学举办过。

27. 当代语言学理论及国际汉语教育研究生学术论坛在华东师范大学举办

2014年9月20日至21日，当代语言学理论及国际汉语教育研究生学术论坛在华东师范大学成功举行。此次论坛由华东师范大学研究生院和华东师范大学对外汉语学院主办，由华东师范大学对外汉语学院承办。华东师范大学对外汉语学院院长吴勇毅教授、副院长叶军教授、副院长刘承峰副教授，复旦大学国际文化交流学院院长吴中伟教授，上海外国语大学国际文化交流学院吴春相教授与来自全国各地区的当代语言学以及国际汉语教育的研究者一起出席了学术论坛开幕式、闭幕式及分组报告，共同回顾了中国当代语言学理论及国际汉语教育的发展历程，探讨未来理论研究和学术合作的方向。

28. 第二届《世界汉语教学》青年学者论坛在北京语言大学举办

2014 年 9 月 27 日至 28 日，由《世界汉语教学》编辑部主办的“《世界汉语教学》青年学者论坛（第 2 届）”在北京语言大学成功举行。来自北京、安徽、辽宁、吉林、广西、河南、湖南、福建、山东、江苏、天津、宁夏、四川、陕西、上海、广东 16 个省（市）、自治区 45 所大学和相关机构的 320 多位专家学者、教师、研究生和留学生出席了本届论坛。

为改变汉语第二语言教学研究相对滞后的局面，本届论坛的主要议题为教学研究，论坛报告的遴选范围从国内扩大到海外，经过长达 9 个月的公开征稿，经专家评审从 67 篇来稿中精选出 8 篇论文进行报告：《父母的态度行为与孩子的汉语保持水平》（沈椿萱）、《CSL 环境下对外汉语教师与学生的感知失配研究》（刘弘）、《影响留学生半自由语素理解的主要因素及教学对策》（许晓华）、《后方法视野下汉语视听说教材练习设置与练习模式研究》（张璐）、《语义协商的三种效用：基于一对母语者和非母语者的个案研究》（王萍丽）、《语音同化与韩国学生汉语普通话声母偏误分析》（王安红）、《中级汉语阅读课词汇教学模式探索与实践》（洪炜）、《对外汉语教学中 OPI 的交际性改进研究》（郭修敏）。论坛邀请贾益民、赵金铭、朱志平、孙德金、赵杨、曹文、李红印、张凯 8 位教授分别对 8 位青年学者的报告进行了一对一点评。《世界汉语教学》主编张博教授致闭幕词并对本届论坛作学术总结。

9 月 28 日上午，《世界汉语教学》编辑部召开青年学者座谈会。本届论坛的报告学者、特邀青年学者代表共 40 余人出席会议，就各自当前研究课题、所在学科发展的趋势和走向、现代语言学理论和对外汉语研究的结合、不同学科间的知识渗透、研究方法和手段的更新等问题进行了坦诚的交流，并对《世界汉语教学》及青年学者论坛提出了诸多建议。

29. 汉语国际传播：跨文化视域下的语言与文化学术研讨会在同济大学召开

2014 年 10 月 25 日至 26 日，“汉语国际传播：跨文化视域下的语言与文化”国际学术研讨会在同济大学召开。此次会议由同济大学、中国语文现代化学会汉语国际传播研究分会与上海高校语文教育联盟主办，同济大学国际文化交流学院承办，同济大学科学技术研究院、同济大学外国语学院协办。近 200 位国内外专家学者与会。

此次会议内容丰富，形式让人耳目一新。除了大会主旨发言，大会于10月25日下午围绕汉语国际传播领域的热点话题，精心组织了一场别开生面的“交锋论坛”，邀请学界权威，围绕“目前汉语国际教育的教材、课堂语言与现实生活是否脱节：应用什么样的语言传播中国文化”“大华语与小汉语：谁应作为汉语国际传播的主导者和实践者”“汉语热：实热还是虚热，应降温还是升温”“方法与目标：兼及如何规划汉语国际传播的未来”4个热点话题，进行了对话和交流。论坛由胡春春、翟艳、黄美旭分别主持，李宇明、陆俭明、马庆株、谭汝为、杨光俊、吴应辉、姚喜明、张豫峰、陈慧中、李萍、胡春春等作为嘉宾。主持人和嘉宾都是语言与文化传播领域的专家，都有理论和实践的建树和经验。整个论坛高潮迭起，思想和学识的正面交锋碰撞出无数的智慧火花。

30. 亚美尼亚举办第二届国际汉学研讨会

2014年11月4日至5日，亚美尼亚第二届国际汉学研讨会在首都埃里温布留索夫国立语言大学开幕，主题为“中国—亚美尼亚：合作历史与前景展望”。此次研讨会由布留索夫国立语言大学孔子学院主办，邀请了来自保加利亚、俄罗斯、亚美尼亚等国致力于汉语教学与汉学研究的专家学者。研讨会期间，会议围绕“中亚文化、政治、经济合作”“孔子学院的建设与发展”“对外汉语教师素质标准”及“教学经验交流”等专题开展了精彩纷呈的研讨。

31. 中意华文教育论坛在温州举行

2014年11月7日，中意华文教育论坛在温州侨办举行。这是温州市继2011年在海外举办华文教育论坛后第二次举办中意华文教育论坛。

来自意大利托斯卡纳大区教育厅多元文化负责人亚历山大，意大利托斯卡纳大区教育厅国际交流负责人埃莉诺拉，COSPE协会亚洲部主任、多元文化交流负责人玛丽娅，佛罗伦萨中意文化交流协会会长、佛罗伦萨中文学校校长潘世立以及与意大利建立友好关系的温州有关院校负责人等21人参加论坛。温州市侨办主任鲍卫翔、副主任许捷，温州市教育局国际交流合作处副处长陈炜出席论坛。

鲍卫翔向来宾表示热烈欢迎。他表示，举办中意华文教育论坛是一件很有意义的事，经过中意双方共同努力，已经在多领域开展交流与合作，取得了一定成效。他希望，双方进一步推进华文教育深化发展，进一步促进中意两国之间的文化教育交流与合作。作为侨办，将尽全力为温州与意大利之间的教育文化合作交流做好服务工作。

此次论坛旨在研讨中意两国不同文化背景下，如何促进教育文化合作交流，谋求共同发展。论坛会上，与会人员观看了《温州华文教育纪实片》，了解近年来温州华文教育发展情况。亚历山大和埃莉诺拉代表意方就意大利教育现状、华侨华人在意大利的教育情况及意大利教育新的改革趋势分别作了介绍。中意双方围绕如何实现教师与学生的互访交流，互派教师、教学资源共享、融入当地主流社会等议题进行热烈探讨，并初步达成下一步开展交流合作的共识。

32. 第六届世界汉语教育史年会在深圳大学举行

2014 年 11 月 14 日至 18 日，北京外国语大学中国海外汉学研究中心、深圳大学文学院、暨南大学汉语方言学研究中心在深圳大学共同主办了“海外汉语方言暨世界汉语教育史国际学术研讨会——第四届海外方言国际学术研讨会暨第六届世界汉语教育史年会”，并取得了圆满成功。

美国、日本、韩国、马来西亚、中国台湾、中国香港、中国澳门、中国大陆等国家和地区的百余名专家学者参加了此次研讨会并提交论文，围绕着海外方言研究和世界汉语教育史研究展开了 19 场分组讨论。各国学者在研讨会上发表真知灼见，交流最新的研究成果，推进了对汉语教育史不同时期不同国别历史文献的系统研究，进一步发掘和整理了新的文本和资料，并充分利用交叉的研究视角来对学术史作更为深入的梳理总结。本届年会最大的特色是通过海外方言和汉语教育史两个领域的交流研讨，将世界汉语教育史和汉语本体研究更紧密地结合起来，拓展了研究思维，启发了新的角度，为今后关于世界汉语教育史的综合性课题研究提供了更广阔的空间和平台。

33. 首届国际商务汉语教学、商务教材研发、商务跨文化交际研讨会在美国波特兰州立大学举行

2014 年 11 月 24 日，由美国波特兰州立大学孔子学院与北京大学出版社联合举办的“首届国际商务汉语教学、商务教材研发、商务跨文化交际研讨会”在波特兰州立大学举行，来自中国、美国、英国等世界 7 个国家和地区的近 120 位对外汉语教学领域的专家学者及教师参加了此次会议。

波州大孔院理事会共同主席 Patricia Wetzel 博士在致辞中高度评价了 7 年多来波特兰州立大学孔子学院所取得的成就，并对该院为大会制作的海内外历年出版的商务汉语教材信息整理大加赞赏。

此次大会为与会者安排了工作坊、主旨演讲和分会场专题讨论等不同形式的研讨。在工作坊中，西密歇根大学中文部主任、加州大学圣塔芭芭拉分校中文部资深讲师、怀俄明大学中文项目主任分别就“日常中文”与“商务中文”的比较分析、商

务汉语教学案例分析、商务汉语课堂活动设计及商务汉语教学策略和教学法3个专题与在座的观众进行了交流与探讨。

研讨会结束后，波特兰州立大学孔子学院和孔子课堂的师生们精心编排了文艺节目演出，他们用标准的汉语表演了《中华诵》、快板、小品、中文歌舞等节目，受到观众的一致好评。

34. 第五届全国汉语国际教育人才培养论坛在北京师范大学举行

2014年12月20日至21日，由北京师范大学汉语国际推广新师资培养基地、华东师范大学国际汉语教师研修基地、北京师范大学汉语文化学院共同主办的第五届全国汉语国际教育人才培养论坛暨专业硕士培养工作研讨会在北京师范大学举行。来自北京大学、南京大学、北京语言大学、澳大利亚昆士兰大学等86所国内外高校的205名专家学者，以及北京师范大学汉语文化学院的30多位教师参加了此次论坛。

北京师范大学汉语文化学院院长许嘉璐先生、北京师范大学刘川生书记、国家汉办王永利副主任等领导出席论坛开幕式，并先后发表重要讲话。北京大学张英教授、华东师范大学叶军教授、中央民族大学吴应辉教授、西安外国语大学孟长勇教授、北京第二外国语大学潘先军教授、北京师范大学马燕华教授和朱志平教授分别作了大会主题发言。大会开幕式及主题发言由北京师范大学汉语文化学院执行院长朱瑞平教授主持。

与会者围绕汉语教学的发展与创新、文化教学与中国文化传播、资源库建设、汉语国际教育人才培养4个主题进行了分组发言与热烈讨论。此次论坛还设置了教学展示、圆桌会议、嘉宾互动等环节，引发了与会代表的关注和积极参与，获得了广泛好评。

北京师范大学汉语文化学院副院长冯丽萍教授主持闭幕式并进行了大会总结，论坛在热烈的气氛中落下帷幕。与会代表普遍反映，此次论坛研讨务实、主题深刻，探讨了汉语国际教育人才培养中的重点问题，所取得的成果对在新形势下加强中华文化的国际传播，创新和完善汉语国际教育专业硕士的培养模式具有重要意义。

35. 第十一届世界华语文教学研讨会在台北教育大学举行

2014年12月25日至28日，由世界华语文教育学会主办的第十一届世界华语文教学研讨会在台湾台北教育大学举行。世界华语文教育学会理事长张光正教授、前理事长程万里教授、秘书长董鹏程先生，以及著名学者陆俭明、戴浩一、陈纯音、曾志朗、蔡雅熏、李复新、陈雪霞、李雪梅、邹嘉彦、连金发、贾益民、白建华、孟柱亿、钟镇城、周美慧等出席会议。来自美国、俄罗斯、日本、韩国、澳大利亚等10

多个国家和地区的100多所大学及教育机构的代表参加会议。

本届研讨会主题为“共创华语文新世纪”。在专题演讲部分，曾志朗院士（中国台湾中研院）、邹嘉彦教授（香港城市大学）、连金发教授（台湾地区清华大学）、陆俭明教授（北京大学）、贾益民教授（华侨大学）、白建华教授（美国肯杨大学）分别就“*Global Literacy*：*Transforming Reading to Smart Power Everywhere*”“指代词称谓语的活用——说曹操曹操就到”“语言信息结构与华文教学——从语言信息结构视角重新认识‘把’字句”“大数据时代下的华语文教学”等题目发表了报告。分组讨论分别以“语文分析”“语言要素教与学”“语言技能教与学”“创新课程研发”“教材发展分析”“华语文教育之推广暨永续经营”等为主题进行。

二　论文选介

（一）华文教育理论与华文教育史研究

1. 海外华文教育发展研究——“华文教育国际学术研讨会”综述

作者：曾毅平、朱庆洪

期刊名称：《华文教学与研究》

发表时间：2014 年第 1 期

摘要：华文教育国际学术研讨会是暨南大学华文学院成立 60 周年纪念学术活动之一，全球 135 位学者出席，主题为“华文教育发展研究”。主要内容有：华文教育中的认同问题；国别华文教育的成就、困境与未来发展；两岸华文教育发展研究；华文教育、教学标准研究；华文师资、教材、教法研究；华文习得与偏误分析；面向华文教育的汉语本体与语用研究。研究新动向：华文教育与族裔文化身份的认同；华文教育的语言生态；华文教育史的人文价值；现代教育理论视角的华文教育；华文教材的价值赋予功能。

2. 语言认同与华语传承语教育

作者：周明朗

期刊名称：《华文教学与研究》

发表时间：2014 年第 1 期

摘要：华语教育与国际汉语教育有何异同？这不仅是一个学术问题，而且也是中国当前亟待解决的一个语言政策问题。该文提出的“语言认同过程”理论把语言认同分解为个人多重身份库、个人语码库和身份与语码匹配过程，并认为，语码的学习、储存和使用需要与语言学习者的身份认同相匹配。根据该理论分析，华裔学生对华语的认同有别于非华裔学生对国际汉语的认同，因此华语教育与国际汉语教育的对象有重大的认知差别。作者运用该理论分析华裔学生学习华语的身份认同困惑，提出相应的华语教育理念、华语教学法、华语教材编写和华语教师培养方法，以期解决华裔学生华语学习中的认同问题，达到华人身份与华语语码的有机匹配。

3. 试论融合进程中的菲律宾华文教育

作者：姜兴山

期刊名称：《福建师范大学学报》（哲学社会科学版）

发表时间：2014 年第 1 期

摘要："万隆会议"后，中国政府调整华侨政策，鼓励海外华侨融入当地社会。菲律宾马科斯执政时期，基于国家经济利益的考虑，放宽入籍条件，大批华侨转为菲公民，逐渐融入"大社会"中。在此期间，保持民族属性的华文教育不断受到冲击，最终导致根本性变迁。当前形势下，菲律宾华文教育要合理定位，从华人自身生存发展的需要出发，才有前景和未来。文章关于华文教育传承与融合的研究，可以为今后海外华文教育及汉语国际推广提供借鉴。

4. 侨务公共外交视阈下华文教育发展策略

作者：陈鹏勇、项健

期刊名称：《高教探索》

发表时间：2014 年第 1 期

摘要：21 世纪以来，随着中国国际地位的提升和经济实力的增强，中华语言与文化教育在拓展中国公共外交中正日益发挥独特而重要的作用，尤其是以华裔学生教育为主，包括非华裔学生教育在内的华文教育，在侨务公共外交领域有着得天独厚的功能和作用。侨务公共外交视阈下，华文教育不仅是一种语言文化教育，还具有更为重要的国家战略以及涵养侨务资源的意义。充分发挥华文教育在侨务公共外交中的优势，有利于为推进侨务工作开辟新的发展思路。

5. 近代福建华侨办学再探

作者：郑宗伟

期刊名称：《海峡教育研究》

发表时间：2014 年第 1 期

摘要：文章从分析现存的侨批史料入手，对近代福建华侨办学的历史进程和重要人物的贡献进行了简要探讨。

6. 海外华文教学可持续性发展之探讨——以文莱中华中学为例

作者：许月兰

期刊名称：《汉语国际传播研究》

发表时间：2014 年第 1 期

摘要：东南亚国家的华文教育长期以来面临师资缺乏、教材不适用等诸多困境，同时也面临着所在国主流文化、官方语言的挑战。为推动华语教学、推动中华文化的传播与传承，文莱中华中学自 2011 年起，进行了华语教学改革，引进了“图式五步识字”课程，狠抓师资整体水平的提升和学生华语学习兴趣的提高。三年的实践取得了理想的成果。然而，下一步如何保障改革成果得以延续？怎样才能做到可持续性发展？这是作者认为接下来需要解决的问题。

7. 新加坡华文教育课程特色简析——以南洋小学“华蕴传承课程”为例

作者：王琳琳

期刊名称：《课程·教材·教法》

发表时间：2014 年第 1 期

摘要：新加坡历来重视华文教育，强调华文课程是以“理想教育成果”为宗旨，以“核心技能与价值观”为基础，同时兼顾国民教育、思维能力、资讯科技、社交技能与情绪管理的学习等多个方面。华语作为新加坡的第二语言，在中小学生的课程学习中占有十分重要的地位，不同地区的中小学校开设的华文课程各具特色。

8. 近年来海外华文教育发展的现状、问题及趋势

作者：刘华、程浩兵

期刊名称：《东南亚研究》

发表时间：2014 年第 2 期

摘要：文章主要介绍了近年来海外华文教育的基本情况，重点介绍了马来西亚、泰国、印度尼西亚、美国、韩国等几个代表性国家华文教育的情况，讨论了海外华文教育面临的主要问题，分析了未来海外华文教育的发展趋势。文章认为海外华文教育在当下的良好发展形势，但华文教育的普遍水平依然不尽如人意，其面临的一些问题，例如，教材问题、教师问题、教法问题等，并没有彻底有效地解决。

9. 左秉隆与晚清新加坡华文教育

作者：程露晞

期刊名称：《五邑大学学报》（社会科学版）

发表时间：2014 年第 3 期

摘要：左秉隆是晚清政府正式派出的第一位驻新加坡大臣。作为较早接受新式教

育的晚清大臣，他对中新交流和新加坡华人社会发展做出了不可忽视的贡献。他鼓励华侨兴教办学，亲自创办兼具中华文化传统和西方文明的文社组织，并引导华侨子弟回国深造，将中华文化扎根于新加坡，推动新加坡华文教育的发展。

10. 北吕宋地区华文学校办学现状及问题分析

作者：李庆瑶

期刊名称：《闽南师范大学学报》（哲学社会科学版）

发表时间：2014 年第 3 期

摘要：菲律宾北吕宋地区的华文教育走过了漫长曲折的百年历程。期间，当地华侨华人及其社团疾呼奔走，振兴华教之举令人感佩。在当地情势急剧变革的大背景下，北吕宋地区的各华文学校也随之兴衰嬗变。随着世界范围的“汉语热”升温和华文教育大发展，北吕宋地区的华文教育也获得长足进步，但却未能掩盖生源流失严重、本地华文师资短缺等种种困境，北吕宋地区华文学校应如何走转型发展之路，值得研究。

11. 美国殖民统治时期菲律宾的华文教育

作者：姜兴山

期刊名称：《世界历史》

发表时间：2014 年第 3 期

摘要：美国占领菲律宾后，为了维护其殖民统治，大力发展“美式”教育，扶助开办公立学校，并支持兴办私立学校。华侨利用这“有利”条件，在中华民族悠久文化情结的感召下，倡导开办私立华侨学校。美国殖民统治菲律宾时期华文教育的兴起与繁荣客观上得益于当局为维护其殖民统治所奉行的相对“自由”的教育政策，对华侨社会认同中华文化及加强与祖国的联系发挥了极其重要的作用。美国殖民统治结束后，华文教育在菲律宾虽然历遭坎坷与曲折，但这一时期奠定的华文教育基础却很难从根本上动摇。广大华侨保持着深厚的民族文化意识，一旦局势改变，华文教育便会兴起。这是美国殖民时期华文教育取得的巨大成就所致，这种影响在如今的华文教育中依然清晰可见。

12. 20 世纪 90 年代以来的菲律宾华文教育改革：探索、成效与思考

作者：朱东芹

期刊名称：《华侨大学学报》（哲学社会科学版）

发表时间：2014 年第 3 期

摘要：20 世纪 90 年代以来，为挽回华文教育的颓势，菲华社会展开了“拯救华文教育”的行动，以菲律宾华文教育研究中心、菲律宾华文学校联合会、菲华商联总会和菲律宾晋江同乡总会等为代表的社团积极主导和参与了华文教育改革的探索。改革进程可分为三个时期：（1）解决华文教育的定位和华语教学的定性问题；（2）完成了制订教学大纲、编制教材和改革教法的工作；（3）围绕解决师资和考试问题展开探索。经过二十年的改革，在一些重大问题上已基本形成共识，也取得了一定成效，但值得指出的是：在族群融合的大背景下，挽回华教发展颓势的努力十分艰难，华文教育前景不容乐观。

13. 分布式海外华文教育人才库的构建

作者：贾世国、唐燕儿

期刊名称：《广州广播电视大学学报》

发表时间：2014 年第 3 期

摘要：海外华文教育人才库的建设是华文教育研究的重要内容，但其特殊性却对人才库的技术实现提出了挑战。文章通过比较集中式数据库和分布式数据库的特点，提出分布式数据库更适合于华文教育人才库的建设；进而在对分布式数据库建设的关键问题进行探讨的基础上，论述了如何采用 SQL Server 2005 和 Asp. net 技术实现以中国为中心站点、马来西亚和新加坡等 9 个国家为分站点的分布式海外华文教育人才库系统的创建，验证了分布式数据库技术构建海外华文教育人才库的可行性。

14. 以侨为本，教研并举，全面推动华文教育发展

作者：李欣、姚垚、尚清

期刊名称：《世界教育信息》

发表时间：2014 年第 6 期

摘要：华文教育是面向几千万海外侨胞尤其是华裔青少年这一特殊群体开展的语言文化教育。作为华侨华人的“留根工程”，海外华文教育是传承中华优秀文化、保持民族特色的根本保证，也是侨务工作中一项具有战略意义的基础性工作。地处闽南的华侨大学创办于 1960 年，由革命领袖廖承志担任首任校长及党委书记，直属于国务院侨办，是国家面向海外开展华文教育的重要基地。秉承“为侨服务，传播中华文化”的办学宗旨，近年来，华侨大学紧紧抓住历史机遇，着力构建全方位的大华文教育体系。《世界教育信息》对华侨大学校长贾益民教授作了独家采访。在访谈中，贾益民校长畅谈了其对中国华文教育事业、华文教育与国际汉语教育的关系等问题的看法，强调了华文教育的学科属性和研究重点，回顾并展望了华侨大学在推动华

文教育发展方面的重大举措。

15. 老挝华文教育发展的社会背景探析

作者：唐悠悠

期刊名称：《东南亚纵横》

发表时间：2014 年第 6 期

摘要：老挝华文教育历史悠久。文章从老挝的政治、经济、文化教育以及老挝华人社会等方面，分析老挝华文教育赖以生存的社会背景和进一步发展的空间。

16. 越南华文教育发展现状与思考

作者：衣远

期刊名称：《东南亚纵横》

发表时间：2014 年第 7 期

摘要：越南华文教育近年来出现较明显的复苏，华文从华人的民族文化载体逐渐发展为越南社会加强与中国经济文化联系、寻求更多发展机遇的有力工具。这些新现象为传承越南华族文化、增进中越交往与合作创造了积极条件。针对当前越南华文教育的资金、师资、教材等问题，中国可在越南政策法规允许的范围内适当加以补充与协助，为中越关系的深化发展增添动力。

17. 论华侨高等学校境外生培养的三个维度

作者：黄宗喜

期刊名称：《哈尔滨学院学报》

发表时间：2014 年第 11 期

摘要：文章针对境外生在思想、学习、生活三个层面存在的主要问题，从教育自觉、管理自信、服务自助的维度出发，通过内涵辨析和逻辑厘定，进行境外生培养工程的探索。

18. 华侨与近代潮汕侨乡教育事业研究——以清末民国时期澄海侨办教育为例

作者：陈子

期刊名称：《前沿》

发表时间：2014 年第 Z2 期

摘要：文章通过对 20 世纪上半叶广东汕头澄海侨乡侨办学校发展情况的考察及

其与海外华侨教育之间关系的梳理，探讨华侨捐资兴学对潮汕地区侨乡现代化的作用及其对海外华侨教育的反哺作用。

19. 菲律宾中正学院华文教育研究

作者：李凌晨

来源：福建师范大学硕士学位论文

发表时间：2014 年

摘要：文章以菲律宾中正学院为个案研究华文教育。中正学院是当今全球唯一一所集幼稚园、小学、中学、大学等学段、教育体系最全面的华文学府。从创立到发展，该校经历了“应运而生；战后的蓬勃发展；‘菲化运动’对华校的冲击；教育体制的转轨；课程的大幅调整，走向融合之路”的深刻变迁。对该校的研究，可窥见菲律宾华文教育的发展之路。作者通过对中正学院的研究，分析探讨了华校发展过程中遇到的“瓶颈问题”，可为其他华校提供参考和借鉴。同时，希冀对中华文化的海外传播和汉语推广工作有所裨益。

20. 泰国华文教育的历史与现状研究——以中等教育阶段为例

作者：黄丽玮

来源：广西民族大学硕士学位论文

发表时间：2014 年

摘要：华文教育在泰国发展的历史年深日久，与泰国华文教育相关的研究已成为国内外专家学者研究的热点，中等教育阶段的华文教育作为泰国华文教育的重要组成部分，其发展历程颇具特点，值得关注。文章研究了泰国中等教育阶段华文教育的历史与现状，对华文教育的课程设置、教材使用、学生汉语习得以及师资情况进行实地调研，并进一步分析论述中泰两国关系发展对泰国华文教育的影响，同时对目前泰国中等教育阶段的华文教育中存在的问题提出若干思考和建议。

21. 泰国皇家大学中文专业汉语课程设置研究——以天素谛皇家大学为例

作者：刘楠

来源：吉林大学硕士学位论文

发表时间：2014 年

摘要：近年来在全球范围内掀起了一股汉语学习热潮。而我们的邻邦泰国，随着与中国之间关系的深入发展，两国的政治、经济和文化交往也日益密切。泰国的汉语教育在泰国政府及皇室的大力支持下也日益蓬勃发展起来。作为培养泰国社会人才的主要基地的40所皇家大学也纷纷开设了汉语课程。这些皇家大学共同构成了泰国高等教育的基础。文章采用文献分析、问卷调查和访问相结合的方法对天素谛皇家大学中文专业的汉语课程设置进行了深入的调查研究，总结了其汉语课程设置的优点、不足，并结合当地的实际情况，提出了思考和建议，希望可以提高天素谛皇家大学中文专业的汉语教学水平，培养更多的社会所需要的汉语人才。

22. 美国与俄罗斯、乌克兰等大学中文课程设置比较研究

作者：伊万

来源：山东师范大学硕士学位论文

发表时间：2014 年

摘要：课程设置对中文教学起着重要的作用，文章通过比较研究以及调查研究等方法来探讨目前美国、俄罗斯、乌克兰等国家的中文课程设置，提出相应的改善意见。论文对美国、俄罗斯、乌克兰及匈牙利、泰国、埃及等国的大学，包括美俄军事教学单位的中文课程设置进行调研。通过比较，从教学理念到教学方法对不同国家的大学中文教学有了清晰的认识，最后得出结论：虽然每个国家在中文课程设置上存在着一定的差异性，但是它们存在着相同的弊端——在中文课程设置上过于烦琐；针对不同的培养目标，在课程设置上没有明确区分；虽然设有实践类的课程，但是却不能合理规划时间。文章针对以上问题，结合现在乌克兰的教学环境和中文课程设置中存在的种种问题，提出了一些修改意见，旨在促进乌克兰及其他国家有效构建完善的中文教学课程设置，促进中文教学的发展。

23. 菲律宾棉兰老岛地区华语教育现状调查研究

作者：任正

来源：四川师范大学硕士学位论文

发表时间：2014 年

摘要：文章依托作者在菲律宾南古岛嘉南学校的实地教学经验，通过问卷调查，采集了大量的有效可靠的数据。在对数据进行分析的基础上，以棉兰老岛地区桑托斯将军市南古岛嘉南学校为重点，对菲律宾棉兰老岛地区的华语教学现状，作了翔实的描述。在此基础上分析菲律宾棉兰老岛地区华语教育在“教学机制、教学对象、师资、教材、教学方法”等方面存在的具体问题。文章旨在透过分析为相关决策部门提供决策依据，为提高外派教师的素养、改进教学效果等方面提出有益的建议。文章简要说明了菲律宾华语教育的基本情况，逐一分析菲律宾华语教育的教学机制、教学

对象、师资状况、教材选用情况、教学方法，并提出改善建议。

（二）华文教学研究

1. 华文模拟教学中课堂角色的三重转换

作者：罗燕玲

期刊名称：《华文教学与研究》

发表时间：2014 年第 1 期

摘要：文章对华文模拟教学中指导教师、主讲学员以及听课学员的角色定位进行了探讨。文章指出，指导教师的角色在模拟教学中应在总设计师、典型化学生、主持型导师之间转换；主讲学员的角色在模拟教学中应在参赛选手、特型教师、受评学员之间转换；听课学员的角色应在特型学生、观摩者、点评者之间转换。

2. 菲律宾中小学生学习效果评价指南解读

作者：高皇伟

期刊名称：《世界教育信息》

发表时间：2014 年第 3 期

摘要：提高基础教育质量是许多国家教育改革的重点。为了提升菲律宾的基础教育质量，培养 21 世纪全面发展人才，2012 年菲律宾教育部开始实施 K－12 基础教育体制并进行新一轮的基础教育课程改革。为保障学生的学习质量和学习效果，菲律宾教育部发布了中小学生《学习效果评价指南》。文章通过解读《学习效果评价指南》以进一步了解菲律宾基础教育改革的具体成效。

3. “继承语”理论视角下的海外华文教学再考察

作者：曹贤文

期刊名称：《华文教学与研究》

发表时间：2014 年第 4 期

摘要：语言教学传统上采用第一语言与第二语言、母语与外语这种二元方式来划分教学类型，而近年来兴起的“继承语”理论则认为继承语习得与一语习得和二语习得均不相同，具有自己的特征，提出继承语教学、第一语言教学、第二语言教学的三分模式。论文从这一新的理论视角对汉语教学的类型进行重新划分，认为华文教学就是汉语继承语教学，狭义的华文教学具有既不等同于汉语第一语言教学也不等同于汉语第二语言教学的特点，提出针对汉语继承语学习者应采取相应的有效路径和方法。

4. 华语文教学中4项技能的标准及其相互关系

作者：朱志平

期刊名称：《云南师范大学学报》（对外汉语教学与研究版）

发表时间：2014年第5期

摘要：文章认为，华语文教学的对象有其特殊性。这种特殊性表现在多数学习者的听说读写四项技能的不平衡，这种不平衡使得针对这些学习者的教学设计、教学方法、教材甚至对华语文教师的培训都应当做出相应的调整。作者认为对这类学习者的教学标准应当有别于一般的二语教学或外语教学，也应当有别于母语教学。如何通过技能的教学标准的制定来解决上述的不平衡，是华语文教学应当重视的理论问题，也是使华语文教学水平得以不断提高的具有实践意义的根本性问题。

5. 菲律宾华校课堂管理环节中华传统文化管窥——菲律宾中正学院课前礼节透视

作者：李俊红

期刊名称：《首都师范大学学报》（社会科学版）

发表时间：2014年增刊

摘要：菲律宾中正学院是菲律宾著名华校，所设中文课主要是针对华人子弟的非典型二语教学课堂，重要目的之一是适应菲律宾华侨华人的“留根”需求，因此，其语言教学同时也是文化教学。中正学院在发展中文教育和弘扬中华文化方面有很多独到的思路和见解。从向孔子像鞠躬、诵读《弟子规》、师生互相行礼等课前礼节中我们可以看出该校渗透中华传统文化的强烈意识。

6. 美国亚利桑那州祖荀华人文化中心小学武术汉语体验课教学设计

作者：姜韧

来源：安阳师范学院硕士学位论文

发表时间：2014年

摘要：文章首先基于汉语国际推广和武术国际化形势提出武术汉语体验课课程设计的设想。其次阐述了武术汉语体验课的依据，包括学习者所在学校的教学环境、师生构成等因素；学习者的心理特点和学习特点；武术汉语体验课关于学习、教学方面的理论依据和跨文化交际相关方面的理论依据。进而，作者进行武术汉语体验课教学设计，从知识、能力和情感三方面陈述武术汉语体验课的教学目标；结合对外汉语相关理论，逐步确立武术汉语体验课的教学设计原则：趣味性原则、针对性原则、文化性原则、交流互动性原则和发展性原则；选择武术、汉语和文化方面的教学内容。作者还作了一次武术汉语体验课课堂教学示例。最后，作者对教学进行课堂评估和研究小结。

7. 韩国学生中文话剧表演教学设计与指导实践

作者：郑德丽

来源：北京外国语大学硕士学位论文

发表时间：2014 年

摘要：文章对话剧表演教学的基本理论进行了初步的探讨，分析了现有研究的特点和局限，并以作者在韩国外国语大学孔子学院的教学实践为基础，针对话剧表演指导的教学实践，阐述了课程设计与准备过程，从组织教学、集中排练以及成果评价等方面详细说明采用的教学方法。最后，探讨从中得到的启示并展望话剧表演课程的未来，同时为教师以后如何应用此教学方法提供建议。作者希望通过研究为国内外的汉语教师与研究者提供实际指导的借鉴，也希望汉语教学可以广泛使用话剧表演的手段，同时有更多的汉语教师以此为契机做进一步的研究。

8. “读后说”汉语教学模式的实验研究——以印度尼西亚中文世界补习学校为例

作者：陈红宇

来源：广东外语外贸大学硕士学位论文

发表时间：2014 年

摘要：作者通过课堂录音的实验方法，对比分析实验对象在使用“读后说”汉语教学模式前后，其口语表达能力在表达内容、表达长度、准确度等方面的差异，重点考察实验对象重复使用模板的情况。并在此实验的基础上，对“读后说”汉语教学模式下输入材料的要求及输出过程中活动的设计与实施提出可借鉴的教学建议。同时，作者通过调查问卷进一步验证了实验结果，即“读后说”教学模式有助于提高学生口语水平，提高学生汉语表达能力。此教学模式对老师而言，可提高老师教学效率；对学生而言，可激发学生的主动性、创造性，提高学生学习兴趣。

9. 游戏教学法在泰国汉语教学中的应用研究——以泰国乌通中学中文班综合课为例

作者：马梦莹

来源：广西大学硕士学位论文

发表时间：2014 年

摘要：文章结合作者在泰国乌通中学实习期间的汉语教学实际案例进行分析归纳，探索游戏教学的方式在高中中文班综合课中的应用模式及效果，总结提出在泰国高中生汉语综合课课堂上运用游戏教学法的原则及策略，希望能够更好地提高教学效率，提升教学质量。首先，对教学游戏、游戏教学法、对外汉语游戏教学法的概念作了界定，分析了乌通中学高中中文班的教学现状和学生情况，阐释游戏教学法选择的原因和条件，具体分析针对不同年级学生的汉语教学案例。在此基础上，作者对游戏教学法的教学效果进行分析反思，提出在高中中文班汉语综合课中采取游戏式教学的相应策略。

10. 泰国约瑟夫学校汉语教学设计研究——以课本《中文》为例

作者：周莹

来源：广西大学硕士学位论文

发表时间：2014 年

摘要：在泰国中小学学校教育中，汉语作为第三外语进行日常教学，其地位、重要性不断上升，但教育水平和教育成果相对落后。如何利用有限资源，让学生爱上汉语、愿意学习汉语、积极学习汉语，是一个重要课题。作者认为，在此情况下，教学设计作为核心问题应该引起对外汉语教师的高度重视。教师需要根据学生的特点及需求出发，对教学内容进行适当筛选，对教学过程进行合理安排。文章以作者在泰国约瑟夫学校的实习经历为基础，对该学校汉语课程的教学设计情况，如教材选用、教具制作等进行全面的调查研究，发现其中的问题所在。作者以泰国约瑟夫学校汉语课实施情况为调查分析对象，基于实际教学过程总结出一些以课本《中文》为基础、以不同年龄阶段学生为对象的教学设计案例，力求给相关从业人员尤其是泰语水平不高甚至零基础的对外汉语教师提供一些参考性的意见。

11. 哥伦比亚中文中心汉语课堂教学技巧探析

作者：时冉

来源：河北大学硕士学位论文

发表时间：2014 年

摘要：作者通过对哥伦比亚汉语教学的观察发现，由于南美洲距离中国太远，加上南美洲发展比较缓慢，南美洲的汉语教学处于上升阶段，需要各方面的改进与提升。基于此，作者根据其在哥伦比亚中文中心为期一年的汉语教学工作，从实践的角度提出了一些针对性较强的教学技巧，从语音、词汇和语法三个方面对对外汉语教学中所用到的教学技巧进行了一些归纳和总结：在语音方面，教学技巧主要围绕听说练这个目标，有卡片法、游戏法等。在词汇方面，有手势法、表演法等。在语法方面，有直观法、归纳法、演绎法。作者尝试对哥伦比亚中文中心从初级阶段到高级阶段的汉语教学状况及出现的问题作一相对全面客观的分析，并对一些问题提出解决的对策。

12. 中文歌曲在泰国汉语教学中的应用

作者：李蛟

来源：吉林大学硕士学位论文

发表时间：2014 年

摘要：中国文化在世界范围内的传播，吸引了越来越多的外国人学习汉语，音乐教学法在对外汉语课堂上的应用也逐渐受到学者们的关注。作者基于自身在泰国担任汉语教师期间在学校开设“中文歌曲课”的经历，利用中文歌曲进行汉语教学，对前人理论进行了大量实践，并对中文歌曲的选择、应用原则等进行了总结。文章首先提出利用中文歌曲进行汉语教学的优势，再阐述中文歌曲的选择和教学时应遵循的原则，并列举中文歌曲在泰国汉语教学中应用的具体实例，介绍选曲原因、教学步骤、教学效果等。

13. 任务型教学法在美国华裔少儿汉语教学中的运用

作者：宋敏

来源：南京师范大学硕士学位论文

发表时间：2014 年

摘要：论文在前人对传统型教学法和任务型教学法的研究基础上，针对在美国以英语为第一语言的华裔少儿学习中文的情况，研究了使用任务型教学法进行海外中文教学的可行性，提出了传统教学法与任务型教学法结合的教学模式。论文注重于任务型教学法与传统教学法的比较研究，描述了任务型教学法的发展、特征，语言观及任务要素、任务类型和任务过程等，系统总结了传统型教学法和任务型教学法的各自基本特点、长短处比较及在第二语言教学中的应用差别。任务型教学法的特点是：以任务活动作为学习目标的语言教学途径，是由交际型教学法新发展出的语言教学模式。

它主张采用“语言做事”，注重语言意义，在真实或类似真实情境中使用目的语来达到学习者完成学习任务的目的，有效提高了学习者语言交际的能力。论文给出了详细课堂应用实例，包括任务型教学法分配学生任务的方式和手段，任务前、任务环节和语言聚焦分析等。通过这种新颖教学方式引导学生初步理解如何进行任务角色的扮演，进而提高学生学习热情和创造能力。论文提出，在少儿初级阶段，应着重传统型教学而兼用任务型教学，随着年级越高，就可以逐渐增加任务型教学而减少传统型教学时间，以达到学生学习、课堂操练与真实情景交际能力的最佳效果。

14. 初级汉字教学实践报告——以加拿大非华裔成人初学者为例

作者：韦春子

来源：厦门大学硕士学位论文

发表时间：2014 年

摘要：文章指出，在入门阶段，“非汉字圈”学生对汉字普遍存有陌生感，对汉字学习缺乏信心。怎样在教授口语词汇的同时，提高汉字的学习效绩，是一个值得汉语教师探讨的问题。该研究借鉴了一些中国、北美的有关汉字教学的理论和研究成果，结合加拿大本土汉语作为外语的教学情况，制定了一套初级汉字教学设计方案并进行了实践。该研究发现：针对加拿大非华裔成人入门阶段的汉字教学，课程设计应以激发学习者汉字学习的积极性、摆正汉字学习的态度为主；适量、适时、有序地介绍汉字可以降低汉字学习的难度，增强汉字学习的信心和积极性；在工具书、网上汉字训练等课外学习资源的支持下，成人初学者完全能够读懂水平相当的阅读材料、完成书面及口头表达，从而提高汉语学习的兴趣、增进能够“学有所用”的自豪感。另外，研究还发现以下 7 种汉字记忆策略是学生认为最有效的：一是对汉字的形体进行形象化的描述；二是通过关键词提示汉字的形、音或意义；三是以故事作为搭建记忆的“支架”；四是对汉字的形体进行比较和归类；五是借助加减法理解字形构成模式；六是运用视觉重现和多次复习；七是结合关键词与相关部件知识。

15. 越南大学中文系初级汉语综合课教学情况调查研究——以河内地区四所主要高校为例

作者：谭氏恒

来源：厦门大学硕士学位论文

发表时间：2014 年

摘要：近十年来，越南学习汉语的人日益增多，汉语已经成为越南外语学习人数排名第二的语言（仅次于英语）。此文以越南河内地区的 4 所主要大学的初级汉语综合课的教学情况作为研究对象，围绕初级综合课涉及的教材、师资、教学情况展开系统调查，以通过调研发现越南汉语教学目前的不足，改善教学情况，提高越南的汉语教学水平，为汉语研究者以及对外汉语教学提供有益的参考。

16. 基于“乐学善用”理念的新加坡华裔儿童华文课例研究——以南洋理工大学孔子学院儿童课程为例

作者：赵丽秋

来源：山东大学硕士学位论文

发表时间：2014 年

摘要：多元语言环境促使新加坡政府一直致力于保障多种语言和谐共生，尤其是平衡英文和华文的并行发展。经过多轮华文教育改革的积累，新加坡最终确立了以学生为主体的华文教育原则，并于 2010 年提出“乐学善用”教学理念。此文紧扣新加坡教育部最新提出的“乐学善用”华文教学理念，以新加坡南洋理工大学孔子学院的小学阶段部分华文补习课程为研究对象，探求“乐学善用”体制下新加坡华裔儿童的华文课堂教学特点。文章主要内容包括：（1）新加坡华文教育改革历时梳理和现状介绍，“乐学善用”理念的提出背景、发展轨迹、现实影响，初步归纳了新加坡南洋理工大学孔子学院儿童华文课程特色。（2）针对学生学习、教师教学、课堂性质、课堂文化四个维度进行典型课堂案例分析。（3）基于分析进行讨论与反思，归纳出所研究课堂的“全面促发展”“文化配语言”“创新教与学”“课业零负担”特点，揭示“乐学善用”的贯彻实况，从“教育理念”“教学应用”“课堂建设”三个角度提出该研究对中国对外儿童汉语教学的启示。

17. 智利华裔子弟汉语学习现状调查分析

作者：张晓燕

来源：上海外国语大学硕士学位论文

发表时间：2014 年

摘要：此文从办学机构设施、机构管理、师资情况、家庭环境影响、华裔子弟自身的学习特点等不同方面对智利华裔子弟汉语学习现状进行调查，并对调查结果加以分析，寻找影响华裔子弟在海外学习汉语的各种主客观因素，逐一提出应对策略。作者认为：（1）管理者要对学校实行科学化管理；（2）中国国家汉办要加强外派教师的针对性；（3）任课教师备课时既针对教案又针对学生，灵活处理教学方法，忌生搬硬套；（4）任课教师应强化汉字教学；（5）教学一线的相关教师及专家要编排适合智利华裔子弟学习的汉语教材；（6）校方要培养华裔子弟对中华文化的认同感，归属感；(7) 校方要结合学生情况，合理调整课时安排；(8) 家长应尽量引导孩子认识一个全面的有活力的中国。

18. 交际法在大学生汉语写作教学中的运用——以越南太原大学外国语学院中文系为例

作者：阮氏素鸳

来源：天津师范大学硕士学位论文

发表时间：2014 年

摘要：作者认为，如何找出与运用最好、最适合的教学方法是各个学汉语国家共同面临的一大难题。文章通过对交际法的研究，欲使教师和学生认识到交际教学法在汉语写作教学课中的实际运用，并寻找提高学生写作能力和交际能力的方法。文章介绍了交际法的理论依据、基本原则、优势和缺点，及其跟汉语写作教学的关系；调查分析了越南太原大学中文系师生汉语写作情况；并设计了一课交际法应用在汉语教学课堂中的实例，具体分析在写作课堂上如何运用交际法。

19. 对美单班课教学模式实践研究——以美国中文领航项目高级汉语课为例

作者：杨倩

来源：天津师范大学硕士学位论文

发表时间：2014 年

摘要：此文以美国中文领航项目高级汉语单班课教学为例，结合具体的教学实践和相关的理论研究，通过对课堂的观摩、具体教学案例的分析、教师和学生访谈等一系列活动对单班课教学的课程设置、教学目标、教学原则、方法和教学材料的选择进行了详尽的分析。研究发现，通过口语水平测试，可以看出单班课教学模式在美国中文领航项目中对学生语言能力的提高有一定的促进作用，但在实际的课堂操作中还存在诸多问题，例如教师在话题引导时未达到预期的教学目的、忽视词汇的教学以及学生缺乏运用语段篇章进行表达的意识等。针对这些问题，作者在实践研究中进行反思并提出了相应的对策，以期为该类课程的教学方法提供可参考和借鉴的经验。

20. 中文歌曲在泰国中学汉语课堂教学中的应用研究——以泰国清莱美塞高级中学汉语初级学习者为例

作者：汪晓玉

来源：云南大学硕士学位论文

发表时间：2014 年

摘要：文章主要探讨中文歌曲教学的辅助作用在泰国清莱美塞高级中学这所泰北典型的泰文学校的应用情况。作者基于自身 10 个月的中文歌曲教学实践，收集了大量的案例以分析研究学生的学习效果，以期找到一种针对泰国汉语初学者的借助中文歌曲的良好教学方法。文章以作为汉语初级学习者的中学生为研究对象，阐述了中文歌曲在泰国汉语课堂教学中应用的可行性，着重论述了歌曲特别是中文歌曲与语言学习的潜在关系，也系统地分析了学习者的心理特点，再针对学校的教学背景课程设置拟定中文歌曲的教学设计，列举了 3 个具体教学案例，对案例的具体应用作了详细的分析，最后综合论述了歌曲教学在整个汉语教学中的优越性和局限性。

21. 泰国清迈大学中文系本科生家庭资本与汉语学业成绩相关性探究

作者：崔丽媛

来源：云南师范大学硕士学位论文

发表时间：2014 年

摘要：自 20 世纪 60 年代“科尔曼报告”发表以来，国内外研究者开始广泛关注家庭因素对学生学业成绩的影响。个体的学业成绩不仅与学校教学质量和个人努力程度有关，还与家庭资本密切联系。此文在回顾总结有关家庭资本研究的基础上，提出以家庭经济资本、家庭社会资本、家庭文化资本为衡量指标，探讨家庭资本对个人学业成绩的影响。文章以泰国清迈大学中文系一到三年级的学生为研究对象，探讨学生家庭资本与汉语学业成绩之间的关系。

（三）华文测试与习得研究

1. 菲律宾青少年关于中美日国家形象的认知——基于“词语自由联想”测试的分析

作者：陈燕玲

期刊名称：《当代修辞学》

发表时间：2014 年第 2 期

摘要：此文运用心理学的“词语自由联想”实验方法，对菲律宾来华留学青少年进行测试并结合加权统计分析，以获得菲律宾青少年心中的中国、美国、日本等国家形象。作者通过研究发现，受试群体心中的中国、美国、日本形象总体上是积极的，但差异也是明显的：相比较而言，美国的正面信息最强，日本的负面信息更多些；受试者对“中国”的联想更多地与历史相联系，而对“美国”的联想更注重现在。这些结论也许有助于更为客观地揭示菲律宾青少年心目中的中美日国家形象的概念结构，为中国国家形象修辞构筑提供切实的参考。

2. 华文水平测试总体设计再认识——基于印度尼西亚、菲律宾、新加坡的调查分析

作者：王汉卫、凡细珍、邵明明、王延苓、吴笑莹

期刊名称：《华文教学与研究》

发表时间：2014 年第 3 期

摘要：此文基于华文水平测试海外需求调查的结果，对其总体设计思路做了进一步的研究探讨，包括华文水平测试的基本性质、华语标准、能力标准、测试拟突出的内容与特色等，并进一步深入论证了以汉字为落脚点的华文水平测试能力等级的建立。

3. 比较句的选取与排序——华文水平测试语法等级大纲个案分析

作者：周利沙

来源：暨南大学硕士学位论文

发表时间：2014 年

摘要：作者认为，华文教育有其自身的特殊性，开发独立面向海外华裔的汉语水平测试是很有必要的。华文水平测试语法等级大纲正是顺应当前华语发展趋势的成果之一。现阶段，华测语法等级大纲由低到高依次是入门级、基础级、提高级、熟练级、自如级和母语级。文章选取比较句进行华测语法等级大纲下的个案研究。作者首先归纳出华文教学和母语教学、对外汉语教学有所区别的 22 类比较句句式。其次，对华裔学生比较句句式的偏误语料进行分析，总结偏误规律，得出华裔留学生比较句的大致习得顺序，并对应到华文水平测试的六个等级。接着，以此分级结果为依据，考察三套主流华文教材比较句的选取和编排情况，指出问题，提出建议。研究结果终以测试样卷的形式呈现，以作华文水平测试语法等级大纲价值的又一证明，并为华文水平测试其他语法项目的研究提供一些思路。

4. 中文作为澳大利亚维州高考科目的考察与分析

作者：王婧

来源：北京外国语大学硕士学位论文

发表时间：2014 年

摘要：此文详细介绍了中文作为澳大利亚维多利亚州考试科目的考核体系，分析了该考核体系值得借鉴的方面和需要改进的部分。作者分析了维多利亚州中文考试对考生听、说、读、写四项技能的内容和要求，并提供了相应的学习和教学方面的建议。主要内容包括：（1）列举目前有关维多利亚州中文考试的国内外研究成果，并对研究趋势进行预测。（2）介绍中文作为高考科目在澳大利亚各个州和地区的开展情况，并和其他外语的考试的情况进行对比。（3）介绍中文作为维多利亚州高考科目的考试目标、学生群体、考核体系，并分析考试体系的特点及存在的问题。（4）从言语技能的角度分析中文作为维多利亚州高考科目的具体要求和对学生能力考察的标准，通过问卷调查和访谈分析出学生中文考试的障碍和常见错误，结合维多利亚州考试与评估部门的年度报告，提出在维多利亚州考试中针对中文四项技能提高的教学建议。

5. 华裔汉语学习者解读：新加坡视角

作者：吴英成、邵洪亮

期刊名称：《世界汉语教学》

发表时间：2014 年第 2 期

摘要：华裔专指入籍中国之外其他国家的汉人。华裔汉语学习者内部的语言使用情况十分复杂。华裔的国籍身份、当地的社会语言生态，以及华裔的不同世代、不同家庭常用语、不同教育背景等，都会使个体对汉语、汉文化的认同产生深远影响。有鉴于此，作者提出，应该在跨际语、国家语言政策与规划、多元身份认同等新领域，对面向华裔的汉语教学展开深入具体的研究。

6. 美国华裔儿童汉英双语词汇语义范畴发展研究

作者：李芳、盛欐

期刊名称：《外语教学与研究》

发表时间：2014 年第 2 期

摘要：此研究通过分析问卷调查和控制实验数据，从词汇上位范畴联想和词汇同级对比联想两方面研究了 48 名美国华裔 7 岁儿童汉英双语词汇语义范畴的发展特征。研究表明：年龄和语言经验对汉英双语儿童词汇语义发展均有显著影响，4－5 岁和 6－7岁年龄组词汇范畴能力差异显著；头胎儿童组汉语词汇范畴能力显著优于非头胎儿童组；英语词汇范畴能力两组未见显著差异；双语儿童英语词汇范畴能力显著优于汉语词汇范畴能力；同级对比联想能力显著优于上位对比联想能力。研究结果可为美国华裔儿童双语词汇教学及中国儿童外语词汇范畴教学的策略提供实证依据。

7. 海外华裔青年对中国传统文化艺术认知情况的调查研究

作者：叶志海、王红主

期刊名称：《大众文艺》

发表时间：2014 年第 8 期

摘要：此研究旨在探究当今海外华裔青年对中国传统文化艺术的认知情况。调查发现，在受访的 2306 名海外华裔在校本科大学生中，海外华裔青年对中国传统文化艺术有一定兴趣，尤其是基础教育背景在中国大陆和台湾地区以及第一语言为汉语的受访者表现得更为突出；海外华裔青年对中国传统文化艺术的认同感不强，这一点对在外国接受基础教育者尤为明显；海外华裔青年对目前中国传统文化艺术的传播现状不满，他们认为目前中国传统文化艺术对外传播的主要问题集中在对青少年的教育以及传播方式的选择上。基于此，作者提出，在基础教育背景中应该强调中华传统文化内容，这对形成海外华裔青年对中国传统文化艺术的兴趣起到了关键性的作用；应该加大中国文化在海外的传播力度，注重对海外华裔青少年基础教育阶段的文化介入；应该充分发挥华裔青年的自主性，多维度创造以中国传统文化艺术为载体的文化传播模式。

8. 印度尼西亚当地华裔学生的华语学习情况调查分析——以印度尼西亚爪哇岛井里汶市为例

作者：胡霞、林瑞华

期刊名称：《东南亚纵横》

发表时间：2014 年第 9 期

摘要：此文以印度尼西亚西爪哇省的主要国际贸易港口城市井里汶市为例，对当地华裔学生的华语学习情况进行调查。研究发现：学生年龄偏小；课堂学习华语的时间较少，课外学习时间不够；学习途径单一，主要通过课堂教学；学习兴趣不高；学习动机多样且不明确。对此，作者提出三大教学对策：一是学校积极采取措施，创造良好的华语校园环境；二是教师抓好课堂教学，营造积极的课堂学习氛围；三是学生延伸学习时间，开拓多元的自主学习资源。

9. 华裔汉语学习者学习动机研究述评

作者：牟蕾

期刊名称：《语言文学研究》

发表时间：2014 年第 18 期

摘要：华裔学习者由于其特殊的文化背景和生活环境，在语言学习动机方面呈现出一些特点。此文通过分析近20年华裔学习者学习动机研究的文献，提出相应的思考与展望。

10. 菲律宾初级汉语水平学生单音节词声调偏误调查

作者：张鑫

期刊名称：《青年文学家》

发表时间：2014年第20期

摘要：作者认为，在对外汉语教学中，语音的教学是基础，声调教学更是重中之重。作者于汉语教师志愿者工作期间收集整理了菲律宾学生的单音节声调材料，作了分析和总结。

11. 初级阶段土耳其学生汉语听力障碍及其对策研究——以土耳其两所大学中文系为例

作者：拉莉

来源：东北师范大学硕士学位论文

发表时间：2014年

摘要：此研究以土耳其学生在汉语听辨能力发展上遇到的问题为研究主题，运用问卷调查法，先找出土耳其学生在汉语听力上的普遍障碍，再以与听力教学相关的理论为基础，针对这些障碍提出相应的教学对策。研究发现，土耳其学生在听力方面的普遍障碍分别体现在语音、句法与文化问题上。针对这些问题，作者从有效利用学生母语、针对偏误反复操练以及融入必要的中国文化知识这三个层面，提出相应的教学策略，以求宏观而言能够解决学生听力的普遍性障碍，微观而论能够克服因母语差异而产生的某个具体问题。此外，作者期望土耳其汉语教师也能以此研究为依据，设计出更适于土耳其学生汉语听力发展的教学对策及教材，以提高其听力教学水平与效率。

12. 菲律宾华裔青少年的华语环境、华语使用情况调查分析

作者：刘春平

来源：广西师范大学硕士学位论文

发表时间：2014年

摘要：此文从菲律宾华裔青少年所处的华语语言环境着手，结合其华语使用现状，探讨制约华裔青少年们开口说华语的根本原因。文章将华语语言环境分为心理语言环境和客观语言环境，心理语言环境包含菲律宾华裔青少年对华人身份和华语的认同；客观语言环境包含菲律宾当局的华语政策和华语与菲律宾其他语言的关系环境。并从家庭、学校、社会三个方面去调查华语的使用现状。作者提出了一些营造良好华语心理语言环境的建议：一是华裔父母亲应该尽量让孩子保持华人传统，铭记自己的华裔身份；二是父母在家里要有意识地使用普通话或者闽南语当作主要沟通语言，同时也要积极引导子女开口，积极学习华语；如果家庭经济允许，可以尽量让孩子参与与中文有关的活动。在建设客观语言环境方面，作者建议：一是华人社区、社团的支持；二是民族凝聚力的增强；三是要促进中国企业与菲律宾的商业合作、贸易往来，提高汉语在菲律宾社会的实用性质；四是得到菲律宾当局政府的政策支持；五是充分发挥华校主阵地的作用。

13. 印度尼西亚玛琅国立大学中文系学生汉语常用连词习得偏误分析

作者：唐雪华

来源：广西师范大学硕士学位论文

发表时间：2014 年

摘要：汉语连词是虚词的一个重要组成部分，而包括连词在内的关联词是复句学习的主要内容之一。此文基于中介语理论，运用语料分析、偏误分析、对比分析的方法，就印度尼西亚学生习得汉语常用连词偏误进行调查、实验，探讨有效的连词教学方法。

14. 多元语言环境对菲律宾华裔中学生学习汉语的影响调查与分析——以菲律宾义德中学为例

作者：刘丹

来源：广西师范大学硕士学位论文

发表时间：2014 年

摘要：此文着眼于菲律宾多元语言环境下华裔中学生的汉语学习状况，考虑“教育菲化政策”和“华校办学背景”等因素，以具有代表性的一类学校为研究样本，结合调查问卷和大量语料分析探讨“菲律宾的多元语言环境”，并且分析了这种多元语言环境对学生学习策略、语用心态、语言面貌等方面的影响。作者指出，文章中有大量的语音、词汇、语法方面的偏误研究，是菲律宾相关研究中少有的。

15. 马来西亚沙巴州华文独立中学初中生的自我同一性特点

作者：林秀珍

来源：南京师范大学硕士学位论文

发表时间：2014 年

摘要：此研究以马来西亚沙巴州规模最大、学生人数最多的华文独立中学的初中生为研究对象。对黄希庭教授所编制的《自我同一性危机量表》先进行修订，再采用修订后的《自我同一性危机量表》和张日昇教授所修订的加藤厚《自我同一性地位量表》对 582 名沙巴州独中初中生进行调查研究，以探究其自我同一性的特征。研究结果如下：（1）马来西亚沙巴州独中初中生的自我同一性地位分布呈现不均衡状态，超过一半的被试处于同一性扩散地位。（2）同一性地位各维度上，女生在“过去的危机”得分显著高于男生；初一独中生在“现在的自我投入”的水平和对“将来自我投入的愿望”高于其他年级。（3）马来西亚沙巴州独中初中生正面临比较严重的同一性危机，尤其在自我认同（认同扩散）方面。（4）女生在同一性危机得分低于男生，差异不显著；初一的独中生的同一性危机得分显著高于其他年级。（5）不同同一性地位的独中初中生在同一性危机得分存在显著差异；独中初中生“现在的自我投入”的水平和“将来自我投入的愿望”与面临的同一性危机存在显著正相关。（6）“自我意识过强”和“定向迷失”这两维度能较有效地预测同一性形成地位；“定向迷失”分别对同一性形成——权威接纳中间地位、同一性权威接纳地位、同一性积极延缓地位、同一性扩散——积极延缓中间地位都有较显著的预测作用。

16. 老挝华裔学生成语学习情况调查与分析

作者：叶利丽

来源：云南大学硕士学位论文

发表时间：2014 年

摘要：文章收集华文教材《汉语》里出现的成语，分析该教材收录的 338 个成语以及成语练习的情况，在此基础上对华裔学生的成语学习与教学情况进行调查。研究结果表明：第一，老挝华裔学生对成语的定义比较模糊或者不明确。第二，每个年级学习成语都有各自的特点，学生对成语的喜爱程度与年级成反比，与意识到成语学习的重要性成正比。第三，学生学习汉语成语的途径比较单一，大部分教师在课堂上没有回避成语的教学，但对成语的教学只停留在认读、书写以及语义的讲解上。第四，学生成语的语用方面知识不足，不能准确把握成语的使用范围、感情色彩以及成语的特殊搭配；对成语的语义理解有偏差，学生容易受成语字面意思的影响，而忽略了成语整体的语义；虽然是华裔学生，汉语是学生的母语，但是在学习成语的过程中，成语语法习得还是会受到第一语言老挝语的影响。

（四）华文教材研究

1. 马来西亚国立大学华语课程教材的研究

作者：HOE Foo Terng

期刊名称：《海外华文教育》

发表时间：2014 年第 1 期

摘要：在马来西亚，华语作为第二语言教学被称为华语（Mandarin）教学。目前，马来西亚有 20 所国立大学，全都开办了华语/华文班。前人所做的马来西亚大学华语教学的发展现况调查覆盖面不广，所调查的大学最多 4 所，该研究涵盖了马来西亚全国的国立大学。马来西亚国立大学的华语课程教材大致上可分成 4 类：（1）中国编写的对外汉语课本；（2）本地编写的华语课本；（3）根据中国对外汉语课本和本地华语教学课本改编的教材；（4）自编教材。马来西亚 36.8% 的国立大学华语课程教学使用中国课本，而教学重点则随着中国教材内容的转变，从早期比较注重口语的操练，慢慢地转向于注重语法点的教学。63.2% 的国立大学华语课程使用具有本地色彩的国别化华语教材，并努力地把课程教材逐渐本土化。

2. 新加坡中学华文文学教材的演进与变革

作者：秦珏、王兵

期刊名称：《河北师范大学学报》（教育科学版）

发表时间：2014 年第 2 期

摘要：文章以新加坡中学华文文学教材为研究对象。在新加坡华文教学以及双语、双文化教育的发展历程中，中学华文文学课程始终扮演着十分重要的角色。在此期间，充当文学教学重要课程资源的中学华文文学教材也经历了从早年的移植引进期、建国后的初步发展期到当下自主转型期的演进过程。伴随着课程标准的历次变革，中学华文文学教材在教材编写理念与设计、选文内容与安排等方面皆有所革新。因此，这种分期梳理既反映了华文文学教材的演进与变革，也体现出新加坡中学华文文学课程的发展变化。

3. 试论海外华文教材本土化新思路

作者：张树权

期刊名称：《云南师范大学学报》（对外汉语教学与研究版）

发表时间：2014 年第 2 期

摘要：作者认为，语言教学中教师、教法、教材三者起核心作用的是教师，但教材具有决定教师教什么和怎么教的重要作用，海外华文教师因专业水平相对较低，对教材的依赖度更高。目前针对不同国家地区或学习目的编写的华文教材已然不少，但教材本土化效果仍不尽如人意，一直是热议的话题。文章分析了华文教材编写现状和华文教材的华文性特征，认为教材编写者和使用者信息不对接和华文教材中太过强调体现文化元素，是造成华文教材本土化困难的主要原因；建议华文教材本土化工作重心和视线发生转移，从关注如何满足某一地某一群体的教材需求，转而关注现代信息技术发展对现代教育产生的影响，关注互联网技术给人们语言学习方式和语言教学模式带来的变革和冲击。海外华文教师利用网络获取“为我所用”的教学资源，降低对书本教材的依赖程度，可能是华文教材本土化工作走出困境的有效途径之一。

4. 纵向传承：论传统蒙书与现代儿童华文教材

作者：姚兰

期刊名称：《海外华文教育》

发表时间：2014 年第 2 期

摘要：此文以中国传统蒙书对编纂现代儿童华文教材的启发为探讨范围，其主要目的为透视中国传统儿童语文教育的智慧，汲取古代传统蒙书的特色与当代借鉴价值，以提升现代儿童华语文教材质量。全文主要内容包括：（1）简述传统蒙书之特色；（2）概观传统蒙书之发展沿革；（3）回顾近十年之传统蒙书当代价值研究；（4）分析传统蒙书对编写现代儿童华语教材之启发；（5）综述纵向传承古代语文教育之重要性，同时检视横向移植西方教育理论的缺失。

5. 马来西亚幼儿华文教材编排体例分析

作者：张江元

期刊名称：《海外华文教育》

发表时间：2014 年第 2 期

摘要：海外本土华文教材日渐重要。文章通过考察马来西亚幼儿华文教材编排体例发现，根据最新幼儿课程纲要编写的马来西亚幼儿华文教材的编排设计方式、价值取向，在教材的物理特征和内容安排上具有鲜明体现，在整体设计上表现出突出的“幼儿化”特征、设计具有“生活化”取向、注重“文化特色”等特点。

6. 印度尼西亚华文教材发展概况、问题及建议——基于《汉语》与《一千字说华语》的分析

作者：何悦恒

期刊名称：《海外华文教育》

发表时间：2014 年第 3 期

摘要：印度尼西亚拥有巨大的华人群体，华文教育在印度尼西亚逐渐发展，当前印度尼西亚现有的华文教材比较混杂。文章通过对《汉语》和《一千字说华语》两套教材的比较，从课程内容、课文表述方式、相关配套教材及课文形式等方面进行分析，指出印度尼西亚华文教材中存在的缺乏针对性、缺乏整体规划等问题，并提出相关建议。

7. 新加坡小学华文教材"差异性"的微观考察——以定向阶段教材为例

作者：许琨

期刊名称：《鲁东大学学报》(哲学社会科学版)

发表时间：2014 年第 4 期

摘要：此文对新加坡"差异教学"理念下的小学华文教材（定向阶段）进行了系统考察。三个层次的教材在字、词、句的难度与数量上都呈现出鲜明的差异性，其中，"华文"与"高级华文"属于高水平华文，两者之间是量的差异，"高级华文"的内容和难度在"华文"基础上略有提高。"基础华文"属于低水平华文，与"华文""高级华文"之间是质的差异。教材在体现"差异性"的同时，对字词的科学复现还应进一步重视，文章依据考察数据对该类问题进行了探讨。

8. 关于华语词典编纂问题的几点思考——读《全球华语词典》札记

作者：刁晏斌

期刊名称：《辞书研究》

发表时间：2014 年第 6 期

摘要：《全球华语词典》是一部特点突出的新型工具书，但是也存在一些不足。文章从收词与立目、字母词的处理以及词语的解释与说明等三个方面对此进行了分析与说明。在此基础上，给出了几条思考建议：一是编纂此类词典时语言观（主要是规范观与发展观）的调整与更新；二是关于此类词典的定位问题，认为应该是规范词典与新词语词典的糅合；三是加强沟通协调以及语料库的建设和利用；四是对

“全球华语大词典”以及相关工具书的期许，即“全球”与“大”名副其实、内容更加完备、有更多的衍生产品。

9. 基于教材库的新加坡华文教材分析与思考

作者：周小兵、李亚楠、陈楠

期刊名称：《云南师范大学学报》（对外汉语教学与研究版）

发表时间：2014 年第 6 期

摘要：文章在国家汉办/中山大学共建的全球汉语教材库的基础上，系统考察新加坡华文教材的现状。考察点主要有：资源类型与教材分类、媒介语、使用对象、编写特点、本土性。在概括总体特点的基础上，文章讨论了新加坡华文教材开发的主要问题和解决策略。

10. 印度尼西亚泗水华文教材使用情况调查研究

作者：黄安琪

来源：广东外语外贸大学硕士学位论文

发表时间：2014 年

摘要：泗水的华文教材可分为 4 类：一是完全的外来教材，以中国的《汉语》、新加坡的《小学华文》为代表；二是在外来教材基础上改编但未出版的教材，以新中补习学校改编的《汉语教程》为例；三是参照外来教材编写的本土出版教材，以《育苗华语》和《千岛华语》为代表；四是完全由印度尼西亚自编的教材，如《我的汉语》《基础汉语》。其中，中小学主要使用多国出版的外来教材，《汉语》《育苗华语》和《小学华文》使用率最高；补习班主要使用中国出版的对外汉语教材和印度尼西亚改编出版的教材；大学基本上全使用中国出版的对外汉语教材。就泗水目前的教材而言，外来教材理论充足、发展成熟、内容多样化、教材相对有趣味性，但出现水土不服之状；学生普遍认为其内容无趣、不实用。印度尼西亚本土教材编写经验尚浅、缺乏系统科学的指引方针，很难看出其本土特色。

11. 《轻松学中文》语法项目选用与编排分析——以菲律宾光启学校为例

作者：高雅琳

来源：广西师范大学硕士学位论文

发表时间：2014 年

摘要：此文选取菲律宾主流华校光启学校所选用的《轻松学中文》初级阶段教

材进行语法点选用与编排的考察与分析。在语法点的选用方面，该研究以《汉语水平等级标准与语法等级大纲》作为语法项目的选取标准，主要考察《轻松学中文》初级阶段教材语法点选取总量、每课语法点量、甲乙级语法项目选取总量以及“其他语法点”选取量4个方面，分析考察结果并进行总结。在语法点的编排方面，由于现阶段缺乏系统性的语法编排大纲，作者结合吕文华、杨德峰、卢福波三位语法学家对初级阶段汉语教材语法编排的观点，认为初级阶段汉语教材语法项目的编写要符合认知规律、语言自身规律和语言习得规律；对《轻松学中文》初级阶段教材甲乙两级语法项目分布情况和语法点具体内容的编排顺序进行考察，分析与总结考察结果。文章还对光启学校汉语教师和学生分别进行问卷调查，针对教材语法方面收集教学反馈。最后，结合理论分析与问卷调查的结果，在语法点的选用与编排方面对《轻松学中文》初级阶段教材提出一些针对性的建议。

12.《汉语教程》与《中文听说读写》对比研究

作者：梁鹏

来源：广西师范大学硕士学位论文

发表时间：2014年

摘要：此文以《汉语教程》前两册主教材和《中文听说读写》前册主教材为考察对象，采用统计、对比等分析方法研究这两套教材的主教材的学习单元、词汇表的设计以及繁体字课文的使用情况，课文教学话题的情况和生词比例。作者在考察后指出，在单元和词汇表的设计方面，《中文听说读写》的单元设计比《汉语教程》更完整；《中文听说读写》词汇表的设计比《汉语教程》更科学，具体表现在《中文听说读写》附录中的词汇表有4种不同索引的设计。在课文教学话题分布方面，《中文听说读写》的课文教学话题分布比较均匀；《汉语教程》的课文教学话题分布主要集中在“学校生活”“自我介绍、问候、寒暄”和“买东西”3个话题上。在生词比例方面，《中文听说读写》平均每课的生词数比《汉语教程》要多；甲乙丙丁四级词汇在每册书的比例变化比《汉语教程》要明显；超纲词的比例也比《汉语教程》高出许多。

13. 浅析泰国本土汉语教材《快乐学中文》

作者：田智慧

来源：河北大学硕士学位论文

发表时间：2014年

摘要：此文以郭少梅编著的泰国本土教材《快乐学中文》为研究对象，运用个案研究法以及对比研究法并结合作者教学实践，剖析其长处与不足，并提出改进建议。文章主要内容包括：(1) 教材的编写背景和编写体例，展示教材全貌。(2) 教材课文分析。从课文长度、课文题材以及课文难度三方面对课文的选编进行阐述，进而发现课文中出现的一系列问题，比如课文语言的不地道、课文难度梯度很小等问题，并给出课文情境多样化、课文内容更加贴近实际生活、课文难度更强调梯度化的建议。(3) 教材语音编写体系分析，通过对教材韵母、声母、声调内容的整体分析，指出声调的标调问题、声韵母编写中出现的问题、音节编写问题，进而对音节编写提出为拼音字母配图释义、为拼音字母配发音方法图的建议。(4) 教材词汇分析，考察教材词汇的选择和控制、词汇注释，提出提高词汇重复率和重视语素教学的建议。(5) 教材语法分析，指出其语法编排的零散性特点及一些错误。

14. 印度尼西亚通行汉语教材文化项目编排对比研究——以《汉语教程》(修订本) 和《华语》为例

作者：侯玲芳

来源：河北大学硕士学位论文

发表时间：2014 年

摘要：在印度尼西亚华文教育中，使用的教材可以分为两类，即国外对外汉语教材和印度尼西亚本地编写的汉语教材或专门针对印度尼西亚学生编写的汉语教材。目前，在印度尼西亚华文教学中比较通行的教材有中国国内的《汉语教程》(修订本) 和印度尼西亚的《华语》。两本教材的使用对象都是初级阶段的汉语学习者。此文对两套教材中文化项目的编排进行对比研究。从词汇入手，对教材所含有的文化因素进行分类，建立文化项目的数据及进行统计分析，通过两套教材中文化项目数量的不同，分析其在文化项目编排方面的特点。作者从对比中发现，两套教材都比较重视介绍有关中国社会交际的文化项目。《汉语教程》中关于价值观念和社会结构的文化项目比较少，而《华语》中象征观念和教育文化项目比较少；在介绍文化项目时，两套教材采用不同的形式，《汉语教程》主要采用会话形式，而《华语》采用会话和记叙文形式。

15. 《初级华语》和《汉语教程》对比分析研究

作者：刘美金

来源：河北师范大学硕士学位论文

发表时间：2014 年

摘要：此文基于通用性教材和国别教材对比的视角，运用对比法和统计法，考察

《初级华语》第一册和《汉语教程》第一册（上）的编写原则、课文、词汇、语法、练习等内容，探讨国别教材的优势和不足之处，以期找出适合印度尼西亚零起点汉语学习者的教材。

16. 初级综合教材《当代中文》葡语版的针对性问题研究

作者：徐大千

来源：湖北大学硕士学位论文

发表时间：2014 年

摘要：《当代中文》葡语版是为母语为葡萄牙语的海外汉语学习者编写的汉语教材，它在巴西具有广泛的使用价值。文章指出，作为一本仅是翻译成葡语后的综合性教材，该书在是否具有针对性上也存在一些值得进一步发展的空间，只有贴近葡语国家的人的思维和生活习惯，将葡语国家的文化特征、教育制度和社会因素，以及学生的自然条件、汉语水平、学习目的、学习兴趣、学习方式等因素综合考虑，才能具有更多实用价值。文章结合作者在巴西圣保罗州立大学孔子学院的两年海外教学实践进行调查研究，通过综合日常课堂教学情况、学生反馈信息以及在其他汉语教师和学生中发放调查问卷，收集资料，对《当代中文》进行综合的调查分析，以期为建设针对葡语国家的对外汉语教材建设提供建议。

17. 意大利初级汉语教材研究——以《意大利人学汉语》和《当代中文》为例

作者：王澍

来源：华东师范大学硕士学位论文

发表时间：2014 年

摘要：文章从两套教材的编写理念、内容进行比较分析，结合使用者（教师）访谈评估后发现：两套教材原适用对象皆针对大学生、成人学习者，但目前亦用于高中课堂，而教材所体现的编写原则亦各有优劣。目前，意大利的汉语教学，课堂进度由本土教师主导，各校不一。《当代中文》在编写原则上突出了科学性，教材配套齐备，能全方位培养学生四种语言技能；《意大利人学汉语》则在语音、语法的中外对比上突出学习者重点和难点，而课文话题的选择，亦较贴合本土学习者兴趣，凸显其作为本土教材的针对性。《当代中文》在排版、语法排序、语言地道、教材配套、语言技能培养等方面较具优势，而《意大利人学汉语》在中外对比、课文话题本土化、外语翻译和注释部分能更好地帮助意大利学习者。因此，不论未来对教材进行修订或是新编，编者均可截取两套教材的长处，同时善用孔子学院的资源，并关注新一代教学形式和教材立体化的趋势。

18.《当代中文》（初级）与《新实用汉语课本》（初级）比较研究

作者：王聪

来源：吉林大学硕士学位论文

发表时间：2014 年 5 月

摘要：此文以吴中伟主编的《当代中文》（初级）（华语教学出版社 2010 年版）和刘珣主编的《新实用汉语课本》（初级）（北京语言大学出版社 2009 年版）为对象开展比较研究。作者首先从两本教材课文的长度、题材、体裁三方面的设置进行对比研究。《当代中文》在长度的设置上比较具有规律性，长短课文安排恰当，且遵循循序渐进的学习特点，《新实用汉语课本》在长度的设置上较为随意，长短课文的跳跃性太大。在题材上《当代中文》题材数量比《新实用汉语课本》稍多，并且增加了与热点问题相关的内容。体裁的设置各有特点，但都是以记叙文为主。《当代中文》初级阶段课文是以交际活动和交际功能的典型性来编排课程的。《新实用汉语课本》内容的特点为从生活中来到生活中去。其次，从语法点的数量和解释上进行语法点设置对比研究。作者通过比较分析发现，在语法项目的选择上，以这两本教材的教学大纲覆盖为依据，《当代中文》的覆盖程度比《新实用汉语课本》要高，对应环节所选取的语法项目的难度较高，所以在课堂学时的具体安排方面会更多，对学习者的要求标准会更高。

19. 基于平板电脑的华文电子教材的需求调查研究

作者：吴倩

来源：暨南大学硕士学位论文

发表时间：2014 年

摘要：文章通过了解学习者的基本情况，根据其对华文学习的知识资源、技能训练和对平板电脑的软件功能等方面的需求设计问卷，并在暨南大学华文学院华文教育系进行调查，通过调查分析从 5 个方面为华文电子教材的设计提出建议：（1）在整体规划上，加强宏观政策的指导，启动电子教材研发项目，鼓励社会组织积极参与，提高无线网络的基础服务质量；（2）为学习者制订多路径的学习计划，根据华文知识和技能训练的规律，构建碎片化功能的华文教材；（3）在内容设计上符合适用性、实用性和趣味性的总体原则；（4）在技能训练上符合与知识点紧密联系、与兴趣点适当联系、保证一定训练强度、具有及时反馈性的总体原则；（5）在软件功能上，充分发挥平板电脑特点，提供全面的个性化服务、多样的问题咨询服务，并加强教学资源的网络共享。

20. 华文教材《汉语》和《中文》词汇衔接性的对比

作者：王慧

来源：暨南大学硕士学位论文

发表时间：2014 年 4 月

摘要：作者认为，词汇作为语言的建筑材料，在教材的编写过程中，显得尤为重要，而且作为海外华裔青少年这一特殊的汉语学习群体，汉语教学词汇必然有它独特的规律和特点。另外不同层级的教材，词汇也会有不同的特点，此文主要研究《中文》《汉语》两套教材词汇的衔接特点。通过统计分析教材中各册词汇的数量，在《汉语水平词汇与汉字等级大纲》中的甲、乙、丙、丁级词的分布情况以及在新 HSK5000 词中的覆盖情况，从纵向角度探讨两套教材各自整体上的词汇衔接性，又从横向角度对比两套教材的词汇衔接性，探讨其共性和差异，评价其优劣，提出建议，为以后中小学海外华文系列教材的词汇编写提供参考。

21. 面向华文教学的中小学语文教材课文常用词分级词表的研制

作者：于艳群

来源：暨南大学硕士学位论文

发表时间：2014 年

摘要：基于海外华文教学的特性与需求，该研究采用语料库语言学的方法和计算语言学的方法构建了一个面向华文教学的中小学语文教材课文常用词分级词表。作者在研制理念上坚持面向华文教学的方向，坚持实用性与科学性的原则，首先建立中小学语文教材课文用词语料库，然后依据华文教学的需求，按不同学段划分词表的层级系统，并在层级体系的架构下依据共用度和频度的标准选取词语，最后对词语的使用度进行计算并排序，最终完成词表的研制。中小学教材课文常用词分级词表可以为华文教学和国内语文教学提供参考资料。

22. 汉语教材中印度尼西亚语翻译问题探析——以《基础华语》第一册为例

作者：张涵妮

来源：南京师范大学硕士学位论文

发表时间：2014 年

摘要：文章内容包括：（1）对《基础华语》第一册生词的翻译问题进行归类与

分析。研究发现，生词部分主要的问题是：翻译的词性与实际词性不一致、用词不当、翻译过多。而练习部分主要翻译问题是：译文用词不当。课文部分的主要翻译问题是：译文的拼写错误、译文用词不当。在注释与语法部分的主要翻译问题是：译文用词不当。(2) 对课文与练习部分、语法与注释部分的句子翻译问题进行归类与分析。课文与练习部分的主要翻译问题是：译文不符合语境或印度尼西亚语的表达习惯，注释与语法部分的主要翻译问题是：译文不符合印度尼西亚语语法或语序。(3) 调查印度尼西亚教师对该教材的印度尼西亚语翻译的意见。印度尼西亚教师认为翻译缺乏针对性与可读性，给出的翻译还未达到规范的印度尼西亚语，因此需要做进一步的修改。(4) 探讨《基础华语》第一册的印度尼西亚语翻译应遵循的原则，并且提出改进印度尼西亚语翻译的措施。

23. 泰国华文小学《汉语》教材话题设置研究

作者：陈玉

来源：西南交通大学硕士学位论文

发表时间：2014 年

摘要：此研究选取泰国华文小学中使用较广泛的《汉语》教材作为研究对象，从话题编排设置的角度研究部分泰国华文小学现使用的汉语教材是否贴近学生的特点，是否符合泰国小学生学习汉语的需求及兴趣，进而对泰国华校教材选取和《汉语》教材的话题项目编排提出一些建议。文章对《汉语》话题统计分类，观察各类话题在教材中所占比例及分布情况，分析该教材话题设置的特点，并从体裁角度对《汉语》话题的表现形式及体裁与话题设置之间的关系加以分析；进而在克拉申输入假说理论的指导下，通过问卷调查和访谈法对泰国小学生感兴趣的话题进行调查分析，并将《汉语》教材的话题设置与学生对其感兴趣的程度进行对比分析；最后根据国别化教材的相关研究、教材编排原则和文章的调查数据，对泰国华校教材选取和《汉语》教材的话题项目编排提出一些建议。

（五）华文教师发展研究

1. 关于海外华语文教师专业发展研究的思考

作者：贾益民

期刊名称：《世界汉语教学》

发表时间：2014 年第 3 期

摘要：海外华语文教育的新发展对华语文教师专业发展提出了新的更高要求，因此，如何推动海外华语文教师专业发展，提升其专业水平和教育教学能力，已经成为华语文教育界普遍关注的重大理论研究课题，并具有十分重要的现实意义。此文从教师专业发展理论研究现状分析入手，探讨了“教师专业发展”的概念、阶段、范式及标准问题，分析了海外华语文教师专业发展的现状及海外华语文教育教学的特殊性对华语文教师专业发展提出的特殊要求，阐述了海外华语文教师专业发展的途径与方式，并建议海内外华语文教育机构联合成立学术组织，开展海外华语文教师专业发展研究，以促进华语文教师提高专业能力和水平，推动世界华语文教育更快更好发展。

2. 打造华文教师培养的助推器——论东南亚国家华文教育人才库的创建

作者：唐燕儿、孙振宇

期刊名称：《东南亚纵横》

发表时间：2014 年第 3 期

摘要：21 世纪以来，随着世界政治环境的改善和东南亚各国经济社会的不断发展，东南亚国家的华文教育事业取得了长足的进步，但是历史遗留的问题和现实社会状况也给东南亚华文教育事业提出了一些难题。其中提高东南亚地区华文教师培养质量一直是影响东南亚国家华文教育事业发展的关键因素。作者提出，东南亚国家华文教育人才库的建设和完善可以在华文教育管理部门、华文教师组织、华文教师个体三个层面上对提高华文教师培养质量方面提供相应帮助，促进华文教师培养活动提高效率，更具针对性。

3. 多语背景下印度尼西亚华语教师语言态度调查——以雅加达地区华语教师为例

作者：王衍军、张秀华

期刊名称：《东南亚研究》

发表时间：2014 年第 6 期

摘要：文章以印度尼西亚雅加达地区华语教师为例，调查多语背景下印度尼西亚华语教师的语言态度。调查结果表明，对华语的态度，印度尼西亚华语教师在年龄结构上呈现出明显的差异：年长者对华语的态度始终一致，年轻一辈对华语的态度在多元语言背景的影响下日益复杂化。文化因素和社会需求则成为两代人华语态度差异的主要原因。

4. 马来西亚华文独立中学教师教育的特点、问题与对策

作者：王焕芝

期刊名称：《教育评论》

发表时间：2014 年第 12 期

摘要：华文独立中学堪称海外华文教育的典范，是马来西亚华文教育事业的重要基石。完善华文独立中学教师教育，既是教师个人发展的需要，也是教育改革进一步深化的需要。此文在考察马来西亚董教总和华文独立中学的基础上，对马来西亚华文独立中学教师教育的现状及存在的问题进行剖析，提出构建新型华文独立中学教师教育组织机构、加强教师教育的教学改革、突出教师教育课程的实践取向等建议。

5. 海外华文教师专业知识来源的个案研究

作者：陈旭

来源：华东师范大学硕士学位论文

发表时间：2014 年

摘要：该研究主要采用叙事探究方法，同时结合问卷调查，通过对 3 位熟手华文教师的个案叙事，呈现其适应华文教学的大致历程，旨在揭示海外华文教师专业知识的主要来源，并且进一步探讨各项来源的转化特点。研究发现，海外华文教师的专业知识主要来源于 6 个方面，即教育背景、职前教学经验、教师间的交流、在职培训、阅读积累以及子女教育经历。通过对个案教师适应过程的深入分析，文章进一步描述各项来源的转化过程，揭示各项来源的转化特点。

6. 跨文化交流视野下的华文师资培训对策研究——以缅甸为例

作者：张辉

来源：云南大学硕士学位论文

发表时间：2014 年

摘要：文章探讨了发展东南亚华文教育、华文教师及其文化教育的重要性、华文师资培训的独特性以及开展华文师资培训的意义与价值，并运用调查研究法，在昆明华文学校和云南师范大学对参与培训的学生和教师进行调查，结合 10 位老师的深度访谈，研究学生对华文教学的需求和对教师的期望，在剖析教师接受培训的时间、地点、方式、内容、评价等内容的基础上，找出目前培训存在的问题。该研究基于跨文化交际理论、成人学习理论、教师专业化发展理论提出师资培训的对策：要创建一个有利于师资培训的良好的外部环境，加强华文教育机构、大学之间的合作；建立华文

师培训基金筹措机制；从培训对象、培训时间、培训方式、培训内容和培训效果的检测和评估等方面入手建立一个长期有序的师资培训机制；建立师资培训联盟，整合和充分利用培训资源；建立华文教师奖励机制，对表现突出的教师予以奖励；加速师资培训职业化；从微观角度来说，要充分激发教师的内部学习动机；发掘教师专长，进行适当的角色定位；开展高效的跨文化师资培训。

7. 印度尼西亚万隆华文教师现状调查

作者：陈福龙

来源：广东外语外贸大学硕士学位论文

发表时间：2014 年

摘要：随着中国国际地位的提升以及中国经济的快速发展，“汉语热”进一步升温，世界各地对汉语教师的需求量越来越大，汉语师资紧缺成为当今世界各国所面临的主要问题。作者认为，汉语教师的数量和质量都不能满足汉语教学的实际需求。其通过对印度尼西亚万隆五大权威华文补习班、国民学校、三语学校以及设有中文系的高等院校华文教师现状的调查，了解目前万隆华文教师的大致年龄、性别比例、教学年限、工作压力、薪酬待遇、教师地位、教师素质、职业规划等情况，经过调查，作者发现，印度尼西亚万隆的华文教师数量偏少，年轻教师居多，学历普遍为本科以上，但是薪水不高，一定程度上导致华文教师对自己未来的职业规划并不明确。作者进一步分析了影响印度尼西亚万隆华文教师发展的因素，亦对印度尼西亚万隆华文师资培养提出一些建议。

（六）跨文化传播及华文传媒研究

1. 汉语方言现象与华人文化风情

作者：邢福义

期刊名称：《华中师范大学学报》（人文社会科学版）

发表时间：2014 年第 1 期

摘要：千姿百态的汉语方言现象，反映了丰富多彩的华人文化风情。此文根据语言三要素“语音、词汇、语法”的不同情况，分三大部分，阐述相关问题，提出见解。比如：中国南部已然形成“粳字南音文化圈”，“粳”的注音应兼顾“整体汉语”，并关注“全球华语”。又如：文艺作品中的方言现象有“明知而用”和“顺手写就”两种情况，《红楼梦》研究若能从语言运用的角度作深度切入，弄清种种事实的来龙去脉，“红学”成果必定更为丰满。再如：某种方言句法格式可以向通语转化，应描述其不可替代的语用价值，同时指明其特定的社会背景。作者提出“两点感悟”：其一，汉语方言是个巨大宝库，联系华人文化风情研究方言现象，有利于多种学科的发展。其二，研究方言问题，特别需要弘扬以“崇实”为核心思想的朴学精神，现阶段非常有必要强调这种治学风气。

2. 新加坡华族对华语的认同度考察——基于文化合流视角

作者：蔡明宏

期刊名称：《云南师范大学学报》（对外汉语教学与研究版）

发表时间：2014 年第 1 期

摘要：在“本土化”与“西化”的双重影响下，新加坡华族的华语状况堪忧。新加坡历史上重功利、轻情感的语言政策，也加重了新加坡华族对中华文化的情感疏离，弱化了其对华语的认同度。新加坡华语发展的个案成为舒曼文化合流维度下语言和文化互相依存的典型阐释。作者认为，在改善华语生存环境的对策上，需要新加坡政府做出更精准的指引和扶持，多关注语言背后承载的民族个性和文化信息，摈弃实用性和工具性的狭促，培育新加坡华族对华语的情感认同，以挽新加坡华语困局，促使新加坡的华语真正走上期冀的发展轨道。

3. 媒介融合下的华文网络媒体舆论传播研究

作者：于晓利、翟志远

期刊名称：《河南理工大学学报》（社会科学版）

发表时间：2014 年第 2 期

摘要：中国经济的快速发展及其与世界经济文化交流的日益频繁，促进了华文网络媒体的快速发展。此文阐释了媒介融合下的华文网络媒体发展状况，界定和分析了华文网络媒体的概念和研究，剖析了华文网络媒体的舆论构建、舆论特征，对华文网络媒体未来的发展趋向提出了建设性的意见。

4. 文化融合背景下的华文出版创新策略探析

作者：陈程

期刊名称：《科技与出版》

发表时间：2014 年第 1 期

摘要：华文出版创新是文化传承与积累的必然要求，有利于提升中国文化影响力与文化软实力，推动华文出版“走出去”步伐。随着世界范围内文化融合趋势的加强，新的时代不断赋予华文出版新的创新要求。在文化融合的时代背景下，如何把文化创新与出版创新有效结合，推动华文出版的新突破，是值得出版人思考的重要问题。作者认为，华文出版要通过本土文化创新、引进出版物的本土化改造以及推动本土文化“走出去”等策略实现华文出版创新，以推动华文出版的发展，增强中外文化交流，推动中华文化走向世界。

5. “文化中国”与海外华裔的中华民族认同

作者：崔海亮

期刊名称：《中华文化论坛》

发表时间：2014 年第 1 期

摘要：文章指出，海外华裔“花果飘零”的生存状态、对“主体身份认同”的反思以及第三次民族主义浪潮的冲击，促成了“文化中国”观念的形成。海外华裔不仅在历史上对中国革命做出过巨大贡献，在当今全球化的背景下，仍然认同“中华文化”，积极支持中国的社会主义建设。把“文化中国”作为国家的一项发展战略，有利于民族团结与国家统一，有利于创造一个和平、友好、稳定的周边环境，有利于向世界传播中国正面的文化价值，展示中国的良好文化形象，也有利于构建中华民族共有的精神家园，提高中国的文化软实力，实现中华民族的伟大复兴。

6. 当前海外华文传媒发展动态浅析

作者：彭伟步

期刊名称：《东南亚研究》

发表时间：2014 年第 2 期

摘要：海外华文传媒历史悠久，数量众多，但生存不易。海外有影响力的华文传媒不多，主要集中在东南亚、北美以及澳大利亚等地区，发展程度出现冷热不均的现象。随着新媒体的强势崛起，华文网络成为影响海外华人社会的重要工具，既对传统华文传媒构成了强劲的挑战，也同时促成了华文信息传播的全球化。

7. 新环境下澳华文媒体对中国文化的传播

作者：刘琛

期刊名称：《福建师范大学学报》（哲学社会科学版）

发表时间：2014 年第 4 期

摘要：中澳自 1972 年建交以来，双方关系日趋密切和深化。与此同时，华人群体也已发展成为澳大利亚社会的一个重要组成部分。近年来，中澳在国家建设中都不同程度地步入新历史阶段。因此，双方关系建设正面临一个新机遇期。以此为背景，澳华文媒体可能发挥的作用逐渐引起重视，其对中国文化的传承与传播成为普遍关注的议题。为此，此文以社会学对文化的定义为框架，从文化价值观、文化理念和文化范式三个方面入手，分析澳华文媒体对中国文化传播的特点，以为中国更为全面而准确地把握当前海外华文媒体的现状及发展诉求提供服务。

8. 钱石臣——印度尼西亚早期华文文化的耕耘者

作者：钦鸿

期刊名称：《华文文学》

发表时间：2014 年第 4 期

摘要：在南通发现的钱石臣写于 1921 年 8 月至 1922 年 8 月的日记，清晰地记载了这位印度尼西亚早期华文文化耕耘者从南通到印度尼西亚孟加锡岛从事华文教育工作，并积极参与当地的各种文化活动的事迹，其中涉及孟加锡当地社会生活的方方面面，包括社会制度、经济状况、社团组织、人际关系、文艺演出、风俗习惯，乃至华人社会的各种活动、知识分子的经济收入、应酬往来、业余生活，以及气候、物产、环境等种种情况。这对我们了解早期印度尼西亚的华文文化，特别是孟加锡地区的华文教育、华文报业以及华文文化界的活动，乃至当时社会的政治经济、民风民俗等都有重要的史料价值。

9. 东南亚华裔学生中文姓名用字研究

作者：连涵芬

期刊名称：《长沙理工大学学报》（社会科学版）

发表时间：2014 年第 4 期

摘要：姓名是语言学中一个值得关注的课题，它是一种社会现象，也是一种语言现象，有丰富的内涵。文章通过语料样本对东南亚华裔学生的中文姓名用字进行统计研究，分析用字特点，对华裔学生中文取名方法和对待相关问题应有态度进行探讨。

10. 关于对外汉语教学中传播闽南文化的思考——以菲律宾华裔青少年来闽短期学习为例

作者：林丹丹

期刊名称：《闽南师范大学学报》（哲学社会科学版）

发表时间：2014 年第 4 期

摘要：在对外汉语教学中如何开展地方文化教学已成为学界的讨论热点。文章以2014年4月至5月到闽南师范大学参加学中文夏令营的菲律宾华裔青少年为调查对象，分析了他们的基本情况、文化需求以及现有文化课程的特点，提出如何在对外汉语教学中更好地传播闽南文化的建议。

11. 中国传统文化在华裔留学生教育中的价值和提升策略

作者：王雪溪

期刊名称：《教育探索》

发表时间：2014年第10期

摘要：中国传统文化在华裔留学生教育中具有重要价值。文章提出了提升中国传统文化在华裔留学生教育中价值的策略：一是应重视中国传统文化的课程设置与教材编写，二是在内容上侧重中国传统文化的内涵，三是定期举办活动，树立寻根意识，以帮助华裔留学生找到文化归属感。

12. 世界华文教育中优秀民族传统体育文化传播现状与对策

作者：刘卫华、龙佩林

期刊名称：《武汉体育学院学报》

发表时间：2014年第12期

摘要：文章运用文献资料、访谈调查等方法，对当前世界华文教育中民族传统体育文化教育的意义和现状进行调查与分析，指出在当前世界华文教育中民族传统体育文化教育的内容、师资和意识缺失的状况，提出在世界华文教育中加强民族传统体育文化传播宣传，提高传播者的综合素质，创新与拓展传播手段和方式，选编合理的传播内容和教材，加强理论研究等发展民族传统体育文化教育的策略。

13. 马来西亚华人文化认同之汉字影响研究

作者：张健

来源：西南大学博士学位论文

发表时间：2014年

摘要：作者首先通过文献法和实地考察对马来西亚汉字教育的历史进行梳理，分析作为华社三大支柱（华团、汉字教育和华文报纸）之一的汉字教育发展历程和现状，进而从文化认同的主体出发对作为华文教育的核心——汉字学习和使用对马来西亚华人文化认同感的影响进行调查分析。作者采用人类学问卷、实地考察、口语报告法和对比分析的方法从作为认同主体的华社和个人、物质和精神、受汉字教育华人、受英文教育与马来文教育华人几个维度分析汉字使用对华人文化认同感、思维模式，情感价值观和行为表现的影响，进而得出结论：马来西亚华人认同感之所以能长期不断生长，与马来西亚华文教育中汉字习得及其产生的思维意义、情感价值观有着极大的关系，华文教育在马来西亚华人华夏文化认同中起着保护和促进作用。以往大多学者从方言口语使用的角度来说明语言对文化认同的作用，该研究通过分析汉字习得过程中所形成的独特的华夏民族的思维方式和价值观念，以及在此基础上形成的行为取向，在多语环境中和东西文化交融的背景下，阐释了马来西亚华人的文化认同中深刻的汉字思维成因。一方面丰富了文化认同理论，另一方面也为全球化背景下与多语环境中的华人文化身份认同与确认提供可借鉴的现实依据。

14. 在华马来西亚华裔留学生的跨文化敏感度研究——留华生的跨文化敏感度分析及群体特征

作者：叶侨艳

来源：浙江大学硕士学位论文

发表时间：2014 年

摘要：文章从跨文化心理学和跨文化交际学的角度，结合量化和质性的研究方法，运用问卷调查法、个体访谈法和焦点小组访谈法进行考察，探析在华马来西亚华裔学生的跨文化敏感度，尝试找出他们的群体特征。在问卷调查部分，该研究使用 Chen & Strosta 的跨文化敏感度量表（ISS），问卷经过信度和效度的分析。在研究变量部分，把国别（马来西亚）和华裔/非华裔（华裔）设为固定值，将留华生的性别、年级、专业、来华时间、住宿环境设为主要变量，尝试找出这些变量与跨文化敏感度五个维度之间的关系，并得出留华生跨文化敏感度的差异分析和相关分析。在质性的部分，该研究运用访谈法来寻找留华生的群体特征。访谈问题概念牵涉马来西亚留华生的交际模式、跨文化敏感度、适应情况、华裔身份认同等范畴。

（七）海外华语特点与使用现状研究

1. 东南亚主要华文媒体非通用汉字的类型研究

作者：徐新伟、张述娟

期刊名称：《华文教学与研究》

发表时间：2014 年第 1 期

摘要：文章对东南亚主要华文媒体的非通用汉字作了类型研究。东南亚主要华文媒体所用字种与《现代汉语通用字形表》不匹配的有2149个，这2149个非通用单字字种中包括41个日本汉字、6个南方方言用字、149个别字，与大陆异体关系用字243组，与大陆繁简关系用字1198组。这些非通用汉字反映了汉字在域外使用过程中的发展和流变，它们是研究汉字的“活化石”；域外义项能弥补国内汉语词典编纂中汉字义项的缺失。

2. 美籍华人修辞的形成——解读中式签语饼

作者：Lvming Mao（毛履鸣）；汪建峰　译

期刊名称：《当代修辞学》

发表时间：2014年第1期

摘要：此文摘选于《中美混合修辞的崛起——兼读中式签语饼》（*Reading Chinese Fortune Cookie*：*The Making of Chinese American Rhetoric*，Utah UP，2006）的第一章。此章提出并运用一种新的理论框架来阐述当今全球化中的混合修辞的形成。每当不同的、相互之间充满着权力不平衡和殖民地或半殖民地历史的修辞传统在修辞边境互相接触、互相碰撞、互相争夺话语权时，混合修辞就会脱颖而出。文章以中式签语饼为隐喻，以作者个人经历为案例，阐释重点落在中美混合修辞即中国和美国修辞行为的形成上。当中国和美国修辞行为在不同场景下经历各种形式的碰撞后，就会产生新的话语行为和经历，并且这些话语行为和经历不显示统一性或和谐性，它们永远处于一种变动状况，或像文化理论家洪美恩所说的“异中之合”。文章进一步指出，中美混合修辞，源于共存和互相交织，这种过程本身必然嵌入冲突和矛盾，结果是孕育出一种间性修辞人格，形成所谓的“异质性共鸣”，从而挑战偏见、颠覆二分法、模糊或溶解界限。像任何其他边界修辞一样，中美混合修辞很可能面临形形色色的潜在危险，包括对它才包有盲目的崇拜、恐惧、不解、误解或沉默不语。然而，在这些潜在危险相遇的过程之中，必然会崛起一种新的人格、新的知识和新的话语。

3. 海外华语语法研究：现状、问题及前瞻

作者：祝晓宏

期刊名称：《集美大学学报》（哲学社会科学版）

发表时间：2014年第1期

摘要：海外华语是现代汉语的域外变体。海外华语语法研究是现代汉语语法研究的一部分，也是现代汉语语法研究的视角转换和外延拓展。文章以新加坡华语为例梳理了海外华语语法研究的现状，提出海外华语语法研究经历了两个阶段：（1）隔绝期

的海外华语语法研究（1950～1990年）；（2）交流期的海外华语语法研究（1990～今）。前一阶段的研究比较零散，偏重应用；后一阶段中外学者通力合作，研究逐步深入，但也存在一些问题。作者认为，随着全球各地华语互动的增加，海外华语语法研究的一些重要议题应该提上日程。

4. 新加坡华语的时间表达与规范

作者：尚国文、赵守辉

期刊名称：《南开语言学刊》

发表时间：2014年第1期

摘要：新加坡华语在时间表达方面与普通话大体一致，但也有不少自己的特色。文章详细探讨新加坡华语与普通话在时间表达上的异同，指出造成新加坡华语个性特征的原因主要有近代汉语语法的保留、方言及英语的影响、对汉语语法的不完全习得以及采用经济省力原则等。在规范化方面，作者建议，对新加坡华语的使用习惯应给予充分尊重。

5. 澳门与内地新闻语篇词汇差异的计量研究

作者：姚双云、黄翊

期刊名称：《语言文字应用》

发表时间：2014年第2期

摘要：此文利用新闻报刊语料对澳门与内地词语使用情况作了定量比较。研究显示：同等规模语料样本中，两地在词语频率、共有词汇的独特用法、地区特色词、同形异义词、同形异性词等方面均存在一定程度的差异性。澳门地区词语运用上的不同与该地“三文四语”的语言政策以及澳门独特地理、政治、经济、文化等因素相关。文章还以助词“了”为个案剖析了词语运用差异背后语用因素的驱动，指出“了”在使用频率上的显著差异与两地新闻语篇叙事视角的倾向性有关。

6. 基于口语库统计的两岸华语指示标记比较研究

作者：方清明

期刊名称：《语言科学》

发表时间：2014年第2期

摘要：两岸华语在口语语法方面的差异尚未得到学界深入的比较研究，其中指示标记的差异较为突出。台湾“国语”对话体里“那”比“这”大，这主要是由于对话语体的性质、新信息、话题跳跃与弱社会化程度有利于“那”出现。后置性指示标记“这样子”在台湾“国语”对话体里颇具特色，男女老少皆用，给人以流行、亲昵的意味。

7. 台湾“国语”“VP说”的变异性考察

作者：方清明

期刊名称：《励耕语言学刊》

发表时间：2014年第2期

摘要：台湾“国语”言说词“说”是一个高频词，其中“VP说”里的“说”表现出较多的变异性特征，VP的具体类型也颇为丰富。“说”从实义的言说词逐渐虚化为语缀成分，该过程中重新分析和类推机制起到了重要作用。“说”还具有标句词性质。“说”的虚化与另一言说词“讲”分担了其部分实义有关。从华语多样性理念来看，可以把台湾“国语”里虚化的“说”看成华语社区下的不同变异形式。作者认为，当代华语语法现象的差异性，不能人为扩大，但也不能视而不见，只有多角度、多层面地去考察，才能把华语语法的比较研究引向深入。

8. 基于语言生态平衡考量的新加坡华语升沉探微

作者：蔡明宏

期刊名称：《东方论坛》

发表时间：2014年第3期

摘要：新加坡作为在全球化进程下多语言环境极具代表性的国家，在兼顾族群和睦和国家意识的权衡中，语言文化环境凸显出庞杂繁复与敏感。此文以新加坡华语升沉嬗变为基点，以语言生态学为崭新视角，对新加坡多元种族、多元文化、多元语言的背景下语言生态的失衡进行观照和思辨，洞彻语言使用者的心理诉求和情感依附对语言选择的影响，提出：任何语言的一枝独秀都不利于语言生态环境的平衡与健全，任何语言的衰退和泯灭也都会殃及其他语言的共存和发展，以期探寻多语言成长在整体性、多样性和可持续性等方面具有的客观价值。

9. 华语教学与现代汉语语法研究

作者：周清海

期刊名称：《语言教学与研究》

发表时间：2014年第5期

摘要：作者认为，现代汉语语法研究必须关注研究成果怎样用到语文教学中。文章从语文教学和华语文的特性两个方面，讨论四个问题：（1）从语文教学的需要看现代汉语语法研究的现况；(2) 汉语语言研究的优良传统；(3) 书面语和口语的语法研究；(4) 汉语里的特殊现象。文章重点指出：对1949年以前的“国语”，现在的各地华语，无论词汇或语法现象，书面语或口语，都研究得很不够。面对汉语传播的要求，需要语言研究者再加把劲。

10. 基于对比与定量统计的马来西亚华语动词研究

作者：李计伟

期刊名称：《汉语学报》

发表时间：2014年第4期

摘要：文章提出，在海外华语变体的描写上，普通话——华语对比与定量统计是基本方法。在动词的及物性分类与意义分类方面，马来西亚华语与现代汉语普通话在具体成员、意义及用法上存在诸多差异，显示海外华语语法研究具有巨大的学术空间。

11. 从华语舌战之城到西语繁荣之都——谈新加坡华语演化的历程与展望

作者：孟晶

期刊名称：《戏剧之家》

发表时间：2014年第10期

摘要：华裔族群在东南亚各国都占有一定的人口比例，具备一定的经济、社会和政治影响力。新加坡是一个以华人为人口主体的国家，华人在社会各层面中都相对占据主导地位；在大多数中国人的印象中，华语在新加坡主流社会中具有相当的地位和影响力。但实际却并非如此，华语发展在新加坡的起伏兴衰，可为中华语言发展所鉴。

12. 马来西亚华语口语部分特殊语法现象研究

作者：黄立诗

来源：北京师范大学博士学位论文

发表时间：2014年

摘要：华语与普通话本是同源一脉，但是由于华语在马来西亚华人社会里长期与多种方言和其他语言掺杂使用而导致华语内部出现了不少特殊的语法现象。作者基于对当地华人日常交谈的长期观察，采用描写语言学的方法针对以下特殊语法现象进行研究：(1)“回”作动态助词；(2)“到”及与之相关的特殊句法结构；(3) 重叠形式；(4) 特殊句法结构；(5)“够/不够”在马来西亚华语里作比较句中的比较标记；(6) 特殊语气词；(7) 因受到福建话语法的影响而习惯把“了”(1e) 读作“了”

(liao)。

通过观察与描写，作者认识到：(1) 马来西亚华语口语受广东话语法的影响多于福建话语法的影响。(2) 因大部分马来西亚华人的大脑中都有两个或两个以上的子系统，因此懂得方言而又习惯说华语的人在使用华语进行交际的时候，两个或几个子系统之间就有可能出现相互竞争的现象。最终，母语方言的子系统可能进入华语的子系统而使华语出现了方言的语法。这是一种“接触引发的语法化”(contact induced grammaticalization) 过程。(3) 语言接触是引发语言变异的主要因素。论文研究结果显示，在马来西亚华语口语里发生的语言演变现象是词语的组合或聚合原则出现了无意识的变异而形成的，这种变异机制首先始于“干扰”，即双语人说话时大脑里的两个子系统相互干扰而导致一个子系统进入另一个子系统里的状况，之后出现了“借用”的过程，即把另一种方言的构词或句法带入华语里。(4) 就目前所观察到的特殊语法现象来看，马来西亚华语语法的变异大部分已经到达“全社团无意识自然变异”的阶段，因为大部分人都把这些变异成分视为一种规范形式；这种规范的新形式已经在马来西亚华人社会里扎下了根。

13. 新加坡华语和普通话的词汇差异及词汇教学

作者：齐孝淼

来源：河南大学硕士学位论文

发表时间：2014 年

摘要：该文以新加坡华语和普通话语料为研究依据，结合前人的研究成果，把新加坡华语和普通话的词汇分为四类进行比较，即同形异义词语、异形同义词语、色彩和用法相异的同形同义词语、各自特有词语和流行语。通过对普通话词汇和新加坡华语词汇的比较，分析出新加坡华语和普通话之间的词汇差异，然后探讨了差异形成的原因。此外，文章还探讨了新加坡的华语运动和双语教育政策及其华语词汇教学。

14. “国际汉语”视角下澳大利亚华人社区语言使用情况调查研究

作者：贺加贝

来源：山东大学硕士学位论文

发表时间：2014 年

摘要：该文主要使用文献研究法、语料收集法、问卷调查法、数据分析法四种研究方法搜集语料，借助 Excel (2010) 软件统计分析所有取得的数据，对南澳大利亚地区华人社区语言使用情况进行了考察。研究发现，澳籍华人长期生活在英语语言文化环境中，语言的使用情况正在发生演变，并且产生了一些特色的语言现象。英语已经成为华人日常生活最重要的交际工具，华语仍然具有较强的影响力，但是在不同代系、不同场合的使用存在一定差异。英语主要在公共场合使用，而华语在家庭范围使用的频率更高。在老、中、少不同年龄阶段的澳籍华人中，汉语的使用呈现逐渐下降的趋势，但当地大部分华人对华语在未来的发展持有乐观的态度。他们并没有放弃华语作为实际交际工具和承载民族情感的双重作用。

15. 马来西亚华语词语研究

作者：黄华迎

来源：西南大学博士学位论文

发表时间：2014 年

摘要：该研究基于语言的社会功能和语言对社会的依赖性，通过对马来西亚华语词语使用的研究，探索马来西亚华语的发展变化。研究广泛搜集马来西亚华语书面语语料，运用定量统计分析法，深入研究马来西亚华语词语的使用情况。文章内容主要包括：(1) 马来西亚华人语言和教育研究。(2) 马来西亚华语特有词语研究。(3) 马来西亚华语和中国普通话同形异义词语研究。(4) 马来西亚华语和中国普通话同义异形词语研究。

16. 宾川越南归侨的语言生活状况调查研究——以太和华侨农场归侨的语言生活状况为例

作者：杨雪翠

来源：云南师范大学硕士学位论文

发表时间：2014 年

摘要：该文以太和华侨农场越南归侨的语言生活为例，以中越历史关系为背景，以 1978 年越南排华事件为断点，将越南华侨的语言生活置于历史悠久的中越关系演化进程中加以描述，用中越两国关系的发展来凸显和折射越南华侨“移居—安定—融入—越化—回国”历程中的语言生活变化。这一过程，越南华侨使用的方言粤语、闽南语等对越语发展的影响，主要表现在语音、词汇、语法方面，同时影响着越南归侨归国前语言使用情况的变化。文章从不同年龄段、不同居住环境（聚居、散居）来分析越南归侨来到农场后的语言生活状况，特别是对汉语使用的变化情况。不管是在海外还是在农场内粤语方言是都是越南归侨的家庭强势语，带有“老华侨”口音的普通话和宾川方言是他们与外界交流的主要媒介。多方言使用为主，双语并存的普遍性；双言双语使用的地域跨越性；双言双语使用的应景性；双言双语使用的语码跳跃性等是越南归侨语言生活的显著特点。

三　著作选介

（一）中国大陆出版华教类著作

1. 国际汉语教育史研究

主编：张西平、柳若梅

出版社：商务印书馆

出版时间：2014 年 1 月

摘要：这是世界汉语教育史研究会 2009 年学术研讨会的论文集，旨在反映世界汉语教育史研究领域的最新进展。其内容涵盖世界汉语教育史研究总论、外国人汉语语音研究、外国人汉语语法研究、外国人汉语词汇研究、世界汉语教育史领域的重要人物和机构研究几个方面。

2. 中国字·认知（汉英版）

作者：万业馨

出版社：商务印书馆

出版时间：2014 年 1 月

摘要：《中国字》分上下两册：《书写》与《认知》。《中国字·认知》以培养学生了解与运用汉字的能力为目标，以练习和游戏为主体，帮助学生对汉字符号体系的特点、字与词的关系有较为客观、全面的了解，从而掌握学习的主动权。它收录《中国话》上册已学词语，并新增词语约 240 个，认知相应汉字，共 15 课，每课含课文、生词生字表和大量开放式的趣味练习。课文内容是对汉字特点、字词关系、练习和游戏设计依据的简洁说明，以帮助学生在完成练习和游戏的过程中逐步从感性认识到理性思考，掌握汉字认知的正确途径，形成汉语学习和汉字认知相互促进的良好局面。该书作为汉字教学教材，从 2008 年起在苏黎世大学汉学系开始试用，至 2013 年定稿。

3. 汉语作为第二语言的声调浮现过程

作者：陈默

出版社：北京语言大学出版社

出版时间：2014 年 1 月

摘要：汉语声调是第二语言学习者汉语学习的重点，更是无声调语言母语者汉语学习的难点。该书基于浮现主义理论，对无声调语言母语者的汉语声调浮现过程进行了实验和模拟研究。研究内容主要包括：汉语声调浮现过程的实验研究、双语模型的构建研究和汉语声调浮现过程的模拟研究。汉语声调浮现过程研究包括四个实验。实验一是对零起点、初级和中级三个阶段的汉语声调特征浮现过程的研究，实验二是对零起点、初级和中级三个阶段的汉语声调范畴浮现过程的研究，实验三是对零起点、初级和中级三个阶段的汉语单字调和音段成分发展模式的研究，实验四是对三种教学策略的学习效应的研究。实验一和实验二发现，汉语声调的浮现是一个动态的生成过程，语音特征之间的相互作用以及内部语音特征和外部环境因素之间的相互作用，制约着无声调语言母语者汉语声调的浮现；并间接证明了自组织机制是汉语声调发展的最主要的机制，汉语声调特征和四类声调之间存在着自组织和竞争关系。实验三发现，声调和音段成分之间的发展程度是不同的。造成声调和音段成分发展差异的主要原因在于母语无声调以及声调特征和音段特征的差异性。

4. 对外汉语教学激创法散论

作者：鲁健骥

出版社：北京大学出版社

出版时间：2014 年 1 月

摘要：对外汉语教学“激创法”是作者多年来在教学实践和教材编写中总结中国国内对外汉语教学经验、借鉴国外外语教学法的长处，逐步形成的一个教学法体系。全书内容涵盖与对外汉语教学相关的方方面面，如学科建设、课程设置、课堂设计、教材编写、工具书编写、科研方向、师资要求等。书中论述反映了作者对这一教学法体系思考的脉络，也反映了作者从“激创法”出发，对中国对外汉语教学的整体思考，具有较强的实用性和可操作性。该书可供对外汉语教师和对外汉语教学专业的学生参考。

5. 面向对外汉语教学的常用动词 V + N 搭配研究

作者：辛平

出版社：世界图书出版公司北京公司

出版时间：2014 年 1 月

摘要：全书主要包括学习者语料库的基本情况、学习者搭配和母语者搭配的对比分析、学习者动宾搭配的可接受程度及偏误分析、学习者动宾搭配的可接受程度判断、学习者动宾搭配可接受程度的相关因素分析等内容。

6. 华语文学印象

主编：林建法

出版社：辽宁人民出版社

出版时间：2014 年 1 月

丛书名：《当代作家评论》三十年文选

摘要：《〈当代作家评论〉三十年文选：华语文学印象》是"《当代作家评论》三十年文选"丛书之一，是《当代作家评论》杂志三十年来围绕作家、作品所刊发的文章的精粹。收录王德威、张新颖、陈平原、王安忆、余华等著名学者、作家纵论华语文学圈著名作家、作品的文章。

7. 华侨华人研究报告（2013）（精）/华侨华人蓝皮书

主编：丘进

出版社：社会科学文献出版社

出版时间：2014 年 1 月

外文书名：Annual Report on Overseas Chinese Study (2013)

丛书名：华侨华人蓝皮书

摘要：总报告综合介绍了全书研究的三大特点，并提出了对新形势下侨务工作的理论与实践的见解。全书内容涉及全球各大洲，重点涉及周边国家中的东南亚各国和日本、韩国以及拉丁美洲各国，主要介绍了相关国家华侨华人的规模、分布、结构、发展趋势，以及全球涉侨生存安全环境和华文教育情况等。书中对新形势下侨务工作的理论与实践提出了宝贵和独到的见解；根据最新数据研究了全球涉侨突发事件的危害等级情况；介绍了菲律宾、马来西亚和新加坡的华文教育历史演变、现状和相关政策，以及台湾地区对外华文教育的历史与现状。

侨情篇继续统计分析海外华侨华人的最新一手数据，并借助国家哲学社会科学重点项目的阶段成果，研究了全球涉侨突发事件的危害等级情况。《全球涉侨突发事件的危害等级研究》基于 2000 年后 304 个涉侨突发事件新闻报道的统计分析发现，当今严重的全球涉侨突发事件主要集中爆发在非洲、南美洲、亚洲三大区域，以政治骚乱、武装暴力和影响恶劣的一般犯罪为主，主要事由是政治矛盾、社会犯罪、意外事故和民族排斥。其中，非洲的突发事件大多数会伴随大规模人员死亡；南美洲则出现较大的经济损失；亚洲各类事件交杂，并伴随着有针对性的犯罪、排挤甚至政治清除运动，这在东南亚一些国家尤为突出；北美洲和大洋洲的突发事件常见的是涉侨公共突发事件，主要原因是个人问题，其中学生事件较为突出；欧洲正处于移民过渡阶段，尽管没有大规模人员的死亡，体现为一般社会犯罪事件，但频发游行示威，经济纠纷和个人问题是其主导原因。另外，涉侨突发事件的危害程度，与该国移民政策是否完善、政局是否稳定、侨胞和海外中国流动人口自身行为有很大的关系。针对各大洲突发事件的特点，该文最后提出了一些相应的防治对策建议。

华文教育篇介绍了菲律宾、马来西亚和新加坡的华文教育历史演变、现状和相关政策，也介绍了台湾地区对外华文教育的历史与现状。

8. 对外汉语教师课堂话语研究

作者：吴丽君、王祖嫘

出版社：世界图书出版公司北京公司

出版时间：2014 年 2 月

摘要：《对外汉语教师课堂话语研究》是一部对对外汉语教学教师课堂话语进行系列研究的专著。书中采用量化分析与质性研究相结合的研究方法，讨论教师课堂话语的形式与功能、教师课堂话语的应对策略以及对教学活动的深刻影响。该书采用大量实例，揭示了对外汉语教师课堂话语的一般特点。如，基于对教师话语语量和教师话语语速的规定，提出教师话语词汇量有限、词汇密度低、词汇重复率高的特点，研究了教师话语的句长及常用句式。

该书最大的特点是注重课堂的实地调查。比如关于导入语，作者在全面调查教师与学生两大课堂教学主体对于课堂“导入环节”的认识之后，继而对真实的课堂教学进行了实际考察，在搜集了真实可靠的教师导入行为用语材料之后，在确定对外汉语教学课堂导入行为功能的基础上，介绍导入语使用案例，并提出使用有关教学导入语的教学建议。这一完整过程，证实了在占课堂总时长 5% 的导入环节中，倘若导入语使用得当，可激活学生已掌握的旧知识，为新内容的出现与学习做好铺垫。

该书在研究方法上采用语料分析方法，通过抽取一定数量的汉语课堂样本，对教师话语进行翔实的记录，进而进行分析和统计，从语料中总结汉语教师话语的特点与规律。其研究成果，从理论上丰富了汉语作为第二语言教学的教学理论，完善了学科理论框架；在实践上，总结了对外汉语教学课堂上教师话语的功能、种类、方式和内容，探索了课堂教师话语发展的途径，有助于对外汉语教师课堂话语更趋科学化、规范化，这对提升对外汉语教师素质，加速学习者汉语习得速度，有效提高教学质量有较大益处。

9. 中外文化交流与华侨华人研究

作者：李未醉

出版社：电子科技大学出版社

出版时间：2014 年 3 月

摘要：全书分为上下两篇。上篇“中外文化交流篇”探讨了古代中外音乐文化交流、中越文史哲交流、中外科技文化交流和近现代中加文化交流，着力展现中外文化交流的广度和深度；下篇“华侨华人篇”分别以亚洲华侨华人和加拿大华侨华人为研究对象，客观论述海外华侨华人的艰难历程和辉煌成就。

10. 潮侨溯源集

作者：潘醒农

出版社：金城出版社

出版时间：2014 年 3 月

摘要：潘醒农先生 1904 年生于中国广东省潮安县，17 岁南渡新加坡，倾毕生精力于新加坡潮侨社团的组织工作和华文出版事业。他走过的生活道路和所编辑、出版的书刊，为近百年潮侨南渡发展史描画出清晰的轨迹。但他本人的著述多散见报刊，未有成集。该书选辑潘醒农先生生前主要著述，为了留下历史的记录，也为了献上对先辈的怀念。

11. 美国华文教育论丛

作者：梁培炽

出版社：中国华侨出版社

出版时间：2014 年 4 月

摘要：该书是美国华文教育研究专家梁培炽先生对近代以来华文教育历史的梳理和对华文教育现状的探索文集。作者对暨南大学所编的《中文》和台湾所编的《华语》进行详细的综合比较，品评其优缺。其提出的“华文教育不能等同华语教育”这一观点，引人深思。

12. 世界华文教育年鉴（2013）

主编：贾益民

出版社：社会科学文献出版社

出版时间：2014 年 5 月

摘要：《世界华文教育年鉴（2013）》由华侨大学校长、华文教育研究院院长贾益民教授主持编撰，是中国海外华文教育领域的首部年鉴。其以权威性、学术性、真实性为编撰原则，记录和反映了 2012 年世界华文教育领域各方面的重要发展，其主要内容包括综述、大事记、华教资讯、学术动态、论著选介、华教天地、重要文献等，是华侨大学海外华文教育与中华文化传播协同创新中心所取得的阶段性成果，其出版发行对华文教育的政府决策、学术研究等意义重大。国务院侨办副主任、中国海外交流协会副会长马儒沛为《世界华文教育年鉴》作序。

13. 华文教育概论

作者：于逢春

出版社：华中科技大学出版社

出版时间：2014 年 5 月

丛书名：海外华文教育教材

摘要：该书立足于海外华文教育实际、针对华文教育性质、任务、总体规划、教学理念和方法、课堂教学的基本要求、语言要素教学诸方面存在的问题，借鉴先贤时哲成熟理论成果予以阐释，力求以极简洁易懂的语言描写说明华文教育的基本规律和基本要求。

14. 和谐世界之桥：华侨华人与中国国家软实力

作者：陈奕平

出版社：世界华侨华人研究文库

出版时间：2014 年 5 月

摘要：《和谐世界之桥：华侨华人与中国国家软实力》是暨南大学华侨华人研究院、新闻与传播学院等单位科研人员承担的国务院侨办及教育部相关课题研究的最新成果，主要围绕海外侨胞与中国软实力关系的理论分析、海外侨胞的多元认同与中国软实力、海外侨胞与中国公共外交、华文传媒与中国国家形象、海外文化侨务平台与中国文化软实力、中国侨务工作与国家软实力等议题，从多学科视野探索海外侨胞在国家软实力建设中的作用，全面展现了海外侨胞在传播中华文化、参与公共外交、促进中外交流与合作等方面的积极影响，以期对软实力理论及中国侨务理论和外交工作理论的探讨有所裨益。

15. 主权和移民：东南亚华人契约性身份政治研究

作者：余彬

出版社：暨南大学出版社

出版时间：2014 年 5 月

外文书名：Sovereignty and Migration：Contractual Identity Politics Studies of Southeast Asian Chinese

丛书名：世界华侨华人研究文库

摘要：《主权和移民：东南亚华人契约性身份政治研究》通过研究东南亚学者的学术成果，以马来西亚华人的身份问题为线索，首先述及其产生与构成，然后以身份问题为切入点探讨主权和移民质检的关系，再将这种关系置于全球化语境下作研究，最后得出结论：马来西亚华人身份政治过程是一个从身份到契约，从“旧约”到“新约”的过程。

16. 世界华侨华人研究文库：民主改革时期的印度尼西亚华人

作者：曹云华、李皖南

出版社：暨南大学出版社

出版时间：2014 年 5 月

丛书名：世界华侨华人研究文库

摘要：印度尼西亚是全球海外华人聚居最集中、人数最多的一个国家，印度尼西亚华人是海外华人中历史最悠久、最为多元化的一个族群，也是海外华人中饱经沧桑、遭受过最多苦难的一个族群。长期以来，印度尼西亚华人一直是海内外华人研究学者高度关注的对象，国内外学者研究印度尼西亚华人的成果非常丰硕。书中内容包括：印度尼西亚华人的历史、现状与未来；印度尼西亚政治与外交；华人政治参与；华人经济参与；华文教育；华文媒体。

17. 数字化汉语教学

主编：李晓琪、贾益民、徐娟

出版社：清华大学出版社

出版时间：2014 年 6 月

摘要：该书是第九届中文教学现代化国际研讨会的论文集，共收录 6 个国家和地区的论文 59 篇，内容包括：（1）中文教学现代化的理论与实践；（2）数字化汉语教学资源建设；（3）大数据时代中文教学现代化研究的新领域；（4）汉语教学知识库的理论与应用；（5）其他。该书探讨了大数据时代数字化汉语教学的理论、整合应用、资源建设、教学知识库等问题，展示了数字化汉语教学的最新成果。可供语言学、对外汉语教学、教育技术学等专业的高校师生、科研人员和工程技术人员阅读参考。

18. 荣誉至上：南非华人身份认同研究

作者：朴尹正（作者），吕云芳（译者）

出版社：广东人民出版社

出版时间：2014 年 8 月

丛书名：广东华侨史文库

摘要：在种族差异和分裂的南非，微小族裔群体的认同建构充满了挑战。该书试图揭示华人如何应对挑战：他们是否与其他非白种人群联手为争取更好的待遇而抗争？他们如何与主体族群黑人和手握权力的白人共处？侨居南非多代之后他们所携带的中国文化有何变化？他们的中华性是否只具有象征意义？种族隔离时代对他们的态度和定义不断变化——外国人、亚洲人、二等公民、荣誉白人，使得华裔南非人的认同建构复杂化。限制中国移民政策之后的中国新移民以及后隔离时代法律制度的执行使其更为复杂。最后，南非推迟进入全球化引发另一系列的挑战。该书对这些问题进行考察。该研究另一目的是在与其他地区同类群体进行比较的基础上更好地理解南非少数族群的认同问题。什么因素强化或弱化族群认同与国家认同？与法律上的公民身份不同，从认同、效忠和忠诚角度看成为一个“南非人”需要多长时间？全球化是否挑战了国家对边界渗透和公民身份的管控？是否削弱了国家界定国民身份的权力？该研究试图以南非为例来回答上述问题，同时也为其他国家其他族群的认同建构研究提供借鉴。

19. 从森林中走来：马来西亚美里华人口述历史

作者：黄晓坚、陈俊华、杨姝、陈海忠

出版社：广东人民出版社

出版时间：2014 年 9 月

丛书名：广东华侨史文库

摘要：美里是马来西亚砂拉越州的第二大城市，坐落在砂拉越北部，与文莱隔邻。美里也是马来西亚最早的石油生产地，所以也被称为油城。石油的开发带动了城市发展，是美里早期的主要经济支柱。后期的经济发展也着重于土产、木材业、农业（主要为油棕种植业）、造船业以及旅游业。美里在 2005 年 5 月 20 日升格为旅游城市，并成为马来西亚第十个城市，更是唯一一个不是州首府的城市。美里是砂拉越州内继古晋之后第二大城市，人口为239600（马来西亚2000年人口普查数据）。其中华族居多，约占55%。华人对美里的发展做出了卓越贡献。该书通过访谈，以口述历史的形式，对美里华人艰辛创业史进行回顾，具有较重要的文献价值。

20. 广东华侨与中外关系

主编：张应龙

出版社：广东人民出版社

出版时间：2014年9月

丛书名：广东华侨史文库

摘要：《广东华侨史文库：广东华侨与中外关系》为广东华侨与中外关系学术研讨会论文集，由广东华侨史编纂委员会组织编写，暨南大学华侨华人研究院院长张应龙教授主编，从历史的角度对中外关系中华侨华人所起作用进行深入探讨。该书从此次研讨会论文中挑选30篇组成，具有较高的学术价值。

21. 广东华侨档案目录（1907～1952）

作者：广东省档案馆

出版社：广东人民出版社

出版时间：2014年9月

丛书名：广东华侨史文库

摘要：《广东华侨史文库：广东华侨档案目录（1907～1952）》为广东省档案馆馆藏民国时期侨务档案文献目录，广东省档案馆组织人力，对本馆所藏侨务档案文献进行整理梳理并编列详细目录，具有较高的文献价值和参考价值。

22. 华侨华人研究（总第2辑·2014）

作者：华侨华人研究编委会

出版社：中国华侨出版社

出版时间：2014年10月

摘要：《华侨华人研究（总第2辑·2014）》共收入江苏基地研究人员、江苏省部分市侨办主任和省内外兼职学者、专家有关移民与华侨华人研究以及江苏侨务工作研究的学术论文24篇，主要内容涉及四个方面：（1）移民理论与移民史研究；（2）大洋洲移民政策与华人新移民研究；（3）美、俄、中亚地区和其他国家的华侨华人研究；（4）江苏侨务工作创新发展与对策研究。该书还从各县市侨务工作面临的新情况、新问题出发，介绍了地方侨务工作如何为本市经济和社会发展服务的先进经验，并对探索在党的十八召开后的新形势下，地方侨务工作如何与时俱进和创新发展进行了理论思考。

23. 马若瑟《汉语札记》研究

作者：李真

出版社：商务印书馆

出版时间：2014 年 12 月

丛书名：国际汉语教育史研究丛书

摘要：法国来华耶稣会士马若瑟的汉语研究代表作《汉语札记》，是西方汉语研究史上第一部同时介绍白话和文言的语法著作，首次尝试突破拉丁文法的范式来描写汉语语法，对欧洲汉学史和世界汉语教育史都产生了深刻影响。李真编著的《马若瑟〈汉语札记〉研究》较为完整详细地梳理了马若瑟的生平事迹、在华活动、学术著述和主要通信，对马若瑟的传记研究补充完善了很多文献资料。该书首次调查并研究了《汉语札记》的手稿、抄本、刊本和译本的内在关系，建立了该书文本的传承谱系图；首次对《汉语札记》法国国家图书馆藏手稿、英国大英图书馆藏手稿、1831 年拉丁文刊本和 1847 年英译本四个本子相同内容部分进行了全文对校，做了扎实细致的文本整理和修订工作；在《汉语札记》大英图书馆藏手稿中发现了其余各本没有的新的文本内容，并进行了翻译和解读。该书从“文本史”和“文本内容”两方面对《汉语札记》进行个案研究，全面深入地对《汉语札记》全书内容逐一进行了阐释和分析，纠正了以前的一些误读和错误结论。该书在基础性的文本研究中，首次发现并考证出《汉语札记》所借鉴的中文参考资料为宋代陈骥的《文则》和《古学钩玄》。这些对研究来华传教士汉语语法作品的参考理论和语料来源是一个重大贡献。

24. 华侨华人蓝皮书：华侨华人研究报告（2014）

主编：贾益民

出版社：社会科学文献出版社

出版时间：2014 年 12 月

摘要：《华侨华人蓝皮书》是华侨大学向世界提供年度最新涉侨动态、理论研究和政策建议的平台。2014 年《华侨华人蓝皮书》的研究重点为华人在欧洲地区的分布概况，以及台籍华人在全球的分布变化趋势；华商在东南亚、欧洲、美洲的各个国家以及中国港澳台地区的财富积累情况；华商在珠三角、环渤海经济圈的投资情况。

此外还讨论了华商投资内地遇到的一些问题，建议加快完善涉侨相关政策，创新知识产权保护方式，维持华商税收优惠，积极推进海外华文教育等。

25. 清代华侨在东南亚：跨国迁移、经济开发、社团沿衍与文化传承新探（世界华侨华人研究文库第3批）

作者：高伟浓

出版社：暨南大学出版社

出版时间：2014年12月

摘要：该书为探讨华侨华人在东南亚地区的播迁情况的学术著作。作者以清代作为研究的时间维度，以越南、柬埔寨、缅甸、暹罗、海峡殖民地、马来联邦、北婆罗洲、荷属东印度群岛、西婆罗洲、菲律宾十个东南亚国家或地区作为研究的空间对象，从迁移、谋生、社团、文化四个角度详细阐述了这一论域内的华人概况。作者采用了具有新颖性的研究角度，并为之收集了较为充分的史料，具有一定的学术价值。

（二）中国台湾地区出版的华语文教学类著作

表4-1 中国台湾地区出版的华语文教学类著作辑录

序号	书名	作者	出版社/出版时间
1	儿童华语教学导论	蔡雅薰、陈仁富、林景稣、刘莹、林文韵、陈雅铃 著	新北市：正中书局，2014
2	阅读的教学与引导	耿志坚 著	台北市：新学林出版股份有限公司，2014
3	商务华语教学：理论与实务	杜昭玫 著	台北市：新学林出版股份有限公司，2014
4	生活、认知与中文教学	戴金惠 著	台北市：新学林出版股份有限公司，2014
5	国文秘笈百分百	王增光 著	台北市：新学林出版股份有限公司，2014
6	乐活妙中文——中文俗语HAPPY学	夏凡妮 著	台北市：新学林出版股份有限公司，2014

第五部分

华教天地

一　华文教育基地

为了适应海外华文教育快速发展的形势，中国国务院侨办自2000年开始陆续在国内遴选实力雄厚、独具特色的高校和部分中学作为“华文教育基地”，为海外华文学校编写教材、培训师资，并承接海外华裔青少年的“寻根之旅”及冬夏令营等活动。有的基地还定期选派一些教师赴海外任教，这些活动的积极推广取得了良好效果，在一定程度上缓解了海外华文教育的教材与师资问题，推动了华文教育事业健康有序的发展。继前两辑年鉴之后，《世界华文教育年鉴（2015）》继续选择10个“华文教育基地”进行介绍，它们分布于全国10个省（市），既有传统高校，也有优质中学。在中国国务院侨办的领导下，这些“华文教育基地”与分布各地的其他“华文教育基地”一起，从高处着眼、细处入手，为留住华夏儿女“共同的根”、延续“共同的魂”、实现“共同的梦”而贡献力量。

（一）华文教育基地名录

表5-1　华文教育基地

序号	基地院校名称	所在省（自治区/直辖市）	所在城市
1	暨南大学#	广东省	广州市
2	华侨大学#	福建省	泉州市/厦门市
3	北京华文学院#	北京市	北京市
4	广西华侨学校#	广西壮族自治区	南宁市
5	昆明华文学校#	云南省	昆明市
6	安徽大学☆	安徽省	合肥市
7	安徽师范大学	安徽省	芜湖市
8	东北师范大学☆	吉林省	长春市

续表

序号	基地院校名称	所在省（自治区/直辖市）	所在城市
9	海南大学*	海南省	海口市
10	海南师范大学☆	海南省	海口市
11	河南大学☆	河南省	开封市
12	湖南师范大学#	湖南省	长沙市
13	华东师范大学#	上海市	上海市
14	华中师范大学*	湖北省	武汉市
15	九江学院☆	江西省	九江市
16	辽宁师范大学*	辽宁省	大连市
17	南京师范大学☆	江苏省	南京市
18	青岛大学*	山东省	青岛市
19	山西大学☆	山西省	太原市
20	陕西师范大学*	陕西省	西安市
21	上海师范大学*	上海市	上海市
22	四川大学*	四川省	成都市
23	泰山学院	山东省	泰安市
24	天津大学*	天津市	天津市
25	温州大学*	浙江省	温州市
26	西北师范大学	甘肃省	兰州市
27	厦门大学#	福建省	厦门市
28	延边大学	吉林省	延吉市
29	浙江大学*	浙江省	杭州市
30	郑州大学	河南省	郑州市
31	重庆师范大学	重庆市	重庆市
32	北京海淀进修实验学校☆	北京市	北京市
33	成都树德中学☆	四川省	成都市
34	重庆市暨华中学#	重庆市	重庆市
35	哈尔滨外语学校☆	黑龙江省	哈尔滨市
36	杭州学军中学	浙江省	杭州市
37	河南省实验中学	河南省	郑州市
38	山东泰安艺术学校	山东省	泰安市
39	深圳耀华学校	广东省	深圳市
40	温州市少年艺术学校#	浙江省	温州市
41	温州体育运动学校	浙江省	温州市
42	张家口市第六中学	河北省	张家口市

注：带☆号者为《世界华文教育年鉴（2015）》重点介绍基地；
带*号者为《世界华文教育年鉴（2014）》重点介绍基地；
带#号者为《世界华文教育年鉴（2013）》重点介绍基地。

（二）华文教育基地院校风采

1. 安徽大学

安徽大学坐落于全国四大科教基地之一的安徽省会合肥市，是省属重点综合大学，国家“211 工程”重点建设大学。安徽大学以“至诚至坚，博学笃行”为校训，积极推进学分制改革，注重学生个性发展，努力探索以扎实的基本理论、较强的基本技能和良好的基本素质为内容的“三基并重，全面发展”的人才培养模式。

安徽大学自 1980 年开始接收外国留学生，是国家教育部首批公布的有资格接收外国留学生的学校，2000 年开始接收中国政府奖学金留学生，并于 2000 年被国务院侨办确定为华文教育基地（与安徽师范大学联合申报）。目前安徽大学在海外共有 3 个孔子学院、5 个中国中心，积极与海外各华文学校建立联系，推进海外华文教育发展。安徽大学还注重教师和学生的国际化，每年组织教师和学生前往海外交流学习，并且派遣老师前往菲律宾、印度尼西亚等地的海外华校任教。

为发展留学生教育，学校于 2000 年成立国际文化交流中心，2005 年 1 月成立独立编制的国际教育学院。国际教育学院是安徽大学负责外国留学生招生、管理的专门机构。目前学院招收的外国留学生类别有：短期汉语进修生、长期汉语进修生，学校各专业本科生、硕士生、博士生及访问学者等。学生来自美国、德国、意大利、奥地利、丹麦、芬兰、瑞典、英国、俄罗斯、乌克兰、斯洛文尼亚、立陶宛、纳米比亚、埃塞俄比亚、毛里塔尼亚、刚果、尼日利亚以及哈萨克斯坦、土耳其、也门、韩国、日本、蒙古、新加坡、越南、柬埔寨、老挝、斯里兰卡、印度尼西亚等多个国家。

国际教育学院的汉语言和中国文化课程由中文系承担。中文系拥有一支业务能力强、教学经验丰富、深受留学生喜爱的专职对外汉语教师队伍。对外汉语教师中，大多拥有硕士以上学位或副教授以上职称，或获得国家颁发的对外汉语教学资格证书，并大多曾受国家及学校的派遣，在海外大学从事汉语教学。

2. 东北师范大学

东北师范大学是中华人民共和国教育部直属高校，坐落在吉林省长春市。该校建于 1946 年，原名东北大学，是中国共产党在东北地区创建的第一所综合性大学。1950 年根据国家教育事业发展的需要，易名为东北师范大学。

东北师范大学国际教育学院是从事对母语为非汉语的外国人和海外华侨华人进行

汉语和中国文化知识教育的专门机构，现有教师队伍由具有多年对外汉语教学经历的教授、副教授、讲师、助教组成，且均已获得国家对外汉语教师资格高级证书。

留学生汉语学习班分为短期强化班和长期进修班。短期强化班为期四周到六个月不等，以提高学习者汉语交际能力为主要目标，从汉语语言交际的实际需要出发，让学习者在较短的学习时间里，提高其汉语交际能力。长期进修班是以提高汉语语言能力和汉语交际能力为主要目标的非学历教育。学制从半年到三年不等，供留学生自由选择，其课程设置主要分为语言技能课和语言文化知识课两大类。

通过汉语长期进修学习，使学习者在原有基础上不同程度地进一步提高汉语交际能力。同时配合各种汉语课程开展丰富的教学实践活动，组织学生游览名胜古迹、参加中国文化专题讲座、访问中国家庭等。通过上述活动增加学生的学习兴趣，激发学生的学习热情，使学生能够广泛接触并深入了解中国社会和中国文化。

该校还积极开展教师培训工作，提升华文教师的素质。2014 年 12 月 15 日，由中国华文教育基金会主办、东北师范大学承办、完美（中国）有限公司赞助的“2014 年中国华文教育基金会海外华文教师吉林培训班”正式开班，来自马来西亚和印度尼西亚的 62 名华文教师在长春接受为期 12 天的培训。培训期间，学员们除参加培训讲座、进行学术交流及完成既定课程外，还访问了龙嘉德阳中心学校，观摩了东北师范大学附中的示范课，并与一线教师座谈。

3. 海南师范大学

海南师范大学的前身是海南师范学院，创建于 1949 年秋，是海南省最早成立的高等学府。海南师范大学对外汉语教学中心是中国教育部首批指定招收外国留学生的部门，也是中国国务院侨办首批设立的华文教育基地，多年来招收了一批又一批来自日本、韩国、泰国、美国、德国、柬埔寨等国家的留学生，并且与外国友好部门联合办学，开展中外文化交流活动。

学校确立了“立足海南、面向全国、辐射东南亚”的服务定位，充分发挥毗邻港澳、面向东南亚的人缘地缘优势，积极扩大对外交流与合作，支持周边国家华文教育。目前，该校已和日本东京福祉大学、泰国海南会馆、泰国育民学校、印度尼西亚培民学校等 20 个海外院校和华人团体建立了合作关系。2009 年，国家汉办/孔子学院总部批准将东南亚汉语推广师资培训基地落户该校。2013 年，经教育部批准为中国政府奖学金生培养院校。

该校招收遵守中国法律和学校规定、认真学习汉语和中国文化、身体健康的外国人士和华裔子女入校学习。对留学生施行汉语教育，传授汉语知识，培养语言应用能力，提高文化素质，开展中外交流。教学以小教室、少人数的形式进行，精讲多练，注重语言能力的训练，教学气氛活跃，师生交流便利。教学由浅入深、从简到繁、循序渐进、逐步提高，尽量满足学生的多种要求，为留学生学习汉语和参加 HSK 提供各种服务，让学生写一手漂亮的汉字，说一口流利的汉语。

学校采用北京语言大学的教材，开设汉语听力、会话、阅读、写作、中国文化等课程，还进行汉语水平考试（HSK）辅导。学校设有对外汉语专业的长期班、短期班和本科班。长期班设有初级班、中级班和高级班。短期班设有寒假班、暑假班和团体班。本科班学制四年，可以根据 HSK 等级和学分插班学习。

该校长期以来积极配合海南省外事侨务厅开展世界海南青少年文化科技冬（夏）令营活动，给世界海南青少年讲授对外汉语知识、传播中国文化、介绍海南的风土人情，该院用汉语加强了海南师范大学和世界海南青少年之间的友谊。

4. 河南大学

河南大学，坐落在河南省开封市。1912 年，以林伯襄先生为代表的一批河南教育家，在袁世凯的协助下，及河南都督张镇芳支持下，在清代开封国家贡院旧址创办了河南留学欧美预备学校，成为当时中国的三大留学培训基地之一，与当时的清华学校（今清华大学）和上海南洋公学（今上海交通大学）呈三足鼎立的局面。

河南大学的对外汉语教学中心最早设立在文学院，2002 年归入国际教育学院，2008 年 5 月国际汉学院正式成为河南大学的独立机构。该学院主要负责对外汉语教学工作，教学对象为汉语进修生、汉语言文学专业本科生，以及负责孔子学院的管理工作和为孔子学院培养和输送教师的工作。它是中国“汉语水平考试”（HSK）考点单位，“河南省对外汉语教学及师资培训中心”也设立在这里。该学院办学特点鲜明，师资队伍齐备，办学层次分明，学术基础雄厚，教学质量优秀，学习环境优越。

2012 年 5 月 17 日至 18 日，经国务院侨办批准，河南大学华文教育基地同郑州大学华文基地先后在郑州大学、河南大学揭牌成立。自华文教育基地成立以来，承担海外华文教育教材的研究、开发工作；招收、培养海外华侨华人子弟；接待海外华裔青少年夏（冬）令营活动；为海外各级各类华校培训教师；根据需要选派教师到海外华校任教以及开展海外华文教育理论研究。河南大学华文基地开展华文教育工作具有得天独厚的地理文化优势，在国务院侨办的重视和支持下，开辟了华文教育新渠道，形成了以侨办系统为主，社会各界积极参与配合的河南华文教育工作新格局。

该校努力发挥自身优势，加大投入，加强队伍和学科建设，吸引更多的华裔新生代来此学习，努力将教育基地建设成为河南与海外华侨华人文化交流合作的新平台。

5. 九江学院

九江学院是由原九江师范高等专科学校、九江财经高等专科学校、九江医学专科学校和九江教育学院合并组建的综合性本科层次的普通高校。国务院侨办九江华文教育基地于2000年4月由省、市人民政府外事办推荐申报，经国务院侨办审核、评议、批准，在九江学院建立，是国务院侨办首批华文教育基地之一。2005年面向全国30个省（区、市）招生。九江学院现办学体制为军地共建、省市共建。

九江学院文化传播学院由九江师范高等专科学校中文系（创建于1977年）、九江教育学院中文系（创建于1985年）、九江财经高等专科学校文化传播系（创建于2001年）于2004年合并组建。

借助华文教育基地这个平台，九江学院和东南亚华校组织建立了密切良好的合作关系，先后选派了10余名教师赴东南亚华校任教；同时，学校的对外汉语专业以学生赴境外从事对外汉语及华文教学为导向，结合《汉语作为外语教学能力认定办法》的要求，开设泰语及东南亚文化等选修课。

在国务院侨办的直接领导和支持下，自2000年至今，九江华文教育基地先后选派了10名（9批次）华文教师，分别赴柬埔寨、泰国、菲律宾等国家的华文教育机构进行华文教学和华文师资培训，得到了所派往国华教机构的充分肯定和好评，为扩大九江华文教育基地在海外华文教育界的影响做出了积极的贡献。2005年，九江华文教育基地接待了英国中文教师回国培训团。九江学院还专门为基地兴建了设施齐全的华文教学楼和海外学生培训楼。2005年至2007年连续3年暑期，根据国务院侨办的安排，九江华文教育基地接待了国务院侨办海外华文教师研修班，圆满完成了各项培训任务，达到了满意的培训效果。

该校把培养适应对外汉语教学的本、专科学生，作为开阔办学视野，提升办学层次的重要方面。从2003年开始，学校先后组织了两批学生赴泰国进行教育实习，取得良好的社会反响。迄今为止，该校已选派了5批次40余名毕业生赴东南亚华校教学实习、就业，深受当地华校的好评。

为了弘扬民族传统文化，增强海外华裔青少年对中华文化的情感，基地招收汉语初级班、中级班、高级班的学生；举办以九江为中心的华裔青少年“寻根之旅”夏（冬）令营之“四大书院”之旅和“庐山文化与陶瓷文化之旅”以及“长江文化之旅”等特色夏（冬）令营。

6. 南京师范大学

南京师范大学是一所发展中的百年老校，是国家“211工程”重点建设的百所高校之一，是江苏省属重点高校，其前身可溯源至清末两江总督张之洞1902年创办的三江师范学堂，后经两江师范学堂，演化成孕育中国高等师范教育成熟办学体制的南北高师之“南高师”。1952年全国高校院系调整时，在原南京大学、金陵大学部分院系的基础上，建立南京师范学院。1984 年 1 月改办成南京师范大学。2000 年 3 月，南京动力高等专科学校并入。

南京师范大学是中国高等师范教育的发祥地之一，在一个多世纪的发展过程中，中国现代著名教育家陶行知、陈鹤琴、吴贻芳等前辈先后在南京师范大学执教，经过几代人的艰苦奋斗，南京师范大学逐步形成了“严谨、朴实、奋发、奉献”的校风和注重教育实践的学风，已经成为文、史、哲、理、工、教、经、法、艺、体学科齐全、体系完整的综合性高等师范大学。

南京师范大学国际文化教育学院成立于 1996 年，其前身为南京师范大学外事办公室留学生科，外国留学生招生工作始于 1965 年，是中国较早接受留学生的院校之一，也是中华人民共和国国家教育部指定的两个外国来华留学生汉语补习院校和专为外国人开设汉语言文学本科专业的院校之一，现任院长段业辉。国际文化教育学院所在的随园校区位于古城南京的中心，交通便利，校园环境优美，花草芬芳，古树参天，被誉为“东方最美丽的校园”。

2000 年南京师范大学被国务院侨办评为江苏省唯一的“海外华文教育基地”，2003 年又被国家教育部评选为“国家对外汉语教学基地”。自 1989 年起，学院内设立汉语言本科专业，学习期限在半年以上的长期生包括：语言生、汉语言专业本科生、硕士研究生、博士研究生。短期生分不同层次的班级学习语言、文化、历史、音乐、美术、体育等课程。经教育部批准，还设立了 HSK 考点，为留学生的汉语水平考试提供方便的条件。现在每年接收全世界近 60 多个国家的千余名留学生来此学习。2003 年南京师范大学有长期留学生 970 人次，短期留学生 650 人次，在校留学生人数在江苏省外国留学生招收院校中排名第一，在全国排名 14 名。

经过多年建设，国际文化教育学院拥有一支年龄较轻、学历较高、职称结构较合理的专职对外汉语教师队伍。目前，专职教师 39 名，其中教授 4 名，副教授 18 名，博士生导师 2 名，硕士生导师 18 名，具有博士学位教师 26 人，拥有硕士学位的 13 人。绝大多数教师都具有海外教学经历。该院一贯重视对外交流与合作，与世界上 20 多个国家和地区的 80 余所大学建立了校际交流关系，在互派教师、交换学生、合作办学、留学生汉语教学、师资培训、教材编写等各方面有着广泛的合作。

7. 山西大学

山西大学创建于 1902 年，坐落在具有 2500 余年历史的文化古都——山西省省会太原市，学校前身为创建于 1902 年的山西大学堂，其悠远的文脉可以上溯至明代三立书院及清代晋阳书院和令德书院，是中国最早设立的三所“国立大学”之一。山西大学学科门类齐全，是山西唯一一所综合性大学。学校还有教育部在高校所设的国家理科基础科学研究和教学人才培养基地、国家大学生文化素质教育基地、国家华文教育基地、国家职业教育师资培训基地。

山西大学师资力量雄厚，名师名人荟萃。学校现有专任教师 1945 人，其中中科院院士 1 人，双聘院士 3 人，高级职称教师 882 人。山西大学国际教育交流学院的前身为山西大学国际交流中心，始建于 1993 年，是学校教育国际化的对外窗口。学院主要负责海外留学生教育和国际合作办学工作，是国务院侨办确定的华文教育基地之一。学院的宗旨是：宣传山西大学，推动教育全球化，开展国际交流，作联系海外华侨华人的纽带和桥梁。山西大学国际教育交流学院从 1981 年开始招收海外留学生，迄今已培养了来自美国、英国、德国、加拿大、墨西哥、澳大利亚、俄罗斯、日本、韩国、巴西、罗马尼亚、蒙古、新加坡、泰国、阿尔及利亚等国家和中国香港、中国台湾地区的学生 1000 余名。

山西大学国际教育交流学院分别设有长期、短期对外汉语课程和中国文化课程，自 2000 年以来，该院分别开设了汉语、书法、篆刻、国画、民乐、针灸、武术、烹饪等课程，成为该省联系海外华侨、增进对外交流的重要基地。该院不仅为海外学生提供了了解中国语言文化的机会，同时还为海外学生进入学校各层次专业学习提供了桥梁课程。通过国家间合作办学，学院通过对有志出国深造的青年提供外语培训和专业基础课学习以及获得国外各层次学位学历的前期或全部课程学习。

8. 北京海淀进修实验学校

北京市海淀区教师进修学校附属实验学校是海淀区教委所属的一所优质公立完全中学。学校与澳大利亚、加拿大等外国学校合作办学，是国务院侨办确定的国家级“华文教育基地”，历年来接待国外师生来访数十批，保持教育领先地位。先进的理念和平台为师生的发展创造了不可多得的条件。

学校分设南、北两个校区，共 42 个教学班，现有初高中学生 1800 余人，其中寄宿学生近 400 人，韩、日、越、老挝等籍留学生近 60 人。近年，学校被教育部确定为高中特色发展项目学校，致力于学生领导力的培养，建设科技、人文、经济、艺术、领导力等五大特色学院，开发了 100 多门选修课程，深受学生和家长的欢迎。

北京海淀进修实验学校自 2002 年起具备招收外籍学生资质，十多年来，国际部以完整的教师队伍、优质的教学质量、完善的服务及管理培养了大批学生。到北京海淀进修实验学校就读的学生包括韩国、日本、越南、泰国、老挝、蒙古、马来西亚、印度尼西亚、美国、加拿大、英国、德国等国家和地区。累计有 500 余名学生获得北京海淀进修实验学校高中毕业证书，100% 考入大学，考入北京大学、清华大学、复旦大学和中国人民大学等重点高校的学生比率一直保持在 80% 以上。

北京市海淀区教师进修学校附属实验学校是中国国务院侨办确定的国家级华文教育基地，承担海外华文教师的汉语培训任务，形成了成熟的华文教育课程体系，国际部常年招收汉语进修生和学历生。

学校拥有雄厚的华文教育和对外汉语教学师资，所有任课教师全部通过中国教师资格认证。汉语骨干教师均接受过专业培训，具有对外汉语教师资格证书。每年承担10期左右各国华文教师培训，并经常派遣教师赴各国指导华文教学。

学校与全球40多个国家和地区教育机构建立合作关系，与各国侨界有广泛的联系。每年接待20余批“寻根之旅”华裔学生夏令营和10余批外国师生访问团。

长期的教学实践和成熟的课程设置，使国际部具备了在短时间内高质高效地培养具有较高汉语水平留学生的能力。毕业生全部获得北京市教委核发的公历中学应届学生毕业证书。

2006年5月，学校与美国波士顿剑桥中国文化中心合作，中美华文教育交流中心正式挂牌成立，中美和中加远程网络视讯系统相继开通，使华文教育和对外汉语教学真正实现了跨越时空，沟通四海。2011年“中华文化大乐园”欧洲夏令营活动在学校开展，取得了重大的成果，为今后的华文教育发展奠定基础。同年，还成功举办2011年马来西亚华文教师小学技能研修班。2013年马来西亚“华文教育·教师研习”北京培训班在学校的进行也非常顺利，得到国务院侨办及马来西亚同胞们的好评。

9. 成都市树德中学

成都市树德中学系成都市教育局直属公办学校，创办于1929年，以“忠、勇、勤”为箴言，以“树德树人”为办学宗旨而得名。新中国成立之后，人民政府接管并更名为成都市第九中学，1989年恢复树德中学校名。新中国成立前，学校便是国内办得最好的六所私立学校之一。在50年代被命名为“四川省高级干部子女集中就读学校”，在60年代被命名为“四川省归国华侨子女集中就读学校”。

树德中学以“树德树人”为办学宗旨，以“树德广才”为办学指导思想，即“树德树人，广才广能”。学校培养目标是“为国家培养高层次、德才兼备的人才奠定基础，为重点大学输送大量全面发展且个性特长突出的优秀学生和少数出类拔萃的尖子学生”。

优秀的教师队伍是学生发展的基础，树德中学“以师德建设为核心，以青年教师队伍建设为重点，以名师建设为龙头”加强师资队伍建设，形成了独具特色的“以教育科研为先导，以课程改革为舞台，以校本培训为途径”的学校教育科研机制和教师职业自主发展模式。学校拥有一流的师资队伍，树德中学的教师因“敬业奉献好，业务能力强”“爱学生、敬家长”，而广为教育同行和家长充分认可。目前在岗325位教师中，有1位成都市有突出贡献的优秀专家，12位特级教师，16位成都市学科带头人，107位高级教师，65%以上的教师被评全国、省、市优秀教育工作者。学校教师在校本教学研究中，硕果累累，已开发出多门比较定型的校本课程及配套校本教材，出版专著年均5本以上，国家、省、市级刊物上发表或获奖文章每年有100篇左右。

树德中学先后与美国、德国、法国、日本、英国等10多个国家的学校建立了“手拉手”学校或友好学校。2001年树德中学和美国菲尼克斯市中央高中成为1998年江泽民总书记和克林顿总统共同发起的“中美青年远程交流项目”的第一所结对学校，2003年再次中标成为该项目学校。该项目以国际教育资源网为载体，广泛及时地与世界各国朋友进行网上互动交流。学校还经常与这些学校进行互访、讲学等友好往来：每年都要派出20多名学生、10多名教师出国学习、讲学和访问，同时还先后接待了几十名来自上述不同国家的学生和教师的来访和交流。

2012年，由中国海外交流协会主办，四川省海外交流协会、成都树德中学华文教育基地、西爪哇省华文教育协调机构承办的“2012中华文化大乐园印度尼西亚万隆营——巴蜀文化行”在印度尼西亚万隆市开展，近300名学生在此次活动中，通过巴蜀文化的大门领略到中华文化的博大精深。

10. 哈尔滨外语学校

哈尔滨外语学校是由哈尔滨市教委直接领导的、具有鲜明外语特色的公办全日制寄宿重点中学，是市教委的直属学校。

学校高中部老师由省重点中学骨干教师、学科带头人组成；初中部教师由哈尔滨市著名初中学校的骨干教师组成；英语听力课、口语课教师由外籍教师担任。学校作为教育体制改革的试点单位，实行教师聘任制、工人合同制，学校对品学兼优的学生实行奖学金制度，后勤管理逐渐向物业化、社会化管理过渡。

学校实施素质教育，以升学预备教育为主，在完成教育部颁布教学大纲课程教学基础上，每周增加2—3节由外教讲授的英语口语课和听力课，使学生具有扎实的文化课基础和较强的英语口语交际能力，为高等院校输送合格人才。学校参加了经原国家教委批准、北京师范大学主持的“转型期学生思想政治教育”的教研课题，从理论和实践两个方面强化德育工作。在努力提高学生思想道德品质及动手能力的基础上，打好学生文化基础。

学校把“办外语特色学校”作为重要课题，把初、高中英语教学衔接的研究申报为省“十五”科研课题，努力使学校成为全省外语教学的科研和示范基地。学校充分发挥外教资源，通过“英语沙龙”“外语周”等活动，使学生的英语听力和口语能力明显提高，2000 年学校参加了市政府四次外事活动，两次接待省市外办交办的华文基地与华侨华人子女联欢活动，学校学生表现出色，获得省、市政府领导的好评。目前，学校已经同加拿大国际教育学院签订了合作办学合同，成立了哈尔滨国际学校。针对有出国就学愿望的学生，学校实行高二后分流，强化外语口语和词汇训练；为顺利通过“托福”等考试奠定基础，并通过学校国家间交流及哈尔滨国际学校，实现学生高中出国留学的愿望。

学校建校以来，得到社会各界的认可。2000 年成为黑龙江省唯一一所被国务院侨办批准为首批华文教育基地的学校；同时，被原省教委批准为唯一能够在全省招生的高中学校。

二　华文教育示范学校

建设海外华文教育示范学校是国务院侨办为推动新时期海外华文教育发展而采取的一项新举措，首批示范学校建设于 2008 年启动，并取得了一定成绩，积累了一些经验。在此基础上，本着“成熟一批，评选一批，建设一批，成功一批”的基本原则，国务院侨办于 2011 年初再行启动第二批评选活动，在众多候选学校中确定了 15 个国家的 46 所作为第二批“华文教育示范学校（单位）”。“华文教育示范学校”的评选得到广大海外华校的热烈响应，2013 年有 27 个国家的 88 所海外华文学校入选第三批“华文教育示范学校（单位）”，2014 年又有 7 个国家的 18 所华校入选第四批“华文教育示范学校（单位）”。目前“华文教育示范学校”总数已增至 207 所（3 所学校因更名而在不同批次入选，故四批次总数为 207，而非 210。），覆盖五大洲 35 个国家。

从 2010 年起，国务院侨办在教材编写与提供、教师培训与培养和华裔学生活动等方面加大对示范学校的支持力度。目前，示范学校的办学水平、办学规模和办学影响均得到了明显的提高。带动了当地其他华校提升办学水平，进一步促进了所在国家和地区的华文教育发展。继前两辑年鉴之后，《世界华文教育年鉴（2015）》继续选择 20 所“华文教育示范学校（单位）”进行介绍。

（一）192 所国务院侨办华文教育示范学校

表 5－2　2009 年首批“华文教育示范学校（单位）”入选名单（58 所）

国家	入选学校（单位）名称
菲律宾	1. 菲律宾中正学院*
	2. 菲律宾侨中学院#

续表

国家	入选学校（单位）名称
菲律宾	3. 宿务耶稣会圣心学校*
	4. 描戈律大同中学☆
老挝	5. 万象寮都公学#
	6. 沙湾拿吉崇德学校*
	7. 百细华侨公学*
蒙古国	8. 旅蒙华侨友谊学校#
日本	9. 横滨山手中华学校*
	10. 神户中华同文学校#
泰国	11. 北榄公立培华学校*
	12. 国光慈善中学*
	13. 育华学校*
	14. 智民学校#
缅甸	15. 东方语言与商业中心
	16. 福星语言与电脑学苑#
	17. 福庆学校*
文莱	18. 文莱中华中学#
韩国	19. 汉城华侨小学#
	20. 韩国大邱华侨小学☆
奥地利	21. 维也纳中文学校#
	22. 维也纳中文教育中心*
丹麦	23. 丹麦华人总会中文学校#
	24. 美人鱼中华文化学校*
荷兰	25. 旅荷华侨总会乌特勒支中文学校#
	26. 安多芬中文学校*
西班牙	27. 马德里华侨华人中文学校#
英国	28. 伯明翰华联社中文学校*
	29. 伦敦普通话简体字学校#
	30. 华夏中文学校☆
意大利	31. 意大利普拉托华人华侨联谊会中文学校*
	32. 米兰华侨中文学校#
加拿大	33. 蒙特利尔佳华学校#
	34. 亚省中文学校☆
	35. 侨文中文学校☆
	36. 湾景周六中文学校
	37. 温哥华北京中文学校*

续表

国家	入选学校（单位）名称
美国	38. 希望中文学校#
	39. 南侨学校*
	40. 圣地亚哥华夏中文学校☆
	41. 尔湾中文学校☆
	42. 休斯敦华夏中文学校☆
	43. 亚特兰大现代中文学校*
	44. 华夏中文学校
	45. 希林亚裔社区中心
澳大利亚	46. 澳大利亚汉语国际推广中心#
	47. 南澳中华会中文学校☆
	48. 苗苗中文学校*
	49. 神州中文学校☆
新西兰	50. 基督城路易·艾黎中文学校#
	51. 奥克兰现代中文学校☆
毛里求斯	52. 新华学校#
巴西	53. 圣保罗华侨天主堂中文学校*
	54. 袁爱平中巴文化中心☆
苏里南	55. 广义堂中文学校#
法国	56. 法国华侨华人会中文学校#
	57. 法国潮州会馆中文学校*
	58. 法国欧洲时报文化中心中文学校☆

注：带☆号者为《世界华文教育年鉴（2015）》重点介绍学校；
带*号者为《世界华文教育年鉴（2014）》重点介绍学校；
带#号者为《世界华文教育年鉴（2013）》重点介绍学校。

表 5－3　第二批“华文教育示范学校（单位）”入选名单（46 所）

国家	入选学校（单位）名称
菲律宾	1. 菲律宾中西学院☆
	2. 菲律宾华教中心
	3. 怡朗新华学院
	4. 三宝颜中华中学
柬埔寨	5. 金边端华学校☆
	6. 崇正学校
	7. 福建会馆民生中学

续表

国家	入选学校（单位）名称
缅甸	8. 缅甸东枝东华语言与电脑学校☆
	9. 缅北腊戍果文中学
泰国	10. 泰京培英学校☆
	11. 罗勇府公立光华学校
	12. 龙仔厝府三才公学
	13. 呵叻府磨艾县公立育侨学校
	14. 帕府中兴学校
	15. 泰南勿洞中华学校
澳大利亚	16. 悉尼大同中文学校
	17. 丰华中文学校
	18. 悉尼中文学校
	19. 中华会馆黎明中文学校
阿根廷	20. 富兰克林中文学校☆
德国	21. 柏林华德中文学校☆
	22. 巴伐利亚中文中心学校
	23. 不来梅华威中文学校
	24. 汉堡汉华中文学校☆
	25. 斯图加特汉语学校
荷兰	26. 丹华文化教育中心
加拿大	27. 渥太华欣华中文学校
	28. 大温哥华中华文化中心李树坤书院—中文学校
	29. 卡尔加里育丰中文学校
美国	30. 哈维中文学校
	31. 美中实验学校
	32. 剑桥中国文化中心
	33. 瑞华中文学校
葡萄牙	34. 里斯本中文学校
瑞典	35. 瑞青中文学校
	36. 瑞京中文学校
比利时	37. 布鲁塞尔中文学校
西班牙	38. 马德里爱华中文学校
	39. ESERP 孔子文化学校
	40. 中国文化学校
	41. 中加西友好学校

续表

国家	入选学校（单位）名称
意大利	42. 基督教罗马中文学校
	43. 意大利佛罗伦萨中文学校
	44. 米兰第一中文学校
	45. 意大利金龙学校
	46. 罗马中华语言学校

注：带☆号者为《世界华文教育年鉴（2015）》重点介绍学校。

表 5－4　第三批“华文教育示范学校（单位）”入选名单（88 所）

国家	华文学校（组织）名称
菲律宾	1. 罗申那同和中学暨附小
	2. 红奚礼示立人中学
	3. 菲律宾怡省毓侨中学
	4. 怡朗华商中学
	5. 宿务中华中学
	6. 碧瑶爱国中学
	7. 仙朝峨中华中学
韩国	8. 光州全南中国侨民学院中国华侨学校
柬埔寨	9. 公立广肇中学
	10. 暹粒中山中学
	11. 西哈努克省公立港华学校
	12. 立群学校
老挝	13. 老挝琅勃拉邦新华学校
缅甸	14. 缅甸仰光九龙堂天后华文补校
	15. 八莫佛经学校
	16. 曼沾勐稳学校
	17. 抹谷千佛寺学校
	18. 景栋中文培训中心
日本	19. 同源中国语学校
	20. 九州中国人学者技术人员联谊会附设习悦中文学校
泰国	21. 曼谷培知公学
	22. 芭提雅明满学校
	23. 大城强华学校
	24. 网銮公立建华学校
	25. 清迈崇华新生华立学校
	26. 彭世洛醒民学校

续表

国家	华文学校（组织）名称
泰国	27. 清莱网攀公立中华学校
	28. 泰国坤敬公立华侨学校
	29. 乌汶华侨学校二
	30. 德教树强学校
	31. 泰国合艾陶华教育慈善中学
	32. 东盟普及泰华学校
爱尔兰	33. 爱尔兰华协会中文学校
波兰	34. 华沙汉语中心
	35. 华沙中文学校
比利时	36. 安特卫普中文学校
德国	37. 德国柏林益智中华文化学校
	38. 德国华达中文学校
	39. 汉园杜塞尔多夫中文学校
	40. 纽伦堡中文学校
法国	41. 法国语言文化国际交流协会附属精英中文学校
	42. 法国中华学校
捷克	43. 布拉格中华国际学校
挪威	44. 挪威中文学校
葡萄牙	45. 维拉贡德中文学校
瑞典	46. 斯德哥尔摩新星中文学校
	47. 哥德堡第一中文学校
瑞士	48. 日内瓦中文学校
西班牙	49. 塞维亚中文学校
	50. 巴萨罗那中国学校
英国	51. 英国共和协会中文学校
	52. 英国依岭中文学校
	53. 英国格林尼治中文学校
	54. 苏格兰华夏中文学校
	55. 曼城侨联社华人子弟学校
意大利	56. 米兰龙甲中文学校
哥斯达黎加	57. 中哥文化教育中心
加拿大	58. 蒙特利尔孔子学校
	59. 孟尝会中文学校
	60. 怀尔逊中文学校
	61. 侨道中文学校

续表

国家	华文学校（组织）名称
美国	62. 特拉华州春晖中文学校
	63. 美洲中华中学校
	64. 美国夏威夷明伦学校
	65. 得克萨斯达拉斯现代语文学校
	66. 底特律中文学校
	67. 西北中文学校
	68. 克利夫兰当代中文学校
	69. 亚省现代中文学校
	70. 圣路易现代中文学校
	71. 长城中文学校
	72. 密歇根州新世纪中文学校
	73. 俄亥俄州现代中文学校
	74. 亚省希望中文学校
	75. 安华中文学校
	76. 大辛辛那提中文学校
牙买加	77. 牙买加中华会馆中文班
阿根廷	78. 阿根廷侨联中文学校
澳大利亚	79. 悉尼实验中文学校（原大同中文学校）
	80. 樱桃小溪华人协会中文学校
	81. 布里斯班中文学校
	82. 同心中文学校
	83. 亚洲语文学校
	84. 新金山中文学校
	85. 新金山文化学校
新西兰	86. 惠灵顿中文学校
	87. 新西兰华人社区服务中心文化学院
	88. 奥克兰华新中文学校

表 5-5　第四批"华文教育示范学校（单位）"入选名单（18 所）

国家	华文学校（组织）名称
柬埔寨	1. 贡布省禄山市公立华侨学校
	2. 逢咋叻县觉群学校
缅甸	3. 曼德勒云华师范学院
	4. 大其力大华佛经学校

续表

国家	华文学校（组织）名称
泰国	5. 泰国春府大众学校
	6. 光明华侨公立学校
	7. 横色令县公立敬德学校
	8. 武哩喃公立华侨学校
	9. 陶公复兴学校
英国	10. 伦敦哈劳中文学校
	11. 曼彻斯特中国教育文化社区协助中心中文学校
加拿大	12. 萨城中文学校
	13. 环球中文学校
澳大利亚	14. 澳华公会中文学校
美国	15. 光华中文学校
	16. 明尼苏达明华中文学校
	17. 凯瑞中文学校
	18. 匹兹堡中文学校

（二）海外华文教育示范学校风采

1. 菲律宾描戈律大同中学（菲律宾）

描戈律大同中学坐落于菲律宾西黑省首府描戈律市，建于1934年，是一所具有悠久历史的华文学校。

早期的菲律宾华侨为了弘扬中华文化、教养华夏华裔子弟，避免他们西化忘本，兴起办学之念。由当时中国国民党怡朗支部的西黑省分部、西黑省中华商会、中菲国民协会等共同创办，校址设在国民党西黑省分部，后因中菲国民协会解散及其他波折，由国民党分部独力办学。1941年，第二次世界大战爆发，学校被迫停课，1945年“二战”结束后复校，学校旋即购置1万多平方尺新地皮，建新校舍并迁入，成为华人社会的一所公办学校。1949年该校开办初级中学，1957年复办高中，成为一所完全中学。在随后的半个世纪中，学校历尽艰难，发展为一所颇具规模的华文学校。

2009年9月22日至27日，是菲律宾描戈律大同中学喜迎75周年校庆的日子，也恰逢新中国60周年华诞到来之际，菲律宾描戈律大同中学的华文教师志愿者们在福建儿童发展职业学院外派教师鹿海云的指导下，举办了“爱中华、品文化”欢度校庆、喜迎国庆系列活动。中国驻菲律宾大使馆、菲律宾西黑省、描戈律市等有关领导出席文化活动。菲律宾工商总会、菲律宾华教中心等代表团及在菲汉语志愿者与描戈律大同中学师生欢聚一堂，欢度校庆、喜迎国庆，来宾们对精彩纷呈的“游艺活动”赞不绝口。

2. 菲律宾中西学院（菲律宾）

清光绪二十五年（即公元1899年）四月十五日，中国驻菲第一任领事陈纲（字紫衔）征得诸侨商同意，在领事馆内创立菲律宾中西学院，写下菲岛侨校历史的第一页。

菲律宾中西学院初创时为改良私塾制，教材除四书五经外，兼授应用尺牍，首任校长为泉州举人龚绍庭。菲律宾中西学院初创时名大清中西学堂，后曾改为华侨中西学校、华侨第一小学、小吕宋华侨中西学校，太平洋战后奉侨务委员会令重新立案，再改今名马尼拉中西小学，但习惯上内外均沿用中西学校原名，简称“中西”。

菲律宾中西学院创立七十年来，开办义务夜学，首创补习教育；组织体育会，树菲华体育雏形；上下午汉英文分别教授，建立中英文并重学制；编辑教育丛刊，开研究侨教风气；组织考察团，首倡回国考察教育；组织童子军，奠定菲华童子军运动基础；建立教职员福利基金制度，开菲华侨校教师福利制度先河。

虽然该校规模较小，但其办学质量却颇受肯定。2006年，中西学院与三民学校合并，蔡蕊沓担任校长后，锐意实施全面改革，坚持第二语言教学法，并充分发挥侨办外派老师在教学改革中的作用，提高教师的素质和教学水平。同时，针对本地合格华文教师短缺的情况，积极参加菲律宾华教中心的“造血计划”方案，栽培有意从事华文教育工作的年轻一代。

2011年，中西学院被中国国侨办评为“海外华文教育示范学校”。当年，学校选派48位学生参加第三届“中华文化知识竞赛”，有3位学生获得优秀成绩。2012年，14名学生参加由中国国侨办和中国海外交流协会举办的首届中华文化大赛，合格率为50%，210分以上的学生有4人，其中1人以254高分代表菲律宾参加在中国厦门举办的总决赛。

学校还经常举办各种各样的富有中国传统味道的活动，例如：2014年的春节前夕，菲律宾中西学院不仅举行了盛大的校内春节联欢会，还热心参加多种校外新春庆祝活动，庆祝中国马年的到来，让学生感受传统文化的节日氛围。

菲律宾中西学院创立70年来，校友遍布菲国每一角落，不但在菲华社会工商、金融、教育各界多居领导地位，在当地政府工商各界亦有许多知名之士高居要职，且有荣任大法官及内阁部长者。截至70周年校庆，菲律宾中西学院毕业生计日课汉文高小八十届共5787人，英文高小四十八届共4516人，夜课汉文高小二十一届共250人，汉文初中一届10人，英文高小二十六届共760人，簿记专修班九届共284人，总计11707人。

3. 金边端华学校（柬埔寨）

端华学校是潮州会馆创办的一所历史悠久的学校。初期是先辈潮侨设立的私塾式学堂，以潮语授课。经数十年的经营发展，渐具规模。“二战”结束后开始快速发展（并全面使用普通话授课），20世纪50年代时端华学校改为校委制，学校团结进步，进入全盛时期。50年代中期至60年代的十几年间，端华学校有柬埔寨华校“最高学府”的美誉。在50年代初期除正校外，还扩展了一、二两所分校，学生人数已达4000多名，老师约100位，50年代末期增开专修班（高中课程）。

端华学校现在分为正校和分校，共开205个班，教职员有230多位，学生有11000多名。端华学校还有夜学华文补习班学生约2000名，主要来自柬文学校学生及社会青年，也有公务人员及个别僧侣。全校学生男、女约各占一半，华裔子女约占80%以上，其余为柬裔子女及个别越南裔子女。为适应柬文学校学制，端华采用半日制，即学生每天只读半日，另半天就读于柬文学校或去补习英文等。

为解决学生增加、原有教室不敷应用的问题，潮州会馆近年来又斥巨资在端华分校南面扩建了两座新的教学大楼，共有27间新教室。这两座教学大楼都于2001年下学期及2002年上学期先后竣工启用。新教学楼底层为放置160台电脑的电脑室。

1992年9月复课至今，已先后有12届42个班的2100多名初中生毕业。为适应社会需求，学校于1999年增开了中柬、中英和电脑会计专修班，至今已有两届约100名专修生毕业。20世纪至今，端华学校人才辈出，校友遍布世界，很多人在多个领域做出卓越贡献。如潮州会馆会长、柬华理事总会会长、中国和平统一促进会会长杨启秋勋爵，柬埔寨金融界知名人士方侨生先生等，都是20世纪60年代初端华中学的毕业生。

4. 缅甸东枝东华语言与电脑学校（缅甸）

东枝东华语言与电脑学校创办于1994年5月2日，原名为“东枝华文佛经学校”，由福建同乡会、福州三山同乡会、广东会馆三个同乡会社团联合创办。最初借用三个同乡会会所作为上课场所，2002年2月2日移到现在的新校舍上课，并改名为“东枝东华语言与电脑学校”，简称“东华中学”。学校自创办以来，尽力推广华文教学，传播中华文化，至今已21年。

2003 年以来，中国海外交流协会在缅甸举办的各类师资培训活动中，该校积极提供场所协助举办有关活动并广泛联系各地华校，提供有关信息，组织各地华校前来参加培训活动。截至 2009 年，共举办过 6 届师资培训活动，每届活动都有 150—180 名学员参与。

2001 年汉语水平考试（HSK）在缅甸举办，头三年（2001 年、2002 年、2003 年）HSK 考试在东枝本地还乏人问津，该校就已经在不断地组织学生参加此考试。2009 年，该校成为 HSK 考试东枝地区的分考场，为汉语水平考试（HSK）的举办承担了更多的责任。

该校在中国国家汉办、国侨办及海外交流协会所展开的一系列推广华文及中华文化教育的活动中，都全力以赴配合。在活动过程中，也广泛联系各地的华文学校，使大家都能为推广华文教育这个共同目标而携手合作。

学校在教学上采用简化字和汉语拼音，使用的课本是海外交流学会编写的全套十二册汉语教科书。

近年，该校又有了新的发展。幼儿教学班正式获得政府有关部门的注册批准。学校班级齐全，从三岁学生幼儿班开始，幼稚班、初小部、高小部、初中部、高中部一应俱全，还增设成人汉语会话教学班、电脑教学班等。

5. 泰京培英学校（泰国）

泰京培英学校创建于 1920 年，寓培育英才之义，第一届校董会总理陈竹漪先生为之取名“培英学校”，并于 1920 年 5 月 24 日招生开学，就读学生达 506 人。

培英学校自 1920 年开办至今，已有 90 多年的历史。它是由潮州籍人士创办的一座育英摇篮，具有光辉历程，为泰国的教育事业做出了可贵的贡献，受到泰国皇室的肯定。1927 年，七世泰皇曾访问该校。2000 年 1 月，诗琳通公主到访，并与全体教师合影。随后还有多次赐誉，关怀有加。地区首长也对该校非常关心，市长沙玛先生莅临该校，鼓励有加。这些都为培英学校添上无限荣光，是泰国潮人之幸。

该校曾经使用的教材包括《华文读本》（泰国教育部出版）和《华文课本》（泰国教育部出版）。现在使用的教材有《汉语》（暨南大学出版社出版）、《中文》（暨南大学出版社出版）和《说话》（暨南大学出版社出版）。

泰京培英学校教师总人数 36 名，其中中文教师 7 名。2012 年 13 日，中国驻泰国大使馆举办华文教育颁奖大会，代表中国国务院侨办向在 2011 年 10 月第二届世界华文教育大会上受到表彰的泰国华文学校、华文教育热心人士及优秀华文教师颁奖，泰京培英等 6 所学校荣获“华文教育示范学校”称号。

6. 韩国大邱华侨小学（韩国）

韩国大邱华侨小学位于大邱广域市，主要以招收小学生为主，学生既有中国台湾人和中国大陆人，也有韩国人。该校除了每年申请代课教师外，也长期和国内其他大专院校合作，接收这些院校派遣的优秀学生进行华语教学实习，促进青年学生以专业水准服务海外侨校；使这些学生能学以致用，通过海外教学开拓国际视野。为提高教学质量，增进学生学习汉语的兴趣，校方与家长互动频繁，学校会举办许多活动邀请家长一同参与。

韩国大邱华侨小学成为首批海外“华文教育示范学校”，这证明韩国的华文教育逐渐进入佳境。该小学于2013年举办了“开心一夏”大邱侨小华语夏令营，以暑期娱乐营方式，为海外侨校学生提供学习华语及文化的机会。海外侨校教师也可借此机会交流教学心得，彼此观摩学习。

7. 圣地亚哥华夏中文学校（美国）

圣地亚哥华夏中文学校于1997年由中国大陆留学生创办，是该市第一所以教授拼音和简体汉字为主的中文学校，为政府认可的非营利性、非政治性、非宗教性的公益教育机构。

学校以教育为基础，目的在于推广中文，促使中文教育融入美国社会主流；弘扬中华文化，从而促进中美社会之间的理解和交流。自成立以来，学校发展迅速，近几年每年学生人数均在1000多名，现在已经成为拥有1200多名学生的当地最大规模的中文学校，除了主校区以外，还建立了3所分校，目前有中文普通班、双语班、学分班和AP班等70多个班级，其中分60多个中文班，30个才艺班，主要利用周末进行授课，还有各种球队及家长会举办的丰富多彩的活动。该校的学分为当地多个学区和私立学校所接受，是得到College Board认可的讲授AP（大学预修）中文课程的学校。该学校还是中国国侨办评选的首批海外“华文教育示范学校”。

学校选用了为美国出生的学生量身编写的马立平中文教材作为基础教材，此教材具有易学、上口、词汇反复使用、电脑与课文相结合的特点，很适合美国出生的孩子。在基础教材上该校融合了中国国内的一些教材，增加孩子的中文基础教学。学校教授汉语拼音、简体中文，采用听、说、读、写并进的教学方式。高年级还加入电脑中文打字及中国文化、历史、地理课程。

学校师资力量较雄厚，具有稳定、优秀及多年教学经验的教师队伍，教师平均学历程度大专以上，中文水平突出，并具备多才多艺的特点。不少中文老师身兼才艺课程，用纯正的普通话教学，遵循学校制定的教学大纲，坚持将学生按中文程度分班，并且采用小班教学（10人/每班）等一系列教学安排，经过多年的经验证实，效果巨佳。另外该校学生来源广泛，较之刚创办初期，学生族裔分布广，学习竞争相对提高。华夏中文学校的AP（大学预修）中文课程已经得到美国大学学会的授权并认可，中文课程学分得到加州大学系统的承认。

8. 尔湾中文学校（美国）

尔湾中文学校创立于1976年，经南海岸中华文化协会多年的努力，及善心人士与家长们的赞助，在尔湾市购置约4英亩的校地并兴建了“南海岸中华文化中心”，并于2005年6月迁入。新中心有体育馆、图书馆、舞蹈室、电脑教室、会议室、21间教室及4间多功能教室。2008年成立橙县华语文数位学习中心示范点后，引进电脑辅助教学及虚拟教室（Moodle）的应用，提高学生学习的兴趣及效率。

尔湾中文学校大多数学生的年龄介于5岁至18岁，另设有成人班提供成人学习中文。目前该校有1000多名学生，依其中文能力分成近50个班别，课本以台湾地区“侨委会”提供的华语课本及初中华文为主。语文是各年级的主要课程。学校教授基本发音、注音符号、汉语拼音、字体、文法、标点符号、会话及中国文化。除此之外，另设有多项选修课程，内容包括国画、书法、纸艺、围棋及象棋、编结、中文电脑、基本会话、历史、地理、诗词、舞蹈、笛子、弦乐、领导能力训练等。

2013年，尔湾中文学校代表队在全美青少年中华文化常识竞赛中不负众望，赢得冠军及季军奖杯，学生们在准备过程中学到实用的中国地理、历史及文化常识。

9. 休斯敦华夏中文学校（美国）

休斯敦华夏中文学校成立于1993年，是休斯敦市第一所由中国大陆新移民创办的中文学校，也是目前美国南部地区规模最大、最好的中文学校。除总校外，在休斯敦市附近的糖城市（Sugar land）、加尔维斯顿（Galveston）、梨城（Pear land）和清湖（Clear lake）等华人聚居的市有7个分校。总校和分校共开设上百个中文班，几十个才艺班，在校学生人数超过2400名。学校有20年的办学历史，学科齐全，师资精良，教学管理规范，教学质量稳定，学校成就显著，在中国政府机构举办的汉语水平（HSK）考试中历年成绩出众，在休斯敦地区的“华夏杯”比赛和演讲中表现超群。

休斯敦华夏中文学校成立的宗旨是传授中国语言文化，为华裔和所有对中国语言文化感兴趣的少年儿童及成人提供学习环境。学校采用普通话、汉语拼音和简化字授课，使用暨南大学教材和马立平中文教材，依学生年龄和程度分班，设有初级部（新生班至四年级），中级部（五年级至八年级），高级部（九年级至十二年级）、成人部。还有为喜爱马立平中文教材的学生开设了马立平学前班、一年级、二年级、三年级、四年级；为中文非母语的学生和家长设置了“外语中文课”即 CSL（Chinese as a Second Language）课、AP 中文班、汉语水平考试（HSK）班等。课堂教授口语、汉字、词汇、语法、阅读和写作等。

除中文课之外，学校还设有绘画、书法、舞蹈、剪纸、黏土手工、武术、太极拳、乒乓球、篮球、足球、象棋、国际象棋、围棋、音乐、合唱等才艺课程。校内的“华夏青少年图书馆”，藏书较丰富。学校每年举办暑期夏令营、中国观光学习团等。

休斯敦华夏中文学校积极参与和组织华人社区的各项文化活动，并且美国主流社会举办各类国际文化交流活动，在传承中华文化、凝结侨心等方面也发挥了重要作用。为了弘扬中华文化、推广汉语学习，该校于 2014 年 7 月举办了历时 8 天的“中华文化大乐园——美国休斯敦营”，不仅完成了各项教学任务，而且无论是学生还是老师们都收获颇多。学校还将在大休斯敦地区举办第五届“华夏杯”青少年中华文化知识竞赛，给海外的青少年搭建了一个展示学习成果的平台，进一步激发了他们学习汉语语言和中华文化的兴趣。

10. 亚省中文学校（加拿大）

1997 年，陈杜绮玲女士应加拿大西北区狄芬碧嘉中学（John G. Diefenbaker High School）校长之请，创办了这所适合各方要求、与加拿大卡尔加里市公立教育局合作、周六上课、非营利的亚省中文学校。17 年来，该校所有人不懈改进，提供优质的多元中文教育服务，以适应对中文教育有不同需要之学生。

该校是阿尔伯塔省唯一的“华文教育示范学校”，亦是卡尔加里市唯一承办市公立教育局所有的免费中文 International Baccalaureate（I. B.）课程的学校。课程包括：粤语班、国语班、中文为第二语言班（适合无中文教育背景及中文为非祖籍语言之学生就读）。由于学校师生及家长义工的努力和合作，亚省中文学校不断壮大成长，现有学生约 1900 人，是阿尔伯塔省学生人数最多的族裔语言学校，需租用西北区狄芬碧嘉中学（John G. Diefenbaker High School）及约翰·麦克唐纳爵士高中（Sir John A. Macdonald School）两所公立学校校舍，以容纳众多学生。

学校以弘扬中华文化及鼓励学生学习中文为教学目标。设有国语/普通话（繁体字/简体字）及粤语幼稚园、小学、初中及高中各班。既有适合北美地区的通用教材，也有根据加拿大生活经验设计的适合不同背景及中文程度学生的教材。教师具有丰富的海外及加拿大教学经验。

学校的校园活动丰富多彩，为学生了解中华文化提供了很好的平台。2010 年 10 月在由卡尔加里市中华文化中心与卡城中国专业人士和企业家协会、亚省中文学校、卡技利华侨学校、育丰中文学校以及文化中心中文学校联合举办的卡尔加里中小学生首届“枫华杯”中文演讲比赛中，亚省中文学校取得了优异的成绩，共获得了8个组别中5个组别的冠军，5个组别7项亚军和6个组别9项季军。通过这样的比赛，能够激发学生们学习中国语言文化的热情和兴趣，加深他们对中华文化的认同，增进他们对中国语言和文化的理解和感悟。

11. 侨文中文学校（加拿大）

侨文中文学校（Georges Vanier Chinese School）隶属于多伦多教育局（TDSB）国际语言部，于2003年9月建校，每星期六上午上课。该学校教授中文简体字及汉语拼音。现在开设26个班，由幼儿园小班至八年级，共500多位学生。

该学校是多伦多教育局下属最大的简体字学校。2009年获中国国务院侨办颁发“华文教育示范学校”。校址位于北约克（North York）。学校由葛文孟先生主管校务。

该学校总共有26位中文教师，而且大多是具有多年教学经验的老师。他们都是通过多伦多教育局国际语言部正式面谈和考试而聘请的。每年教育局都有一次教师进修课程，让老师提升教学知识。老师们以学生为中心，不断调整教法及教材。

学校还开展多种多样的中文活动，如2013年“中华文化大乐园”夏令营活动，每年都有的春节庆祝活动，还有朗诵、绘画等各项比赛，丰富了学生们的学习生活。

侨文中文学校致力于不断提高中文教学水平，宣扬中华文化及优秀传统，为加拿大多元文化的繁盛做出贡献。

12. 南澳中华会中文学校（澳大利亚）

南澳中华会中文学校1972年开始办学，随后中华会在1973年注册成为合法机构。中文学校附属于南澳中华会。中文学校的日常运作由学校理事会负责。理事会成员大部分是学生家长，包括校长在内的所有理事会成员都以义务身份工作。

南澳中华会中文学校是一所民族学校（Ethnic School）。办学目标主要是为了促进汉语和中华文化的学习和了解。该校面向社会公开招生，不论学生的民族或文化背景。大多数的学生都在家里说英语，因此该校的课堂以中英语并用进行教学。南澳中华会中文学校是一个非营利机构。学校经费主要来自学生的学费以及联邦和州政府的补助金。此外，学校还得到中国政府大力的支援，每年都能得到免费的教材。州政府教育部属下的民族学校部（Ethnic Schools Board）和民族学校协会（Ethnic Schools Association）也时常举办培训课程并供应教学材料。

如今，该校学生除了华人子弟外，还招收了少量的非华人子弟。该校设有12个年级，从启蒙班、准备班、一年级至十年级，此外还另设2个成人班。

南澳中华会中文学校目前还没有自己的校舍，一直都租用或借用当地政府学校的教室。如今，中华会中文学校租用的是政府中学“格伦南咖国际高中”（Glenunga International High School）的教室。上课时间是星期六下午两点到四点。使用的教材是中国暨南大学华文学院编写的《中文》教材。启蒙班至二年级则使用该校的自编教材。

13. 布里斯班中文学校（澳大利亚）

布里斯班中文学校原名神州中文学校，创建于2003年，是受澳大利亚昆士州兰教育部与中国侨办和汉办管理、关注和支持的学校。自建校以来，学校在传播和弘扬中华民族文化上做出了很大的贡献，采用中国传统和西方教育相结合的现代教学法，培养了许多优秀学生。2010年，学校改名为“布里斯班中文学校”，2011年增设了两所分校。以学生为中心，从听、说、读、写、译五方面培养和训练学生，利用多媒体教育，注重中文学习的多样化、肢体化和戏剧化，在努力巩固学生中文基础的同时，竭力发挥他们的想象力和创造力。

在课程安排上，周末除了中文班以外，布里斯班中文学校同时还开设了英语、数学、多媒体电脑、美术设计、国际象棋、绘画（普通画和油画）、网球、武术、舞蹈、吉他、唱歌、瑜伽、古筝等课程以丰富学生的课外知识。与此同时，学校还积极组织学生参加与中国文化有关的各类活动。2010年该校学生踊跃参加海外中华文化知识大赛，不少学生取得了良好的成绩，其中张子谦同学尤为突出，荣获全澳第三名。由于全体教职员工的共同努力，学校的教学质量和教学管理等各方面成绩显著，深得学生及家长的赞许与信任，入选中国国务院侨办首批“华文教育示范学校”。

学校的成功在于有一套卓有成效的管理制度，在于有一支高素质的教师队伍，在于它将教学的重点放在提升学生的学习兴趣和能力上。在社会的大力支持和肯定下，该校全体教职员工志在以质量和爱心将学校办成昆士兰一流的中文学校。

14. 奥克兰现代中文学校（新西兰）

1995年10月，新西兰中国学生学者联谊会与奥克兰大学亚洲研究中心着眼于现代华人的未来，创办了奥克兰现代中文学校。现任校长为梁继超先生，副校长为邵晋槐先生。该学校是新西兰第一所教授简体中文兼汉语拼音的中文学校。现有教师10名，学生207名。使用《中文》《汉语拼音》作为教材。学生们可以根据兴趣来选择在中文班、拼音班、围棋班、绘画班、书法班或常识班就读。

该校自创办以来，在中国国务院侨办和奥克兰总领事馆的关心下，在广大家长、社会各界的大力支持下，在奥克兰大学亚语系李敏儒和姚载瑜等老师、新西兰职业华人协会和中国学生学者联谊会历任理事、中文学校全体员工的无私奉献下才走到了今天。

奥克兰现代中文学校坚持正规化、高标准、非营利的办学方向，以促进中文教育和新中文化交流为己任；该校积极支持华人社区的活动，传播中华文化、促进华人社区的繁荣与团结。在2009年国务院侨办颁授的首批“海外华文教育示范学校”中，奥克兰现代中文学校荣幸地成为全球首批58所之一，充分显示了中国国侨办对该校工作的肯定与支持。

15. 英国华夏中文学校（英国）

英国华夏中文学校于2001年在伦敦开办，具有现代化、宽敞明亮的校舍。学校目前有四个办学点，开设汉语、珠算、幼儿汉语和少儿汉语等课程。除了汉语教学外，华夏学校还面向社区和当地学校积极开办“汉语文化工作坊”，每年组织中国春节庆祝活动，以及书法、中国剪纸、中国民族舞、武术、中国烹饪等文化工作坊。该校每年还创设新的文化工作坊，诸如“中国茶文化”“世界各地饮茶文化”等等。

“课后汉语学习俱乐部”是该校的另一特色，此俱乐部为当地学习汉语的学生提供有趣的学习机会。在过去的几年里，圣·麦克天主教文法学校等三所周边学校都指定该俱乐部为其学生进行授课和辅导。此外，华夏中文学校还积极支持所有有意开设汉语课程的学校。

华夏中文学校服务社区、积极办学的行动得到了社会的认可。2006年，华夏中文学校成为“资产语言考试中心”（Asset Languages Examination Centre）。2012年1月，英国BBC广播电台的纪录片《英国的中国虎妈》（Meet Britain's Chinese Tiger Mums）对该校进行了拍摄，200万观众收看了这一节目，英国华夏学校的知名度也因此进一步提升。

2014年5月，英国华夏中文学校与IQ Chinese联合举办中文打字趣味竞赛。参赛组别分18岁以下的青少年个人组、青少年团体组，以及19岁以上的成人个人组。2014年6月，该校在伦敦磨坊山举行电子书教师训练，以科技带动和激发学生学习动机，将中文教学变得好学、好玩又有效。

16. 法国欧洲时报中文学校（法国）

法国欧洲时报中文学校成立于1992年，是巴黎大区最早开始中文教育的机构之一。学校位于巴黎近郊的欧洲时报文化中心内，紧邻巴黎著名的大学城，离华人聚居的13区只有几分钟车程。学校采用中国暨南大学华文学院编写的《中文》教材和北京华文学院编写的《汉语》教材组织教学，逢周三、周六、周日上课。有的班每周上两次课，有的班每周上一次课，每次上课一个半小时。学校一向以教师认真负责、教学质量高著称，是巴黎大区有口皆碑的中文名校。同时，也是中国国侨办授予的首批海外华文教育示范学校。

2005 年，由欧洲时报中文学校牵头成立的法国华文教育协会，广泛联系了法国，尤其是大巴黎区的中文学校，为传承中国传统、弘扬中国文化，推进华文教育全力合作。2008 年 6 月，欧洲时报中文学校与国家汉办签署协议，成为孔子课堂。2009 年 1 月，时任国家汉办许琳主任莅临，为欧洲时报孔子课堂挂牌，其成为法国的第一家孔子课堂。

针对不同年龄和中文水平的学生，学校开办了多个中文班，包括幼儿汉语班和成人中文班等。除了汉语教学外，校内还设有钢琴、舞蹈、武术、书画等才艺班。2002 年还专门开设了中国文化历史班，聘请了学识丰富的博士生任教，为有中文基础的学生学习和了解中国灿烂的文化和悠久的历史提供了机会。最近又新增了气功八段锦班和舞蹈初级班。

学校利用孔子课堂的资源优势，除每年举办汉语考试外，还主办过法国本土教师多媒体中文教育培训和孔子课堂教材展等活动。欧洲时报中文学校每年还精心安排夏令营活动，组织学生回祖国学习中文，参观游览名胜古迹。每次活动，报社都配备专人带队，做好周密细致的准备工作。回到法国后，还要将学生在中国的习作及照片收集起来，向家长汇报，收到了很好的效果。

17. 柏林华德中文学校（德国）

柏林华德中文学校成立于 1992 年，是一所民办的公益性学校，现有 35 个中文班，1 个绘画班，其中有 2 个对外汉语班，2 个学前班。中文教师 22 名，绘画教师 2 名。学校共有 12 年级，学生人数 550 多名，年龄从 4 岁到 20 岁，其中约 90% 为华侨华人子女，其余来自德国和其他国家的家庭。每周六分上下午两个班次上课，每班的课时为 3 个小时。现使用的中文教材是中国国侨办提供的《中文》。课程体系从第一册到第十二册及初中。高班学生还补充《中国地理》《中国历史》《走进中国》等教材。

柏林华德中文学校由德中文化交流促进会具体管理，协会的成员由德国柏林的部分侨领、华德中文学校的教师和家长代表组成。现任校长是德中文化交流促进会的董事长傅春平先生。

柏林华德中文学校师资力量雄厚，教学正规，学生在《人民日报（海外版）》和当地媒体每年发表的文章有 40 余篇，许多学生都曾在世界华人小学生作文大赛中获奖。2007 年 10 月 20 日，学校在中国驻德大使馆隆重庆祝建校 15 周年，华德中文学校在柏林具有很高的知名度。

历届校领导和教师的无私奉献，中国大使馆和广大家长的热心支持，使柏林华德中文学校从当初刚建立时的仅有5个学生的学习小组，发展成今天世界华侨华人中文学校中人数多、规模大的一所著名中文学校。学生由当初的几十名，发展到了今天的500多名，老师30多位。由于学校多年来把教学质量放在第一位，学生的中文水平得到当地侨胞和中国国内各级侨办的认可和赞扬，在中国国侨办、中国侨联举办的世界华人学生作文比赛中有100多人获奖。在中国国家汉办举办的HSK考试中柏林华德中文学校的学生拿到了第一名。在中国国侨办海外“华文教育示范学校”评选中，柏林华德学校是柏林地区唯一入选的一所学校。

18. 汉堡汉华中文学校（德国）

汉华中文学校于1993年由儿童文学家周开雰女士创办，在中国驻汉堡总领馆的支持帮助下，经过15年的发展，现有学生300多人，教师31名，有29个中文班、1个中国历史班、1个HSK考试预备班、1个国学班、1个经典诵读班、1个书法班、2个绘画班以及钢琴班、小提琴班、古筝班、声乐班、舞蹈班、羽毛球班、乒乓球班等，共52个班级。

汉华中文学校于2002年以协会形式在汉堡法院正式注册为非营利性公益性教育机构。学校的汉堡行政法院注册号为VR17358。学校现拥有2座主教学楼，30余间教室，3个琴房，1个阶梯音乐教室，1个办公室，1个家长休息厅，2个礼堂，1个室内体操馆，2个分别具有6个羽毛球场地和9个羽毛球场地的室内大型运动。

学校教师均受过高等教育，大多数教师曾经长期在国内外任教，具有丰富的教学经验，其中两名教师还分别获得2007年中国国侨办颁发的“海外华文教师优秀奖”和“海外华文教师贡献奖”。

学校所用教材除暨南大学出版社出版的《中文》外，2/5的学生使用的是中国国内人民教育出版社出版的统编教材。学校的教学质量在北德地区有口皆碑。2006年学校大班学生全部以得到8级证书的优异成绩通过HSK的初中级考试，并囊括全德国前5名的名次，其中3名获得去上海复旦大学进修3个月的奖学金；2007年又以11级证书的优异成绩通过HSK的高级考试，又一次囊括全德国前3名。

学校频繁组织学生回国参加中国国内各级机构组织的夏令营活动，如2008年汉堡汉华中文学校20个学生参加了天津侨办组织的武术夏令营，获得圆满成功，并被天津侨办赞为历年来最遵守纪律的团队。同时，汉堡汉华中文学校和汉堡文化局出面邀请了天津青少年活动中心艺术团到汉堡参加2008年9月的“中国时代”开幕式及汉堡汉华中文学校15周年校庆。天津孩子们的演出轰动了整个汉堡，当地主流社会的两大报刊头版头条刊登了孩子们的剧照。

2007 年 9 月 24 日，中国国家汉办同意在汉华中文学校建立孔子课堂，其成为海外获此荣誉的周末制中文学校之一。

19. 袁爱平中巴文化中心（巴西）

袁爱平中巴文化中心成立于 2004 年 5 月，以中心创办人袁爱平老师的名字命名，总部设在里约市中心，使用面积有 440 多平方米，有 7 个教室，还有音响室、电脑室、图书阅览室。咖啡饮水间以及 1 个 20 多平方米的厨房，可以用于开办中国饮食文化课。2005 年又开办了 2 个分校，一个设在里约的科巴卡巴娜（Copacabana）区，一个设在里约市的巴拉（Barra）区。

袁爱平还自编并出版了一系列的汉语教材：《汉语课本第一册》《汉语课本第二册》《汉语课本第一册练习册》《我去中国》《用汉语怎么说一切》《用汉语怎么说生意上的一切》《用汉语怎么说旅行上的一切》《我去中国看奥运》，这些教材已在巴西书店发行出售，受到了广泛的好评。该中心还开辟了网上远端汉语教学。

为了让更多的中国学生学到纯正的巴西葡萄牙语，该中心一律聘用巴西本族人担任外教。该中心共有教职员工 20 人，其中正式的教师有 3 人，均毕业于师范大学；兼职的教师 8 人，这些教师均在该中心培训上岗。该中心每星期给教师上培训课、定期座谈、交流教学经验，取长补短，共同提高。同时充分利用中巴两国学生在该校同时上课这一得天独厚的优势，不定期组织丰富多彩、别具一格的交流活动，让中巴两国的学生可以相互学习，相互交流。

该中心为中巴文化交流架起了桥梁。巴西前总统卢拉访华前夕，该中心向巴西总统府秘书处推荐了袁爱平的中葡文教材，总统府秘书处做出了积极的反应，将这两本书作为礼品送给了鲁拉总统。当鲁拉总统返回巴西时，立刻给该中心发去感谢函；该中心还与中国大学合作进行双方学生交流专案；与里约市的西奥港德（Estacio de sa）合作在巴拉（Barra）开办了中文班、与澳门（Macao）市 Language planet 语言中心合作开办了汉语班；该中心与巴西国家有名的大公司有常年的教学签约。

随着中国经济的蓬勃发展，中巴两国政治经济往来的日益增加，该中心已于 2007 年 10 月在中国北京开设了分部，即“CCCB－中巴文化交流中心”。这成为巴西也是整个南美洲同类企业中打进中国市场的第一家。北京分部的服务范围是：葡语课程班、对外汉语班、翻译、中介、文化交流等。服务经营宗旨是：为中巴两国搭起政治、经济、文化之桥。

20. 富兰克林中文学校（阿根廷）

富兰克林中文学校由中美合资创办于 1994 年的私立语言学院“富兰克林语言中

心”开设。该语言中心创办之初教授美国英语；1998 年开设阿根廷华侨界唯一教授汉语拼音和简化字的中文班，聘请从中国师范院校毕业且具备良好的素质及教学经验的老师。中文班从几年前不到 10 个学生发展到如今 70 多个学生，从不断摸索、不断改革中走来。除设置语文和数学专修课外，还开设了英文、西文、电脑等选修课程。2003 年第二学期，将英文从选修课提升为必修课，实行双语教育，仍维持西文、电脑为选修课程。与此同时，为适应课程改革，该校从半日制向全日制转换，施行星期六全天上课制。

自 2004 年起，有 5 年历史的“富兰克林语言中心中文班”易名为“富兰克林中文学校”，阿根廷正式成立了一所教授汉语拼音和简化汉字的华侨中文学校。该校开设学前班，汉语拼音班，小学一至六年级和初中一至三年级的语文、数学和英文课程；引进适合海外华侨华人学生学习汉语的《中文》作为语文教材；采用上海教育出版社出版的《数学》作为数学教材；2007 年共开设了 12 个班级，学生人数达到 250 名。教职员工达到 20 多名。2004 年 12 月，中国国家汉办通过中国驻阿根廷大使馆文化处特别赠予该校中西文汉语教科书和工具书 207 册，光盘 253 张和磁带 42 盒。

自创办以来，近千名学生在该学校就学。上百名学生已移民留学美国、加拿大。优秀的师资、有效的教学、完整的学制和认真负责的态度，卓越成绩有目共睹。

三　华文教育人物

海外华文教育的蓬勃发展离不开广大华人华侨的鼎力支持。在近半个世纪的历史洪流中，他们栉风沐雨、砥砺歌行，或是为了争取华人华侨的华文学习权利与当局者进行顽强抗争；或是艰苦创业，为改善海外华文教育条件慷慨解囊、倾资助学；或是默默坚守在不同国家的华文教育一线，实践着在海外播撒中华文化种子、传承华夏文明的伟大使命。正是有了他们的奉献，才有了如今海外华文教育蒸蒸日上的局面。《世界华文教育年鉴（2015）》继续推出“华文教育人物”板块，介绍10名世界范围内对华文教育做出贡献的杰出人物，以彰显他们实现海外华人华侨的“华文教育梦”的动人事迹。

表5－6　华文教育人物一览表

姓名	国籍	职业/身份
符福金	印度尼西亚	印度尼西亚东爪哇华文教育统筹机构前主席
江仙梅	蒙古	旅蒙华侨友谊学校校长
李佩燕	荷兰	荷兰丹华教育中心校长
李雪梅	意大利	意大利帕多瓦中意国际学校校长
李祖清	缅甸	缅甸曼德勒福庆学校校长 缅甸曼德勒缅中友好协会副主席
梁培炽	美国	旧金山州立大学兼职教授 旧金山金巴仑中学副校长
罗宗正	泰国	泰国华文教师公会主席
王超群	马来西亚	马来西亚华校教师会总会主席
颜长城	菲律宾	菲律宾华教中心主席
周开雾	德国	全德中文学校联合总会会长 德国汉华中文学校校长

注：本表人名按姓氏拼音排序。

1. 符福金先生

符福金祖籍海南文昌县，1934 年 9 月 25 日出生于海南，四岁随父母南渡到印度尼西亚东加里曼丹打拉根市（当时还是荷属殖民地），在该地中华学校读了两年，1942 年日军占领后辍学。1945 年日本投降，中华学校复办，他继续念完小学。毕业后由于学校缺乏教师，符先生又在学校当了两年助教。1951 年符先生到爪哇泗水市，进入当地著名的联合中学学习，五年读完初、高中课程，1955 年底高中毕业后进入泗水侨众小学任教。

经过取消双重国籍风波之后，1958 年印度尼西亚仍有 1300 所华侨学校，学生人数约 40.5 万，并且随后逐年增加。而当时的教师一部分年事已高，又不可能从中国聘教师来补充，有鉴于此，中国使领馆就责成泗水中华侨团联合会（简称泗华侨联）文教部接办印度尼西亚仅存的华侨师范学校，负责培养师资。1963 年泗华侨联接手华侨师范学校后，把符福金先生从侨众中小学抽调出来担任华侨师范学校的校长职务。

1963 年开始，华侨师范学校经过改革调整，改变制度，在仍保留高中师范普通科作为培养小学教师的基础上，增加二年制的国文、数学、理化和印专①四个系的专修科，学生由泗水和各地学校推荐优秀高中毕业生就读，教师从泗水各大学聘请资深教师授课。经过两年的努力，学校的各方面素质显著提高，校风严谨，学生人数激增，毕业后的学生分配到各地执教，深得好评。随着学校的不断发展，校舍已不够使用。泗华侨联决定购买原泗水旧飞机场的大片地皮，兴建教学楼、教师宿舍、学生宿舍和运动场。但由于 1965 年底的印度尼西亚政局突变而作罢。

1966 年 4 月，全印度尼西亚的华侨学校被封闭，部分侨领和高中校长遭扣押，经交涉释放后安排回国。1966 年底，符先生到东爪哇的任抹市。1967 年初，东爪哇第八军区司令颁布一道欲置华侨于死地的排华法令：①华侨不可做生意；②华侨不可搬迁；③华侨不可使用汉语汉字；④华侨必须缴纳外侨税。这道法令以西都文罗、任抹和外南梦地区为突破点执行，华侨群起抵制和抗拒。1967 年 4 月 6 日，在西都文罗华侨毫无防备的情况下，军人枪杀请愿的华侨青年黄健民，接着唆使流氓地痞捣毁洗劫全市华侨商店，造成巨大的财产损失。继之袭击 60 公里外的任抹市，任抹华侨在别无选择的情况下，紧急动员，商量对策。全市华侨组织力量，决定针锋相对，以自卫

① “印专”与“师专”相对应，是印度尼西亚在 20 世纪 60 年代根据社会需要而开设的一种科目，旨在培养当时急需对中文、印度尼西亚文或英文语言和文化精通，并具备从事媒体、翻译和文化交际等工作能力的专门人才。彼时印度尼西亚华侨师范学校大专具有培养文史地、数理化师资人才功能的称为“师专”；培养文化特殊需要的称为“印专”。

武斗的方式应对。1967 年 6 月 26 日，军人政权从各地调动约 3000 名的右派反华青年，在警察和宪兵的庇护下，以重兵压境的方式，浩浩荡荡向华人集聚地区开进。华侨占据有利地势，并以灵活的战斗方式进行围攻夹击，经过一整天的战斗，把这群乌合之众打得七零八落，以他们的失败撤退告终。两位华侨——翁俊喜和邱春鸿被流弹击中牺牲。这场战斗，灭了反动派的威风和嚣张的气焰，坚定了华侨坚定的斗争意志。

翌日，1967 年 6 月 27 日，反动当局恼羞成怒，命令军人向外南梦地区维护华侨正当权益的华侨青少年开枪扫射，杨国胜、吴光忠、陈昆山、林耀荣、陈乾成、王国荣、汤莲鲜、何焕新和傅敏等九人当场倒在血泊中壮烈牺牲，他们大的二十岁，小的只有十二岁，另有多人受伤。这一流血惨案，遭到世界舆论的齐声谴责，对反动派开枪扫射手无寸铁的青少年的行为表示声讨。反动派心虚了，命令华侨不得照惯例步行送葬，但同仇敌忾的华侨不顾反动派的恫吓，毅然决定用 9 辆卡车，每辆卡车安排 20 名身强力壮的青少年手持酒瓶护棺，准备战斗。棺车徐徐前行，途径当地军部时进行示威抗议，但没发生意外。当地居民都同情泪下，暗地里支持。这也证明，华侨维护正当权益的反迫害争生存斗争深得人心。得道多助，失道寡助。自此后，这道排华法令就名存实亡。

接着，苏哈托专制独裁政权，改变策略，软硬兼施，成立同化机构，令华人都要改名换姓，忘却祖先，但也以失败告终。到了 20 世纪 90 年代，由于一系列的暴行和腐败，政治和经济都面临危机，为挽救乱局，苏哈托专制独裁政权于 1998 年蓄意制造臭名昭著的雅加达“黑五月排华事件”，企图转移视线，挽救垂危的政权，但没有达到目的，反激起民恨。同年以大学生为主力的民主改革浪潮掀起，风起云涌，迫使苏哈托执掌印度尼西亚 32 年的军人专制独裁政权垮台。

当时华人为长期生存，绝大多数已入籍成为印度尼西亚公民。他们在民主改革浪潮中也起着推波助澜的作用。1999 年瓦希德长老，民望所归，当选总统，实施开明政策，解禁华文并废除一些不合理的排华条规，使华人获得平等自由的权利。

面对这难得的机遇，华人迅速行动起来，只争朝夕。2000 年 10 月 10 日，泗水《千岛日报》创刊发行。2001 年 4 月 2 日，符福金召集前泗水 7 所中学的骨干教师，成立“东爪哇华文教育统筹机构”，并当选主席。大家集思广益，分工合作，积极推动复兴断层了 32 年的华文教育和中华文化。接着，4 月底在泗水召开会议，对泗水、东爪哇、中爪哇和巴厘的教师和青年骨干代表进行动员工作。同年 5 月，以暨南大学为主力，由黄玲为总团长、马跃为团长的广东汉语专家莅临泗水进行师资培训，接着 8 月份又迎来了中国海外交流协会派来的南京师范大学的郭平硕士和徐正龙硕士，由东爪哇华文教育统筹机构安排到东印度尼西亚各城市进行为期一年的巡回培训，足迹遍及泗水、东爪哇、中爪哇、巴厘、苏拉威西和加里曼丹等 13 个城市。这一年内培训了约2000名教师，播下的华文教育薪火在东印度尼西亚燎原，掀起了学习华语的高潮。继之，各城镇都开设了华语补习班。

2003年5月2日至4日，东爪哇华文教育统筹机构召开全印度尼西亚华文教育研讨会，各地教师代表232人参会，氛围异常热烈。这次大会确定华文教育“立足本土，放眼世界”的大方向，并制定了系列的方针、政策，同时也做出了两项重要决定：①有条件的单位或地区可以设法开设以培养人才为目的的三语学校，从娃娃抓起；②抓紧时间，培养年青教师队伍，以防青黄不接，后继无人。这次大会，也促使印度尼西亚各省成立华文教育协调机构，纷纷开设补习班。

2003年，大会之后，东爪哇华文教育统筹机构派代表与福建海外交流协会和华侨大学签署合作协议，每年公费保送20名青年到华侨大学华文学院攻读四年教育专业本科，到2014年已派送了12批；部分毕业生走上了工作岗位。同年也与广东海外交流协会和广州幼儿师范签署合作协议，派遣30名年青教师进行一年的密集培训，培养幼儿园教师，接着再延伸到广东江门师范学校。也在这个时候，开始以“请进来和送出去”的方式进行各种类别的师资培训，培训内容包括语音、语法、词汇、教学法等，培训对象包括幼儿教师、校长等，以期提高教师素质。这项工作种类繁多，因为缺乏针对性和系统性，效果差强人意。

在2003年大会精神的鼓舞下，2004年东爪哇华文教育统筹机构首先选择泗水新中、中等城市茉芬和旅游城市巴厘创办了新中三语学校、茉华三语学校和文桥三语学校。这之后，2006年底在茉莉芬市召开交流总结会议，肯定了这是一条可行的途径，可以继续推广。会议还确定三语学校隶属印度尼西亚教育部国民教育体系，成为三语国民学校。2004年，在中爪哇三宝垄成立中爪哇华文教育协调机构之际，也随之成立全印度尼西亚华文教育机构联合秘书处。

2007年，东爪哇华文教育统筹机构改选第三届理事，符福金先生再次蝉联主席职务。在这期间，为适应工作的需要又组织了东爪哇华文教育统筹机构属下的东爪哇华文教师互助会和东印度尼西亚留华同学会，让更多的教师，特别是年青教师在各组织机构中得到锻炼提高，各尽所能，发挥作用。同年年中，东爪哇华文教育统筹机构与泗水智星大学、泗水亚迪渣沙基金会、中国重庆师范大学签署四年的工作协议，培养了两批约60名师范专业本科青年教师。同年，在雅加达华文教育先驱、印度尼西亚驻东南亚华文教学研讨会联合秘书处的印度尼西亚首席代表徐敬能老师的推荐下，东爪哇华文教育统筹机构主办第七届东南亚华文教学研讨会，会议于2007年12月4日至6日在泗水举行。这次盛大的国际性会议开得很成功，氛围异常热烈，收获巨大，影响深远。

在这之后，印度尼西亚全国各地的三语学校快速发展，从2004年的三所三语国民学校发展到100所左右。然而，师资匮乏的瓶颈问题依然突出，跟不上形势快速发展的需求。因此，解决教师欠缺问题成为当务之急。大家分头出动，到广东、福建和重庆四川各省（市）聘请教师应急解难，但应聘的教师任期短暂，轮番调换，应付不暇。接着，中国海外交流协会和中国国家汉办伸出援手，增派教师支教，暂时缓解了面临的困难。由于派来的教师逐年增加，人数众多，印度尼西亚政府开始设置了各种门槛加以限制，办理入境执教手续更加困难。为了根本解决这个问题，符先生曾提出一个计划：逐年增加派到中国留学的青年教师，等他们学成回国走向工作岗位，逐步实现教师本土化。

每位留学回来的年轻人，都有一股热情，有理想，有梦想，愿回国后投身华教事业。但回来工作后，现实的生活都使他们感到失望，感到没有前途而引退，无可奈何之下只好另寻出路。从事神圣的教育工作，没有得到社会的支持和重视，反而受到鄙视，从而丧失了作为教师的尊严和人生的价值观。这种情况谁也不愿发生。如果华人社会不能树立“重视教师基本生活待遇和教师人格尊严”的观念，那么华文教师本土化的理想就很难实现。

2010年，符先生因年事已高，主动辞退第四届东爪哇华文教育统筹机构的工作，让有志的青年骨干接班，继承和发展华教工作。2011年11月符先生应邀出席中国海外交流协会在西安主办的“第二届世界华文教育大会”。在这次大会上，符先生荣获国务院侨办颁发的“热心海外华文教育杰出人士奖”，2014年由中国驻泗水总领馆再次给符福金先生颁奖。

符先生从年轻时投身海外华文教育工作，历数十年，矢志不变，无怨无悔。现已届81岁高龄，仍心系华文教育，虽身退而不能休，竭尽所能，鞠躬尽瘁。

2. 江仙梅女士

江仙梅女士出生于1959年11月，现为蒙古国唯一的一所华侨学校——旅蒙华侨友谊学校校长。该校成立于1964年，是旅蒙华侨协会为满足当地华侨子女的教育需求建立的一所学校。江女士于1991年开始在旅蒙古国华侨协会任职，主管文教宣传工作，1997年任侨校副校长，1998年至今担任校长。

江校长上任之初，学校的状况不容乐观，学校在教学设施、师资、财政、外部办学环境等方面都存在着很多亟待解决的问题。面对制约侨校发展的各种问题，江校长想方设法，在使馆领导、国务院侨办及社会各界热心人士的帮助下，争取蒙古国当地和国内的各种资源和支持，为侨校的发展开辟了崭新的局面。

第一，在办学条件上，使侨校实现了大发展。

侨校创办初期，一直处于非常艰难的境地，20世纪八九十年代全校师生一直在缺少供暖设备的木头平房烧火炉坚持学习。1999 年，在江女士等人的竭力争取下，侨校获得了蒙古国政府的批地许可，在中国国务院侨办、中国驻蒙古国大使馆、香港浸信会联会以及当地华侨的热心帮助下，建成了建筑面积达 1440 平方米的两层教学楼，极大地改善了侨校的办学条件，实现了侨校办学条件的历史性大跨越。随着蒙古国汉语热的兴起，学校开始面向蒙古国招收当地学生，由于蒙古国华侨人口基数较少，目前蒙古国生源的学生占学校生源总数的 90% 左右。

第二，努力争取当地政府部门的支持，推动学校教育体制与蒙古国接轨，学校办学获得了国家的认可。

自担任校长以来，江校长与蒙古国教育主管部门多次沟通，向他们反复申明华侨学校的汉语教学对当地社会发展的作用和重要性，终于在 1999 年，侨校在蒙古国教育部进行了注册，实现了与蒙古国教育体制的接轨。2006 年以后的毕业生，能够领到由蒙古国教育部颁发的毕业证书，解决了学生的升学和就业问题，结束了侨校的非正规办学历史。

第三，建立了正规、稳定的师资队伍和完善的教师培训机制。

学校建立之初，汉语教师多由在该校毕业的中学生担任，教学质量很难保证。2004 年，在江校长的积极争取下，由香港浸信会联会资助，培养该校在职华侨教师 13 人，进入蒙古国恩赫奥其隆大学深造，获取了学士学位，提高了学校教师的教学水平，为学校的进一步发展奠定了基础。

为不断提高学校的教学水平，保障教学质量，江校长努力争取各种机会，努力探索建立完善的教师培训机制。学校教师获得了参加侨办、汉办等单位组织的教师培训机会。另外，她还会根据教师们的需求，组织各种培训和学习活动，以及时解决教学中面临的困难和问题。

第四，努力解决困扰学校发展的财务问题。

长期以来，侨校没有蒙古国政府教学基金的支持，一直只依靠收取学生的学费维持运转。除了要支付教职员工工资，学校的教学设备、教材等所有开支也都依靠这一收入，学校财政入不敷出。自担任校长后，江女士为学校争取到了蒙古国政府的认可和支持，获得了少量的蒙古国教学基金补贴，这对华侨学校在蒙古国的发展具有重要意义。另外，通过江女士的不懈努力，侨校得到了中国驻蒙古国大使馆、国务院侨办及各省侨办、侨联、内蒙古社会主义学院等部门和社会各界的大力支持，在教材和多媒体教学等方面获得了很大帮助。

第五，随着学校的不断发展，办学成绩不断提高，得到社会各界认可与支持。

在江校长的带领下，侨校获得了国内外的多项奖励，接到了多项活动邀请，为学校的长远发展创造了有利的环境。2009 年侨校被中国国务院侨办评为“华文教育示范学校"，每年都会获得一定的经费支持；侨校还得到了当地社会各界的认可，获得了很多成就和荣誉。在蒙古国每年举办的汉语奥林匹克等比赛和国际性的世界中学生"汉语桥"比赛中学校都取得了优良成绩。

江校长还积极为学生争取各种赴国内参观、学习的机会，探索与国内有条件的学校建立合作关系，为学生提供良好的汉语学习环境。选送学生赴中国国内张家口等地的学校学习，学生还有机会参加中国国务院侨办组织的"寻根之旅"夏令营、"中华文化大赛"优胜者夏令营等一些赴国内交流的机会，这对巩固语言学习成果、深入了解中国文化、加强学生对中国的认同具有很重要的意义。

在投身侨校的教学和管理之余，江校长还进行了汉语教材的编写工作，出版了《小学生初级对话汉语版》，并与侨校外语教师共同出版《蒙—汉—俄商业日常用语教材》，供侨校教学之用，缓解了侨校本土化汉语教材缺乏的问题。

江校长的付出和成绩也得到了蒙古国政府、使馆及国内领导的认可，获得了很多荣誉。先后获得中国国务院侨办颁发的"热心海外华文教育杰出人士奖"和"海外华文教师杰出贡献奖"、蒙古国总统首次亲笔签发的给予华侨的最高奖项——"北极星"荣誉勋章以及带有蒙古国徽的教育界最高奖项——教师功勋奖等20多项荣誉。

3. 李佩燕女士

李佩燕女士祖籍广东揭阳，出身知识分子家庭。1969年毕业于华南师范大学中文系，先后从事对外汉语和海外华文教育工作长达46年。到荷兰前李佩燕女士在中山医科大学汉语教研室和艺术教育教研室任教，担任《大学语文》以及留学生、博士研究生汉语课程，编写《大学语文》和留学生汉语教材。1993年开始旅居荷兰，创建鹿特丹青年语言文化学校，并担任校长，曾任荷兰《中文教材发展计划》主编。1999年与黄音先生合作创建丹华文化教育中心，任丹华文化教育中心校长。同时兼任荷兰中文教育协会高级顾问，欧洲暨南大学校友会名誉顾问，中国北京侨办海外交流协会理事、中国华侨国际文化交流促进会海外常务理事。2007年11月，李佩燕女士荣获中国国务院侨办颁发的"华文教育终身成就奖"。2011年丹华文化教育中心也被中国国侨办授予海外"华文教育示范学校"荣誉称号。

李佩燕女士和黄音先生创办了丹华文化教育中心，之后，李女士为其倾注了所有的精力和心血，使丹华学校仅在短短10年内发展为荷兰最大的中文学校。由于李女士在中国的中学、广州华侨补校、中山医科大学汉语教研室以及艺术教育教研室任教多年，因此积累了丰富的教学经验，并屡次获得广东省和广州市"优秀教师"称号。她同时也在各个工作岗位担任过负责人，无论是担任中学语文教研组负责人还是中山医科大学艺术教研室领导，她都竭尽全力，把工作做到最好。李女士曾表示："教育工作，是阳光底下一项最神圣的职业。我喜欢教书，因为教师需要不断学习，不断更新知识，如果有下辈子，我还是喜欢做老师。”

作为资深教育工作者，李女士在教学、教研和教改方面颇具慧眼和魄力，“唯有耕耘，才有收获；唯有不满，才有创新”是她的办学理念，在管理丹华学校期间，她一直在寻找海外华文教学的突破口，以期提高丹华的教学效率和质量。2006 年 7 月，中国侨联在荷兰召开欧洲中文教育研讨会，推介郭保华教授的快速识字法《中华字经》，担任大会秘书长的李女士凭着她敏锐的洞察力和判断力，认定《中华字经》是解决困扰海外华教多年的中文识字教学问题的法宝。为打开丹华老师的眼界和思路，李女士不但动员全部老师参加这场研讨活动，更在不久之后做出了一个重大决定——组织全校老师赴京取经。2007 年 6 月，在中国侨联的鼎力支持和精心安排下，丹华教师访问团飞抵北京接受郭保华教授的密集式培训。9 月，丹华全面推出《中华字经》教学，教师队伍士气高涨，教学气象陡然一新。此后，她还多次组织丹华教师访华、访台并参加教师培训。这些活动不但开阔了老师们的视野，也加深了他们之间的了解和友谊。

除重大活动外，中心的日常管理也让李女士劳心劳力，每周给数十名老师发邮件安排教学是她固定工作之一。在不断往来的邮件中，布置教学任务、沟通思想、教师疑问，处理突发事件，甚至连老师生活中碰到了什么难处，她都认真倾听并尽量帮助解决，因此花费了大量的时间和精力。尽管工作琐碎繁忙，但她乐在其中，这完全基于她那乐观豁达、乐于助人的本性。认真、努力、细致的工作态度加上她的亲和力，是丹华教师队伍稳定、团结的重要因素，也是丹华得以成功的重要因素。

如果说，对工作的热情让李女士赢得了老师们的尊敬，对生活的热情，则让她赢得了老师们的爱戴。精力充沛的李女士热爱工作，更热爱生活。她生性开朗，喜欢跳舞；她喜欢把自己打扮得整整齐齐，因为她知道身为人师应当时刻注意自己出现在学生面前的形象；她热爱摄影，中心专栏《桃李园》的照片大多出自她之手；她热爱自然，开垦了一片也叫“桃李园”的菜地；她喜欢接受新事物，电脑、微信样样能上手。人格上的魅力，吸引了不同年龄层的老师围绕在她身旁，齐心协力把丹华建设成一所像家一样的中文学校，并荣获“海外华文教育示范学校”荣誉称号。

在李女士领导和指导下，丹华学校取得了一系列突出的成就：

（1）编写系列汉语教材

1999 年，随着 21 世纪的到来，中国国力不断增强，学习汉语在国际上也逐渐形成热潮。荷兰有一大批已经接受过几年小学粤语和繁体字教学的华裔青年，迫切希望学习普通话，进修初中语文并补充中国历史、地理常识，不过却苦于没有适合进修学习的学校和适合海外青少年的初中教材。丹华文化教育中心正是在这种情况下应运而生。中心的首要任务是编写一系列中学教材，当时校长李女士刚刚完成荷兰“中文教材发展计划”六年小学语文的编写修订任务，她立即趁热打铁，在丹华组织教材编写小组，成员包括黄锦鸿老师、潘慧英老师和马岭梅老师。这是一群对中华文化知根识源的教师，他们在黄音主任的支持下，在众多名誉主席捐款赞助下，凭着对中华文化、中文教育的热爱，对海外青少年实际汉语水平的了解，利用业余时间开始了不计得失、夜以继日、一丝不苟的编写工作，仅仅花了两年多的时间，便完成了《中国语文》三册、《中国历史文化故事》三册、《中国地理旅游》两册和《学说普通话》两册的编写任务。这些教材不仅提供给本学校的学生使用，同时也提供给荷兰以及欧洲其他中文学校使用。其中《学说普通话》课本深受学生们和读者的欢迎，在汉语热的热潮中多次再版。这批中学教材在丹华初中部和普通话成人班以及欧洲一些中文学校的教学中一直发挥着重要的作用。由于学习了这套教材，5 年时间内丹华有几百名初中毕业生都掌握了丰富的文化知识，毕业离校后走向社会。在当时的海外华文学校中，能像丹华这样编写一系列初中教材的学校凤毛麟角。

（2）教学评估活动影响深远

为提高海外华文教学质量，丹华开展了教学评估活动。教学评估活动不仅激励了教师们对华文教育的热爱，还以高质量的教学赢得海外家长们的信任。在丹华连续两年举办的教学评估活动中，老师们为学生营造和谐、融洽的学习气氛，让学生保持饱满的学习情绪，创造出各种生动活泼、富有成效的教学法。丹华教师们还通过共同观摩教学、共同诊断教学疑难问题的方式，相互取经、交流和学习，有效地提高了学校教师整体的教学水平。辛勤耕耘之后往往是硕果累累，事实已经证明教学评估活动不仅为丹华日后成功地采用新的教学理念做好了铺垫，还引起了海外很多中文学校领导的关注和重视，《人民日报（海外版）》多次刊登该校评估活动的简报，在海外华文教学中起到了积极的影响。

（3）《中华字经》的教学与探究

2006 年中国侨联欧洲中文教育研讨会的召开，让丹华遇到了郭保华教授的《中华字经》。经过 2007 年赴北京的培训，丹华终于把《中华字经》迎进校门。“加快识字，提前阅读”新理念正式向海外华文教育的“少、慢、差、费”宣战，在这场战斗中，丹华老师们一起面对难题，一起探究解决的方法，还有一些家长也不断以孩子们的进步鼓励老师们大胆创新。丹华抱定“振兴华文教育，为海外的华裔子孙造福”的宗旨，一方面坚定《中华字经》的教学，一方面根据海外中文教育的一些实际情况，增加了《等级汉字》的教学，更仔细地规划了丹华学校各层次的教学方略。

《中华字经》的教学法已经深入丹华的教学，对于提高丹华教学质量起了不可估量的作用。目前，丹华已经完成《中华字经》教学的探究阶段，仍旧坚持“加快识字，提前阅读”的新理念，一整套成熟的教学方略已经形成。

（4）坚持15年编辑教育专栏《桃李园》

丹华文化教育中心从2000年开始，在荷兰华人报纸“华侨新天地”中创办了欧洲第一个推动华文教育的专栏《桃李园》。《桃李园》设有“华文教育通讯”“语文教坛”“教师园地”“丹华教学巡视”“丹华家长来信”“学生作业选登”“语文博览”“读者来信”等栏目，深受荷兰教育界人士、教师、学生和学生家长的欢迎。《桃李园》一路跋涉，一路歌，现在已经刊登近190期。桃李园专栏不仅越来越受荷兰华文教育工作者的欢迎，而且有很多优秀文章在《人民日报（海外版）》《学中文》刊登并作过专门评论，例如：《中文学校搬迁记》《说说我们的高级语文班》《首次教学观摩呈新景》《悠悠寸草心，报得三春晖》《情动于中，亦形于体》等。丹华学校的网站（www. danhua. nl）在宣传海外华文教育中也一直发挥着积极的作用。

（5）丹华HSK汉语水平考试成绩优异

丹华是第一个参加荷兰HSK汉语水平考试的学校，从2005年到2013年，丹华学校参加HSK考试并获得各级证书的学生共计725名。丹华文化教育中心被莱顿孔子学院评为“HSK考试优秀组织单位”。

（6）参加荷兰普通话演讲比赛成绩斐然

荷兰中文教育协会每两年都举办一次全荷普通话演讲比赛，丹华学校每次都积极参加。在第三、四、五届的普通话演讲比赛中，丹华学校的成绩斐然，几乎所有奖项都独占鳌头。

（7）十多年坚持组织学生参加世界作文大赛

丹华文化教育中心坚持组织学生参加世界华人学生作文大赛已有十多年了。每一次参赛，李女士和老师们都会进行劳心劳力地准备工作，所以丹华每次参赛都取得骄人的成绩，而且丹华文化教育中心每年都荣获世界华人学生作文大赛组委会颁发的组织奖。

（8）成功开办荷兰中文学校最高班——高级语文班

丹华的另一创举——开办丹华的最高班，从某种意义上说，这是荷兰所有中文学校中头一个高中班。无论是从选择教材到授课的方式方法，该班获得校内外的一致好评。中国驻荷兰大使馆陈旭大使也对丹华高级语文班的教学给予了较高的评价。丹华高级语文班是丹华文化教育中心不断创新、不断进步的又一例证。

李佩燕女士具有强烈的华文教育责任感，不管前进的路上还会碰到多少困难，她将继续求索，继续前行。

4. 李雪梅女士

李雪梅女士祖籍河北，1958年3月出生于辽宁，现为意大利帕多瓦中意国际学校校长。帕多瓦中意国际学校是海外华人在欧洲创建的第一所由所在国教育部批准的、纳入当地教育体制的全日制双语寄宿学校。

李雪梅女士毕业于辽宁师范学院中文系，后又在意大利帕多瓦大学比较文学专业攻读硕士研究生，最后在湖北大学取得了文化专门史博士学位。出国之前，她先后在中专和大学任教，扎实的专业功底和丰富的教学经验，为她日后在华文教育领域闯出一片天地奠定了基础。1992 年李雪梅女士带着女儿到意大利与正在攻读博士学位的丈夫团聚，1995 年她被威尼斯大学翻译系聘用，教授汉语语言和文化。

李雪梅女士与华文教育的结缘起于帮助自己的女儿和几个朋友的孩子学习汉语，当时她以广博的知识和生动有趣的讲课，赢得了学生们的喜爱和家长们的认可。当她的名声传播开来，上门求学的孩子越来越多时，2001 年在家长的支持和帮助下，她创办了意大利金龙学校。创校之初举步维艰，没有固定的校舍，李雪梅女士就四处奔跑找校舍；没有教材，她就自己编写教材；没有老师，夫妻俩就一个人教一个班。

意大利的华文教育起步较晚，而李雪梅女士在此行业具有前瞻性的眼光。她常说，“华文教育如果只是单纯教孩子们识几个汉字或者说几句汉语是不够的，一定要让孩子们学习、认同并热爱中国文化。”为了实现这个目标，在金龙学校建校初始，她就以“高标准、严要求”的原则治校，注重专业化水平的提升，不仅开设各类文化课程，而且严格培训教师队伍，为日后学校的成功转型打下了良好的基础。十多年来，金龙学校在李雪梅女士的带领下，取得了一系列辉煌的教学成果。其中，金龙学校在各类“华裔青少年作文比赛”中屡获殊荣，并在汉语水平考试（HSK）中连续三年获得了意大利北部地区前 20 名的佳绩。金龙学校逐渐发展成为威尼托大区最大的华校，有 6 所分校、500 多名学生，当地媒体多次予以报道，称为意大利东北部最大的语言培训基地。2011 年金龙学校被中国国务院侨办授予“海外华文教育示范学校”，李雪梅女士也被授予“海外华文优秀教师”。

华文教育是一项留根工程，为了加强海外华裔青少年对传统文化的认同感，李雪梅女士从 2002 年起每年都组织学生参加“中国寻根之旅”夏令营活动，并亲自带队，连续几年创下了百人团的纪录，至今夏令营活动已经成为金龙学校的品牌项目。2007 年她组织金龙学校的师生在帕多瓦市中心广场举办了大型春节文艺会演，观看演出的市民有几千人。当时帕多瓦市长如此评价道：“没想到这样一所中文学校，让帕多瓦市民都动了起来。”此后每年的春节和外国移民文化节，都有金龙学校的参与。李雪梅女士积极参加当地社会的各种文化交流活动，促成多所中国大学（辽宁大学、广州大学、湖北大学、东南大学、沈阳音乐学院）和意大利大学（威尼斯大学、帕多瓦大学、莫德纳大学、的里雅斯特大学、维琴察音乐学院和帕多瓦音乐学院）的交流项目。2008 年她参加了帕多瓦大学的华人移民研究项目，撰写了《意大利华人移民文化研究》一书和《第一个到意大利创业的中国女人》的论文。为了传播中国文化，她经常举办各类形式的中国文化讲座，在当地产生了很大的影响。在海外孔子学院蓬勃兴起之际，李雪梅女士于2009年参与筹建了帕多瓦大学孔子学院，并积极支持丈夫王福生博士出任帕多瓦大学孔子学院意方校长。帕多瓦教育局长贝内代提（Benedetti）女士称赞道："李雪梅女士不仅帮助华侨子弟更好地融入当地社会，而且还为促进中意文化交流做出了突出的贡献。"

在办学取得辉煌成就的同时，李雪梅女士的一系列学术专著也陆续问世。她在2004年出版了一套系列教材《你好中国》（共五本），至今仍被意大利许多高校采用；2011年由浙江出版集团和意大利威尼斯出版社联合出版了一本中国政府对外宣传的书籍《认识中国》(意大利文版)，2013年推出了葡萄牙文版，这本书还将翻译成更多的语言，以便让在海外生长的华裔子女能更好地学习和了解中国文化。在这本书前言里，李雪梅女士写道："本书谨献给生活在海外的华裔子女。"这是一本赠书，李雪梅女士未收取任何稿费，并自费购买该书赠送给华裔学生和意大利友人。最近外研社又出版了她的一本新作《速成汉语》。此外，她还发表了不少专业论文，可说是著述颇丰。她不仅在威尼斯大学担任了翻译系教授，而且在Trieste（的里雅斯特）大学、帕多瓦大学任兼职教授，她还是暨南大学汉语国际教育专业学位研究生教育指导委员会委员和广州大学硕士研究生境外导师。

多年来，在李雪梅女士的心头萦绕着这样一个梦想：那就是办一所正规化、标准化、专业化的国际学校，让生活在海外的孩子们受到最好的教育，培养出一批优秀的华人子女。这正是她办学的初衷。在全世界"汉语热"的大背景下，在华文教育领域取得了骄人成绩的李雪梅女士，经过长时间的酝酿，通过坚持不懈的努力，联合了一批海内外有识之士，在金龙学校的基础上创建了中意国际学校，从而开创了欧洲教育史上的先河。

做一件"前无古人"的事情过程往往相当艰难，光是为学校找场地，李雪梅女士就动员了各种社会力量花了三年时间才找到。之后从装修校舍到开学，每一个细节她都仔细考虑，并亲力亲为。为了全身心地投入到学校的建设和管理当中，她辞去了已经工作了十九年的威尼斯大学的职位，毅然拒绝了大学的挽留和劝告，放弃了再坚持工作两年就可以领到退休金的机会。学校建成后她以校为家，多次向学校捐献图书和各种教学用具，她全天候地守在学校，事无巨细处理各种大小事宜。

李雪梅女士推崇"大爱"，早在2008年汶川地震发生后，她就在金龙学校带头捐款。中意国际学校成立以后，她又数次组织学生参加义演去帮助生病的儿童。她认为"没有爱就没有教育"，同时她又提倡"美"的教育。她为小学生编写了《学生守则歌》，让学生用唱歌的形式来体会文明礼貌的美好；又为中学生编写了《修身指南》，并开设行为引导课和礼仪课程，从行为、生活和学习习惯上入手进行培养，关注他们的心理健康。

在第三届世界华文教育大会上，李雪梅女士对现今的“华文教育”做出了新的释义，即“华文教育包括一切对华侨华人进行的中国语言文化教育，也包括所有的对外国人进行的中国语言文化教育”。她在“正规化、标准化、专业化”的基础上又提出了华文教育应走“本土化、产业化”的道路，她还喊出了“培养世界公民”的口号，意在提升华人的整体素质，融入当地社会。意大利多家媒体和新华社驻意记者对她进行了专访，其中意大利的一家妇女杂志评价说“她从事着世界上最美、最伟大的事业，她来到意大利教授最美、最古老的语言，向华人的孩子和意大利人传授中国语言文化。”而她却说：“我很平凡，没有做出什么惊天动地的事情。”

经过近两学年的运作，中意国际学校取得了骄人的成绩，意大利国家电视台和各种媒体都对中意国际学校进行了专题报道。2014 年中国国务院侨办谭天星副主任在视察中国国际学校时肯定了它的创新模式并给予了很高的评价。他说：“这种新的模式是海外华文教育发展的趋势所在。中意国际学校走在了前面，开了个好头，值得其它海外华校学习和借鉴。”李雪梅女士正以稳健的步伐行进在华文教育的前沿。

5. 李祖清先生

李祖清先生 1956 年出生于缅甸曼德勒，祖籍云南腾冲。1974 年高中毕业后就读曼德勒大学物理系，1979 年获曼德勒大学物理学士学位，1983 年获物理硕士学位。大学毕业后开办“通”电子电脑培训班至今。1973 年福庆学校创办后任汉语教师。1997 年任副教务主任，2003 年任副校长，2007 年任校长之职。2005 年得到总领馆与云南省侨办的推荐，就读于华中师范大学语言学与应用语言学博士在职研究生班，2010 年 6 月，博士毕业论文《缅甸华人汉语教学现状研究》经答辩委员会审核，获武汉华中师范大学颁发“文学博士”学位。2004 年创办“福地旅游有限公司”，任董事长至今。2015 年于缅甸创办“胞波资讯网”，注册公司并出任董事长。

李祖清先生的社会职务有：中国海外交流协会海外委员、中华全国归国华侨联合会海外委员、中国华侨国际文化交流促进会常务理事、东南亚华文教学研讨会缅甸首席代表、缅甸曼德勒福庆学校孔子课堂理事长、缅甸曼德勒福庆学校校长、缅甸曼德勒云南同乡会副理事长、缅甸“福地”旅游贸易有限公司董事长、曼德勒缅中友好协会副主席、“胞波资讯网”董事长等。

20 世纪 90 年代初，福庆学校创校之际，在选择办学方针时，李先生提出以周恩来总理当年对海外华人的定位“面向当地”“胸怀祖国”“放眼世界”为学校办学方针；福庆学校开办孔子课堂时提出新的方向——“人人学汉语”“轻松学习”“成就未来”；之后又提出——“（教师）本土化”“（教材）国际化”“（教学法）现代化”的新型口号；在博士毕业论文《缅甸华人汉语教学现状研究》当中，李先生总结了缅甸华文教育方方面面的情况，提出华文教育只有与第二语言的汉语教学相结合，方能在海外落地生根，长期生存，实现可持续性发展；2013 年福庆学校与云南大学共同组织成立“缅中语言文化研究中心”后，作为研究中心负责人，负责开展以下研究课题：《入缅投资指南》《金与玉——缅人与华人》《缅甸文化概论》《缅甸媒体生态》，所有课题研究都致力于搜集第一手资料，为巩固发展中缅友好关系做贡献；2010 年开始，李先生将福庆学校的高学历教师资源派往曼德勒以外的缅北其他地区开展教学点的工作；2014 年，李先生再次将汉语教学影响力扩展至缅甸寺庙学校，寺庙汉语教学点的开办，不仅是一创举，同时有助于促进缅中两国民间友好关系；2014 年底，李先生参加中国国侨办于北京举办的“第三届世界华文教育大会”，在学习裘主任的报告后，根据大会精神，领悟到华校的功能不仅是“留根工程”“希望工程”，更应该成为“民生工程”，因此决定往职业教学方向发展，为缅甸社会培养人力资源、人才资源，造福社会；为了让中国人了解缅甸，缅甸人了解中国，特建立“胞波资讯网”平台。

李先生所有的努力均为了两个目标：开展教育与促进两国关系。

福庆学校办学至今，得到国务院侨办、国家汉办的大力支持。在度过了“成长期”之后，李先生将学校未来发展定位为“回报期”，即回报社会，回报祖籍国。福庆拥有一批高学历、高素质的本土教师，目前已培养出 4 名博士、25 名硕士，另有 4 名在读博士、10 余名华侨大学华文教育的在读硕士。福庆学校的教师实现了 100% 的本土化，还将本土教师外派至 30 个教学点，这是福庆学校与其他华校最大的不同之处；李先生十分重视学生的出路问题，特提出“成就未来、民生工程”等实用目标，学校专门成立“人力资源处”，为社会各界寻找或培养懂双语甚至多语（中、缅、英）的人才资源。除正常汉语班外，还开设实用汉语班，针对中石油、珠宝加工、宾馆、中文导游等行业培养汉语人才，这是福庆学校的另一个优势；其次，李先生参与成立缅北华教促进会，其秘书处设于福庆学校，该促进会凝聚了缅北 200 余所华校，学生总人数近十万。在李先生的领导下，福庆学校为华校间的沟通联系发挥积极作用，成为缅北华校的一面旗帜；福庆学校还组织成立“研究中心”、“胞波资讯网”等，在为缅甸社会起到积极领头作用的同时，还为促进两国之间民间友好关系添砖加瓦，做出了贡献。

李先生除负责福庆学校的管理统筹决策等工作，还兼任曼德勒云南同乡会副理事长、云华师范学院副董事长之职。云南同乡会是缅北最大的华人社团，在华人当中起“老大哥”领头羊作用，为族群的福利事业以及缅中友好事业贡献良多。除此，李先生还任曼德勒省缅中友好协会副主席职务，友协的成立十分及时，是缅中两国的民间交往的重要桥梁。缅中友协（主席盛文昂，原驻北京缅甸大使）与中缅友好协会（主席耿志远，中国著名领导人耿飚之子）均属于民间组织，双方携手合作，成为中缅两国民间友好关系的重要动力。李先生身为友协成员，利用对中华文化与缅甸文化的熟悉了解之优势，为两国友好关系做出了积极贡献。

6. 梁培炽先生

梁培炽，出生于广东开平。在武汉华中师范大学毕业后，原打算取道香港赴美国纽约大学深造，后因故未能成行，滞留香江。随后在香港大学和香港珠海大学师从名史学家罗香林教授，对中国谱牒学、岭南文化及香港与中西文化之交流等方面进行深入研究，成绩优异，卓有成就，深获罗教授之赏识与器重，为其得意门生。1976 年携眷由港赴美，在旧金山州立大学授课。

梁先生好学善思，讲学务实，勤于著述。曾任香港大学研究员、九龙华仁书院、香港商科语言学院等著名院校教席，并出任过香港育英中学校长，可谓桃李满门，著述甚丰。著有《香港大学所藏木鱼书叙录与研究》《南音与粤讴之研究》《梁氏所藏所见木鱼书叙目》《广东人学习“国语”教程》《花笺记会校会评本》《榕荫论稿》等专著；又编有《华校文采》《华文学校常用字正音字表》等专书刊行。1991 年获中国台湾海外华文学术著作优异奖，1997 年为广州市文化局主办之《南国红豆》第一期封面人物，该刊还配以《美籍华人学者——梁培炽教授》的长篇介绍。梁先生尤独步于粤调说唱文学研究，其研究成果可以补中国文学史上之未备。欧美汉学家们评其著述为“先锋之作”。梁先生对《花笺记》的研究尤为精深；他从事《花笺记》在国际所藏版本的收集与研究，为这一部失传了很久的名著整理做了很多细致而艰苦的工作。最后，于 1998 年在暨南大学出版其《花笺记会校会评本》，填补了《花笺记》在中国国内版本失传、研究薄弱等缺陷，不但对岭南文学的提升有极大意义，还为学术界提供了目前唯一完整的版本，并对中国古籍的整理做出了贡献，《人民日报》也加以评介和推赞。其所著的《南音与粤讴之研究》在 1998 年出版后，又于 2012 年 4 月被广东人民出版社收入《岭南文库》丛书再次出版。故广东佛山市博物馆学术研究丛书，在其出版的《广东木鱼说唱史研究》书中特以专章评论谓：“他在研究启蒙意义上的三本著作，奠定了梁氏在岭南音乐文学上不可逾越的地位。”且“具有学术上的界碑意义”。

梁先生从事华文教育与研究数十年。他自 20 世纪 80 年代初，开始兼任旧金山金巴仑华人教会主办的金巴仑华文中学副校长，全面主持校务与教务。长期以来的从业与研究，不为名，也不为利，在华人社区中积极宣传华教，推动华教。梁先生持守着有所为和有所不为的学者风范，默默耕耘，全心奉献，贡献良多，影响颇大。为成长中的一带华裔倾心地付出，对他们抱着殷切的期待；他以满腔的热情，投身在华文教育中，并在这些方面累积了很多经验，深有感悟和研究。他在不同的学术研讨会上，常应邀发表过不少华教卓见。他先后发表过《美国华文教育的新理念》《美国华文教育的深层思考》《旧金山华文教育现状与发展刍议》《教学繁体汉字还是简化汉字?》《教学汉语拼音还是注音符号?》《两岸华文课本的比较研究》以及《华语正名说》等研究成果。他指出当今的美国华文学校，已不是传统的侨民学校。“华校”脱胎于“侨校”，它的教学对象也不是传统的中国侨民，而是真正的美国华人。要发展“华教”必须要走出“侨教”胡同。华文教育也不是仅仅对祖籍国语言的学习或对祖籍国语言的习得，而更重要的是中华文化的教育。因此，他指出华文教是对华裔进行族裔的语言文化教育，是“根”的教育。华校在对华裔青少年进行华文华语教学的同时，进行着中华文化的教育，也即是族裔文化的熏陶。因为只有把民族文化和民族优良传统的内涵融入华文华语的教学，才能培养出具有族裔文化传统及其气质的华裔美国人，而不是仅仅会说华语会写华文的美国华人。这关系到海外炎黄子孙与祖国的联系及其民族的凝聚力。他指出华人文化的内涵是中华优秀的传统文化和它在美国的异化。要坚守华文教育发展航向，勿迷失在“汉语热”中。他提出华语要正名，华校教的是华文，说的是华语。华校教材也要慢慢地本土化，并于90年代初，多方倡导进行华文教育学的学科建设，作为发展华文教育的指导。有关华文教育的一些根本问题，梁先生都有深刻和详细的论述与主张，并且躬行实践。

早在20世纪80年代，他认为要使华校永续发展，必须要融入美国教育主流中去，此乃发展华文教育的必由之路。但要融入首先就要争取学区认可。自1990年开始，在旧金山州立大学的同人支持和帮助下，积极地投入筹划、设计和争取学区认可的工作；1992年与同人再联合旧金山各华文学校的校长，组成“旧金山华文学校联合会”，共同努力。1993年5月11日，旧金山教育委员会终于全票通过：承认包括华文学校在内的各私立学校的外语教育。学区认可，结束了长期以来华校在华埠一隅，处于花开花谢不关春的状态；这对华裔的成长，对发展华文教育与华人族裔文化有着重大意义。

梁先生的言论和倡导，极获时誉，中国大陆和台、港、澳，以及美国，不论是平面纸版媒体还是电子传媒等，都先后发表长篇推介。他对两岸华教、两岸华文字体进行过不少的比较研究，在实际课堂教学中，都竭力提倡简化汉字教学，努力推广汉语拼音方案。前年他更应旧金山州立大学的请求，将历年有关华文教育的讲稿整理，编成《美国华文教育论丛》专书，于2014年4月由北京中国华侨出版社出版。该社高福庆社长坦言：“希望通过此书对中国国内从事相关的学者，以及政策的制定者产生一定影响，帮助推广海外华文教育。”同时，“我们并没有把这本书当成一般的教学经验之谈，从某种意义上讲，我认为这是一本文化著作。”

梁先生在华教诸方面都付出了多方的努力，做出了很大的贡献。因此，梁先生在1999年8月获中国国务院侨办授予的“海外优秀华文教师”称号；2001年6月又获旧金山市长布朗（Willie Lewis Brown，Jr. Mayor）颁与嘉奖状，表彰他对华文教育的新思维与对社区多元文化的贡献。2007年8月中国台湾侨委会在旧金山向他授予“30年侨教金质荣誉奖章”，2011年11月在西安举行的“第二届世界华文教育大会”上，再获中国国侨办颁予“华文教育终身成就奖”。2013年8月，基于他对华文教育与学术研究的贡献，加州政府参议院（State of California，Senate Resolution）也颁予他“终身成就奖”。他还被香港珠海大学誉为世界杰出校友，屡加表彰。

梁先生现任旧金山州立大学兼职教授、旧金山金巴仑中学副校长，是世界汉语教学学会终身会员、广州市粤剧粤曲学会名誉会长、广州市民间文艺家协会名誉主席。

7. 罗宗正先生

罗宗正先生，祖籍广东省丰顺县，1935年7月28日生于泰国曼谷；1946年至1948年在泰国南洋中学小学部学习；1950年至1955年3月先后在机械厂当学徒工、在碾米厂做会计；1955年至1957年在北京市男三中学习，每年都被评为三好学生；1957年至1960年在北京中国人民大学附属中学念高中，当了三年学生会副主席；1959年被选为“北京市优秀学生代表”参加在上海市举行的全国侨联扩大会议（唯一的北京市中学代表）；1960年至1965年在北京钢铁学院学习（现改为北京科技大学）；1965年毕业时，响应党和政府号召，主动要求到边疆工作，被分配在内蒙古自治区工作。回泰国后，从事有色金属贸易，并陆续建立三个冶炼厂，即泰矿源有限公司的锑锭冶炼厂、泰中有色金属国际有限公司的铅锑合金厂、新月实业有限公司的三氧化二锑粉厂，目前在泰国是名副其实的“有色金属大王”。

罗先生年少时只身返回祖国，支援新中国建设，而后返回泰国白手起家、打造出有色金属王国，事业成功之后又积极回馈社会、热心社会公益事业及泰国华文教育推广工作。目前除了担任泰国泰中有色金属国际有限公司董事长和泰国泰矿源有限公司董事长之外，罗先生还担任众多社会职务，包括泰国华文教师公会主席、泰国东盟加六国贸易促进会主席、泰华通讯记者协会主席、泰国留学中国大学校友总会永远名誉主席、世界罗氏宗亲总会荣誉会长、中国华侨大学永远荣誉校董、泰国中华总商会常务中文副秘书长等。在各个社团，罗先生都尽心尽力发挥力量，尤其是在泰国华文教师公会这个平台上，他可谓殚精竭虑、事事亲为，大力组织各项活动，努力推动华教的海外推广。

为了解各华校的办学情况，增进公会与各华校之间的友谊，作为泰国华文教师公会主席，罗宗正先生组织理事团亲赴泰国北部、东北部、西部、东部、南部、中部及首都曼谷进行慰问访问，资助兴建教学楼，他们的足迹几乎遍及全泰国所有华校，并与这些学校建立长久联系。截至目前，泰国华文教师公会有中文教师永久会员近千人，密切联系的华校有 128 所。

为充实华文教师队伍，提高泰国华文教师的教学水平，泰国华文教师公会主席罗宗正先生积极地选派教师赴中国各高校参加培训研习活动，包括华侨大学、辽宁大学、山东青岛大学、海南师范大学、广西华侨学校、暨南大学和天津大学等，累计近千名老师参加过中国语言文化培训。他还在曼谷、呵叻等地举办免费的暑假“华文教师培训班”。从 2000 年至今，在曼谷已经举办了 14 期，呵叻府举办了 4 期，接受培训的华文教师近千人。

为提高泰国华文教师学历水平，泰国华文教师公会主席罗宗正先生联系华侨大学举办假期学历班，利用泰国暑假和凉假，由华侨大学直接派专家学者到泰国面对面授课，学习三个学年，毕业后由华侨大学颁发本科学位证书。

为提高学生学习汉语的兴趣，泰国华文教师公会主席罗宗正先生联系中国华侨大学华文学院及泰国当地的学校合作举办中华文化大乐园活动（夏令营、冬令营）。自 2004 年至今已持续十年，由最开始的首都曼谷已经扩展到泰南的普吉府、素叻他尼府，东北部的孔敬府和素攀府，东部的芭提雅市以及曼谷周边各府。以 2014 年为例，在曼谷、普及府、素林府、素叻府四个地方共开办了 5 个中华文化大乐园班，参加学生人数逾 400 人。

为培养泰国本土汉语教师储备人才，泰国华文教师公会主席罗宗正先生每年向中国华侨大学、暨南大学选送数十名奖学金留学生，累计约 500 名留学生在读或已经毕业，还与华侨大学联合创办“泰国政府官员班”，每年有近百名泰国政府各部门官员赴华学习。

为鼓励华文教师长期服务华文教育推广事业，泰国华文教师公会主席罗宗正先生于 2014 年首创“全泰在职华文教师奖励金”项目，带头出资 100 万泰铢，颁发奖励金给全泰国的汉语教师们。在这个项目中，15 年至 20 年教龄的老师每人获得奖励 6000 泰铢，20 年至 30 年教龄的老师每人获得奖励 8000 泰铢，30 年教龄以上的老师每人获得奖励 10000 泰铢，共计 179 位老师获得奖励，总共 1508000 泰铢奖金。

在罗先生的带领下，泰国华文教师公会脚踏实地地开展了丰富多彩而有意义的活动，对泰国华文教育事业做出了辉煌的贡献，对中华文化的传播起到了巨大的作用，得到泰华社会各界人士的广泛赞扬和中国政府的肯定。泰国的华文老师们都说：泰国华文教师公会是所有泰国华文教师温馨的家！罗宗正博士是泰国华文教师可敬可爱的大家长！

在泰华社会，罗先生是公认的爱国侨领、成功的企业家、知名的慈善家和广受尊重的泰国华文教育界元老。近几年来，罗先生更是获得中国多位领导的接见和多个部门的嘉奖，受邀参加过 2009 年 4 月 10 日温家宝总理在泰国芭提雅接见泰国华侨华人代表、2009 年 10 月 23 日温家宝总理在泰国华欣接见泰国华侨华人代表、2010 年 11 月 11 日吴邦国委员长在泰国中华总商会大厦接见泰华各界知名人士、2011 年 12 月 23 日习近平副主席在泰国中华总商会大厦接见泰华各界知名人士、2013 年 10 月 12 日李克强总理在泰国中华总商会接见泰华各界知名人士、2014 年 6 月 6 日习近平主席在人民大会堂接见华侨华人代表、2014 年 12 月 19 日李克强总理在泰国接见华侨华人代表等外交活动，并与诸位国家领导人合影留念。

2011 年 10 月在西安举办的"第二届世界华文教育大会"，罗宗正先生荣获中国国务院侨办颁发的"海外热心华教杰出人士奖"。

8. 王超群先生

王超群先生祖籍中国福建永春，1942 年生于马来西亚马六甲州，是马来西亚土生土长的华人。王先生现为马来西亚华校教师会总会（教总）主席，是当前马来西亚华教运动重要的领导人。与此同时，王先生也担任其他多个文教组织和社团的重要职位，包括顾问、正副主席、董事等职位，他身兼多职，长期投入推动华文教育和中华文化发展的工作，贡献良多。

王先生的父亲是华文小学校长，在父亲的耳濡目染下，他从小就立志要为华文教育服务。中学毕业后，王先生就进入师范学院就读，并在 1963 年担任华文小学教师，开始了教学生涯。因为表现杰出，王先生在 1969 年，就被擢升为校长，而当时他才不过是 27 岁的年轻小伙子。直至 1997 年，因为到了马来西亚公务员 55 岁退休的法定年龄，王校长才从教学岗位退下，他一共在华文小学服务了 34 年，为马来西亚华文教育的发展贡献了巨大的力量。

王先生在担任校长期间，克尽厥职，积极发展校务，尤其是在担任森美兰州芙蓉中华小学校长的 19 年间（1978～1997 年），积极提升学校的硬件建设，加强软件设备，致力为教师和学生打造更好的校园环境。与此同时，王先生也在教学上做出努力，强调五育平衡发展，并通过多种方式改善学生的学习风气，培养了许多优秀的学生。在王先生的领导下，芙蓉中华小学在各方面都有优越的表现，不但学生人数激增了 500 多人，更是成为数一数二的名校，家长竞相替孩子报读。

王先生于 1994 年被推选出任马来西亚华校教师会总会（教总）主席，从此肩负起带领华校教师乃至华人社会捍卫和争取华文教育平等权益的重任。虽然王先生于

1997年从校长的岗位退下，但继续被推选为教总主席，直到今天，已经领导了教总21年。王先生虽然已年届73岁的古稀之年，应该是含饴弄孙，安享晚年的时候，但他仍继续站在捍卫和发展华文教育的最前线，劳碌奔波，为争取华文教育的平等地位而持续奋战。王先生为了华教而鞠躬尽瘁、牺牲小我的精神，为大家所敬仰。

马来西亚的华文教育虽然是海外华文教育发展得最为完善和最具规模的国家，但这一切并不是理所当然的，因为华文教育在政府当局带有歧视性的教育政策下，并没有获得公平待遇，反而一直遭受种种限制和打压。马来西亚的华文教育能够在逆境中持续发展，并形成今天的规模，全靠马来西亚华人社会长期的坚持和争取，是无数华人华侨做出牺牲，辛苦得来的成果。

在国家教育政策的限制下，争取华文教育的任务不但非常艰辛，而且还会遭到当局采取行动加以压制，特别是对于教总领导人来说，更是如履薄冰，面对莫大的风险。教总领导人一般都是华文小学校长，且都是政府公务员，因此随时都可能会被政府压制。王先生身为教总主席，更是首当其冲。事实上，早在20世纪50年代至90年代期间，教总多位领导人都遭到政府压制，包括被剥夺公民权，甚至被关进监牢。王先生担任教总主席期间，也同样面临种种恐吓，并被有关方面恫言要加以压制，等等，但王先生并没有因此而退缩，依然坚持到底，据理力争。

在王先生出任教总主席这21年间，出现了许多不利华文教育发展的法令和措施，华文教育一再被边缘化。但在王先生的领导下，教总始终站稳立场，不亢不卑，沉稳应战。这些年来，教总除了延续一贯捍卫华教的使命，针对各项不合理的教育措施发出不平之鸣，据理力争之外，更是加强资料收集和调查研究的工作，以掌握最新的华教发展概况和全面的数据与信息。因为在和政府当局交涉或是争取时，必须要有充分的资讯作为依据，摆事实，讲道理，才能够达到更好的成效。在这方面，教总可说是做出了非常重要的贡献。

由于没有获得政府的认真处理和公平对待，全国约1300所华文小学数十年来都面对师资严重短缺的问题，对学生的学习和学校的运作造成负面影响。教总在王先生的领导下，积极展开多项工作，设法解决师资不足的问题，特别是长期收集相关的数据和掌握实际的情况，以向教育部据理力争，针对种种师资问题要求与教育部进行对话及讨论，以寻求对策。并及时纠正教育部的种种偏差，逐步改善华文小学师资不足的问题。经过教总这些年来的坚持和努力，取得了一定的成果，华文小学老师缺口已经从4000多人减少到目前约1000人，并希望能够在短期内全面解决有关问题。

与此同时，教总也非常关注华文小学教育本质的问题，致力于强化华文小学软实力的发展。王先生始终认为，华文小学的教育品质才是决定华文小学盛衰的关键，若要鼓励家长继续把孩子送到华文小学受教育，那就必须提供优质的教育。因此，近年来，教总一再为提升华文小学的教育素质而努力，包括长期安排各项海内外教师在职培训课程及教育考察观摩活动，借以开拓教师的视野、提升教师的专业能力；针对教学课题进行研讨，借以改善华文小学的教学成效；关注全球教育改革趋势，促使华文小学与时俱进；以及通过主办相关的研讨会、讲座及出版等渠道，来推广正确的教育理念，全面促进华文小学的发展，提升其竞争力。今天，华文小学得以蓬勃发展，是马来西亚华社深感欣慰和骄傲的，而教总正是这份成就背后的重要推手。

除了华文小学，王先生也积极投入推动华文高等教育发展的工作。王先生在1994年担任教总主席后，就开始参与董总和教总申办新纪元学院的工作。经过多次的争取，新纪元学院终于在1997年获准开办，将华文教育从原有只局限于小学和中学的阶段，向上伸展到高等教育的阶段，开启了马来西亚华文教育新的里程碑。

王先生从1963年开始执教，到1997年退休后继续参与推广华文教育的工作，到今天已进入了第52年。在这半个世纪的岁月里，王先生除了对所在学校的发展不遗余力地付出，对捍卫和发展马来西亚华文教育更是做出了不懈的努力。特别是作为教总的领导人，每每面对当局种种不利华教发展的举措，王先生更是身先士卒，以大无畏的精神，带领大家力争华教的权益，谋求华校的稳健成长。

王先生在文教事业上的无私付出，华人社会有目共睹，并获得马来西亚最高元首和森美兰州最高统治者颁赐多项勋章，包括了PJK（高功勋章）；PMC（辉煌社会勋章）；PPN（国家建设勋章）及AMN（建国有功人士勋章），以表扬他对国家社会的贡献。此外，王先生也获得中国海外交流协会颁发的“海外华文教师终身成就奖”及“海外杰出华教人士奖”，以表彰他为马来西亚华文教育发展所做出的贡献。与此同时，王先生还被中国海外交流协会委任为常务理事，并担任福建省、云南省、安徽省和北京市海外交流协会的顾问或理事等职位，推动了马中两国在文化教育方面的交流与合作。

“士不可以不弘毅，任重而道远”，这是王先生一路走来所坚持的信念。王先生强调：作为知识分子，特别是教育工作者，对华文教育和中华文化必须执着坚守，并加以弘扬与传承，这是他理所当然、义不容辞的使命。王超群先生的付出和努力，正是因为对华文教育的执着和热爱，他希望在全体华社的共同努力下，马来西亚华文教育最终能够获得平等的地位，这也是王先生最大的心愿！

9. 颜长城先生

颜长城先生身为菲律宾华文教育研究中心主席，从事华文教育工作已长达45年，是菲律宾华文教育界的元老。

颜先生祖籍中国福建省石狮市，1943年出生于菲律宾马尼拉。自幼聪颖好学，在颜氏一族良好家风及其父母的影响下，他熟读《颜氏家训》《弟子规》等诸多蕴涵丰富文化内涵的作品，内心沉淀深藏着对中华文化的情感，为他今后投身菲律宾华文教育事业奠定了厚实的理论基础。

1970年，颜先生大学毕业后应聘到侨中学院任教，由于教学有方、爱生如子，迅速升任该校副校长，又于1989年升任校长，直到2008年才卸任。1991年，与同道创建菲律宾华教中心并兼任主席至今。

国学大师王国维认为人生有三重境界。颜先生对于菲律宾华文教育事业的探索、研究、改革、创新、奉献，亦如同这三种境界般，经历了三个阶段。

第一阶段：面对颓势心忧急。1973年4月，菲律宾总统马科斯发布第176号法令，正式“菲化”全国侨校。“菲化”以后，全菲华校的华语教学日渐式微，一落千丈，导致二十年来一直处于苟延残喘的状态。

面对江河日下的华文教育，颜先生看在眼里，急在心头。“没有华教，就没有华社”，是菲华社会几乎每一个人都明白的道理，也是大家的共识。颜先生不仅联合关心华教的各阶层人士不断发出了改革华文教育的呼声；同时在各大华文报刊等媒体举行专题讨论，邀请有识之士，从不同的角度发表对华文教育的看法和见解。颜先生于1990年撰写了《大刀阔斧，统一筹划——浅谈菲律宾华文教育的几个问题》一文，荣获中国国侨办华文教育论文一等奖。

第二阶段：创设中心图革新。华文教育是华侨华人的民族之“根”。如何把“根”永久留住，并且使之不再腐朽，重新焕发生机？颜先生在多年的深思熟虑之后，终于找到了一条可行的道路。

1991年5月，在诸多热心华文教育仁人志士的资助下，颜先生与沈文、黄端铭等人组建菲律宾华教中心，以侨中学院为试验院校，正式拉开了菲律宾华文教育改革的帷幕。

颜先生一直主张菲律宾的华文教育必须转轨，华校应以培养具有中华文化素质的菲律宾人为目标，合理设置课程；华语教学应走第二语言教学的新路子，他主张重编教材，改革课堂教学。华教中心成立后，颜先生把以上这些理论逐渐落到实处。1991年，他邀请中国北京语言学院吕必松先生到马尼拉传授华文教育的理论，第一次引进了第二语言教学的理论。20世纪90年代初，在侨中学院董事长庄长泰资助下，编写出版了《菲律宾华语课本》系列教材，填补了菲律宾华校新时期华文教育教材的空白，被誉为“菲律宾华文教育的里程碑”。

针对本国华语教师队伍短缺和教师非专业化问题，华教中心启动了“221”工程，即两个计划“输血计划”（聘请中国国侨办外派教师）和“造血计划”（培养本土教师）工程，两个方案（督导方案和专业化方案），一个行动（华校新生行动）。

颜先生还积极联合东南亚各国华教工作者，努力推动华语教学改革。在他的主持下，1999 年和 2009 年，华教中心成功举办了第三届和第八届“东南亚华文教育研讨会”。

“千淘万漉虽辛苦，吹尽狂沙始到金。”可以说是颜先生的真实写照。在他的领导下，华教中心于 2011 年获得“中国国侨办华文教育示范单位”荣誉称号。

第三阶段：稳步发展新常态。经历过大风大浪之人，看上去都有一种“荣辱不惊，胜似闲庭信步”的泰然自若。如今，颜先生已年届耄耋之年，身体大不如前，但是华教中心的大小会议，华社、宗族、校友会等的活动，只要有空，事必躬亲。他除担任华教中心主席一职外，还主持每年纪念“宿务无名氏（引叔）”施维鹏校长教师奖的甄选工作；应邀担任“李国箴许美真伉俪基金会”董事长，主持颁发华校奖助学金；1999 年获选为世界汉语教学会理事，并于 2002 年获选连任；1999 年石狮纪念建市十周年出版《石狮百人》被选录国内外百名各行各业有突出贡献的石狮人之一；2003 年 12 月获中国教育部颁予“中国语言文化友谊奖”。在巨大的荣誉和光环面前，颜先生从来不会有任何的沾沾自喜。他说：“成绩说明过去，未来仍需开拓。他表示，华教中心目前进入稳步发展状态，得益于华社诸多热心人士的支持、赞助、关怀，华教中心所做的，唯有加倍努力，加强自身软硬件建设，以强大的祖国为依托，联合菲律宾华文教育界人士，方能使博大精深的中华文化在菲律宾枝繁叶茂，结出丰硕的果实。”颜先生对华文教育的矢志不渝和文化情结可见一斑！

颜家有兄弟二人，名长城、长江，同为菲律宾华文教育界杰出人士，因此，有诗赞曰：颜氏一门有荣光，传道授业渊流长。众志成城兴华教，千岛之国美名扬。

10. 周开雰女士

周开雰现任全德中文学校联合总会会长、德国汉华中文学校校长；曾任上海市科学育儿基地咨询委员会委员、上海社会科学院社会学所儿童社会化研究人员，是中国儿童社会心理学家、中国儿童文学作家，著有儿童中篇小说《金虹》《月月进步》等书，在中国国内多家知名儿童刊物和家庭教育杂志上连续刊载和发表了几十篇童话、短篇小说以及有关科学育儿的文章，并连年获奖。20 世纪 80 年代末移居德国后，以传承海外华文教育为己任，倾心振兴祖国优秀传统文化，不惜舍弃艰难创办且日渐辉煌、利润丰厚的私家企业，全身心倾注华文教育，义务办学，不计报酬。在艰苦的环境和条件下自强不息，注重自身的素质提高，先后获得蒙台梭利教育学硕士学位和暨南大学华文教育学士学位，于 2009 年编写出版两套“幼儿快速识字”教科书，在欧洲华文教育领域被众多师生家长们誉为最受欢迎、最具实效的海外华文幼儿识字书之一。

周开雰女士生于上海一个普通知识分子家庭，毕业于华东理工大学。受一生勤奋执教并著书立业的父亲言传身教，其从小立志成为一名优秀教师。20 世纪 70 年代还是孩童时，她就经常把弄堂里的小弟弟妹妹们召集在一起，教他们唱歌跳舞，用自己积攒的零花钱给大家买糖吃；中学毕业插队农村，她又组织村里的娃娃和大人们，利用农闲，教他们识字写字，甚至用辛苦挣得的工分钱给大家买笔和本子，帮他们"扫盲"；80 年代末移居德国，抵德后的头件事，就是把周边五六个中国留学生的孩子和自己的女儿召集在一起，一周两次义务教学，从汉语拼音到认读写字，孜孜不倦地教诲，倾力倾情地无私奉献，只为胸中那一颗弘扬华夏璀璨文明、承传祖籍国优秀语言的拳拳之心。

1993 年秋，定居汉堡的周开雰女士经过锲而不舍的努力，终于在汉堡市中心的一个基督教会的地下室里开创了汉堡第一个大陆华人子弟的中文学习班，即汉华中文学校的前身。就这样，从一位老师、一块黑板，三四个学生开始，经过二十多年的发展，学校拥有了自己的校舍，师生 300 多人，成为欧洲最大的中文学校之一。学校不仅开设中文班，还开设了中国历史班、经典诵读班、书法班、绘画班、民族舞蹈班、古筝班、乒乓球班等，共 50 多个班级。除此之外，学校还设有专门的影视室、家长休闲室、活动室和体育馆。环境优美、设备齐全的校园不仅是孩子们孜孜不倦学习祖国文化的园地，而且还成为汉堡华人文化、体育、娱乐的活动中心。

学校创建初期举步维艰，缺钱少物，周开雰女士身体力行为学校捐钱捐物；为了让该校学生的中文成绩被当地教育部认可，周开雰女士放弃自家公司总经理的职务和赚钱的机会，无报酬地专职投入汉华中文学校的工作，家中电话日夜 24 小时为师生家长们待机。她任劳任怨，淡泊名利，其带领的汉华学校始终敢为人先，与时俱进。用汉堡华人们的话说，汉华就像周校长的第三个孩子，倾注了她多年的汗水和心血。

旅德二十余载，周开雰女士把绝大部分时间和精力放在了海外中文教育这一事业上。在德国从事华文教育工作的多年经验使她深深地体会到，师资的匮乏、陈旧的教法严重制约了欧洲华文教育的可持续性发展，大多数学校的领导和教师未受过系统专业训练，缺乏教育学、心理学方面的培训，也缺乏对教学方法的研究，以致影响了教学质量和效果。鉴于此，她所创办的汉华中文学校自创建伊始，就着力构建一支具有高水准、高素质、精专业、强有力的本土教师队伍。她主动与中国国内知名学府暨南大学华文教育学院有关领导联系，积极洽谈师资远程教学。2009 年，经中国教育部门批准，汉华中文学校成为暨南大学在德国唯一的华文教育专业（远程教育）教学点。2010 年 9 月，暨南大学欧洲首届华文教育专业本科培训班在学校正式开学，2013 年 7 月，暨南大学欧洲首届华文教育本科专业毕业典礼在广州举行，19 位喜获学士学位殊荣的学员中，12 位为汉华一线任职教师。至此，汉华教师队伍实现了教育专业学位全覆盖。

伴随着近年来在海外出现的中文学习热潮，幼儿学习中文低龄化的倾向日渐凸显，周开雰女士根据幼儿的认知规律和心理特点，凭着多年的教学经验和素材的积累，用了整整3年的时间，全心投入，夜以继日，解囊出资，自编了两套为海外幼儿学习中文量身定做的启蒙教材《幼儿快速识字》。该教材特点鲜明，开创性地提出了幼儿学习中文应“宜早、宜多、宜乐”的三大原则，使4—5岁的幼儿在一年内识记近千汉字，并且很快进入阅读阶段，有效地提高了孩子们学习中文的兴趣。很多幼儿把这套教材视作“玩具”，睡前醒后都要“玩看”一会儿，识字效果之佳使身在异国他乡的华裔家长们纷纷笑称自己的孩子成了小“神童”。读完该教材的六岁孩童可以直接进入中国国内九年制义务教学的一年级《语文》下册的学习。如今，这套《幼儿快速识字》教材已被汉堡以外的欧洲很多城市的中文学校所采用，都称收效甚佳。

周开雰女士非常重视因人因材施教，根据生源的不同群体，学校3/5的学生使用中国国内九年制统编《语文》教材，2/5的学生使用暨南大学编写的《中文》教材，其教学质量在北德地区众口皆碑。学校学生在历年的HSK考试中、在国侨办组办的“华人少年作文比赛”中均取得优异成绩。

周开雰女士身为海外游子始终不忘祖国，经常在校开展爱国主义教育。汶川地震发生后，组织师生捐款赈灾，并在学校举行为死难者默哀活动。为了让更多的华裔学生感知和感受优秀的祖国传统文化，她每年组织并亲自带领学生回国参加“海外华裔青少年寻根之旅”；2012年，与北京侨办共同在汉堡举办“中华文化大乐园”。同时，她不忘中德两国之间文化交流的重要性，带领学校积极参加汉堡政府每两年举办一次的“中国时代”活动：与德国孩子同台演出《小鸟的婚礼》；将上海京剧院的《王子复仇记》搬到德国舞台上，将汉堡儿童剧《小莫扎特》带到中国；学校还和汉堡文化局出面邀请天津青少年活动中心艺术团到汉堡参加2008年的“中国时代”开幕式。

2009年9月学校荣获“暨南大学华文学院实验学校”称号，2011年10月荣获中国国务院侨办授予的“华文教育示范学校”。为表彰周开雰女士在海外华教领域所做出的卓越贡献，2007年中国国务院侨办向她颁发“海外华文教师优秀奖”；2011年10月她再次荣获中国国务院侨办颁发的“海外华文教师贡献奖”和“海外华文教育杰出人士奖”。

第六部分

台湾地区华文教育

台湾地区每年对于海外华文教育均予以大量人力、物力、财力上的支持和资助，在推动海外华文教育方面成就斐然。台湾地区的海外华文教育工作，具有起步早、坚持久、应变快的特点。多年来，台湾地区对海外华文教育工作一直予以充分地重视，根据时代、海外环境、华侨华人生存的需要、华侨社会发展的需要来调整工作内容和工作重点。这些调整不仅适应了海外的要求，还积极推进了海外华文教育工作。固然，台湾地区海外华文教育的推广和大陆地区有着诸多冲突与问题，但就华文教育本身而言，其目的不仅是弘扬中华文化于海外，而且是增进华侨华人对中华文化的认同，使华文教育在海外生根。

一　台湾地区重要的华文教育机构及组织

在台湾地区“当局”的推动下，台湾地区建立了一批华语文教学及学术研究机构。较为重要的主要有：

1. 台湾师范大学中国语言文化中心

该机构成立于1956年，是成立较早的机构之一，被视为台湾地区华语文教学的起步。最初执教的教师均是来自不同国家的兼职教师，培养出的第一批学员只有12人，由于当时大陆华文教育还未起步，国内没有相应教材利用，因此初期教材采用的是美国出版社出版的华文书籍。1984 年，受台湾地区“教育行政当局”委托，该语言文化中心开始举办华语师资培训班，并成功举办了两期。

2. 中华语文研习所（TLI）

中华语文研习所（Taipei Language Institute，TLI）1956 年成立于美国新泽西州，原名“基督教语文学院”，同年 9 月于台北建校，教学对象以赴台传教士为主，希望透过华语学习，使在台传教士能快速融入台湾地区生活。1958 年更名为“台北语文学院”，是世界上第一所华语教会学校。1959 年，TLI 与美国国务院签署了长达 20 年的代训合约，负责培训美国在台外交官、美军顾问团的华语能力。1976 年，该校改名为“中华语文研习所”，保留 TLI 的英文名称。自 1996 年开始，TLI 开始向外扩展，相继在北京、上海、东京、多伦多、香港、纽约、旧金山、新德里等地成立分校，其服务对象遍及全世界中高层专业人士，包括各国使馆、一流跨国企业的高阶主管等。TLI 不只专注于语言教学，更不时举办中华民俗技艺才艺大赛及活动展演，让生活文化不同的外籍人士，可以深入体验中华文化，通过语言这个媒介工具，使中华文化得以在全世界推广。

3. 美国各大学中国语文联合研习所

美国各大学中国语文联合研习所，是依附于美国的研究教育机构，由美国 10 所知名大学各派代表组成，1963 年成立于台湾地区，经费由美国和台湾地区的教育部门以及 10 所美国大学共同提供。美国斯坦福大学与台湾大学分别负责行政管理和校舍提供。

4. 中原大学人文教育学院应用华语文学系

中原大学人文教育学院应用华语文学系成立于 21 世纪初期，是台湾地区第一个硕博士兼收的学系，是台湾地区第一个开设“全球华语文教学”学科的教学机构。它的设立使台湾地区的华语文学科走上了专业发展的道路，为系统地培养华语文教师奠定了基础。

5. 成功大学文学院华语中心

成功大学基于国际文化交流的需要，于 1982 年秋季成立了语言实验中心中文组，后更名为华语中心，其总部位于成功大学校园内的修齐大楼，通过在视听、计算机、网络等现代化设备方面的配套建设与支持，目前该中心已经成为台湾地区非常重要的华语文教学机构。

在台湾地区的华语文教育中，华语文教学不仅在高等院校开展，学术社团和基金会组织也担负着重要的角色，发挥着重要作用。台湾地区重要的华文教育组织有：

1. 世界华语文教育学会

世界华语文教育学会成立于 1972 年 11 月 11 日，发起人均是海内外在华语文教学领域获得丰硕成果的著名华文教育学者，现任理事长是中原大学校长张光正。该学会与大陆高校进行长期合作，定期访问，在学术交流和教材编撰上都获得了海内外华文教育专家学者的肯定。

2. “国语”日报社语文中心

“国语”日报社语文中心是“国语”日报社于 1973 年因应外籍人士学习华语的需求成立的，迄今外籍学生超过 15 万人次，与台湾师范大学“国语”中心、中华语文研习所并称台湾地区“三大华语中心”。中心采取“直接教学法”和“注音符号”教学，以自编教材为主，以搭配目前台湾各语言中心使用的华语教材为辅进行教学，设有每个月开班的“常态班”、三个月一期的“密集班”、寒暑期“华语营队”、为需要矫正发音的学生而设的“正音班”和培育优秀华语教师的“华语师资班”。

3. 蒋经国国际学术交流基金会

蒋经国国际学术交流基金会于 1989 年创立，由民间和台湾地区“官方”共同集资，属于半官方的组织机构。基金会由决策、行政与学术三部分组成，董事会为最高决策单位。基金会不仅积极推动华语文教育在国际上的发展，而且积极推广“汉学”和中华语言文化。基金会宗旨为“以严谨的学术立场，奖励支持世界各国学术机构与学者对中华文化之研究，并促进学术机构进行交流合作”。

4. 台湾华语文产业推动联盟

台湾地区华语文产业的推广，长期以来是数字学习与典藏产业推动计划中的重点发展方向，为华语文产业推广凝聚各界力量。为壮大产业规模，2006 年 4 月 14 日，“台湾华语文产业推动联盟”正式成立，财团法人为中文数字化技术推广基金会，现任董事长由台湾地区的大同公司董事长林蔚山担任。近年来，联盟主要承接中文信息应用的服务，如“中文码标准之维护及推广”项目以及“异体字字典字集属性数据补充及字形制作”项目等。另外，联盟工作还涉及全字库网站、汉字库网站维护、举办汉字文化节活动等项目，也举办过“古汉字数字编码暨现代化应用研讨会”和

“两岸四地中文数字合作论坛”等活动，对于中文文化的应用与推广不遗余力。

5. 全球华文网

为顺应数字时代来临，提供海外人性化、具有亲和力的华语文数字学习环境，以及多元、丰富的华语文数字学习资源，自 2007 年起，台湾地区“侨务委员会”以“全球华文网络教育中心”经过多年规划，建立“全球华文网”。该网站是融合了“教学资源”“师资社群”“云端学校”及“台湾地区优良数字产品”等四大功能的华语文教学专业网站，凭借教材数字化及网络的便利性，让华语文的教与学不再受时间及空间限制，给海外华语文教师、华裔子弟提供了一个崭新的数字学习平台。网站提供丰富的华语文数字课程与教材，例如教案、学习单、数字游戏题组、文化辅助教材、教学法演示影片、电子书及行动学习教材等，同时设有资源共享平台，作为教学资源创作与分享之地。

二　2014年台湾地区开展的华教活动

1. 阿根廷侨联会第21届会员大会在布宜诺斯艾利斯举行

2014年1月1日，为团结侨民，凝聚向心力，阿根廷台湾“侨民联合会”举行了第21届侨联会会员大会。大会报告中指出，2013年侨联会举办的各项活动开展得非常顺利，感谢阿根廷侨校，还有各社团的鼎力支持。阿根廷五所学校的中文教育，也都有长足的进步，尤其新兴、华兴与爱育三所学校，在推广信息化方面的教学更是不遗余力，缩短了学生之间学习华语文的差距。“台湾驻阿根廷代表处”侨务组长张永刚报告了2014年的侨务工作成果。

2. 马来西亚吉隆坡台湾学校举行“台湾文化美食园游会”活动

2014年1月1日，吉隆坡台湾学校校方与台湾商会联合总会共同举办“台湾文化美食园游会”活动。活动邀请“台湾驻马来西亚代表”罗由中，吉隆坡台校董事长丁重诚，马来西亚台商总会长江文洲，名誉总会长洪荣民等贵宾参加。罗由中在致辞中表示，特别感谢吉隆坡台湾学校长期栽培台裔子弟，使得华语文教育在海外发扬光大。活动包括台湾文化美食园游会、美术展览、台湾小吃展、指甲彩绘等。

3. 泰国泰北地区举行2013年华语文能力测验

2014年1月4日，“台湾华语文测验推动工作委员会”在泰北地区举行2013年度华语文能力测试。台湾教育部门代表简任一等到场指导并监督考试情况。这已经是泰北清莱地区第六年举办华语文能力测试，清莱和清迈地区数十所华校总共385位学生应试，并分成进阶、高阶和流利三级测验。清莱华校教师联谊会会长颜协清、副会长王有仁和范云华等华校校长到场视察学生考试情况。

4. 第六届世界华语文教学研究生论坛在台中教育大学举办

2014 年 1 月 18 日至 25 日，为了华语文相关研究的蓬勃发展，拓展研究的深度与广度，提升研究生华语文研究的学术能量，增进学术及文化的交流，第六届世界华语文教学研究生论坛在台中教育大学举办，有来自中国大陆、中国台湾、中国香港、日本、马来西亚、韩国、新加坡 34 所大学 250 位博硕士研究生参加论坛，共计发表论文 99 篇。

本届研究生论坛以“国别化及数字化之华语文教学研究”为主题，分别围绕华语文语言本体研究、华语文教学研究、华语文教学科技研究、华语文能力检测与师资培训等相关议题展开讨论。

5. 阿根廷华兴中文学校“暑期中文密集加强班及民俗技艺指导班”开班

2014 年 1 月 29 日至 2 月 16 日，为让阿根廷外省或是一些没有中文学校的邻近国家学生有机会提升中文水平，阿根廷布宜诺斯艾利斯华兴中文学校特别开办“暑期中文密集加强班及民俗技艺指导班”。来自智利、巴西、乌拉圭及秘鲁 4 个邻近国家及阿根廷布宜诺斯艾利斯以外共 10 个省份约 130 多位台侨子弟报名学习。此次课程分为低年级、中年级和高年级三个阶段，以传授中文为主，包括注音字母、词语和语法；才艺方面有歌唱、绘画、古筝等选修课程。

华兴中文学校校长陈惠敏亲临指导，希望 20 天的文化教学内容可以提升学生们的华语文能力，也进一步认识中华传统民俗。“台湾驻阿根廷代表处”张永刚先生每周都会莅临学习班现场，代表“侨委会”关心学生们的学习情况，并希望身在海外的华侨学子可以通过侨教与家乡连接，让中华传统文化在海外开枝散叶。

6. 泰国清莱美斯乐兴华中学举行挥毫写春联活动

2014 年 2 月 7 日，在泰华文教服务中心赞助、指导下，以“全侨一家、万里同心、除旧迎新、龙腾泰北”为主题，美斯乐兴华中学举办了挥毫写春联活动。兴华中学校长杨成孝以及清莱华校教师联谊会会长颜协清，分别在开幕活动中致辞。主办单位代表与现场来宾每人挥毫写下“迎甲午，马到成功”的春联，为新春开笔祈福。

颜协清会长在活动中将泰华文教服务中心赞助的 1000 美元转交给连续五届举办新春挥毫活动的兴华中学，台湾地区书法家林家成为广大师生和民众带来一场精彩的专题讲座。

7. 菲律宾菲华文教中心联合灵惠学院推广函授教育

2014 年 3 月 7 日，“中华函授学校推广招生说明会”在菲律宾基督教灵惠学院举办。招生说明会吸引当地8所侨校近200位师生踊跃参加。菲华文教中心副主任曾琇钰，灵惠学院院长陈宏涛、副院长林芳惠出席活动。校方还安排曾经研修过中华函授学校课程的师生上台和与会者分享学习心得。

在招生说明会上，菲华文教中心主任胡念平向师生们讲授了中华函授学校的缘起、授课内容、报名方式以及本年度所招收的学科方向。广大师生比较关注的学科有：华文教师、文史艺术、华语文应用、农工、商业与管理、家庭与儿童、餐饮、中小学进修以及计算机信息等。

中华函授学校前身为侨民教育函授学校，主要招收海外从事或有志献身侨民教育的人员，发展至今除了课程内容有所调整外，设定目标也扩大到侨社各界。

8. “台湾侨委会”副委员长吕元荣率团访问印度尼西亚山口洋

2014年3月7日，“台湾侨委会”副委员长吕元荣率团赴印度尼西亚山口洋访问。据统计，山口洋约有35000名女性嫁到台湾地区（尤以桃园县杨梅市为多）。访问团希望此行能够促进台湾地区和山口洋的交流，推动山口洋的侨教工作顺利开展。

访问团一行首先抵达新光明印华学校参访。创立于2001年的新光明印华学校现有282位学生和13位老师，采用繁体字教学。吕元荣仔细听取了该校计算机信息室和老师宿舍的建设计划。访问团成员侨务顾问吕世典和部分台商慷慨解囊，捐献资金助力学校改善办学和住宿条件。

访问团一行随后到达慕迪达中学，参加由庄敬高职举办的印度尼西亚学生赴台升读建教合作专班（注：建教合作是台湾地区结合学校教育与工作岗位实施的一种教育模式。）说明会的活动。该说明会吸引了百余位学生前来聆听，山口洋副议长黄振能、“台湾驻印度尼西亚副代表”叶非比出席活动并发表讲话，鼓励学生通过各种管道赴台升学。

9. 台湾地区华文教材送抵清迈云南会馆

2014年3月19日，“台湾侨委会”2014年度教材送抵清迈云南会馆。这些教材共有1272箱，用于支持侨校教育。

“台湾侨委会”不仅对侨校软硬件设施进行赞助，而且还选派了台湾教师到泰北进行辅导，为振兴华语文教育提供了很大帮助。为了让教科书内容更符合当地侨情，“台湾侨委会”在2009年特别为泰北地区编撰了“华文（泰北版）新编教材”，并在2010年选派教师团队到泰北做新版教材巡回讲座，指导当地侨校教师如何使用教材。经过几年的使用，该套教材获得了泰北地区老师和学生们的认同。

10. 中华函授学校2014学年在美国华盛顿地区开始招生

2014年3月22日，“华府侨教中心”举办中华函授学校招生说明会，鼓励华盛顿地区侨胞踊跃报名。侨委会中华函授学校长期在海外传播中华文化，开展华语文及技职教育，为侨胞提供了终身学习的机会。“侨教中心主任”刘绥珍首先为大家介绍函授课程设置。2014年中华函授学校共开设9门学科，除了原有的华文教师科、华语文应用科、文史艺术科、农工科、商业及管理科、家庭与儿童科、餐饮科、计算机信息科、中小学进修科等课程以外，还新增了第二语言、书法、教学评量设计、青少年发展、民间故事选读、电子电路学等课程，共计99种课程供侨胞选读。2014年中华函授学校再次与空中大学合作，扩大对侨胞服务的范围，再增加计算机信息科的网络课程随选随上服务。

中华函授学校课程由“侨委会”免费提供，不分学科，每人同时最多可以报名参加四种函授课程。侨教中心也邀请曾参加过函授网络课程的3位学员，分别从课程内容、作业缴交、学习评量方式等方面分享学习心得和经验。

11. 日本大阪中华学校举行2013学年度毕业典礼

2014年3月26日，大阪中华学校举行中学部第64届，小学部第67届以及幼稚班第47届的毕业典礼。62位毕业生在庄严隆重的气氛中依序走进会场。驻大阪办事处处长蔡明耀，大阪府日华友好交流协会会长川合通夫等贵宾应邀到达现场观礼。校长陈雪霞致辞勉励毕业生要继续学习华语文。蔡明耀处长以及家长会会长彭文妃致辞感谢大阪中华学校对于学生们的用心栽培，并向毕业生们表示祝贺。成绩优良的毕业生在毕业典礼上获得了大阪府知事奖，处长奖等。蔡明耀处长赠送全体毕业生图书礼券，作为毕业贺礼。

12. “台湾侨委会”副委员长陈玉梅接待赴台毕业旅行的大阪中华学校师生

2014年4月25日，在陈雪霞校长的带领下，大阪中华学校中学部毕业生赴台开展4天3夜的毕业旅行。在返回日本之前，“侨委会副委员长”陈玉梅热情接待了这12位大阪中华学校毕业生。陈玉梅表示，“侨委会”将持续给予日本华侨教育大力协助，并感谢中华学校团队对于华语教学的投入以及对繁体字的推动。大阪中华学校校长陈雪霞对“侨委会”的帮扶支持表示了感谢。

13. 美国华盛顿地区举行汉字文化节系列活动“中文演讲比赛”

2014年5月6日，华盛顿地区汉字文化节系列活动“中文演讲比赛”在华府侨教中心举行。来自华盛顿地区的 14 所中文学校将近 60 位学生报名参加，比赛共分为小学组、初中组以及高中组。主办方华盛顿地区中文学校联谊会邀请多位专业评审，在现场给予学生们实质的建议。“侨教中心主任”刘绥珍也到场为参赛的小学生加油打气，并表示举办此类文化活动最主要的目的是传扬中华文化，推广繁体字。

华盛顿地区中文学校联谊会总干事管士彦表示，这场校际演讲比赛除了能够提供学校彼此观摩交流的机会以外，更有助于提升学生的汉语口头表达能力，感谢“侨委会”对于海外中文学校教育始终如一的支持。

14. “2014 年泰国华文教师研习会”结业仪式在台北举行

2014 年 5 月 7 日，历经 19 天的“2014 年泰国华文教师研习会”顺利结束并举行结业仪式。由于华语文渐渐成为世界潮流，学习华文的人数与日俱增，“台湾侨委会”相当重视各个侨居地的华语文教学，并且为了增进教师们的教学，每年都会定期举办华文教师研习会。2014 年泰国华文教师研习会的课程内容丰富多元，不但针对活用教材、教学设计等主题进行讲解，还安排参访北投文化“国小”与师大附中“国中”部，安排赴宜兰传艺中心进行文化洗礼。“台湾侨委会主任秘书”张良民对教师们在华语文教育方面的努力表示了敬意，期待教师们将丰富的收获带回侨居地，分享给当地的教师和学生。

15. “2014 开创华语文教育与侨民教育之新视野国际学术研讨会”在中原大学举办

“2014 开创华语文教育与侨民教育之新视野国际学术研讨会”于 2014 年 5 月 9 日在台湾中原大学举行。研讨会以“开创华语文教育与侨民教育之新视野以迎接全球华语文热之来临”为主题，旨在邀集从事华语文教育与侨民教育之产官学专家学者集思广益，促成华语文教育与侨民教育的携手合作，共同为开创华语文教育与侨民教育的新局面而努力。

16. 巴拿马“中巴文化中心”董事会访问团赴台参访

2014 年 5 月 21 日，巴拿马“中巴文化中心”董事长陈中强一行到台湾地区参访。参访团专程拜访了“台湾侨委会”，还赴教育主管部门进行双向交流讨论，并且访问了多个华语教学中心。

已成立 34 年的巴拿马文化中心是中美洲地区最重要的繁体字教学机构，协助推展侨务工作，宣扬中华文化。其附属的中山学校，在巴拿马当地是著名的私立主流学校，从幼儿园到高中部，总共有 1700 人，采用华语、西班牙语、英语三种语言进行教学。

17. 马来西亚华文科督学与校长一行赴台考察

2014年5月22日，为了解台湾地区的高等教育环境与教育制度，16位来自马来西亚的督学与校长赴台考察，并专程拜会了“台湾侨委会”。“侨委会副委员长”陈玉梅表示，马来西亚侨生在台湾地区比例很高，也相当优秀，大量马来西亚侨生赴台学习，增加了台湾地区高等教育的竞争力。陈玉梅对马来西亚华文科督学与校长们对华语文教育的付出，尤其是对于繁体字的推动表示了感谢。

参访团一行还参观了逢甲大学、明道中学与西苑中学。通过参访，参访团成员对台湾地区的教育环境有了更加深入的了解。

18. 全美中文学校联合总会参访团拜会“台湾侨委会”

2014年5月23日，全美中文学校联合总会参访团一行16人拜会“台湾侨委会”。全美中文学校联合总会成立于1994年，20年来致力于推广华文教育，提升教学质量，与美国主流教育接轨，并且维护全美中文学校的权益，是美国华文教育界重要的领导组织。“侨委会委员长”陈士魁对联合总会参访团的到来表示了热烈的欢迎，在欢迎仪式上，陈士魁对联合会在维护传统中华文化的工作中所作出的努力表示了感谢。

参访团还访问了台湾教育和文化主管部门、师范大学和蓬莱“国小”，希望此次参访能够更加了解台湾地区的政治经济、文化教育现况，除了把台湾地区的最新消息带回美国，提升华文教育的教学质量之外，参访团还与相关部门探讨了与台湾地区相关产业合作的可能性。

19. 美国华盛顿地区举行“2014年网络华语卡拉OK大赛”

2014年5月30日，为响应“汉字文化节”系列活动，华府华文网络师资协会与美东中文学校协会第五区联合在美国华盛顿地区举办了“2014年网络华语卡拉OK大赛”。此次比赛设优胜奖、冠军奖、全球网络票选最佳人气奖及特别奖等，华盛顿地区的维华、黎明、盖城、慈济等7所中文学校共10队参加。

在颁奖典礼上，华府“侨教中心主任”刘绥珍表示，希望借此机会，给各华校提供互相观摩的平台，让同学们展现华语文的学习成果，进一步培养学生学习华语文的兴趣。

20. 韩国首尔汉城华侨小学举行华语文测试

2014年5月30日，“台湾驻韩机构代表”曹培林、刘又玮携带台湾地区华语测验推广工作委员会的试卷，在汉城华侨小学教务主任郭美华、训育组长王德祥陪同下，为小学生们进行“儿童华语文能力测验”。在汉城侨小的全力推动下，2014 年有 161 位小学生接受华语文能力考核。“华语文能力测验”是台湾地区专为母语非华语者所研发的一套标准化语言能力测验，程度共分四级：萌芽级、成长级、茁壮级和成人级，主要是测试小学生的听力与理解能力，考试时间依程度不同而有所差别。

21. 韩国首尔旅韩台湾教师联谊会端午节举行主题讲座会

2014 年 6 月 16 日，旅韩台湾教师联谊会为了纪念屈原，举办了两场专题讲座，第一场讲座邀请台湾师范大学国文系高秋凤教授主讲“楚辞九歌之美”，第二场讲座主题是“华语教材的编写”。报告会当天，旅韩台湾教师联谊会副会长、骊州大学教授杨宇仕、韩国外国语大学教授郑莉芳以及“台湾驻韩国代表”曹培林等到会听取讲座。

22. 澳大利亚布里斯班举行“端午诗人节朗读比赛”

2014 年 6 月 16 日，澳大利亚昆士兰华语文教师联谊会在昆士兰州布里斯班举办了“端午诗人节朗读比赛”。此次比赛分成幼童组、小学组、中学组和社会青年人士组，各组报名总人数达到 290 余人。“昆士兰台湾中心”主任董幼文在比赛现场发表讲话，并简要介绍了“侨委会”推行汉字文化节的宗旨。

汉字文化节朗读比赛已成为当地侨校的年度盛事之一，活动家不仅让小学生对传统节日以及中华文化有更深的认识，而且也促进了当地侨校间的交流。

23. 泰国清迈“台湾教育中心”举办华语文能力测验

2014 年 6 月 20 日，泰国清迈“台湾教育中心”举办华语文能力测验，清迈“台湾教育中心”从 2013 年就开始举办华语文能力测验，测验内容包括听力、词汇语法和阅读，借此检验学生们的华语文程度和学习成果。应考生需求，2014 年增加一次测验，除 6 月份举行的这一次之外，在 11 月份举行第二次考试。

清迈“台湾教育中心”希望通过华语文能力测验，让学生们了解繁体字文化，更希望能够增进学生们对于台湾地区的了解，进而增强学生们到台湾地区就读的意愿，吸引学生们到台湾地区进行留学或是游学。

24. 巴西圣保罗圣儒华校举行华语文能力测验活动

2014 年 6 月 20 日，巴西圣保罗圣儒华文学校举办了华语文能力测验活动，该活动是为检验巴西圣保罗地区学生的中文学习成果，也是让巴西地区的学习者能够了解自己的中文程度。因此，巴西圣儒华校特向台湾相关主管部门申请代理此次考试，以增强巴西地区学生学习中文的兴趣。

圣儒华文学校承办的此次测验分为萌芽级、成长级、茁壮级、入门基础级、进阶高阶级、流利精通级。值得一提的是，此次测试有很多非华裔人士参加，显示出当地人士对华语文的重视。

25. 台北大学中文系师生访问暨南大学华文学院

2014 年 6 月 22 日至 27 日，台湾台北大学中文系研究生、本科生共 16 人，在系主任马宝莲老师的带领下到暨南大学华文学院交流访问。

暨南大学华文学院执行院长邵宜向访问团介绍了暨南大学华文学院的发展历史和相关专业设置，并强调了两岸华文教育交流的使命感与多方位人才培养的紧迫感，希望双方加强沟通与交流。曾毅平副院长介绍了学院与台湾地区高校开展华文教育交流合作的情况。会上双方教师和学生代表相继发言，就双方感兴趣的问题进行了深入的切磋。

访学团还与暨南大学华文学院汉语系和应用语言学系分别举行学术交流座谈会和学生交流会。在广州期间，访学团还访问了暨南大学中文系、中山大学国际汉语教材研发与培训基地、中山大学中文系并游览了当地名胜。

26. 台北举行 2014 年海外巡回教学志工教师行前说明会暨授旗仪式

2014 年 6 月 24 日，台北举行 2014 年海外巡回教学志工教师行前说明会暨授旗仪式。“侨委会”每年都会派遣文化教师到海外巡回教学，其目的是为了推广华文繁体字教学与传统的民俗技艺。2014 年，总计有 14 位华语文教师，1 位台语志工教师与 21 位民俗文化志工教师被派出海外。“侨委会”委员长陈士魁在台北接见了志工教师，并予以勉励。

27. 台北召开 2014 年青年国际行动 All in One 行前记者会

2014 年 6 月 26 日，台北召开 2014 年青年国际行动 All in One 行前记者会。2014 年青年国际行动总共有 177 个团队从台湾地区出发，行动遍布全球五大洲，其中 119 个团队协助海外侨校教育工作。在行前记者会上，台湾教育部门领导黄碧端发言表示，希望参加青年国际行动的青年可以发挥自己的专长，展现台湾地区的特质。台湾“侨委会”主任秘书张良民也表示这是台湾地区青年与海外交流的最佳机会，并对他们寄予厚望。

28. 海外华语文数字学习中心研习班在台湾地区开班

2014 年 6 月 27 日，来自全球 14 个国家 25 处数字学习中心示范点与教学点的 33 位学员到台湾地区参加“侨委会”举办的 2014 年度数字学习中心经营管理人员研习班。侨教是“侨务工作”的根本，推广繁体字是侨教最重要的一环。经历过时代的变迁，数字学习中心在各侨居地扮演着越来越重要的角色。台湾地区已经在全球成立了 64 个数字学习中心，2014 年又要增加 5 个中心点。

台湾地区开设数字学习中心是为了利用数字学习中心的优势，推动繁体字的传播，同时也希望学员们可以把吸收的新知识带回侨居地。

29. 台湾地区爱飞扬慈善表演团开启全球巡演

2014 年 6 月 28 日，台湾地区举行爱飞扬全球慈善首演暨慈善餐会。来自非洲的马拉威阿弥陀佛关怀中心助养的 11 位少年在 6 至 8 月化身为非洲亲善大使，代表台湾地区援助非洲，展开 8 国 23 个城市的慈善巡演，以融合台湾地区与非洲文化的表演宣慰侨胞。

7 月 24 日，慈善表演团在洛杉矶圣盖博大剧院以“关爱无国界，携手献爱心”为主题进行演出。美国国会众议员赵美心、加州众议员周本立、洛杉矶学区教委伍国庆、“台湾驻洛杉矶办事处处长”令狐荣达亲临现场并表达了对主办单位的感谢。

30. 印度尼西亚华文师资培训班在雅加达开班

2014 年 7 月 5 日，共有 350 名学员参加在雅加达举办的华文师资培训班。应邀出席的有台湾“驻印度尼西亚代表处”副代表叶非比，“侨委会”侨务组长汪树华等。叶非比与汪树华等表示“侨委会”此次在印度尼西亚已举办 8 场华文教师研习会，共派出 4 位教师，希望通过巡回教学方式继续有效地推动华文教学发展。同样，学员们也希望通过 5 天研习课程的学习，提高自身专业技能，进一步提升课堂教学的效果。

31. 德国柏林中文学校举行结业暨汉字文化活动

2014 年 7 月 13 日，德国柏林中文学校学员举行结业典礼，“台湾驻德国代表”陈华玉受邀出席并为学生颁发奖状。陈华玉女士肯定了“侨委会”对于海外侨校的赞助与扶持。除了典礼之外，学校还配合汉字文化节活动，现场展示了学生们的墙报书法等作品，以多元的方式呈现繁体字的魅力，也让学生在学中文的同时体验到文字背后所蕴含的中华文化和历史。

32. 加拿大2014年加东地区华文教师研习会闭幕

2014年7月13日，为期两天半的“2014加东地区华文教师研习会”闭幕。此次研习会主题为“翻转教室，创新学习”。来自加东地区29所中文学校的115位学员齐聚一堂，认真学习，希望将学到的技能带回到自己的教室。

此次研习班，台湾“侨委会”特别选派台北教育大学教授孙剑秋和金门大学教授邱凡芸巡回加东和美东南等地授课。参加研习会的加东地区教师们表示此行学习使得他们受益良多，并且希望让当地中文学习与教学都有更大发挥空间。

33. 美国洛杉矶举行国际学生留台校友会年会

2014年7月18日，美国洛杉矶举行国际学生留台校友会年会。主办部门邀请曾经获奖学金留台地区的毕业生们分享心得，邀请南加州各大学国际事务负责人、曾经留学台湾地区的加州大学洛杉矶分校学务长史嘉柏教授等人，向在场的“留台地区”的学生们分享对台湾地区的看法。“留台地区”同学会会长丁虎也对台湾地区推展学习中文的努力表示肯定与感谢。

现场还有首批来自台湾地区由教育主管部门补助的13所大学院校23位英文种子副教授及助理教授，在加州大学尔湾分校UCI接受培训，强化台湾地区教育界的英语能力。“台湾驻洛杉矶办事处处长”令狐荣达与会并致辞，表达了对即将赴台就读学生的祝福与期许。

34. “台湾侨委会副委员长”陈玉梅访问澳大利亚布里斯班

2014年7月18日，“台湾侨委会副委员长”陈玉梅到澳大利亚布里斯班访问昆士兰台湾中心，“台湾驻布里斯班办事处代表”赖维中等陪同出席。“昆士兰台湾中心”主任董幼文向来宾介绍了当地侨教现况，并介绍了正在举办的华语文竞赛活动的情况。台湾“侨务委员会”副委员长陈玉梅也代表“侨委会”委员长陈士魁颁发新任侨务顾问聘书给温锦文董事长，并听取了有关当地台湾地区慈善基金会、参与主流慈善募款、昆士兰客家会与布里斯班市府合办庆祝端午龙舟赛等的情况等。

35. 美国华盛顿地区华文教师暑期研习班结业

2014年7月26日，在美国华盛顿举办的为期四天的华文教师研习班顺利结束并举行结业式。结业式由中文学校联谊会总干事管士彦主持，华府“侨教中心主任”刘绥珍和“侨委会”选派的两位教授孙剑秋、邱凡芸共同出席。此次研习的课程有“华语文识字教学策略与教学方法”“网络资源在华语文教学上的运用”“儿童绘本融入华语文教学”等。由全美中小学中文教师协会推荐的教师竹露茜表示，此次研习班针对侨校教师的不同需求，设计研习课程，调整教学内容，不但帮助当地教师精进教学技巧，也可让海外华裔子弟有更好的中文学习质量。

36. 德国法兰克福树人学校举行三十周年校庆

2014 年 7 月 28 日，法兰克福树人学校举行三十周年校庆。出席庆典的有“台湾驻德办事处代表”陈华玉、“台湾驻法兰克福办事处处长”黄瑞坤。校庆活动现场挂有“侨委会委员长”陈士魁赠送的“百年树人”贺勉词。校长汤雁君致辞表示，树人学校三十年来致力维护繁体字，受到各界的肯定；并感谢“台湾侨务委员会”的支持，其中包括教材供应和师资培训，尤其是近十年来提供的网络种子、师资培训、在线学习课程等。

37. 日本大阪中华学校开展中文夏令营

2014 年 7 月 29 日，来自台湾东海大学、台湾亚洲大学、台湾文藻外语大学、台湾彰化师范大学等学校的 12 位大学生在台湾东海大学日文系教师黄淑燕的带领下，到大阪中华学校参加为期 3 天的中文夏令营。通过此次夏令营活动，营员们有了不同的感触，对华语的了解也更深一步。学生们被分成大、中、小班上课，除了认识台湾地区地理风貌和本土文化之外，还让学生们体验充满台湾地区传统文化特色的尪仔标、陀螺、踢毽子等活动。校方希望未来有机会能到台湾地区举办中文夏令营，让学生们直接体验当地的文化与传统。

38. 2014 年美国洛杉矶佛光山西来学校举行汉字文化节活动

2014 年 7 月 29 日，在美国洛杉矶佛光山西来寺举办的汉字文化节活动，吸引了许多西来学校的师生参与。西来校长慧东法师、“洛杉矶侨教中心副主任”庄博智、南加州中文学校联合会副会长储锦琪及多位评审老师出席了此次活动。西来学校校长慧东法师进行致辞，鼓励学生努力学习中英文，积极发展自己的智能。储锦琪副会长表示，希望学生们在学习汉字时，能更了解汉字笔画间所表达的风俗背景与历史传承。庄博智强调，“侨委会”将持续推动海外华语文教育，希望有效提升学生对汉字的兴趣。

39. 澳大利亚布里斯班开办昆士兰海外华文教师研习班

2014 年 7 月 30 日，为落实海外华文教育的传承，提高澳新地区侨校老师的教学水平，澳大利亚布里斯班开办昆士兰海外华文教师研习班。“台湾侨委会”选派两位教师吴贞慧与周小玉前往昆士兰，与当地侨校教师交流有关口语训练表达、中文发音准确性、教学讲话速度等课程。在研习班结业式上，“台湾驻布里斯班办事处处长”赖维出席并致辞，对此次研习班开办的成果给予肯定，并感谢昆士兰学校的大力支持。

40. 布宜诺斯艾利斯侨校举办“2014 年度阿根廷地区海外华文教师研习会”

2014 年 8 月 8 日，布宜诺斯艾利斯侨校举办“2014 年度阿根廷地区海外华文教师研习会”，阿根廷各地 170 位教师参加研习。研习活动为期 3 天。“台湾驻阿根廷办事处代表”黄联升希望这些教师能够好好把握此次机会，学习最新的教学方法，以提升海外学子学习中文的兴趣。“台湾侨委会代表”张永刚致辞，并对现场 50 多位从 1800 公里外赶到布宜诺市参加研习学习华语文教学技能的教师们表示感谢。

41. 2014 年夏季教学研讨会暨行政座谈会在美国橙县举行

2014 年 8 月 9 日，由台湾“侨委会”赞助、南加州中文学校联合会举办的“2014 年夏季教学研讨会暨行政座谈会”在美国橙县查普曼大学举行。近 230 位中文学校教师出席活动，“台湾驻洛杉矶办事处副处长”王秉慎、洛杉矶侨教中心主任翁桂堂、橙县侨教中心主任高家富以及全美中文学校联合会总会长戴亮等参加座谈会。台湾文化大学华语文中心主任孙纪真和优秀教师张胜昔担任专题讲座主讲者，希望通过讲座内容提升中文教育的质量。本年度研讨会主题为“多元发展，同一目标”。研讨会除安排华语正音动态教学等课程外，还安排了“从中文学校踏进大学殿堂”“语言与文化”及“互动学习”等专题演讲，内容实用而多元。

42. “台湾侨委会”“海外巡回教师研习会”活动到达阿根廷布宜诺斯艾利斯

2014 年 8 月 11 日，“台湾侨委会”举办的海外教师巡回研习教学活动到达阿根廷布宜诺斯艾利斯。由“侨委会”选派的台湾新竹教育大学教师张忆如在阿根廷爱育学校大礼堂内进行为期 3 天的华文教师培训。此次授课内容包括“快乐学华语”“华语教学游戏 50 招”“华语文阅读策略创意教学”“华语拼音教学与口语表达正音教学”以及“华语文写作教学”等。8 月 14 日，台湾台东大学教师连育仁为教师们讲解“华语文数字学习与任务教学”“华语文创意教学设计”等内容，帮助阿根廷当地侨校的教师们将华语文的课程与计算机、智能型手机相结合，以期发挥出更好的教学成果。

43. 美国休斯敦地区举行夏季中文教师研习会结业典礼

2014 年 8 月 11 日，为期 2 天的美国休斯敦地区夏季中文教师研习班课程结束，50 位教师参加了结业典礼。培训过程中，台湾台北教育大学语文与创作学系教授孙剑秋和专长华语文教材设计，熟悉民间故事、儿童文学的助理教授邱凡芸分别讲授了怎样使华语文识字教学策略与方法、儿童绘本及民间文学更好地融入华语文教学中，协助侨居地的华语教师改变教学方式，提高海外华人子弟学习中文的兴趣。

44. 德国中文学校教师联合会召开第 14 届年会、校长会暨欧洲华文教师研习会

2014 年 8 月 11 日，德国中文学校教师联合会第 14 届年会、校长会暨欧洲华文教师研习会在法兰克福开幕。来自德国、波兰、奥地利、瑞士、比利时、瑞典等欧洲国家的华文教师参加。

研习会为期 7 天，由台湾“侨委会”选派的两位教师，在现场讲授华语文及数码教材编制等相关课题。主办单位还安排了座谈会以及各项小型教学研讨会，邀请了加拿大温哥华联合中文学校校长赖飞钟通过视频分享了其“滑时代中文学校”[①] 经营策略，并分享了往年推广数位教学[②]的经验和成果。

此次研习会是台湾“侨委会”举办的为期 1 个月的欧洲华语文教师研习巡回讲座的一部分，前几站分别在法国、瑞士、荷兰和英国举行。结业仪式 8 月 17 日在法兰克福举行，“台湾驻德国代表处秘书”吴晓竹应邀出席，希望学员们未来能将所学继续传承、拓展华语文教育。德国中文学校联合会会长杨翠琴颁发结业证书，并希望未来参加研习会的教师们能在海外继续推广华语。

45. 巴西圣保罗地区举行中文教师研习会结业仪式

2014 年 8 月 25 日，巴西圣保罗地区举行中文教师研习会结业仪式。中文教协会会长、“台湾驻圣保罗办事处处长”、文化中心主任等应邀出席并相继致辞，同时表达了对授课教师倾囊相授的感谢。

46. 泰国清莱芒岗文明中学综合教学大楼落成启用

2014 年 9 月 9 日，泰北芒岗文明中学综合教学大楼落成启用。泰华文教服务中

① 滑世代：是指使用智慧手机以及 iPhone，iPad 的世代。源自手机用滑动屏幕操作，不仅可通信并可以上网，已逐渐取代电脑（计算机）。

② 数位教学：即数字化教学，在教学中运用数子科技，如利用网络、新的电子设备等。英文是 digitalize。

心主任卢景海、副主任丘志凯，菩提文教基金会主席真顿大师，清莱华校教师公会会长颜协清以及各华校校长等到场祝贺。芒岗文明中学校长廖正良致辞，他回顾了十年来的艰辛历程并感谢大家的支持与鼓励。泰华文教服务中心主任卢景海在致辞中对各校校长以及教师对华教事业的贡献表示敬佩。此次芒岗文明中学综合教学大楼的建成启用，有效改善了教学环境。

47. 2014 年菲律宾马尼拉地区“侨务工作座谈会”召开

2014 年 9 月 15 日，由“台湾驻菲律宾办事处副代表”张泰来与菲华文教服务中心主任胡念平两人共同主持的“侨务工作座谈会”在菲华文教服务中心会议室举行。此次座谈会研讨的内容有三大重点：一是如何结合侨社力量，让青年朋友投入侨社活动或参加海外侨团参访活动，增进对台湾地区的了解等；二是如何结合“全球华文网”等教学资源落实侨教政策，发扬台湾地区华语文教学的优势等；三是如何推动侨生回台湾升学或参加台湾的青年技术训练班等。

48. 巴西中文教学协会硬笔书写比赛在圣保罗文化中心举行

2014 年 9 月 17 日，巴西地区汉字文化节系列活动第一场硬笔字书写比赛在圣保罗文化中心举行，此次比赛有 162 名学生报名参加，其中包括 30 名外籍人士。

49. 菲律宾“华文经总会”有奖征答比赛在菲律宾马尼拉举行

2014 年 9 月 19 日，菲华文经总会主办的“我看我听我会”有奖征答比赛在菲律宾马尼拉华人区自由大厦的中正堂举行。选手来自菲律宾中正学院、圣公会中学、天主教崇德学校、尚一中学以及计顺市菲华中学。此次比赛依照年级分成两个组别进行笔试，内容涵盖台湾地区的自然景观、人文风情、传统文化、历史、人情味、美食、创新及青年时代等各项元素。在菲律宾中正学院校友总会副会长黄俊图与菲华文经总会委员柯文明等评审与监考教师批卷后，评选出优胜选手，并举行颁奖仪式。

50. 美国海外民俗文化种子教师培训班结业典礼在休斯敦举行

2014 年 9 月 22 日，美国休斯敦地区海外民俗文化种子教师培训班结业典礼顺利举行。60 多位来自主流学校及华文学校的中文教师经过 3 天密集训练，在华侨文教中心展现学习成果。休斯敦侨教中心主任庄雅淑与副主任李美姿对教师们的学习精神及在海外弘扬中华文化的奉献表达了感谢，颁发结业证书。“侨委会”还特别准备“千里良驹奖”用以表彰长途跋涉来参加培训班的教师。

51. 美国凯风中文学校汉字摆街会在圣荷西举行

2014年9月24日，为了配合“台湾侨委会”举办的汉字文化节系列活动，在美国湾区推广中文教育已经有20年的凯风中文学校全校总动员，参加卡斯特罗谷市举办的摆街会活动。活动现场，摆街摊位上贴满了各种中文字体，从最早期的象形文字到现代的计算机打字，让当地民众认识汉字的演变以及中华文化博大精深的奥妙，现场也备有文房四宝供民众体验毛笔字的书写感受，许多外国群众都被吸引前来。除了静态的展览之外，凯风中文学校也特别准备了扯铃、踢毽子等传统民俗游戏，让民众可以亲自体验，并在游戏中学习到汉字的起源和特色。

52. “台湾侨务项目研讨会”在台北举行

2014年9月25日，为了让“侨务工作”可以更加顺利地推展，“侨委会”举办了“侨务项目研讨会”。该会邀请了教育、经济等主管部门领导，包括25位专家学者以及“侨委会”内各单位处室代表35人，一同针对侨生政策议题进行研讨交流，希望能就现有政策以及实际执行情况进行讨论与修正。“侨委会委员长”陈士魁在研讨会开幕式上特别强调侨生政策与台湾的未来发展走向息息相关。

53. 日本三侨校“国语”演讲观摩交流会在大阪举行

2014年9月30日，东京中华学校与横滨中华学校的同学代表，分别在刘剑城及冯国彦校长率领下，到大阪中华学校参加第六届日本三侨校“国语”演讲观摩交流会。“台湾驻日代表处侨务组长”王东生，“驻大阪办事处处长”蔡明耀，大阪会长及大阪中华学校理事长代行、洪胜信及多位侨界嘉宾出席了此次交流会。演讲观摩交流会是7年前由王东生先生提议，东京、大阪、横滨三侨校轮流举办。

此次海外汉字文化节日本地区三侨校“国语”演讲观摩交流，旨在纪念至圣先师孔子诞辰，落实华语文教学，加强日本三侨校密切联合交流、团结一致为中华文化而奋斗。演讲交流会分小学、中学、高中三组进行。

54. 美国多地举办教师节活动并嘉奖华文资深优良教师

2014年10月4日，美国中部地区各中文学校教师齐聚一堂庆祝教师节敬师餐会。主办方美中中文学校协会会长胡玲玲感谢侨委会的赞助，以及“驻芝加哥办事处”、侨教中心及“侨务委员”赞助的抽奖礼物。“台湾驻芝加哥办事处处长”何震寰专程到会，对教师们努力将华语文教育和中华文化传授给侨居地学生，甚至推广到主流表示敬佩，并颁发“侨委会”银质奖章、奖金给任教满20年的易学中文学校的教师。

10月5日，美国华盛顿地区“大华府中文学校联谊会”在马里兰州新财神餐厅举办教师节敬师餐会。“台湾驻美代表”沈吕巡、华府侨教中心主任刘绥珍、副主任赖思琦、教育组组长刘庆仁、领务组组长吴文龄以及17所中文学校近220位教师出席。沈吕巡致辞并代表“侨委会委员长”陈士魁向资深优良教师颁发奖状与奖章。

10月9日，休斯敦中文学校联谊会举办敬师餐会活动，邀请10所中文学校的校长及教师一起庆祝教师节。“驻休斯敦办事处处长”黄敏境对教师们为海外文化传承工作默默耕耘的精神表示赞扬，并鼓励教师们继续倡导宣扬繁体字教学。休斯敦中文学校联谊会新旧任会长的交接仪式同期举行。卸任会长谢兰英把印信交给新任会长张心薇。张心薇宣布联谊会与《“国语”日报》合作出版电子报，并举办夏令营活动。

10月18日，美国西北区华文学校联谊会教师节敬师餐会在西雅图举行。“西雅图侨教中心”主任薛台君致辞感谢教师们的辛勤任教，并表示“侨委会”提供了许多教材和师资培训机会，希望教师们多加利用，提升华语文的教学质量。西北区华文学校联谊会新旧任会长交接仪式同期举行。“驻西雅图办事处处长”金星代表“侨委会委员长”陈士魁颁发感谢状、贺函、礼金等，表彰任教十年以上的资深教师，鼓舞新教师们再接再厉，承先启后，发扬中华文化精神。

55. 巴西中文教学协会在圣保罗举办庆祝教师节活动

2014年10月5日，巴西地区十余所中文学校的近百位教师聚集在文化中心，参加由巴西中文教学协会主办的庆祝教师节活动。“台湾驻圣保罗办事处处长”王启文、文化中心主任郭殿臣、“侨务委员”关冰如等人也受邀到场表达祝贺。

王启文尤其感谢教师们在推动侨教上的努力。随后，王启文也代表“侨委会”颁发了二十年优良教师奖章、十年优良教师奖章。此次活动还包含了各校间的经验交流和论文汇报。

56. 阿根廷教师联谊会在布宜诺斯艾利斯举办庆祝教师节活动

2014年10月5日，阿根廷教师联谊会举行2014年教师节庆祝大会，近150位阿根廷侨校教师参加了庆祝活动。会长何仁豪感谢“驻阿根廷代表处”及侨团各界对于阿根廷侨教发展的长期支持。“侨务组长”张永刚伉俪也专程到会向在座教师致意，黄联升代表“侨委会”颁发奖状奖金给长年致力海外华文教育、传扬中华文化的新兴文教中文学校教师。

阿根廷教师联谊会新老会长交接仪式也同期举行，中观侨联学校校长林丽玉继任新会长。新兴华语文翻译专科学校黄怡华校长以“侨教——跨越时空的桥梁”为题进行专题演讲。

57. “台湾侨委会委员长”陈士魁赴马尼拉菲律宾华文学校联合会参访

2014 年 10 月 11 日，在“台湾驻菲律宾代表”林松焕陪同下，“台湾侨委会委员长”陈士魁到菲律宾华文学校联合会拜访。菲律宾华文学校联合会常务理事刘忆椿等接待了访问团。大家就“侨委会”印制的教科书、侨教替代役①及菲律宾侨教目前面临的问题进行了交流。

58. 巴西中文教协朗诵相声比赛在圣保罗举行

2014 年 10 月 22 日，2014 年度巴西地区汉字文化节系列活动之朗诵相声比赛在圣保罗举行。共有 5 所华文学校 40 多位学生报名参加此次朗诵比赛。“驻圣保罗办事处处长”王启文、台北文化中心主任郭殿臣、巴西中文教协会长林志孟上台致辞，为参加学生鼓励加油，也希望参赛选手都能有好的表现。

59. 澳大利亚昆士兰华语文教师联谊会和“台湾侨委会”联合举办敬师联欢会

2014 年 10 月 25 日，昆士兰华语文教师联谊会和“台湾侨委会”在台湾中心举办敬师联欢会活动。“昆士兰台湾中心”主任董幼文，“侨务委员”柯文耀、林淑敏，亚洲语文学校校董姜仁秋，侨语文中心校长张金陵，中天学校副校长蔡金静以及各侨校华文教师共 40 余人出席。

60. 台湾“侨委会”为从教 30 年华文教师颁奖

2014 年 10 月 27 日，德国南部侨团在慕尼黑举行茶话会，新上任的“台湾驻慕尼黑办事处处长”张维达与会并致辞，他代表“侨委会”颁奖给从教 30 年的德国华文教师；“驻慕尼黑办事处组长”游淑琪也给通过华语测验的 20 位学生颁发证书。

61. 铭传大学在韩国首尔实施华语测试

2014 年 10 月 30 日，铭传大学华语文中心与“驻韩台湾教育中心”合作，在首尔进行华语测试。汉城华侨小学校长秦嗣义表示，华语测试目的是希望提高小学生对

---

① 台湾地区男生年满 18 岁后都必须服兵役，若在学可延缓入伍。大学（高校）生或研究生毕业后也要入伍。但知识水平高的男生可以选择到政府部门服务，代替服兵役，就叫替代役。有时会依海外侨校的需求，征召一些特殊专长的人，如懂电脑的或外语专才（如西班牙文）。“台湾侨委会”向兵役单位征召一些有华文教育专长的役男到海外侨校（华校）服务，就是侨教替代役。

母语的认知程度。

62.“全球华文新秀”征文颁奖仪式在纽约举行

为了鼓励海外华裔子弟发挥创意，展现学习华语文的成果，“台湾侨委会”举办了“全球华文新秀奖”征文比赛。此次比赛以“华语文学习经验”为主题抒发个人学习见解或体验，通过最真诚的文字传达对中华文化的体验与感动。活动受到广大侨胞的肯定与欢迎，经过初赛与复赛，2014 年 11 月 6 日在“纽约侨教中心”为大纽约地区的参赛选手举行颁奖仪式。纽约侨教中心主任张景南、侨务委员林映君、新泽西中文学校协会董事长戴松昌、大纽约区台湾主流教师联谊会会长欧玛丽均前往观摩了比赛。

63.台湾“侨委会”副委员长信世昌赴美国洛侨中心华语文数字学习示范点参观

2014 年 11 月 6 日，台湾“侨委会”副委员长信世昌在洛侨中心主任等的陪同下参观洛杉矶华语文数字学习示范点，并听取执行成果报告。位于洛侨中心的华语文数字学习中心示范点自 2008 年开始运作，是“侨委会”最早成立的海外 13 个示范点之一。

中心负责人针对“远距视频会议”“远距教学架构”“洛杉矶台湾书院远距教学”“远距教学师资培训课程”及中心未来发展做了汇报；华语文传统式教学转换成电子平台的负责人雍承天分享了传统教学在网络化过程中遇到的瓶颈及克服方法；长期担任华文网络博客主讲老师分享了教学成果，尤其是介绍了运用 Facebook 社群网站与世界各地华语文教师进行互动交流并分享的情况；慈济人文学校的教师陈妙华汇报了云端教室的建设情况。

64.阿根廷新兴华语文专科学校围棋棋艺课堂在布宜诺斯艾利斯开课

2014 年 11 月 9 日，阿根廷新兴华语文专科学校汉字文化节围棋棋艺课堂在布宜诺斯艾利斯开课。在 2014 年度阿根廷地区汉字文化节举办系列活动中，围棋棋艺属于重点项目。此次活动旨在透过学习围棋基本游戏规则，让民众对中华文化有更深入的认识与了解。“台湾驻阿根廷代表处侨务组长”张永刚到场参与活动。

65.菲律宾圣公会中学计算机班结业式在马尼拉举行

2014 年 11 月 11 日，菲律宾圣公会中学配合“台湾侨委会”推动的“海外数字华语文推广计划”在马尼拉揭开帷幕。此次计算机进阶班吸引了 20 多位华语文教师报名，年龄从 30 岁到 70 岁不等，计算机班每周授课 6 个小时，为期 2 个月。

66. 阿根廷新兴华语文翻译专科学校毕业典礼在布宜诺斯艾利斯举行

2014年11月18日，第一所由阿根廷政府立案的华语文翻译学校新兴华语文翻译专科学校第二届3位、第三届7位学生的毕业典礼举行。阿根廷教育部督察雪希丽亚罗培兹、新兴华语文翻译专科学校执行长柯善士、“台湾驻阿根廷代表处”秘书蔡慧玲、阿根廷教联会会长林丽钰等参加毕业典礼，并致辞祝福毕业生。

67. 台湾地区2014年“侨务项目研讨会”在台北举行

2014年11月26日，“台湾侨委会”举行“侨务项目研讨会”，邀请专家学者以“海外侨教华语文教材研制开发策略”与“推动海外华文教师认证制度之探讨”两项议题进行讨论，希望研讨会成果能够协助调整侨教政策以符合侨胞所需。“侨委会委员长”陈士魁出席开幕式。他在致辞时指出，侨教是维系侨胞认同感相当重要的命脉，希望研讨会上的讨论成果能作为未来政策的执行重点。

68. 美国中部地区华语演讲比赛在芝加哥举行

2014年11月28日，“美中中文学校协会”华语演讲比赛在芝加哥侨教中心登场。60多位美中地区中文学校的精英分5组进行比赛。华语演讲比赛是台湾“侨委会”汉字文化节系列活动之一，2014年由西北郊中文学校承办，美中中文学校协会与“华侨文教中心”协办。

69. 第十一届世界华语文教学研讨会在台北教育大学举行

2014年12月25日至28日，由世界华语文教育学会主办的第十一届世界华语文教学研讨会在台湾台北教育大学举行。来自美国、俄罗斯、日本、韩国、澳大利亚等10多个国家和地区的100多所大学及教育机构的代表参加会议。本届研讨会主题为“共创华语文新世纪”。

第七部分

2014年海外示范华校华文教育活动撮要

说明：本部分主要介绍国务院侨务办公室所授予的第一批、第二批、第三批华文教育示范学校在2014年中所进行的相关华文教育活动。以下列举了部分华文教育示范学校，感谢这部分华文教育示范学校提供华文教育活动信息。示范学校按所属洲划分，按学校中文名称音序排列。

一　第一批海外华文教育示范学校（部分）

（一）亚洲

1. 老挝沙湾拿吉崇德学校

1月，由中国云南海外文化教育中心资助16837.39美元款项购置20台电脑用于组建学校电脑室。

1月27日，举办中华传统节日——春节迎春文艺晚会。

2月1日，举办甲午马年春节联欢慈善晚会，为学校筹集办学经费。

2月20日，接待中国驻老挝大使馆关华兵大使到校参观指导。

3月，举办中小学各学科教师课堂教学展示活动。

3月21日，举办第六届中学生组中文歌曲比赛。当天下午在沙湾商贸展销中心进行文艺演出。

3 月 22 日，举办第六届小学生组中文歌曲比赛。

6 月 1 日，举行小学庆六一文艺演出活动。

6 月 10 日，承办第七届“汉语桥”世界中学生中文比赛老挝赛区预赛。

7 月 6 日至 15 日，学校董事会常务顾问张明强赴广州、福建参加“华文教育·杰出人士/华校校董华夏行”活动。

7 月 19 日至 29 日，21 名师生参加海外华裔青少年“中国寻根之旅”夏令营——美丽广西“八桂情韵”平南营活动。

9 月 18 日至 27 日，李焕诚校长赴江西九江学院参加中国国侨办主办的外派教师聘方学校校长研习班。

9 月 27 日，在校礼堂举行中华人民共和国 65 周年国庆文艺演出活动。

10 月 30 日，参加“第十五届海外华人少年作文大赛”。

11 月 10 日至 22 日，陈燕芬副校长赴暨南大学参加华文教育新生代管理人员研习班。

12 月 6 日至 12 日，学校董事长马励娟参加“第三届世界华文教育大会”。

12 月 12 日，举办“第七届中小学生普通话朗诵比赛”。

12 月 14 日至 17 日，学生舞狮队、中华民族舞蹈花车队参加华侨一年一度的酬神活动，为学校筹集办学经费。

（老挝沙湾拿吉崇德学校　供稿）

2. 蒙古国旅蒙华侨友谊学校

2014 年春季，学校师生参加乌兰巴托中国文化中心举办的“猜灯谜”活动。

1 月 26 日至 2 月 5 日，全体老师参加“2015 年海外华文教师海南培训班”。

3 月 2 日，举办校园汉语演讲比赛。

3 月 20 日，参加由蒙古国教师协会、蒙古国立大学孔子学院举办的第十二届蒙古国汉语奥林匹克初赛。

3 月 21 日，参加由蒙古国奥特根腾格尔大学、蒙古台湾教育中心举办的“2014 年第四届华语演讲比赛”。

3 月 28 日及 30 日，举行“2014 年中国华文教育基金会‘完美中国’海外华文教师远程培训”开课仪式。

4 月 4 日，举办“水立方”中文歌曲大赛初赛。

4 月 5 日，参加蒙古国育才学校举办的汉语演讲比赛。

4 月 11 日，举办“水立方”中文歌曲大赛决赛。

4 月 12 日，参加由中国国家汉办推出的汉语水平考试（HSK）及由蒙古国立大学孔子学院举办的春季汉语水平考试（HSK）。

4 月 13 日，参加由蒙古国育才学校举办的第五届“东方之韵”歌曲比赛。

4 月 20 日，初高中学生参加“第十二届蒙古国汉语奥林匹克复赛”。

5 月初，举办“读课文大赛”。

5 月 3 日，学校汉语奥林匹克优胜者参加第七届“汉语桥”世界中学生中文比赛蒙古大区赛初赛。

5 月 10 日，“汉语桥”初赛优胜者参加第七届“汉语桥”世界中学生中文比赛蒙古大区赛决赛。

5 月 25 日，参加由蒙古国立大学孔子学院举办的“第七届‘孔子学院杯’汉语征文比赛”。

6 月 23 日至 6 月 28 日，全体汉语教师参加由中国华文教育金会主办、海南师范大学协办的“2014 年中国华文教育基金会赴蒙培训教师”项目。

6 月 23 日至 30 日，参加由中国华文教育基金会主办，海南省外事侨务办公室及海南师范大学协办，完美（中国）有限公司赞助的“2014 中国华文教育基金会蒙古巡讲团”的教师培训、教学调研及文化交流。

7 月 9 日至 7 月 18 日，参加“中国寻根之旅”海外华裔青少年夏令营江苏营。

7 月 17 日至 7 月 31 日，参加“中国寻根之旅”海外华裔青少年夏令营河南营。

8 月 21 日，学校师生在机场迎接中国习近平主席访蒙一行。

9 月 20 日，小学生参加“蒙古国立大学孔子学院教学点武术培训”。

9 月 27 日，参加由蒙古国立大学孔子学院举办的“孔子学院 10 周年庆典”暨书画展开幕式。

9 月 30 日，全体师生庆祝中华人民共和国成立 65 周年庆典。

10 月初，参加乌兰巴托中国文化中心举办的“青年茶文化活动”。

10 月 18 日，参加“第三届海外华裔青少年中华文化大赛”。

10 月 21 日，举办历史、地理、文化常识基础知识竞赛。

10 月 23 日，参加由蒙古国奥特根腾格尔大学蒙古“台湾教育中心”举办的“电影节”。

10 月 25 日，参加蒙古国立大学孔子学院举办的“第三届‘中国银行杯’蒙古国中学生中华典籍朗诵比赛”。

10 月 27 日，参加蒙古国立大学孔子学院举办的“第二届‘中国银行杯’蒙古国中学生硬笔书法比赛”。

11 月 16 日，参加由蒙古国立大学孔子学院举办的“第一届蒙古国中学生中国民族舞蹈大赛”。

11月20日，拍摄由中国国务院侨办组织的“海外华文教育专题片”——“旅蒙华侨友谊学校”纪录片。

12月9日至12月30日，参加中国国务院侨办举办的“第三届中华文化大赛优胜者冬令营暨总决赛”。

12月16日，参加由蒙古国立大学孔子学院举办的冬季汉语水平考试（HSK）。

（蒙古国旅蒙华侨友谊学校　供稿）

3. 缅甸福庆学校

3月1日，在缅甸新首都内比都开设汉语教学点。

3月7日，在曼德勒周边8个寺庙开设寺庙教学点。

4月1日，与《吉祥》杂志社于曼德勒国家大剧院成功举办“感知中国”系列活动中的“学唱中文歌曲大赛”。

5月24日，与曼德勒缅中友好协会成功举办“六小龄童粉丝见面会”。中国著名影星六小龄童为本校寺庙孤儿院教学点捐款100万缅币。

5月31日，本校8个寺庙教学点以及内比都教学点进行成果展示，并与华校一起庆祝“六·一”国际儿童节。

7月，在古都塔林卜甘开设1个寺庙教学点。

8月，在敏滚旅游区再开设1个寺庙教学点，9月在实皆市再开设一个寺庙教学点。

8月19日至25日，李福清校长陪同缅甸僧侣首次访华。由曼德勒总领馆主办，邀请曼德勒地区极有影响力的3个著名寺庙的7位高僧，组团前往中国昆明、成都，进行为期1周的“拜佛”活动。

（缅甸福庆学校　供稿）

（二）北美洲

1. 加拿大侨文中文学校

2月1日，举办马年春节联欢会。

3月1日及9月13日，在校的400余名老师接受多伦多教育局国际语言小学部的在职培训。

5月23日，80余名汉语教师参加由中国国务院侨务办公室王匡廷率领的汉语教育专家学者团为期2天的华语教学培训。

7 月 2 日至 8 月 15 日，参加学校家长会与多伦多教育局联合举办的中国语言文化夏令营。

7 月 7 日，承办由中国海外交流协会主办，辽宁省侨务办公室和多伦多教育局协办的“中华文化大乐园”开园仪式。

7 月 7 日，在校举行由多伦多教育局、中国国务院侨办和辽宁师范大学联合举办的汉语教师本科班面授课程。

10 月 25 日，举办海外华裔青少年中华文化大赛多伦多教育局赛场笔试。

12 月 6 日，举办各年级朗诵比赛。

（加拿大侨文中文学校　供稿）

2. 加拿大湾景周六中文学校

9 月，举办校内教师会议，研习教育局新颁布的教学大纲。

9 月 1 日，参加由海外中文教师协会举办的教学研讨会。

12 月，校长参加“第三届世界华文教育大会”。

2014 年，校内开展各项比赛：全年分期举办班级书法、个人朗诵、集体朗诵及认字比赛。

2014 年，全校庆祝中华传统节日，包括中秋节和春节等。

（加拿大湾景周六中文学校　供稿）

3. 美国希望中文学校

1 月 5 日，赫城校区学生参加美国《侨报》举办的“美东第二届少年儿童中文写作总决赛”。

2 月 1 日，盖城校区参加一年一度蒙郡华人在 Lake Forest Mall 举办的庆中国新年文艺演出。

4 月 1 日，波城校区学生参加中国国务院侨办举办的“第十五届华人学生作文大赛”。

4 月 14 日，西城校区学生参加第一届“华舞杯”全美青少年中华才艺大赛。

4 月 26 日，北维校区举办“第一届‘希望杯’讲成语故事比赛”总决赛。

5 月 1 日，波城校区学生参加“第十四届华人少年作文大赛”。

6 月 8 日，在华盛顿举行由希望中文学校冠名赞助的 2014 年“水立方杯”全球海外华裔青少年中文歌曲大赛。

7 月 9 日，西城校区学生参加第六届“鲁迅青少年文学奖”征文海外组活动。

7 月 19 日，盖城校区书法和国画班的 19 位学生参加“中国第十四届‘和平、健康、环保’国际青少年书画大赛”。

8 月 24 日，参与并协办 2014 年暑期教师培训。

9 月 1 日，波城校区书法班学生参加 2014 年“第十三届 PHE 国际中小学生幼儿美术书法大赛”。

9 月 5 日，参加中国大使馆举办的“教师节庆祝会”，并同时举行“首届大华府地区青少年中华文化知识大赛”颁奖仪式。

11 月 7 日，赫城校区将“爱心一元钱”捐款的第一笔款项送到中国云南丙中洛中学，并收到丙中洛中学的来信。

12 月 6 日至 8 日，北维校区校长李卉代表希望中文学校参加“第三届世界华文教育大会”。

12 月 15 日，马大校区 2005 年毕业生高鸿鸣向母校捐款，为希望中文学校成立 21 年来的第一笔毕业生捐款。

（美国希望中文学校　供稿）

4. 美国休斯敦华夏中文学校

春季学期开学前一月上旬、秋季八月中旬，定期举办大型教师培训和教研组活动。

6 月 30 日至 7 月 8 日，接待广西侨务办公室派出的“中华文化大乐园”的老师到校传授中华文化知识。

7 月至 8 月，接待中国国务院侨务办公室派出的专家培训团到学校进行教师培训。

12 月 7 日至 14 日，黄玲校长参加“第三届世界华文教育大会”。

12 月 12 日，参加全美中文学校年会。

（美国休斯敦华夏中文学校　供稿）

（三）南美洲

苏里南广义堂中文学校

5 月 13 日，举办当地政府官员汉语培训班的开班仪式。中国驻苏里南大使杨子刚、苏里南政府代表和华侨华人代表 100 余人出席仪式。

7 月，中文电脑学习班开课，学生 18 人。

11 月 3 日，第二期政府官员汉语学习班开课，学生 26 人。

（苏里南广义堂中文学校　供稿）

（四）欧洲

1. 荷兰丹麦快乐美人鱼中华文化学校

2月1日，举办“庆春节联欢聚餐会”。

4月23日，学生参加第7届“汉语桥”竞赛中学组的丹麦分赛，取得了代表丹麦中学生参加北京总决赛的资格。

6月7日，举行春游活动，100余名中文学校的师生员工和家长朋友参加。

6月21日，举办首届海外华文教育研讨会，学校任课、代课老师和理事会成员近30人参加研讨。

6月30日，与哥本哈根商务孔子学院签署合作协议，合作内容包括孔子学院在师资、教材方面将对美人鱼学校予以支持，学校则为孔子学院提供中文教学的实习基地。

8月7日，本校老师参加由中国国务院侨务办公室主办、大连理工大学承办的“多媒体在中文教学中的应用”师资培训。

10月4日，举办庆祝中秋、国庆联欢会。

11月14日，参加哥本哈根商务孔子学院系列汉语教学研讨会。

12月13日，探索课堂教学实践新形式，学校高级一班和中级一班联合上了项目实践课“点不着的纸”。

（荷兰丹麦快乐美人鱼中华文化学校　供稿）

2. 荷兰乌特勒支中文学校

1月11日，举办“学唱中文歌”卡拉OK比赛。

2月1日，举办“热热闹闹迎新年”新春活动。

2月8日，接受荷兰国家电台采访，介绍学校中文教学情况。

4月19日，举办教师学习活动日，学校教师交流听随堂课的体会。

9月，建立音乐特长班，每周定期训练；准备参加“全荷普通话演讲朗诵比赛”。

11月29日，成功举办“教学中的师生关系教研会”。

12月，接待荷兰林堡地区中文学校一行10人到校参观访问。

（荷兰乌特勒支中文学校　供稿）

3. 西班牙马德里华侨华人中文学校

2 月，一年级教师举办词语教学观摩课。

3 月，参加上海市侨办举办的“第六届鲁迅青少年文学奖”海外征文比赛。

3 月，61 位学生参加中国国家汉办举办的 HSK 考试。

5 月，12 名非华裔一年级学生参加 YCT（青少年汉语水平考试）一级考试，全数通过。

5 月 31 日，为庆祝“六・一”儿童节，举办朗诵比赛。

6 月，参加温州市侨务办公室举办的“温州城市家乡书——给美丽家乡写一封信征文比赛”。

6 月 7 日至 17 日，校长及 30 位教师参加由中国国务院侨务办公室文化司曹怡然女士带队的教师培训团一行 4 人在校的教学培训指导课。

7 月，组织学生参加陕西西安侨务办公室和浙江省侨务办公室的两个“中国寻根之旅”夏令营活动。

9 月 17 日，与温州市实验中学结对成为友好学校。

10 月，参加中国国务院侨务办公室主办的“第三届中华文化大赛海外选拔赛”。

10 月，参加西班牙侨界首届“我是超级演说家”中文演讲比赛。

12 月，参加中国国务院侨务办公室主办的“第三届中华文化大赛总决赛”。

（西班牙马德里华侨华人中文学校　供稿）

4. 英国曼彻斯特华夏中文学校

12 月，举行全校汇报演出。

12 月，藤学校长参加“第三届世界华文教育大会”。

2014 年，本校老师参加中国国务院侨务办公室组织的国内专家赴英华文教师培训以及曼彻斯特大学孔子学院举办的海外中文教学研讨会。

2014 年，参加曼彻斯特多项社区活动，如：春节庆祝活动、端午龙舟赛、辅助学校联会年度奖励大会、孔子学院日表演等。

2014 年，校刊第九期《小树年轮》出刊。

（英国曼彻斯特华夏中文学校　供稿）

二　第二批海外华文教育示范学校（部分）

（一）亚洲

1. 柬埔寨民生中学

1月1日，花费3万美元将粗糙的水泥场地换成防滑平整的地砖场地，新篮球场正式启用。

3月5日，花费2640美元，开设第二间多媒体教室。

3月7日，组织教师开展2014年“三八”妇女节庆祝活动。

3月11日，举行小学低年级组写字比赛。

3月25日，36位学生参加第十四届华人少年作文比赛，18人获奖。

4月12日，在学校礼堂隆重举行“迎柬新年”讲故事比赛。

5月6日，中三级学生到金边市堆谷区海壇制衣厂开展校外大课堂实践活动。

5月31日，幼儿园举行“六·一”儿童节庆祝活动。

6月5日，举行“我与我的座右铭”中学生主题演讲比赛。

6月20日，花费6570美元更换一批新空调，共计18台，主要用于教师宿舍和办公室，改善教师办公和生活。

7月5日，组织10名学生参加在中国广西容县举办的“2014年海外华裔青少年中国寻根之旅夏令营”活动。

7月16日，花费2720美元，将A座教学楼粉刷一新，同时购买了40张幼儿学习书桌和100把小椅子。

7月25日，组织教师在暑假期间参加柬华理事总会和孔子学院举办的教师培训班学习。

8月10日，组织22名师生参加为期10天的“闽南文化寻根之旅”夏令营活动。

10月13日，参观访问柬埔寨华明学校。

10 月 25 日，幼儿园举行幼儿才艺展示活动。

11 月 29 日，幼儿园举行“童心如歌”主题合唱比赛。

12 月 1 日至 3 日，举办学生书画展览。

12 月 6 日，林丽丹校长参加“第三届世界华文教育大会”。

12 月 13 日，幼儿园大班开展“《三字经》背诵比赛”活动。

12 月 23 日，接待中国澳门福建同乡会代表团一行 40 余人的到访。

12 月 27 日，接待暨南大学澳门校友会代表团一行 30 多人的参观访问。

12 月 31 日，四、五、六年级以及速成二年级的全体学生举行查字典比赛。

2014 年，参加全柬华校现场作文比赛。

2014 年，组织全体教师学习《班级管理从爱出发》《民生中学教师手册》《民生中学教师办公制度》等。

2014 年新学期开始，提高所有教职工福利待遇，提升薪资幅度达到 20%。

（柬埔寨民生中学　供稿）

2. 缅北腊戌果文中学

2014 年春季学期开始，每个学期召开至少两次本土教师和外派教师之间的教学交流研讨会。

2 月 25 日，获各地区校友捐助 580 万缅币（约合人民币 34800 元）完成幼儿班教室桌椅进行全面更新替换以及对室内外环境进行的整顿装修。

3 月 21 日至 30 日，40 名学生组团参加“2014 年海外华裔青少年中国寻根之旅——七彩云南·楚雄春令营”。

4 月，由外派教师金琪主讲，为本校本土教师进行多媒体教学以及教案制作的培训。

4 月，40 名教师组团赴云南省楚雄州进行为期 10 天的观摩学习。

4 月，学校 45 岁以下的青年教师集体参加中国海外交流协会主办的巡回讲学师资研习班。

4 月 2 日至 4 日，赵宗伟校长赴曼德勒福庆孔子课堂参加北京市教育委员会主办的教育交流会议。

5 月 10 日，承办由中国国家汉办暨孔子学院总部主办的腊戌地区 HSK 汉语水平考试。

5 月 25 日，学生参加“第七届中学生汉语桥才艺比赛”。

5 月 30 日，获各地区校友捐助 570 万缅币（约合人民币 34200 元）完成校园图书苑扩建工程。

6 月 2 日，举办游园活动庆祝中华传统节日——端午节。

6 月 28 日，获各地区校友捐助 890 万缅币（约合人民币 53400 元）完成多媒体教室（140 平方米）整修。

7 月，在腊戌地区首次举办为期 10 天的“幼儿教师教学研习班”。

7 月 30 日，获各地区校友捐助 2600 万缅币（约合人民币 156000 元）完成对专供外派教师使用的宿舍扩建整修。

8 月 25 日，获各地区校友捐助 1800 万缅币（约合人民币 108000 元）将高中部六个班学生书桌椅全部更换为单人课桌椅。

9 月，赵宗伟校长拜访中国云南师范大学，初步达成双方合作的意向。

9 月 14 日至 28 日，赵宗伟校长赴江西省九江市参加中国海外交流协会主办的研习活动。

10 月 5 日及 12 日，承办中国海外交流协会主办的第三届“海外华裔青少年中华文化大赛”缅北赛区初赛。

10 月 16 日，获各地区校友捐助 1500 万缅币（约合人民币 90000 元）增建一座校园室外篮球场，并对原有的室外篮球场进行了翻新。

10 月 29 日，学生参加由五边形诗社暨第八届东南亚华文诗人大会面向缅甸全国举办的诗歌创作比赛。

12 月，学校董事会董事长李国崇参加“第三届世界华文教育大会”。

（缅甸缅北腊戌果文中学　供稿）

（二）澳洲

澳大利亚悉尼丰华中文学校

2 月 1 日，举行“庆中国新年”开学典礼。

3 月，举办复活节“寻宝认字”游戏竞赛。

3 月 27 日，同澳大利亚新南威尔士大学孔子学院签订关于成立联合汉语教学基地的协议。

6 月 1 日，参加中国驻悉尼总领馆举办的华文教育开放日及庆祝“六·一”儿童节活动。

7 月，协助并组织学生参加由中国国务院侨务办公室主办的澳大利亚“2014 年领养中国儿童外国家庭夏令营”。

8月，举办首届“中文阅读”大赛。

8月，接待暨南大学华文教育代表团在悉尼的访问考察，收集针对澳大利亚教学大纲编写的中文教科书材料和意见。

9月，本校教师参加华文教育基金会主办的“海外华文教师培训课程”。

9月6日，举办中华传统节日——中秋节庆祝活动。

10月，组织“2014澳大利亚华裔青少年寻根之旅秋令营”。

10月19日，校合唱团应邀参加悉尼地区的首届“汉语之光”——新南威尔士州学生汉语才艺会演。

11月，2名老师参加中国国务院侨务办公室主办的“2014年新生代海外华文教育管理人员研习班”。

11月，多名老师参加新州中文教师协会举办的年会和教学专题讲座。

12月，许易校长参加“第三届世界华文教育大会”。

12月28日，6名老师参加“福建教师参访团”，与福建师范大学附中和附小等多所学校进行了教学交流。

2014年，进行“登长城默写比赛”，并在结业典礼上颁发“长城杯”奖。

2014年，全校新老师参加“The NSW Department of Education and Training—Community Languages School Program”举办的20周教师培训。

（澳大利亚悉尼丰华中文学校　供稿）

（三）欧洲

1. 比利时布鲁塞尔中文学校

2月1日，举办庆祝中国马年春节的文化活动。

2014年暑假，部分学生参加广东省等地方侨务办公室承办的“寻根之旅夏令营”。

12月，陈亚琴常务副校长参加“第三届世界华文教育大会”。

12月20日，接待云南省侨务办公室组织的优秀才艺教师代表团一行，全体教师都接受了中国民族舞培训。

（比利时布鲁塞尔中文学校　供稿）

2. 德国不莱梅华威中文学校

2月2日，与不莱梅华人华侨联谊会和不莱梅大学生联谊会联合举办春节联欢会。

4 月 12 日，中文学校举办教师进修日活动。

6 月，为高年级举办“中国文化竞赛”。

7 月 21 日，协助支持的“中国文化之夜”活动在不莱梅大学剧院举行。

8 月，和法兰克福华茵中文学校联合组团参加中国国家侨务办公室主办的九江夏令营。

9 月，成立汉语电子教学中心。

9 月 8 日，与不莱梅华人华侨联谊会联合举办中秋联欢会。

10 月 26 日，中文学校举办教师进修日活动。

11 月，在电子教学中心为高年级学生举办“中国历史”学习短训班。

12 月 4 日至 7 日，协办了北德地区的师资培训。中国国务院侨务办公室派出 4 位名师到不莱梅为北德地区的汉语教师进行 3 天的师资培训，参加培训的老师共 40 多人，来自汉堡的汉华中文学校、不伦瑞克小老虎中文学校、汉诺威中文学校等。

2014 年，在中国国务院侨务办公室的支持下，扩充了学校的图书馆。

（德国不莱梅华威中文学校　供稿）

3. 德国斯图加特汉语学校

1 月 26 日，舞蹈班学生与斯图加特中华文化协会共同参加斯图加特华韵合唱团举办的春节联欢晚会演出。

1 月 31 日，与斯图加特中华文化协会参加当地社团举办的春节联欢会。

2 月 5 日，参加斯图加特中华文化协会在斯图加特太极茶厅举办的民族服饰表演。

2 月 16 日，参加斯图加特中华文化协会的迎春节中华美食聚会。

5 月 29 日至 5 月 30 日，在海德堡召开学校教职员工 2014 年第 1 期教学研讨会。

6 月，开展斯图加特汉语学校硬笔书法月活动。

7 月，举办学校第四届硬笔书法大赛。

7 月 19 日，召开 2014 年学年教学总结会议暨 2014 年第 2 期教学研讨会。

8 月，45 名学生参加在云南昆明、香格里拉举办的 2014 年海外华裔青少年“中国寻根之旅”夏令营。

9 月 28 日，参加斯图加特中华文化协会举办的中华传统节日——中秋节聚会。

10 月，与费尔巴哈公民协会在费尔巴哈音乐中心举办中华文化交流活动。

10 月 25 日，举办文化知识赛和才艺赛。

11 月 15 日，参加斯图加特国际文化节，在文化节期间设立中华文化信息展位，介绍中华文化、中国文字、中国茶文化等。

12 月 13 日，召开 2014 年第 3 期教学研讨会。

2014 年，为德国巴登符腾堡州的莱布尼茨中学、索伦多夫市夜大以及 Marcel Heller 公司提供中文课程。

（德国斯图加特汉语学校　供稿）

4. 荷兰丹华文化教育中心

1 月 11 日，接待中国驻荷兰大使馆大使陈旭、参赞刘春、领事部主任黄瑛等的观摩访问。

2 月 1 日，联合荷兰碧荷基金会举办新春佳节活动。

2 月至 6 月，开展互相听课学习教研活动。

6 月 15 日，58 名学生参加莱顿大学孔子学院举办的 HSK 汉语考试。

7 月中旬，部分老师参加由中国国务院侨务办公室主办、新疆师范大学国际文化交流学院承办的“大美新疆·丝路华韵——荷兰华文教师研习班”教师培训。

10 月 25 日，参与拍摄“第三届世界华文教育大会专题片”——“丹华的一天”。

11 月 1 日，接待法国里昂中法家庭联合会小熊猫中文学校一行 6 人的访问学习。

11 月 8 日，举办贺新春活动。

12 月 6 日，李佩燕校长参加“第三届世界华文教育大会”。

（荷兰丹华文化教育中心　供稿）

5. 葡萄牙里斯本中文学校

2 月，参加葡萄牙侨界举办的首届春节庙会活动。

6 月，举办“里斯本中文学校 2013 ~ 2014 年结业仪式”。

10 月 25 日，参加 Nuno Gonçalves 中学集团举办的“费加罗的婚礼”演出。

11 月，参加在葡萄牙里斯本移民救助中心（CNAI）的中国领导欢迎仪式以及救助中心（CNAI）举办的第八届移民艺术节。

12 月 2 日，举行书法公开课。

（葡萄牙里斯本中文学校　供稿）

6. 意大利佛罗伦萨中文学校

1 月 2 日，接待浙江省温州市侨务办公室副主任许捷、文宣处处长叶斌斌到校访问调研。

1 月 18 日，全体老师参与学校举办的“汉字识字教学研讨会”。

1 月 23 日，本校老师参加意大利佛罗伦萨 Sassetti Peruzzi 职业学校举办“国际文化交流活动研讨会”。

2 月，召开本学年以“班级学生个案分析”为主题的第五次研讨会议。

3 月 15 日，开设首届海外华校预备教师培训班。

3 月 21 日，同岗毕市 San Donnino 小学开展中意文化教育交流会。

4 月 7 日至 16 日，接待保罗茨落学校师生团为期 10 天的访问交流，并访问杭州文澜中学、温州市少年艺术学校、温州市第五幼儿园。

4 月 11 日至 12 日，参加“意大利全国教育大会”。

5 月 9 日，首次举办“初中升高中入学考试”。

7 月 4 日，潘世立校长及外派教师参观访问佛罗伦萨达·芬奇中学。

9 月 22 日，参加中国驻佛罗伦萨总领事馆举行的“庆祝中华人民共和国成立 65 周年”招待会。

10 月 10 日，初中一年级段 81 名学生参加以“好字在笔尖流淌”为主题的硬笔书法比赛。

10 月 18 日，召开全体教师教学研讨会。

11 月 3 日至 8 日，参加意大利教育代表团并随团访问浙江杭州、温州、瑞安。

11 月 15 日，召开以“阅读教学解读与探讨”为主题的教学研讨会。

11 月 20 日，与意大利佛罗伦萨华人华侨联合总会、意大利佛罗伦萨华人华侨妇女联合会、意大利佛罗伦萨中意文化交流协会合作，接待到访的瑞安市人民政府代表团。

12 月 6 日，潘世立校长参加“第三届世界华文教育大会”。

12 月 13 日，接待中国文化遗产保护研究院副院长刘刚等著名中国书画家组成的当代中国书画巡展代表团。

12 月 16 日，接待中国国务院侨务办公室文化司曹怡然女士、暨南大学华文教育学院副院长曾毅平等的到访，就华文教师证书的培训以及考试事宜进行交流。

12 月 20 日，召集两个校区全体教师学习第三届世界华文教育大会精神和中国国务院侨务办公室主任裘援平在开幕式上做的题为《发展华文教育　振兴华文学校》的主题报告。

12 月 23 日，接待浙江省金华市人民政府外侨办到访。

（意大利佛罗伦萨中文学校　供稿）

7. 意大利罗马中华语言学校

2 月 16 日，在罗马意中天大酒店举行中华传统节日——元宵节庆祝晚会。

5 月 30 日至 6 月 2 日，首次受邀参加一年一度的“意大利罗马博览会”表演活动并展示才艺。

6 月 22 日，同 Ompseco 武术学校联合主办“Ⅱ Soffio del Drago”中国文化节暨中华语言学校 2014 年毕业典礼。

7 月，组织学生参加“第十五届世界华人学生作文大赛”。

12 月 7 日，蒋忠华校长参加“第三届世界华文教育大会”。

12 月 14 日，举办由中国国务院侨务办公室文化司主办的欧洲首个“华文教师证书”培训班。

2014 年，学生参加在“温州城市家书”征文比赛。

（意大利罗马中华语言学校　供稿）

三　第三批海外华文教育示范学校（部分）

（一）亚洲

1. 菲律宾怡省仙朝峨中华中学

7 月，接待来自中国驻菲律宾拉瓦格市领事馆赵桥梁馆长领事和孙红领事，获赠来自中国国务院侨务办公室捐献的中文图书。

8 月，培训学生，组织学生小记者参加全国性比赛。

12 月，吴海棉校长参加“第三届世界华文教育大会”。

（菲律宾怡省仙朝峨中华中学　供稿）

2. 缅甸景栋中文会话培训中心学校

5 月 10 日，正式成为“新 HSK”的缅东考点。

5 月 20 日，在本校举行第七届汉语桥初赛

5 月 22 日，举行四年级—高三的书法比赛。

5 月 23 日，举行四年级—高三的作文比赛。

5 月 24 日，举行幼稚班—三年级听写比赛。

5 月 26 日，举行四年级—高三演讲比赛。

10 月 12 日，学生参加“2014 年海外华裔青少年中华文化大赛”。

12 月 7 日，尹华秋老师参加“第三届世界华文教育大会”。

12 月下旬，学生参加“海外华裔青少年中华文化才艺比赛”。

（缅甸景栋中文会话培训中心学校　供稿）

3. 缅甸抹谷千佛中学

3 月，学生参加“感知中国歌唱比赛”。

4 月 10 日，陈久恩校长率队在中国昆明华文学校参加师资培训班。

5 月，举办 HSK 考试。

5 月，举办“汉语桥”竞赛。

5 月，邀请抹谷周边学校参加 HSK 考试。

5 月，邀请抹谷周边学校参加“汉语桥”竞赛。

7 月，7 位年轻老师在拼伍论天然宫参加小学师资培训班。

9 月，参加诗歌朗诵比赛。

6 月，参加缅北地区“汉语桥”竞赛。

8 月，参加华裔文化知识竞赛。

10 月 2 日，本校老师带领学生成立“抹谷雨”新诗组。

11 月 9 日，举行 25 周年校庆。

12 月，陈久恩校长参加“第三届世界华文教育大会”。

12 月，本校老师赴云南昆明参加幼儿园教师培训班。

（缅甸抹谷千佛中学　供稿）

4. 缅甸曼沾勐稳学校

1 月 4 日，选派 2 名教师到曼德勒参加福庆学校举办的“2014 年中国海外交流协会缅甸讲学活动”。

2 月 5 日，协助福庆孔子课堂在本校举办了第三届三区域（南渡、南山、曼东）本土教师培训班。

2 月 15 日，举行三区域华文教育中心平台教学研讨会。

2 月 27 日，向南洞巩华校派去 1 名教师支教，并免费帮助培训本地教师 1 名。

3 月 21 日，组织三区域（南渡、南山、曼东）7 名学生到中国昆明、大理地参加寻根之旅学生夏令营活动。

3 月 31 日，选派 1 名学生到曼德勒参加“学唱中文歌曲大赛”。

4 月 10 日，廖楼昌先生、廖健昌先生两位董事代表学校校长参加云南昆明“华文教育校长研习班”。

5 月 10 日，协助缅甸曼德勒孔子课堂在本校举办“新汉语考试”。

6 月 1 日，举办“三区域”华校庆“六·一”儿童节游园文体活动。

6 月 28 日，组织 20 名学生参加缅北果文文教会举行的歌咏大赛。

9 月 7 日，组织三区域（南渡、南山、曼东）8 所华校（曼沾勐稳学校中学、南山勐稳语文学校、曼东育华学校、南渡华侨学校、南渡勐稳五戒佛经学校、勐莫育英学校、南洞巩勐稳语文学校及勐英宏德学校）20 名学生参加在校举行的中华才艺初赛。

9月16日，廖俊昌校长参加“海外红烛故乡行——2014中国华文教育基金会缅北华校资深教师七彩云南行活动”。

10月10日，参加“第十届东南亚中华文化教育研讨会”。

10月12日，协助缅甸曼德勒孔子课堂在本校举办第三届“海外华裔青少年中华文化知识”竞赛。

10月26日，选派2名学生参加第三届“海外华裔青少年中华知识”中华才艺决赛。

12月6日，杨国厚校长代表三区域八所华校参加“第三届世界华文教育大会”。

12月11日，学校董事长杨大昌先生参加在厦门、泉州举办的“资深教师教育研讨会”。

（缅甸曼沾勐稳学校 供稿）

5. 日本同源中国语学校

2月，协助并参加“首届日本华人儿童大使杯朗诵比赛”。

6月21日，全体教师研修活动。

7月，2名学生参加“汉语桥”东京地区预赛高中生演讲比赛。

8月，14名学生参加山东侨办组织的寻根之旅夏令营。

9月，举办学校第七届书法比赛。

9月，举办“第七届同源学生作文比赛”。

11月24日、25日，教师开展研修活动。

11月29日，进行第二次全体教师研修。

12月，举办“第四届同源学校朗诵比赛”。

（日本同源中国语学校 供稿）

6. 泰国崇华新生华立学校

5月10日，中文部举行教师培训，由优秀中文老师做示范讲座、示范教学。

6月2日，举行中华传统节日——端午节庆祝活动。

6月4日，为学校泰国教师、职工学习中文开设培训班，分为基础班和提高班。

8月4日，举行泰北华文教育工作座谈会。

8月4日，接待广东金融学校冬令营团50多名中国学生的到访，他们与双语班学生进行了互动交流活动。

8月14日，举行“汉语日”校内汉语日中文话剧、演讲、写笔顺比赛，初中和高中学生进行中文话剧表演，小学生进行演讲和写笔顺比赛。

9 月 5 日，举行中华传统节日——中秋节庆祝活动。

10 月 11 日，举行本年度第三次 HSK 网络考试。

11 月 3 日，接待中国新闻社的记者来访，两位记者受中国国务院侨务办公室的委托对学校历史、教学规划、学生状况、教学设施等方面进行了采访录像。

11 月 8 日，6 名学生代表泰国参加由中国国务院侨务办公室主办的“文化中国全球华人才艺（舞蹈）大赛”决赛，获得“青少年新星”奖。

11 月 8 日，与拉达娜新知学校签订了关于崇华新生华立学校在拉达娜新知学校建立 HSK 外考点协议书，在汉语教育合作方面也达成了合作意向。

11 月 19 日，接待国务院侨务办公室文化司副司长梁智卫、华侨大学副校长吴季怀等贵宾的到访，商谈在崇华新生华立学校合作筹办汉语本科学院事宜。

11 月 28 日，接待清莱皇家大学研究生调研团一行 11 人到访交流。

11 月 29 日，举行第四届双语班教学成果汇报，包括：学生成果展、双语班课堂教学展示和双语班学生中文才艺表演。

12 月 19 日，8 位学生代表泰国参加由中国国务院侨务办公室主办的“第三届海外华裔青少年中华文化大赛”决赛。

12 月 26 日，与清迈大学孔子学院签订成立对外汉语培训班合作协议。

（泰国崇华新生华立学校　供稿）

7. 泰国坤敬公立华侨学校

1 月，接待云南省海外文化教育中心胡恒富主任率领访问团的访问交流。

1 月 26 日，接待中国驻泰国孔敬新任总领事李名刚的参观。

2 月 6 日，接待中国广西华侨学校雷丽芳副校长一行的访问交流。

2 月 19 日，举办了迎新春联欢会。

2 月 23 日至 24 日，举行教师优秀教案评选活动。

3 月 5 日，校舞蹈队参加了当地华侨社团举行的元宵节联欢晚会文艺演出。

4 月 9 日至 28 日，本校老师参加由中国海外交流协会主办、云南省海外交流协会承办的“华文教育教师·研习班”，学习中文教学方法、教学成果测试及实践课程，并参观当地学校。

5 月 31 日至 6 月 1 日，举办教材研讨活动，组织本校老师对新学期所使用教材进行熟悉、教材运用指导，并制订教学计划。

6 月 2 日，举办中华传统节日——端午节活动，组织学生绘画比赛、书法比赛和诗朗诵比赛。

7 月 30 日，校友会主席陈锡龄等到泰国玛哈沙拉坎大学孔子学院访问交流。

8 月 29 日至 9 月 1 日，举办小学部和中学部中国文化宣传活动，带领学生制作中国美食——饺子和汤圆。

10 月，在校举办泰国东北部华文民校汉语教师培训班活动。

10 月 14 日，接待中国驻泰国特命全权大使宁赋魁及夫人初庆玲女士的到访，并获赠 6 台电脑用于教学。

10 月 23 日至 27 日，接待中国国务院侨务办公室组织的“名师讲学团”，举行华文教师证书培训及考试，为来自泰国东北区各华校的共 40 位中文教师进行了专业知识的培训。

12 月 1 日至 4 日，举行教师示范课活动，由中国国务院侨务办公室外派教师为泰国本土教师进行示范课讲解，帮助泰国本土教师提升教学水平。

12 月 7 日至 8 日，杨晓华校长参加“第三届华文教育大会”。

2014 年，与孔敬大学孔子学院合作设立了 HSK 汉语水平考试点，为中学部学生提供 HSK 汉语考试水平服务。

2014 年，与中国广西华侨学校展开合作，每年选派优秀初三毕业生赴广西华侨学校高中部留学。

2014 年，主办了东北联谊会“第四届中文学术比赛”。

（泰国坤敬公立华侨学校　供稿）

（二）澳洲

1. 澳大利亚新金山中文学校

2 月 1 日、9 日，参与澳洲社会中国农历马年春节大型游园活动。

4 月 9 日，67 名同学在“第十四届华人少年作文”比赛中获奖。

4 月 15 日，孙浩良校长带领老师专访上海开放大学国际交流学院。

4 月至 6 月，开展听替课活动听课活动。

4 月 29 日，参加维州 VCE（澳大利亚维多利亚省证书教育）高考学生最高奖（Premier's VCE Awards）颁奖典礼，学生分别获得中文高考州长奖、全科维洲最高奖、英文单科维洲最高奖。

5 月 5 日，举办“中华文明日活动”。

6 月 22 日，VCE（澳大利亚维多利亚省证书教育）中文部举行教研活动。

6月28日，举办中国文化教学活动。

6月28日至7月11日，校交响乐团全体成员赴中国天津、北京参加“中国寻根之旅”——北京音乐夏令营活动。

7月5日，参加“2014年维州社区语言学校年会”与“全澳中文教师协会成立20周年大会”。

7月9日，学生参加第六届“鲁迅青少年文学奖”征文比赛获奖。

7月至9月，举办学生写字、朗诵和演讲比赛。

7月13日，15位老师参加VCE（澳大利亚维多利亚省证书教育）中文部的培训。

8月1日，与Heathdale Christian College联合举办“中华文化日”活动。

8月29日至9月2日，协助澳大利亚高中《中文》教材编写组的调查。

9月，VCE中文部举办丰富多彩的口语比赛活动。

9月10日，校长、老师参加中国驻墨尔本领事馆举办的庆贺教师节鸡尾酒会。

9月12日，接待以博士生导师曾毅平教授为团长的中国暨南大学专家代表团一行6人的交流访问。

9月13日，150多名教职员工参加由上海市侨办和澳大利亚新金山中文学校共同举办的远程教师培训。

9月21日，在校图书馆举办海外华文远程师资培训系列讲座。

9月22日至26日，校园内举行“中华文化大乐园”。

10月26日至11月1日，组织当地中小学校长访问团在中国上海、宁波及杭州进行参观考察。

11月15日，精英部举办十二年级作文展览。

11月28日至12月9日，接待由中国国务院侨务办公室主办，山东省侨务办公室承办的澳大利亚专家讲学团一行4人的到访交流。

12月1日，承办并参加由中国国务院侨务办公室主办的教师培训团的3场讲座。

（澳大利亚新金山中文学校　供稿）

2. 加拿大蒙特利尔孔子学校

1月25日，主办第七届“西岛春节茶话舞会”。

2月15日，为幼儿班全体学生举办读儿歌，讲故事比赛。

2月15日，为1年级以上所有学生举办组词比赛。

3月，组织老师参加上海远程教育集团培训课程。

4月，组织老师参加上海远程教育集团培训课程。

4月12日，为3年级以上所有学生举办查字典比赛。

5 月，分别组织优秀老师讲课，全体老师听课。

6 月，与皮尔逊成人教育培训中心合作设置成人“创业班”。

7 月至 8 月，组织学生参加国务院侨务办公室主办的“寻根之旅”夏令营上海营、河南营。

8 月，分别组织优秀老师讲课，全体老师听课。

9 月 27 日，参加蒙特利尔市侨学界举办的“庆祝中华人民共和国成立 64 周年国庆节晚会”。

10 月，参加由中国国务院侨务办公室、教育部等主办的“第十五届华人少年作文比赛”。

10 月，分别组织优秀老师讲课，全体老师听课。

10 月 6 日，为 5 年级以上学生举办作文比赛。

11 月，学校艺术团老师参加“文化中国全球华人才艺（舞蹈）大赛”获铜奖。

12 月，李小琴校长参加“第三届世界华文教育大会”。

（加拿大蒙特利尔孔子学校　供稿）

（三）北美洲

中国哥斯达黎加文化教育中心

2 月 14 日，在中国街举办“欢乐春节，共享元宵”的文化庙会活动。

2 月 22 日，学生在圣何塞中国街为群众展示了精彩的中国民族服装。

2 月 22 日，举办汉字拼写比赛。

3 月 15 日，举办中文课文朗诵比赛。

4 月 19 日，举办“哥国人看中国”摄影展览。

4 月 26 日，举办成语接龙比赛。

5 月 10 日，协助由中国驻哥斯达黎加大使馆主办的哥斯达黎加本土汉语教师培训。

5 月 24 日，举办全国性青少年中文比赛。

6 月 7 日，举办看图说话比赛。

6 月 28 日，举办“中国电影周”电影文化宣传活动，为当地的华人子女播放极具有中国特色的影视作品。

7 月 26 日，举办中文歌曲大赛。

9 月 13 日，举办“你划我猜”比赛。

9 月 13 日，开展中国传统文化知识系列讲座，包括中国书法、国画、茶艺、中医。

10 月 18 日，所有汉语教师参加中心举办的教师教案交流会。

10 月 26 日至 1 月 3 日，开展中国图书周活动。在图书周上展示出中国的精品典籍以及相关中国文化的图书、中国著名文学作品等。

11 月 15 日，举办中华诗词朗诵比赛。

11 月 22 日，举办太极比赛，根据不同年龄段的侨胞子女，分为幼儿组、青少年组、成年组。

（中国哥斯达黎加文化教育中心　供稿）

（四）欧洲

1. 法国巴黎精英中文学校

1 月 4 日，和浙江省侨务办公室共同承办的中华文化大乐园巴黎营举办盛大闭营演出。

5 月 11 日，举办第三届硬笔书法比赛。

6 月 19 日，举办第二届讲故事和朗诵比赛。

6 月 28 日，举办期末会演，启蒙班至 10 册班、书法国画班、表演班的同学都参与汇报表演。

7 月，组织学生参加北京民俗寻根活动和山东寻根活动。

7 月，举办巴黎暑假班，包括：汉语学习、书法、国画、表演、唱歌、手工等丰富兴趣班。

9 月 21 日，接待温州市侨务办公室副主任许捷到访指导工作。

10 月 19 日，接待中国国务院侨务办公室文化司司长雷振刚莅临学校指导工作。

10 月 22 日，承办中国国务院侨务办公室主办的第三届海外华裔中华文化大赛巴黎赛区预赛。

12 月 3 日，宣琛校长在温州市侨务办公室副主任许捷的陪同下访问温州少年艺术学校，并签署友好学校协议书。

12 月 7 日，宣琛校长参加“第三届世界华文教育大会”。

2014 年，新增汉语高考辅导班。

2014 年，在汉语课本教学的基础上制定阶梯阅读计划，将 HSK 大纲纳入教学目标中。

（法国巴黎精英中文学校　供稿）

2. 瑞士日内瓦中文学校

2 月，与河南省侨务办公室和瑞士其他中文学校联系，22 名学生参加中国国务院侨务办公室和河南省侨务办公室组织的夏令营活动。

2 月，举办中华传统节日——春节庆祝活动。

5 月 10 日，校管委会主席带领全校 13 名老师前往法国里昂举办为时两天的教学交流研讨会。

5 月 26 日、31 日，参加日内瓦孔子学院举办的教师培训。

7 月 18 日至 8 月 4 日，组织老师们参加中国国务院侨务办公室和暨南大学共同举办为期 3 周的华文教育研习班。

11 月 1 日、29 日，参加日内瓦孔子学院举办的教师培训。

12 月，聘请日内瓦孔子学院老师来校解难答疑，并进行学术讲座。

（瑞士日内瓦中文学校　供稿）

3. 西班牙巴塞罗那中国文化学校

1 月 25 日，举行大型春节游园活动。

4 月 5 日，参加由“亚洲之家”竹子学校举办的中西诗歌交流活动。

4 月 23 日，参加西班牙盛大圣乔治节的文化展会，免费为西班牙朋友题写中文名字。

6 月，在巴塞罗那自治大学教育研究学院的大力支持下，5 位来自不同官方教育机构的西班牙外语教学专家为本校老师进行了专业培训。

6 月 7 日，本校老师参加国务院侨务办公室在巴塞罗那举办的华校老师培训班。

6 月 21 日，在凯旋门校区组织华侨学生开展“爱读书，爱文化，爱中国”的读书日活动。

6 月 28 日，举办全西班牙第一届“华裔青少年才艺大赛”，包括声乐、乐器、舞蹈、绘画、书法和棋类 6 个项目。

7 月，开设内容丰富的暑期班，并在巴塞罗那市政府资助下，首次开设免费的加泰罗尼亚语班，为刚到巴塞罗那的华裔中小学生提供语言帮助。

8 月 8 日，邢波校长访问四川大学文学与新闻传播学院，就实习项目的长期合作展开了讨论和交流。

10 月 26 日，参加当地儿童电视台 Super 3 举办的每年一次的大型儿童文化活动。

（西班牙巴塞罗那中国学校　供稿）

4. 英国曼城侨联社华人子弟学校

10 月，参加由英国中华文化公益教育学校举办的教育家王财贵博士的公益演讲，以及北京中医药国学院教授周晓菲博士英国公益巡回演讲。

10 月，参加由英国中文促进会举办的华文教师节。

11 月，参加“海外红烛故乡行”活动。

12 月，刘运梅校长参加“第三届世界华文教育大会”。

2014 年，学生参加海外文化知识竞赛。

2014 年，学生参加英国中文促进会与英国中文学校联会举办的全英中文作文比赛、普通话朗诵比赛。

（英国曼城侨联社华人子弟学校　供稿）

图书在版编目(CIP)数据

世界华文教育年鉴.2015/贾益民主编.—北京:社会科学文献出版社,2016.3
ISBN 978-7-5097-8633-8

Ⅰ.①世… Ⅱ.①贾… Ⅲ.①华文教育-世界-2015-年鉴 Ⅳ.①G749.1-54

中国版本图书馆 CIP 数据核字(2016)第 003977 号

世界华文教育年鉴(2015)

主　　编／贾益民
副 主 编／胡培安　胡建刚

出 版 人／谢寿光
项目统筹／王　绯
责任编辑／张建中

出　　版／社会科学文献出版社·社会政法分社(010)59367156
　　　　　地址:北京市北三环中路甲 29 号院华龙大厦　邮编:100029
　　　　　网址:www.ssap.com.cn
发　　行／市场营销中心(010)59367081　59367018
印　　装／三河市东方印刷有限公司

规　　格／开 本:787mm×1092mm 1/16
　　　　　印 张:28.25　插 页:0.5　字 数:543 千字
版　　次／2016 年 3 月第 1 版　2016 年 3 月第 1 次印刷
书　　号／ISBN 978-7-5097-8633-8
定　　价／195.00 元